동북아의 신뢰와 민주정치,
신뢰와 평화

이 책은 2004년 한국학술진흥재단의 지원에 의하여 연구되었음.
(KRF-2004-005-B00014)

翰林科學院叢書 122

김인영 외 지음

동북아의 신뢰와 민주정치, 신뢰와 평화

小花

한림과학원총서 122

동북아의 신뢰와 민주정치, 신뢰와 평화

초판인쇄 | 2008년 2월 20일
초판발행 | 2008년 2월 29일

편 저 | 김인영
발행인 | 고화숙
발행처 | 도서출판 소화
등 록 | 제13-412호
주 소 | 서울시 영등포구 영등포동 94-97
전 화 | 2677-5890(代)
팩 스 | 2636-6393
홈페이지 www.sowha.com

ISBN 978-89-8410-331-3 94080
ISBN 978-89-8410-104-3 (세트)

값 23,000원

차례

머리말

인간(人間) 사회에 신뢰가 필요함은 새삼 강조할 필요가 없다. 많은 사람들이 사회의 각종 문제를 신뢰의 부재(不在) 또는 불신의 심화(深化)에서 기인한다고 이야기하고 있다. 학계의 연구결과에 의하면 신뢰는 사회적 · 정치적 안정과 더불어 경제적 성장과 발전을 위한 필수 요소로 간주된다. 정치적으로 신뢰는 민주주의 발전을 위한 시민적 참여의 기초로서, 혹은 국가와 시민사회의 시너지(synergy)를 위한 기본조건으로서 중요한 역할을 한다고 평가하고 있다. 경제적으로 신뢰는 시장(market)에서의 거래를 원활하게 하고, 기업 조직의 성과를 높이며, 국민 경제 전반의 발전을 도모할 수 있게 하며, 더 나아가 사회적으로 불확실성을 낮추고 안정을 가져오는 중요한 역할을 수행한다고 평가되고 있다. 이처럼 사회적 자본(social capital)으로서의 신뢰가 갖는 함의와 영향력이 크게 대두됨에 따라 전 세계적으로 신뢰에 대한 관심이 고조되고 있다. 이러한 의미에서 신뢰는 21세기의 새로운 질서와 비전을 수립함에 있어서 갖추어야 할 핵심과제로 등장하였다.

21세기를 탈냉전의 시대라고 하지만 동아시아는 아직 냉전의 잔재가 상존(常存)하고 있다. 이러한 의미에서 동아시아에서의 새로운 질서 수립을 위하여 국가

간의 신뢰 증진이 가지는 의미는 남다르다고 하겠다. 동북아시아에서 탈냉전을 추구하면서 국내적 · 국제적 의미에서의 신뢰 증진을 모색해야 하는 시점인 것이다.

이 책은 신뢰의 정치적 · 국제 정치적 기능을 탐구하는 파천황(破天荒)적 시도의 결과이다. 정치적으로 신뢰가 민주주의 발전을 위한 자발적 시민 참여 조직의 기초가 되는 것은 밝혀졌으나, 구체적으로 정치제도 형성이나 운용에 어떠한 작용을 하는지는 아직 구체적으로 연구되지 않았다. 아니 근본적으로 인간은 본성상 신뢰할 만한 존재인가 또는 인간의 행위는 신뢰할 만한가에 대한 연구부터 선행되어야 할 것인데 이에 대한 연구가 부재한 현실에서 본 연구는 인간 본성과 행위의 신뢰 가능성 여부부터 시작할 것이다.

아울러 이 책은 그동안 신뢰 연구가 사회적 자본과 함께 국내적 의미에 국한되어 연구되었던 것을 국가간 신뢰로 확장 연구하고자 하였다. 국제 관계에서는 한국이 지향하고 있는 동북아 중심 국가의 주도적 역할을 수행하기 위하여 동북아에서 믿을 수 있는 신뢰할 만한 국가로 발돋움하는 것은 중요한 과제이다. 본 세부 과제가 하고자 하는 연구는 한국을 중심으로 동북아 국가 간의 신뢰/불신이 외교에 어떻게 나타나며, 동북아의 평화 증진을 위하여 한국이 담당해야 할 과제로서 신뢰 국가란 무엇인가를 밝히고자 하였다.

국제 관계에서 국가와 국가 간의 신뢰 문제는 카젠스타인(Peter J. Katzenstein)의 선행 연구가 존재하기는 하나, 유럽의 소국들을 전제로 한 시론적(試論的) 연구에 그치고 있다. 근본적으로 인간과 인간 사이의 신뢰와 국가와 국가 사이의 신뢰는 그 논의의 차원이 다른 문제이다. 학문적으로 전통적인 국제 정치이론에 따르면 국가와 국가 사이에는 국익(national interest)이라는 만고불변의 판단의 잣대가 존재한다. 군사적으로는 긴장 관계에 있는 두 국가가 긴장 완화를 위하여 신뢰 구축 조치(CBM: confidence building measures)를 가동시키기도 한다. 하지만 본 연구에서는 보다 근본적인 국가와 국가 간의 신뢰와 불신의 문제를 다루고자 하였다.

예를 들어 탈냉전 이후 전개되어 온 국제 정치는 미국의 일방적인 주도, 즉 미국의 일극 체제(unipolar system) 하에서 미국의 주도에 대한 불신이 높아지고 있는 상황이다. 이렇게 미국에 전 세계에서 비판의 대상이 되는 이유는 미국과 미국 외교 정책에 대한 불신이 자리하고 있기 때문이다. 일본이 아시아에서 주도적인 역할을 하지 못하는 이유의 하나도 동아시아 국가들의 일본에 대한 역사적인 불신의 결과이기도 하다. 반면에 중국의 외교 정책은 아시아 국가들에 과거 중화문명권의 중심으로서의 신뢰를 심어 주기에 주력하고 있다. 탈냉전 시대 남북한 관계의 근본적인 걸림돌은 남과 북이 가지고 있는 불신 때문이기도 하다. 그래서 남과 북은 신뢰 구축에 힘써야 한다고 모두들 애써 주장하고 있는 것이다. 북 · 미 관계 역시 뿌리 깊은 불신이 자리하고 있다. 이데올로기의 차이가 가져온 양 국가의 이데올로기의 갈등으로는 설명하기에는 두 나라의 불신의 역사적 뿌리가 너무 깊고 강하다. 북한은 셔먼호 사태로 거슬러 올라가 반미 또는 미국에 대한 불신을 드러내고 있다. 미국 역시 북한의 지도자는 불신의 대상일 뿐이다. 이러한 국가와 국가 간의 신뢰와 국제 정치의 상관관계는 냉전 종식 이후 급격히 중요해지고 있다. 이 책의 의의는 국제정치에서 신뢰 · 불신의 의미, 남 · 북, 북 · 미, 한 · 미관계의 신뢰와 불신의 기원을 추적하였다는 데서 찾을 수 있다.

본 연구서는 동북아 신뢰, 민주주의, 평화에 대한 모든 의문에 답하고 해결책을 제시하고자 시작되었던 연구의 결실이다. 하지만 학문에서의 답은 현실의 변화에 따라 끊임없이 추구해야 할 과업이지 고정되어 있는 것은 아닌 것 같다. 본 연구에 동참해 준 신뢰에 관한 국내외 권위 있는 선생님들께 감사드린다. 특히 한림대학교 한림과학원의 도움은 이루 말로 다할 수 있는 것이 아님을 밝히고 싶다. 그리고 본 연구서의 출간을 끈기 있게 기다려 주신 선생님들께 감사와 죄송의 말씀을 함께 전하고 싶다. 이 책이 출판을 앞둔 시점에 고범서 선생님께서 운명을 달리하셨다. 이 책에 교수님의 마지막 유작의 한 편이 실리게 된 셈이다. 교수님의 학문적 열정과 엄격하심, 한림대학교에 대한 무한한 애정에 경의와 존경을 표하는 바이다.

춘천 봉의산 자락 서재에서 김인영

제1부
신뢰와 민주정치

I. 신뢰와 인간성 :
인성의 신뢰 가능성 정도에 대한 검토

고범서*

1. 서론

인간은 타인을 신뢰하지 않고는 살 수 없으며, 사회 통합과 질서 유지 역시 신뢰 없이는 가능하지 않다. 그러나 인간은 부단히 배신당하는 신뢰 파괴로 인해서 곤경에 처하고 사회는 혼란에 빠진다. 인간의 사회적 삶은 신뢰와 배신의 패러독스이다. 그렇다면 도대체 인간성은 어느 정도의 신뢰 가능성을 가지고 있는 것일까?

본 논문의 첫째 목적은 인간성의 신뢰 가능성 정도를 인성에 대해 심리학적 · 윤리학적 및 신학적으로 분석하고 검토함으로써 규명하는 것이다. 신뢰의 문제는 인문학과 사회과학의 여러 학문들을 비롯한 그 밖의 학문들이 다룰 수 있다. 그렇지만 그러한 학문들의 연구는 인간이 도대체 어느 정도로 신뢰할 수

* 전 한림대학교 한림과학원 석좌교수

있으며 반대로 배신할 수 있는가 하는 문제에 대한 분명한 이해를 전제 또는 기초로 하지 않으면 피상적이 되거나 인간성의 본질적 현실을 무시한 허구적 이론이 될 위험성이 있기 때문에 이러한 연구가 요청된다.

본 논문의 둘째 목적은 문화 · 사회적 관계 및 집단적 이기주의와의 관계에서 신뢰 구현의 가능성 정도에 대해서 분석 · 검토하는 것이다. 신뢰는 항상 사회적 현실과의 관계에서라야 구현되기 때문에 이러한 분석과 검토가 요청된다.

필자는 2001년에 한국학술진흥재단 지원의 연구 과제 "신뢰의 윤리적 이해"를 발표한 바 있다. 이어서 2002년에 "신뢰의 사회적 기능에 대한 사회윤리적 이해"를, 그리고 2003년에 "신뢰에 대한 심리 · 종교적 이해"를 발표했다. 본 논문은 지금까지의 필자의 신뢰 연구를 마무리하기 위한 연구이다. 본 연구의 목적은 인간이라는 존재는 도대체 어느 정도로 신뢰할 수 있는가를 분석 · 검토하는 것이다. 그래서 본 논문의 제목을 "인성의 신뢰 가능성 정도에 대한 검토"로 하였다.

본 논문은 인간의 신뢰 가능성 정도의 분석과 검토를 세 가지 측면에서 접근할 것이다. 첫째 측면의 과제는 개인과 개인 사이의 신뢰 구현 가능성에 대한 분석과 검토이다. 이 측면에서는 개인과 개인 사이의 관계에서 인간 각자가 이기심과 심리적 불안과 공포에도 불구하고 신뢰를 발휘할 수 있는 인성의 요소를 밝히고, 그것을 육성 · 강화하는 방안을 강구할 것이다. 둘째 측면의 과제는 집단과 집단 사이의 신뢰 구현 가능성에 대한 분석과 검토이다. 이 측면에서는 개인적 이기심보다 훨씬 강하고 집요한 집단적 이기심이 작용하는 집단과 집단 사이의 신뢰 구현의 가능성을 분석하고 탐구할 것이다. 셋째 측면의 과제는 사회 · 문화적 환경에 대한 관계에서 신뢰 구현 가능성의 정도를 검토하고 규명할 것이다. 이 측면에서는 먼저 단순한 전통적 사회와 복잡하고 다원적인 산업사회 속의 신뢰 구현 가능성을, 그리고 다음으로는 저차원의 단순한 쾌락의 최대 충족을 행복으로 여기고 그것을 삶의 목적 자체로 착각하는 쾌락주의적인 잘못된 행복관이 지배하는 사회 환경 곧 오늘의 산업사회 속의 신뢰 구현 문제를 분석하고 검토할 것이다.

인간의 삶의 과정에는 합리적으로 설명하고 이해할 수 없는 비합리적이고 역설적인 것들이 적지 않게 많이 있다. 합리적 이론에 의해서는 설명할 수 없으면서도 어떤 진리를 간직하고 있는 것을 패러독스라고 한다. 무엇보다 먼저 삶 자체가 패러독스적 성격을 가지고 있다. 운동하는 물체가 그 운동을 그대로 계속 유지하려는 관성의 법칙을 가지고 있는 것처럼 일단 태어난 생명은 언제까지나 그대로 계속 생명을 유지하고 지속하려는 본능적인 맹목적 생존욕을 가지고 있다. 그러나 모든 생명은 죽지 않으면 안 된다. 영원히 살기를 원하여 마지않는 생명이 죽는다는 것은 모순이요, 불합리이다. 이렇게 볼 때 인간의 삶은 생과 사의 패러독스이다. 인간의 삶이 생과 그것의 부정인 사의 혼합이라는 사실은 합리적 사고로는 해결할 수 없는 모순이요, 역설이다. 인간의 삶이 생과 사의 패러독스라는 것은 부정할 수 없는 엄연한 사실이다. 보람 있는 참된 삶의 영위는 삶이 생과 사의 패러독스라는 사실을 망각하거나 외면하지 말고 현실적 사실로 받아들이고 정면으로 직시하여야 한다.

인간의 삶이 가지고 있는 패러독스의 또 하나는 인간관계가 가지고 있는 사랑과 미움이다. 사랑과 미움은 서로 반대되는 성질을 가지고 있지만 인간의 온갖 관계를 성립시키고 전개하는 원동력은 바로 사랑과 미움이다. 사랑은 긍정적이고, 생산적이고, 즐겁지만 부정적이고, 파괴적이고, 고통스러운 미움을 수반하지 않고는 존재할 수 없다. 사랑과 미움의 혼재는 사랑을 심화하고 희로애락을 수반하는 복잡하고 다양한 인간관계를 만들어 내고, 창조와 파괴의 드라마를 연출한다. 삶의 드라마의 창출과 전개의 원동력은 바로 삶이 가지고 있는 사랑과 미움의 패러독스이다.

위에서 두 가지 경우를 들어서 삶의 패러독스적 현실과 그것이 가지고 있는 성격과 기능을 살펴보았다. 이러한 도입적 고찰을 한 것은 이 논문이 다루려고 하는 신뢰와 배신 역시 인간의 삶이 가지고 있는 패러독스에 속한다는 사실에 대해서 관심을 환기시키기 위해서였다. 필자가 이미 "신뢰의 윤리적 이해"에서 밝힌 바와 같이(고범서 2001, 2-5), 도덕적으로 정상적인 인간관계가 있는 곳에는 그 밑바닥에 언제나 신뢰가 전제되어 있다. 그래서 신뢰는 인간관계 성립의 기본적 이법이다. 인간은 서로 믿지 않고는 대화도 할 수 없으며 인간관계가 포함된 온갖 활동을 할 수가 없다. 신뢰가 없이는 가장 친밀도가 짙은 부부의 관계조차 성립할 수 없으며 학생은 선생에게서 배울 수 없다. 학생이 선생을 믿지 않으면 선생은 그를 믿지 않는 학생을 가르칠 수 없기 때문이다. 심지어는 버스 운전사를 믿지 않고는 안심하고 버스에 탑승할 수 없으며, 지하철 기관사를 믿지 않고는 지하철을 이용할 수가 없다.

이렇게 타인을 신뢰하지 않고는 인간관계를 포함한 모든 행동과 활동이 성립할 수 없지만, 이 같은 신뢰는 번번히 깨지고 배신이 발생한다. 사랑하는 애인들은 서로 사랑을 굳건히 고백하고 믿지만 오래가지 못하여 등을 돌리고 배신하는 경우가 비일비재하다. 틀림없는 진짜로 믿고 매입한 상품이 가짜로 드러나는 경우가 우리 사회에서는 너무나 빈번히 발생한다. 개탄스럽고 부끄러운 일이지만 우리나라 대통령 출마자 중에는 대통령으로 당선되면 통치 업적 중간 평가를 받겠다고 하고 또는 통치 전반기가 지나면 후반기부터는 내각 책임제를 실시하겠다고 철석같이 약속하고는 정작 대통령이 되고 나서는 약속을 지키지 않고 배신한다.

인간의 삶의 과정에서는 이같이 신뢰와 배신이 계속 반복하여 일어나기 때문에 삶은 신뢰와 배신의 패러독스라고 할 것이다. 그런데 신뢰는 바람직한 인간관계를 성립시키고 배신은 그것을 파괴한다. 그렇다면 삶에서 도덕적이고 바람직한 인간관계를 유지하기 위한 우리의 과제는 가능한 최대로 신뢰를 구현하고 배신을 억제하는 것이다. 이 문제는 인간이란 도대체 어느 정도로 신뢰할 수 있는 존재인가를 검토하는 것을 불가피한 과제로 제기한다. 본 논문에서 필자는 도대체 인간의 본성, 곧 인성은 어느 정도로 신뢰할 수 있는가 하는 문제 및 어떻게 하면 신뢰 구현을 극대화시키고 반대로 배신을 최대한 억제할 수 있는가 하는 문제를 분석하고 규명할 것이다.

2. 본론

(1) 개인적 인간관계에서 본 신뢰 구현 가능성

1) 신뢰 구현의 당위적 성격

신뢰가 가지고 있는 당위적 성격에 관해서는 필자가 "신뢰의 윤리적 이해"에서 논의한 바 있다(고범서 2001, 36-38). 여기서는 신뢰 구현의 가능성의 정도가 신뢰가 생기하는 상황에 따라서 다양한 차이를 가지고 있다는 사실을 분석하고 규명하기 위한 준비적 전 단계로서 신뢰에 관한 논의를 하기로 한다.

무릇 법칙에는 필연적 법칙과 당위적 법칙 두 가지가 있다. 필연적 법칙은 자연계를 지배하는 물리적 법칙과 인간의 사고를 지배하는 논리적 법칙이 있다. 물리적 법칙과 논리적 법칙은 필연적 법칙이다. 물리적 법칙은 물체가 높은 곳으로부터 낮은 곳으로 떨어지는 경우와 같이 일어날 수밖에 없으며 따라서 예외가 있을 수 없는 법칙이다. 논리적 법칙 역시 3단계 추리론처럼 예외가 있을 수 없는 법칙이다. 이와는 달리 당위적 법칙은 "거짓말을 하지 마라"의 경우처럼 일어날 수도 있고 일어나지 않을 수도 있는 법칙이다. 이러한 당위적 법칙을 규범(norm)이라고 한다. 도덕적 법칙과 법률이 여기에 속한다. 신뢰 혹은 보다 정확하게는 "신뢰는 지켜야 한다"는 명령 역시 당위적 규범에 속한다.

신뢰를 포함하는 규범 또는 규범적 진리는 필연적 법칙과는 다른 고유한 본질적 특성을 가지고 있다. 그러한 특성이란 다름이 아니고 규범적 진리는 물리적 법칙이나 논리적 법칙과는 달리 실천, 곧 행동으로 옮겨지는 것이 자연적 혹은 논리적 필연성에 의해서가 아니라 인간의 자유 의지에 의한 선택과 결단에 의해서라야 가능하다는 사실이다. 자유 의지는 규범적 진리의 실천이 아니라 그것을 회피하고 그것에 반대되는 어떤 가능성을 택할 수 있다. 사실 자유 의지는 그 같은 반대의 가능성을 선택할 수 있는 유혹을 항상 받고 있다. 이를 구체적으로 말하면 "거짓말을 하지 마라"는 당위적 명령은 거짓말을 하려는 유혹을 받고 있다.

이 같은 유혹의 주범은 이기심, 심리적 불안과 공포이다. 규범의 당위적 진리의 실천은 자유 의지가 이 같은 유혹을 물리치고 요청되는 명령을 선택하고 결행할 때 비로소 생기한다. 강조하여 다시 말하면 신뢰는 필연적 진리가 아니라 당위적 진리이다.

20세기에 들어와서 자연과학이 발달하면서 물리적인 필연적 법칙만이 일방적인 관심의 대상이 되었고, 거기에 따라서 당위적 규범은 소홀히 하거나 망각하고 말았다. 심지어는 당위적 규범이 성립할 수 없다는 학문적 이론까지 출현했다. 20세기에 영국과 미국의 철학적 윤리학계를 풍미했던 이른바 메타윤리학(meta-ethics)이 그것이다. 이 윤리적 이론은 형식논리학에 의해서 윤리적 명령이나 명제가 성립할 수 없다는 것을 밝히는 데 열을 올렸다. 20세기의 영국과 미국의 분석윤리학자들은 이러한 빗나간 비생산적 논의를 위해서 한 세기를 낭비했다. 우리나라에서도 이런 메타윤리학이 마치 윤리학의 새로운 지평을 열어 주기나 하는 것처럼 종래의 규범윤리학을 소홀히 하거나 무시하고 한동안 윤리학계를 지배했다.

미국의 저명한 조직신학자 카우프만(Gordon Kaufman)은 예리하고 간결하게 메타윤리학이 인간만이 자유 의지를 가지고 있으며 따라서 행위의 가능성들 중에서 선택할 수 있는 능력을 가지고 있기 때문에 당위성(the normative)이 생길 수 있다는 사실을 무시하고 '존재'와 '당위성', '사실'과 '가치' 사이에 상호 관계가 존재하지 않는다고 주장한 것은 잘못된 철학적인 진부한 이론이라고 했다(Kaufman 1993, 126).

당위성은 자유 의지를 가지고 있기 때문에 행위의 가능성들 중에서 마땅히 원하여야 하는 행동을 선택할 수 있는 인간에게만 존재한다. 자유 의지에 의한 이 같은 자유 선택의 결단을 할 수 있는 인간의 행위에 의해서라야 당위성이 성립할 수 있는 것이다. 이러한 사실을 무시하고 물리적인 필연적 법칙이나 형식논리의 필연적 법칙만으로 인간의 행위를 설명하려는 것은 잘못이요, 당위성을 약화시키는 결과를 초래한다. 신뢰는 당위적 진리이기 때문에 인성이 가지고 있는 신뢰 구현의 가능성에 대한 검토는 곧 인성이 가지고 있는 신뢰 구현의 당위적 능력이 상황에 따라 다른 정도에 대한 분석과 검토의 문제가 된다. 이 문제에 대해서는 후론한다.

2) 도덕적 에고의 인성 통제력 및 정신의 인격 통어력과 신뢰 구현 능력

상황에 따른 인성의 신뢰 구현 가능성의 상이한 정도에 대한 검토에 앞서 먼저 인성의 신뢰 구현의 당위적 능력이 무엇을 의미하는지를 살펴보기로 한다. 우리는 흔히 '인성'(personality)이라는 말을 막연하게 포괄적 개념으로 사용한다. 그러나 그 내용을 따지고 보면 인성은 다음과 같은 요소들을 포함하고 있다: ① 본능(여기에서는 생존욕, 식욕, 성욕, 운동욕 및 수면욕이 속한다); ② 지능(학문, 논리 및 과학기술과 실용성의 지식); ③ 이성(현상의 본질과 의미를 통찰하는 능력); ④ 도덕적 에고(moral ego 곧 도덕적으로 인성을 통제統制하는 능력); ⑤ 심미적 능력; ⑥ 정신(spirit 곧 인성을 고차원에서 통어通御하는 능력). 이러한 인성의 요소들의 대개는 일반적으로 통용되는 개념이어서 별 어려움 없이 이해될 수 있다. 그렇지만 지능과 이성 및 도덕적 에고와 정신의 구별에 대해서는 해명적 설명이 필요하다.

먼저 지능과 이성의 구별에 대해서 살펴보기로 하자. 일반적으로는 이 두 가지 구별은 하지 않는다. 칸트(Kant)가 이성을 이론이성과 실천이성으로 구별한 것이 일반적으로 알려져 있다. 필자가 지능과 이성을 구별하는 것은 심리학자 프롬(Erich Fromm)의 구분을 따른 것이다. 그는 그의 이른바 '생산적 사고'(productive thinking)를 설명하기 위해서 '이성'(reason)과 '지능'(intelligence)을 구별한다. 그의 구별에 의하면 지능은 인간이 실천적 목표(practical goals)에 도달하기 위한 수단이며 사물을 다루기 위해서 필요한 지식을 발견하는 능력이다. 이와는 달리 이성은 깊이라는 제3의 차원을 가지고 있으며 사물과 과정의 본질에 도달할 수 있는 능력이다. 다시 말해서 이성은 표면적이고 우연적인 현상의 밑바닥에 있는 본질적이고, 보편적이고, 가장 포괄적인 특성을 통찰하는 능력이다(Fromm 1947, 102-103). 그리스의 이상주의 철학자들은 이성을 인간 속에 있는 신성한 요소로 보았다. 이 같은 그리스의 철학 사상을 이어받은 서구 철학은 이성이 본능을 제약하고 지배하는 능력으로 보았으며, 인성을 지배하는 원리로 신봉했다. 프롬의 지능과 이성의 구별에 관해서 첨가하여야 할 중요한 한 가지가 있다. 그것은 프롬이 지능이 관심을 가지는 목적이 합리적이건 비합리적이건 지능에는 상관이 없다고 말했다(Fromm 1947, 102)는 사실이다. 프롬은 이 말을 가

볍게 언급했지만 그것은 도덕적 측면에서 매우 중요한 의미를 간직하고 있다. 그것은 다름이 아니고 지능은 과정이나 현상의 밑바닥에 있는 본질적 의미를 통찰하지 못하고 그것들을 기계적이고 맹목적으로 다루고 처리한다는 의미를 가지고 있다.

조직이나 관료적 체계의 명령을 아무런 도덕적 책임의식이 없이 기계적으로 수행하는 경우가 여기에 해당한다. 이성이 기능을 제대로 발휘하지 못하고 맹목적으로 무책임하게 권력의 명령을 수행하는 관료적 앞잡이나 어용학자가 여기에 속한다. 프롬의 지능과 이성의 구별은 이처럼 도덕적 중요성을 가지고 있다. 어떤 조직에서건 지능만 발달되고 이성이 제대로 기능을 발휘하지 못하면 기능적으로 우수한 이른바 유능한 인재가 권력의 하수인으로 전락하는 불행한 사태가 초래된다.

그러면 이제 도덕적 에고와 정신의 구별에 관해서 살펴보기로 하자. 도덕적 측면에서 보면 이 구별은 지능과 이성의 구별에 못지않은 중요성을 가지고 있다. 도덕적 현상 유지에 의해서도 도덕이 순조롭게 유지되고 도덕적 문제들이 별 어려움 없이 처리될 수 있는 정상적 상황 속에서는 도덕적 에고의 인성 통제력으로 족하고 별다른 조치나 변화가 필요하지 않다. 다시 말해서 도덕적 에고에 의한 기존의 질서와 전통의 현상 유지로 족한 것이다. 그러나 상황의 심한 변화가 발생하여 기존의 규범이나 질서가 그대로 유지될 수 없게 되었을 때는 아주 문제가 달라진다.

예컨대 왕권 시대가 민주주의 시대로 바뀌었을 때 군왕에 대한 충성은 진리성을 상실하게 되며, 근자에 보는 바와 같이 남녀평등이 되어서 남존여비의 전통이 붕괴되는 상황에서 기존의 도덕적 에고의 인성 통제에 의해서는 요청되는 도덕적 질서를 수립할 수 없는 사태가 초래된다. 이러한 사태에 직면하면 기존의 도덕적 에고를 비판하고 시정함으로써 한 단계 높은 차원에서 인성을 도덕적으로 통합할 필요성이 발생한다. 그러한 초월적 기능을 하는 것이 바로 정신(spirit)인 것이다.

그래서 필자는 도덕적 에고의 인성 통합을 통제(統制)라고 하고 정신의 인성 또는 인격 통합을 통어(通御)라고 한다. 통어는 통제보다 고차원적이고 포괄적인 통합이다. 도덕적 에고는 인성의 통제력을 가지고 있으며, 정신은 그것을 초월하여 인격을 통어하는 힘을 가지고 있다는 것이 필자의 입장이다. 그렇다면 도덕을 보다 높고 보다 넓은 차원으로 상승시키고 개방하는 것은 바로 정신의 자유인 것이다.

그러면 이 같은 정신과 그 자유가 어떤 것인지를 좀더 심층적으로 살펴보기로 하자. 정신은 영원하고 절대적인 것을 추구하는 본질적 속성을 가지고 있다. 이것을 기독교적으로 말하면 정신은 신(God)과의 합일을 동경하고 추구한다. 정신이 가지고 있는 이 같은 속성을 신학자 라인홀드 니버(Reinhold Niebuhr)는 '궁극적인 것에 대한 이상한 열망'(a strange yearning for the ultimate)라고 불렀다(Niebuhr 1959, 290). 그렇다면 이 같은 궁극적인 것 혹은 절대적인 것에 대한 인간의 이해는 어떤 내용을 가지고 있는 것일까? 바꾸어 말하면 그러한 궁극적인 것의 속성은 무엇일까? 프롬은 그것을 사랑, 진리 및 정의라고 다음과 같이 말했다; "예컨대 불타(Buddha), 이사야(Isaiah), 그리스도(Christ), 소크라테스(Socrates) 혹은 스피노자(Spinoza)의 가르침의 밑바닥에 있는 인간적 실재는 본질적으로 동일하다. 그것은 사랑, 진리 및 정의에 대한 추구에 의해서 결정된다"(Fromm 1950, 63). 같은 내용의 말을 그는 다음과 같이 말했다: "동서의 위대한 종교 창시자들의 가르침의 공통된 태도는 삶의 최고 목적은 인간의 혼에 대한 관심이요 또한 사랑과 이성의 전개라는 하나의 사실이다"(Fromm 1950, 99). 정신은 이 같은 항존적 진리들로 향하는 속성이 있기 때문에 도그마나 우상에 사로잡히지 않고 부단히 높아지고 넓어지는 자유를 누릴 수 있다. 이러한 자유는 보다 높은 차원의 도덕적 당위성의 실천 능력이요 따라서 신뢰 구현의 원동력이다. 정신의 자유는 도덕적 에고와 이성을 비판하고 초월할 수 있는 능력을 가지고 있다.

정신이 도덕적 에고를 초월할 수 있다는 것은 지금까지의 해명에 의해서 어렵지 않게 이해할 수 있지만 정신이 이성을 비판하고 초월한다는 필자의 주장은 해명적 설명이 필요하다. 이성의 기능에 대해서 제한성을 가한 것은 니버이다. 그는 그의 신학적 이론 전개의 초기부터 이성의 기능에 대해서 제한적 평가를 했다. 그는 서양 근세 철학 사상을 지배했던 이성의 선에 대한 무조건적 혹은 지나친 신봉에 대해서 비판적 입장을 취했다. 그는 1934년 32세 때, 그의 최초의 명저 『도덕적 인간과 비도덕적 사회』(*Moral Man and Immoral Society*)가 세상에 나오고 나서 2년 후 출간된 논문집 『한 시대의 종언에 대한 성찰』(*Reflections on the End of an Era*)에 수록된 첫 번째 논문 "문명의 삶과 죽음"(The Life and Death of Civilization)에서 이성의 선에 대한 종래의 전통적 신봉에 대해서 비판을 제기하여 다음과 같이 말했다: "그러나 충동(impulse)에 대한 이성의 지배는 현대문명이 생각하고 있는 것보다 훨씬 더 일시적이고 불안정하다. 현대문명의 기제(機制)에서와 같이 흔히 이성은 이기적 충동의 작용을 견제하기보다는 합리화한다"(Niebuhr 1934, 5). 이를 구체적으로 말하면 이성은 개인과 사회 사이의 조화를 무시하고 개인들 간의 충동을 조화시킬 수 있으며, 인류 생활의 전체적 필요성과 제한된 공동체 사이의 관계를 무시한 채 그 같은 공동체의 충동들의 조화를 추구할 수 있다는 것이다. 같은 내용의 말을 니버는 다음과 같이 말했다: "짧게 말해서 이성은 두 개의 서로 대립되는 전략을 초래할 수 있다. 즉 모든 경쟁적 생의 형태들을 특정된 생의 형태에 복종시킴으로써 그것을 보편화하는 전략과 모든 특정된 생의 형태들을 보편적인 것에 복종시키는 전략이 그것이다" (Niebuhr 1934, 7).

다시 말해서 이성은 한편으로는 특정된 이익을 부정하고 보편적 이익을 추구할 수 있지만, 다른 한편으로는 이기적 이익을 절대화하는 역할도 한다는 것이다. 이처럼 이성은 이기심의 지배자가 될 수 있지만 반대로 이기심의 하인도 될 수 있다는 것이다. 이렇게 볼 때 이성의 선을 무조건 신봉하는 종래의 사상은 잘못된 것이라고 니버는 비판했던 것이다. 니버의 신학 사상 속에는 이성에 대한 이 같은 비판적 견해가 일관해서 흐르고 있다.

니버가 이렇게 이성의 선의 무조건적 신봉을 비판하는 사상은 발전하여 이성에 대한 비판의 주체를 인간의 '자아'(the self)의 자유 또는 필자가 주장하는 '정신'(spirit)과 동일시하게 된다. 이 문제를 본격적으로 논한 것은 그가 1954년에 출간한 저서 『자아와 역사의 드라마』(*The Self and the Dramas of History*)에서이다. 그는 이 저서의 첫 부분에서 대략 다음과 같이 말했다. 자아는, 성경의 견해에 의하면, 자기 자신 및 이웃, 그리고 신과 계속 대화하고 있다. 자아가 이렇게 신과 대화한다는 주장은 경험적 제한을 넘어서기 때문에 주장을 약간 완화하여

"자아는 궁극적인 것에 대한 열망(a yearning for the ultimate)의 특성을 가지고 있다"고 하는 것이 좋겠다. 이렇게 약간 완화한 주장은 성립할 수 있다. 왜냐하면 자아는 신과의 만남에서 자기에 관해서 상상할 수 있기 때문이다(Niebuhr 1954, 16-17). 니버는 이러한 자아를 인성을 통일하는 '혼'(soul)과 동일시한다. 이것을 그는 다음과 같이 말했다: "모든 동물적 유기체에는 일반적으로 그것의 '혼'이라고 하는 유기적 통일이 있다. 자아는 통일의 경험을 가지고 있는 한 '혼'이다" (Niebuhr 1954, 38). 니버는 '정신'(spirit)을 자아의 궁극적 자유로 규정한다. 이것을 니버는 "그가 (대서양을 최초로 비행기로 횡단한 린드버그Lindburg가) '정신'으로 규정한 것은 내면적 분열 위에 있는 자아의 궁극적 자유로 간주할 수 있다"고 말했다(Niebuhr 1954, 41). 이렇게 니버는 필자가 말하는 정신을 자아의 자유와 동일시했다.

니버는 이렇게 자아의 자유 곧 자아를 정신과 동일시했으며 그러한 자아는 이성 위에서 이성을 비판하고 초월한다고 주장했다. 그는 "자아는 항상 이성의 주인이지 하인이 아니라"고 말했다(Niebuhr 1954, 29). 그는 이것을 또한 다음과 같이 말했다: "짧게 말해서 자아는 그것의 목적들을 정당화하고 또한 심판하기 위해서 이성을 사용한다"(Niebuhr 1954, 29-30). 니버는 이러한 자아의 개념을 어거스틴(Augustine)에게서 발견했음을 시사하는 말을 『자아와 역사의 드라마』보다 1년 앞서 출간된 『기독교 현실주의와 정치적 문제』(*Christian Realism and Political Problems*)에서 다음과 같이 말했다: "어거스틴에 의하면 자아는 마음(mind)과 신체의 통합적 통일이다. 자아는 마음 이상의 어떤 것이며 또한 그것의 목적을 위해서 마음을 사용할 수 있다. 사실 자아는 마음과 기억과 의지의 기능을 초월하는 신비로운 정체성(identity)과 통합성을 가지고 있다"(Niebuhr 1953, 121).

이제 우리는 "도덕적 에고의 인성 통제력 및 정신의 인격 통어력과 신뢰 구현 능력"의 절을 마무리할 시점에 이르렀다. 먼저 도덕적 에고의 인성 통제력과 신뢰 구현 능력부터 고찰하기로 하자. 도덕적 에고가 기존의 규범들을 유지함으로써 인간관계를 유지할 수 있는 상황(이것을 변화적 혹은 격변적 상황과 대비하여 정상적 상황, 곧 normal situation이라고 부를 수 있을 것이다)에서는 넓게는 당위적 구현 능력, 좁게는 신뢰 구현 능력을 어떻게 함양하고 강화하는가 하는 것이 문제이다. 이 문제의 핵심은 기성세대가 젊은 세대에게 기존의 규범을 맹목적으로 강요하고 명령하고 거기에 위배되는 행위를 금지하고 처벌하는 데 일방적으로 치중할 것이 아니라, 젊은 세대가 자율적으로 규범을 실천할 수 있는 능력을 키우는 데 힘쓰는 것이다. 문제의 근본은 기존의 규범을 지키느냐 위반하느냐에 있는 것이 아니라 당위성 실천의 자율적 능력을 어떻게 키우느냐에 있는 것이다. 우리나라의 지금까지의 도덕 교육은 기성세대가 젊은 세대에게 일방적으로 명령하고 금지하는 데 치중했기 때문에 당위성 실천의 자율적 능력을 키우지 못하고 젊은 세대의 반감과 원한만을 유발했다. 필자가 보기에는 이것이 지난번 대통령과 국회의원 선거에서 보수 진영이 진보 진영에게 패배한 기본적 원인이다. 도덕적 에고의 인성 통제력이 약화되거나 무력화되면 인성의 본능적 요소들이 인성을 지배하여 도덕적 붕괴가 일어나고 신뢰에 대한 배신이 속출하게 된다.

그러면 다음으로 정신 혹은 자아의 인성 통어력과 신뢰 구현 능력에 대해서 살펴보기로 하자. 사회적 또는 시대적 변화 혹은 변혁으로 인해서 기존의 규범을 시정하고, 확대하고 혹은 폐지함으로써 새로운 규범을 창조하여야 하는 사태가 발생한다. 이미 말한 바와 같이 군왕에 대한 충성과 남존여비는 폐지될 수밖에 없게 되었고, 붕우유신은 확대 해석이 불가피하게 되었다. 근자에는 호주제 철폐가 심각하게 논의되고 있다. 이러한 상황에서 문제가 되는 것은 정신 혹은 자아의 자유가 기존의 도덕적 에고를 비판하고 보다 높고 넓은 차원에서 새로운 도덕성이나 규범을 창출하는 것이다. 정신은 잠자지 않고 깨어 있는 한, 죽지 않고 살아 있는 한 궁극적인 것으로 향하는 속성을 가지고 있기 때문에 이 같은 초월적 능력을 가지고 있다. 정신 또는 자아의 자유가 이 같은 비판력과 초월성을 발휘하지 못하면 기존의 규범과 가치가 절대화되고 우상화되어서 요청되는 새로운 차원의 규범 실천이 가능하지 않게 되며 새로운 가치가 구현될 수 없게 된다. 이 경우 새로운 규범이나 가치는 정신 또는 자아의 자유가 항존적 진리로 추구하는 진리, 이성, 사랑 및 정의에 대한 관계에서 창출된다. 그러한 항존적인 것에 대한 관계에서 인간의 정신은 새로운 차원에서 당위성과 신뢰를 창조적으로 구현한다.

3) 신뢰 구현을 위한 습관의 힘

도덕적 에고에 의한 인성 통제는 지적 힘이요, 자아에 의한 인격 통어는 정신적 힘이다. 이러한 지적 혹은 정신적 힘은 교육에 의해서 함양되고 고양되고 또한 실천적 경험에 의해서 강화된다. 이러한 지적 및 정신적 힘과는 달리 당위성 구현에 중요한 도움이 되는 다른 하나가 있다. 그것은 다름이 아니고 '습관'(habit)이다. 습관이 도덕적 실천을 위해 가지는 힘에 관해 최초로 논의를 제기한 것은 아리스토텔레스(Aristotle)이다. 그는 그의 『니코마코스윤리학』(*Nicomachean Ethics*)에서 덕(virtue)을 '지적 덕'(intellectual Virtue)과 '도덕적 덕'(moral virtue)으로 구분하면서 다음과 같이 말했다: "우리가 이미 본 바와 같이 덕은 지적 덕과 도덕적 덕 두 가지로 되어 있다. 지적 덕 혹은 수월성은 주로 그 근원과 발전을 가르침에서 가진다. 그리고 그것을 위해서 이성은 경험과 시간을 요한다. 다른 한편 도덕적 덕은 습관에 의해서 형성된다"(Aristotle 1962, 33). 일단 규범이나 신뢰의 실천이 습관화되면 행위자는 지적 인식이나 의지적 결단에 그리 의존하지 않고 거의 자동적으로 규범과 신뢰를 실천할 수 있다. 뿐만 아니라 행위자는 그러한 습관에서부터 쉽게 이탈할 수가 없다. 흔히 말하는 그대로 습관은 제2의 천성의 힘을 가지고 있기 때문이다.

습관이 가지고 있는 이 같은 힘을 극적으로 부각시킨 것은 철학자 러셀(Betrand Russell)이다. 그는 도덕적 실천의 선한 습관이 형성되면 선한 행위를 행함에서 즐거움을 느끼게 된다고 아리스토텔레스가 생각했다고 하면서 다음과 같이 말했다.

> 혼의 두 가지 부분에 상응하는 두 가지 종류의 덕, 즉 지적 덕과 도덕적 덕이 존재한다. 지적 덕은 가르침에서 오고 도덕적 덕은 습관에서 온다. 선한 습관을 형성함으로써 시민들을 선하게 만드는 것이 입법자의 책임이다. 우리는 정의로운 행동을 함으로써 정의롭게 된다. 이것은 다른 덕들의 경우도 마찬가지이다. 선한 습관을 가지도록 강요당하면 우리는 선한 행위를 함에서 즐거움을 발견하게 된다고 아리스토텔레스는 생각한다. 이러한 사실은 햄릿이 그의 어머니에게 한 다음과 같은 말을 생각하게 한다.

덕을 가지고 있지 않으면 그것을 가지고 있는 것처럼 꾸미기라도 하십시오. 습관이라는 괴물은 그것이 가지고 있는 모든 나쁜 감각을 삼켜 버리는 악마이지만, 올바르고 선한 행위를 함에서는 몸에 적절하게 어울리는 복장을 제공하기도 하는 천사이기도 합니다(Russell 1945, 173).

긍정적으로 말하면 신뢰 실천의 습관은 특별한 의지적 노력 없이 거의 자동적으로 신뢰를 실천할 수 있게 하는 천사이며, 부정적으로 말하면 배신의 습관은 배신의 악덕을 아무런 양심의 가책을 느끼지 않고 배신을 범하게 하는 악마이다. 그렇기 때문에 신뢰 실천의 습관 형성은 신뢰의 중요성을 가르치고 깨우치는 것 못지않게 중요하다.

신뢰 실천의 습관 형성에 관해서 특히 중요한 것은 신뢰 파괴의 배신을 어린이가 부모에게서 처음으로 체험하고 배운다는 사실이다. 물론 이 문제를 보다 심층적으로 규명하면 이미 필자가 학술진흥재단의 2003년의 논문 "신뢰에 대한 심리 · 종교적 이해"에서 밝힌 바와 같이, 심리학자 에릭슨(Erich Erikson)은 이미 어머니와 갓난아기 사이에 신뢰와 불신이 발생할 수 있다고 주장했다. 여기서 에릭슨의 이론의 핵심을 다시 소개하면 대략 다음과 같다. 생후 첫 1년 동안 갓난아기와 어머니 사이에 '기초적 신뢰'(basic trust)와 '기초적 불신'(basic mistrust)이 발생하며, 그것이 개인 속에 그대로 계속 남아 있다가 기대가 무산된 모든 지친 사람에서 다시 살아날 수 있다(Erikson 1968, 82-83; 96). 그리고 또 기초적 신뢰의 허약함은 일생 동안 잠재해 있다가 정신분열증적 및 우울증적 병에 걸린 성인의 성격에서 나타난다(Erikson 1950, 248). 여기서 이 문제에 더 이상 깊이 논할 필요가 없다. 필자가 여기서 강조하려고 하는 것은 유년 시절의 어린이들이 부모의 부주의나 무관심으로 인해서 배신과 불신을 체험하게 되고, 그 결과 그들도 신뢰를 지키지 않는 것을 모방하고 그것을 별로 나쁘게 느끼지 않게 되며 급기야는 습관으로 된다는 사실이다. 예컨대 아버지가 어린 아들에게 다음 일요일에 어린이 공원에 놀러 가기로 약속하고 그것을 별로 심각하게 생각하지 않고 지키지 않았다고 하자. 한 번의 약속 불이행은 이럭저럭 넘어갈 수 있을지 모르지만, 그것이 두 번 혹은 세 번 되풀이되면 어린 아들은 아버지를 불신하게 되고 배신을 체험한다. 뿐만 아니라 어린 아들은 배신을 범하는 것을 배우게 된다. 성인이 되어 사회생활에서도 신뢰를 파괴하는 배신을 체험하는 것이 사실이지만, 어린 시절의 배신과 불신 체험의 영향은 일생 동안 상당한 영향을 행사한다고 보아야 할 것이다. 어린 시절에 가정에서 약속을 지키고 거짓말을 하지 않는 습관의 형성은 성인이 되어서 신뢰를 지키고 실천하는 데 중요한 긍정적 역할을 하게 될 것이다.

(2) 집단적 인간관계에서 본 신뢰 구현 가능성

1) 집단적 이기주의의 강력함과 집요함

본 논문은 서론에서 인간의 삶의 과정 속에는 상당히 많은 패러독스가 있다는 사실에 대해서 말한 바 있다. 인간은 이타적인 동시에 이기적이다. 이것 또한 인간의 삶이 가지고 있는 패러독스의 하나이다. 이 같은 이타성과 이기심의 패러독스는 인간의 개인적 및 사회적 삶을 전개하여 나아가는 가장 중요한 원동력의 하나이다. 인간의 정치적 과제의 핵심은 어떻게 하면 이기심을 억제하고 이타심을 살려서 가능한 한 최선의 정의를 실현하는가 하는 것이다. 신뢰 구현에서도 문제는 어떻게 하면 이기심과 불안 및 공포를 극복하고 당위적 신뢰를 구현할 것인가 하는 것이 핵심적인 문제이다. 신뢰를 파괴하는 배신의 주범은 타인의 권리를 무시하고 유린하고서라도 자기의 이기적 욕구를 달성하려는 이기심이다.

그런데 대인 관계의 이 같은 이기심의 작용은 집단과 집단 사이의 인간관계에서는 개인과 개인 사이의 인간관계에서와는 현저하게 다른 양상을 보인다. 집단과 집단 사이의 관계에서는 이기심이 비도덕일뿐더러 비인간적이고, 야만적이고, 야수적이기까지 하다. 예컨대 노동자 집단과 경영자 집단 사이의 관계는 이기심의 작용이 개인적 인간관계에서보다 현저하게 강하고 비합리적이다. 이 경우보다 심한 경우가 있다. 국가와 국가 사이의 관계 또는 백인과 흑인 사이 같은 인종 관계에서는 국가적 이기심과 인종적 이기심이 가혹하고, 잔인하고, 비인도적이다. 지금 중동에서 벌어지고 있는 종교적 집단과 집단 사이의 이기심은 정치적 권력 쟁취욕과 결합하여 무자비한 이기심 대립의 극치를 보여 주고 있다. 한마디로 말해서 집단 사이의 이기심은 개인의 이기심보다 훨씬 더 강하고 집요하다.

인간 집단의 이같이 강하고 집요한 이기심을 윤리적 논의에서 처음 제기한 것은 니버이다. 그는 그의 우리가 앞서 언급한 그의 저서 『도덕적 인간과 비도덕적 사회』의 서문을 집단의 이기심이 가지는 강렬함과 거기에 대처하는 정치적 대처의 필요성 논의로 시작한다. 그는 다음과 같이 말했다.

> 이 책에서 논의하려고 하는 주제는 개인의 도덕적 및 사회적 행위와 국가적·인종적·경제적 사회 집단의 도덕적 및 사회적 행위 사이에 예리한 구분을 하지 않으면 안 된다는 것이다. 그리고 이러한 구별은 순수한 개인적 윤리가 항상 당혹스럽게 생각하는 정치적 정책(political policies)을 정당화하고 필요로 한다.

이어서 그는 다음과 같이 말했다.

> 모든 인간적 집단에는 충동을 지도하고 견제하는 이성이 덜 작용하고, 자아 초월적 능력이 약하고, 다른 사람의 필요에 대한 이해 능력이 약하고 또한 따라서 집단을 구성하는 개인들이 개인적 관계에서 나타내는 것보다 더욱 억제되지 않은 이기주의(egoism)가 있다.
>
> 집단의 도덕성이 개인의 도덕성보다 열등한 것은 사회가 응집성을 성취하는 자연적 충동에 대처하리만치 충분히 강한 합리적인 사회적 힘을 수립하는 것이 어렵기 때문이다. 그렇지만 그것은 부분적으로는 단지 개인들의 이기적 충동들로 구성된 집단적 이기주의(collective egoism)의 발현 때문이다. 그러한 개인들의 이기적 충동들은 분산되어서 개별적으로 나타날 때보다도 공통된 충동으로 연합될 때 더욱 발랄하게 표현되고 더욱 축적된 효력을 나타낸다(Niebuhr 1932, xi-xii).

이렇게 니버는 집단적 이기주의가 개인의 이기적 충동보다 현저하게 강함을 주장하였다. 니버의 기독교적 사회 윤리 사상은 이 같은 집단적 이기주의를 극복하고 사회적 정의를 실현하는 방안 탐구에 집중했다. 그의 이 같은 연구는 집단적 인간관계에서 신뢰를 구현하는 문제와도 본질적 관계를 가지고 있다.

2) 집단적 이기주의와 신뢰 구현

이렇게 강력하고 집요한 집단적 이기주의를 극복하고 정의를 실현할 수 있는 길을 니버는 도덕적 행위자 개인을 가르치고 설득하고 또는 비난하고 견제하는 방법에만 의존하지 않고, 정치적 힘이 뒷받침하는 정책이나 제도라는 사회적 장치를 사용하는 방법에 의존한다. 전자를 필자는 '도덕적 방법'(moral method)이라 부르고, 후자를 니버는 '정치적 방법'(political method)이라고 불렀다(Niebuhr 1932, xxiv). 말할 것도 없이 니버는 집단적 이기주의가 지배적인 집단과 집단 사이의 인간관계의 정의 실현을 위해서 도덕적 방법보다는 정치적 방법에 의존했다. 그러한 정치적 방법의 개척과 개발이 니버의 사회 윤리의 독자적이고 창조적인 공헌인 것이다.

그러면 니버의 이 같은 정치적 방법의 핵심적 내용은 어떤 것인가? 우선 니버는 집단은 그것을 구성하는 개인들 각자의 힘보다는 강한 '집단적 힘'(collective power)을 가지고 있으며, 그러한 집단적 힘은 개인의 힘으로는 맞서고 대항할 수 없는 힘을 가지고 있기 때문에 도덕적 힘만으로는 억제하고 도덕성 혹은 정의 실현을 강요할 수 없다고 생각한다. 다시 말해서 도덕적 방법만으로는 도덕성을 강요할 수 없다고 본다. 이것을 니버는 "집단적 힘은 힘에 의해서 저항하지 않고는 결코 격퇴될 수가 없다"(Niebuhr 1932, xii)고 했다. 혹은 같은 내용의 말을 니버는 "힘은 힘에 의해서 저항하여야 한다"(Power must be challenged by power)라고 했다(Niebuhr 1932, xv). 니버는 이것을 보다 구체적으로 다음과 같이 말했다: "인간 공동체들의 이기성(selfishness)은 불가피하다. 그것이 지나칠 때 그것은 오직 이익의 경쟁적 주장들에 의해서라야 견제될 수 있다. 그리고 그러한 주장들은 도덕적 및 합리적 설득에 강제적 방법들(coercive methods)이 첨가됨으로써만 효과를 거둘 수 있다"(Niebuhr 1932, 272).

힘에 대해서 힘으로 도전하고 맞서야 함을 주장하는 니버의 이론은 유명한 '힘의 균형'(balance of power 또는 equilibrium of power)의 이론으로 발전했다. 이 이론은 힘에 대해서는 맞설 수 있는 대등한 힘으로 대항함으로써 상대 집단의 집단적 이기주의를 견제하고 정의 실현을 강제적으로 강행할 수 있다는 주장이다. 그의 힘의 균형론은 1943년 『한 시대의 종언에 대한 성찰』에서 처음 언급하기 시작하여 『도덕적 인간과 비도덕적 사회』가 출간되고 나서 3년 후 나온 그의 기독교 윤리학적 저서 『기독교 윤리학의 한 해석』(*An Interpretation of Christian Ethics*)에서 그것이 가지고 있는 정치적 · 사회 윤리적 기능을 부각시켰다. 그는 이 저서에서 진보적 기독교가 악의 현실을 무시하고 현실 세계에서 사랑의 이상이 승리하리라는 희망을 가졌다고 하면서 "이것은 결과적으로 강제성과 갈등과 힘의 균형(balance of power)의 전략을 사용하여 사회 속에 상대적 정의를 수립하는 문제에 대처할 수 없는 정치적 이론을 초래했다"고 말했다(Niebuhr 1935, 87). 같은 저서에서 그는 "바로 정치의 본질은 힘의 균형(equilibrium of power)을 통한 정의의 성취이다"라고 말했다(Niebuhr 1935, 116). 그 후 니버는 "모든 정치적 정의는 집단의 이기적 이익의 무질서 상태를 힘의 균형을 사용하여 어떤 알맞은 질서로 강요함에 의해서 성취된다"고 했다(Niebuhr 1940, 104). 그는 그의 유명한 영국 에딘버러 대학교의 기포드 강의(Gifford Lectures) 『인간의 본성과 운명』(*The Nature and Destiny of Man*)의 제2권 『인간의 운명』(*Human Destiny*)에서도 "이런 의미에서 생명력(vitality)의 균형은 인간의 이기심에 의해서 강요된 조건의 제한성 아래의 형제애의 근사적 실현(approximation)이다"라고 했다(Niebuhr 1943, 265). 이 경우 '생명력'의 균형은 힘의 균형과 같은 뜻이며, '근사적 실현'은 니버의 고유한 용어로서 사랑의 절대적 원리의 현실적인 상대적 실현을 뜻한다.

그러면 집단적 이기주의와 그것의 견제와 억압에 의한 정의 실현을 위한 힘의 역학 관계에 대한 니버의 이론이 신뢰 구현에 대해서 가지는 의의를 살펴보기로 하자. 집단적 이기주의가 지배적인 집단과 집단 사이의 관계에서는 개인적 인간관계에서와 같은 신뢰 구현은 기대할 수 없다. 집단적 관계에서는 인간이 얼마나 믿을 수 있는가 하는 것 같은 도덕성이 문제되기보다는 상대방 집단의 집단적 이기심이 발동하지 못하도록 정치적 힘 또는 경제력이나 군사력에 의해서 억제하고 억압하는 것이 문제이다. 니버가 말하는 힘의 균형이 유지되는 전제 아래에서라야 어느 정도의 합리적 토론과 협상이 가능하며 약속을 지키는 것을 기대할 수 있다. 힘의 균형이 깨지면 신뢰를 기대하는 것은 한갓 환상이 되어 버리고 만다. 집단적 관계에서 개인적 관계에서와 같은 신뢰를 기대하는 것은 집단적 이기주의의 현실을 모르는 감상주의의 어리석은 환상이다.

이 문제를 좀 더 구체적으로 생각해 보기로 하자. 민주주의에서는 국가 권력을 입법, 사법, 행정으로 삼분하는 삼권분리의 구조를 취한다. 이 경우 이 3가지 힘이 동등한 힘을 유지하는 가운데 서로가 견제하는 이른바 견제와 균형(checks and balances)의 기능을 바람직하게 발휘하지 않고는 각 분야의 권력이 소임을 합리적이고 공정하게 수행하는 것을 기대할 수 없고 믿을 수 없다. 여기에서도 인간 각자의 신뢰성이 어느 정도의 역할을 한다는 사실을 부정할 수 없으나 지배적으로 문제가 되는 것은 역시 힘의 균형이다. 노사 관계에서도 노와 사 구성원 각자의 신뢰성의 정도를 전혀 무시할 수는 없지만, 역시 노와 사 사이의 힘의 균형이 유지되지 않고는 서로 믿고 합리적 논의를 하는 것이 가능하지 않다. 필자는 한국학술진흥재단 연구비 지원의 2002년 논문 "신뢰의 사회적 기능에 대한 사회윤리적 이해"에서 남북의 군사적 힘의 균형론에 의해서 한반도의 평화 통일을 논한 바 있다(고범서 2002, 29-37). 그 논문에서 논의하지 않은 문제를 여기서 한 가지만 더 첨가하기로 한다.

이 문제는 다름이 아니고 만일 북한의 핵무기나 대량 살상 세균탄이나 독가스탄이 고도로 발달해서 북한이 그것을 장거리포의 탄두로 사용하게 된다면 그 때의 남북의 군사력의 힘의 균형은 근저로부터 깨지게 된다는 사실이다. 장거리포에서 발사하는 핵탄두나 세균 또는 가스 탄두를 막을 수 있는 요격 무기는 현대로서는 생각할 수 없기 때문이다. 그렇게 되는 날에는 북한은 이미 어리석고 순진한 감상주의자들이 생각하는 것처럼 믿을 수 있는 동족이 아니다. 남한은 공산 통일을 열망했고 또한 지금도 열망하고 있는 북한의 위협 앞에서 노예적 굴복이나 파멸의 양자택일에 직면하게 될 것이다. 그러한 남북 사이에는 이미 신뢰를 운운할 여지가 총체적으로 사라진다. 북핵과 대량 살상무기 제거 문제를 연장하고 시간을 끌면 끌수록 우리는 이러한 파국적 위협에 다가가고 있을 공산이 매우 크다. 북의 핵무기와 대량 살상무기를 두고 대립된 남북의 문제는 집단적 이기주의가 지배하는 집단적 관계를 개인적 관계의 발상으로 대처하려는 것이 얼마나 위험한 감상주의적 어리석음인가를 보여 주는 결정적으로 중요한 예라고 할 것이다.

집단 이기주의가 지배하는 집단과 집단 사이의 신뢰 구현을 위해서 결정적 중요성을 가지는 것은 두 집단의 힘의 균형을 유지하는 방안을 강구하는 것이다. 집단 사이의 관계에서는 힘의 균형 유지만이 가능한 최선의 신뢰를 가능하게 하기 때문이다.

(3) 사회적 · 문화적 환경에 대한 관계에서 본 신뢰 구현 가능성

1) 전통적 사회 속의 신뢰 구현

신뢰 구현의 정도는 그것이 생기하는 사회 · 문화적 환경에 따라서 현저하게 다르다. 먼저 과거의 전통적 사회 또는 농업사회 속의 신뢰 구현에 대해서 살펴보기로 하자. 전통적 사회는 그 특징을 부각시켜서 '공동체'(Gemeinschaft)라고 불린다. 한마디로 말해서 전통적 사회로서의 공동체는 공통된 전통 속에서 감정과 혈연에 의해서 결속되어서 자발적으로 발생한 유기적 인간관계의 사회이다. 뒤에 가서 다시 논하겠지만 이러한 전통적 사회와 구별하여 산업사회는 '이익사회'(Gesellschaft)라고 불린다. 전통적 사회에서는 생활의 활동이 단순하고 그 범위가 혈연 공동체나 부락 공동체의 범위 안에 제한된다. 그러한 공동체를 성립시키는 응집력에 세 가지가 있다. 하나는 혈연적 결속력이라는 자연적 응집력(natural cohesion)이요, 다른 하나는 공동체의 구성원들이 공유하고 있는 전통적 가치 또는 가치관이다. 그리고 또 다른 하나는 이러한 가치 또는 가치관에 근거한 행동의 반복으로 형성된 관습 또는 도덕적 전통이다. 공동체의 구성원들은 이러한 도덕적 습관, 곧 전통에 순응하고 산다. 그래서 미풍양속이 높은 덕으로 여겨진다.

이렇게 단순하고 협소한 사회 속의 인간관계는 이해 문제의 심각한 대립과 갈등이 별로 발생하지 않는다. 신뢰 역시 자연스럽게 생기한다. 부부 간의 신뢰 및 부모 자식 간의 신뢰는 강한 혈연적 응집력에 의해서 자연적으로 구현된다.

극히 드물게 예외적 이탈 발생이 없는 것은 아니지만 말이다. 그러한 신뢰 구현은 거의 본능적인 것이라고 할 수 있다. 협소한 부락 공동체의 구성들 사이에서는 친근감과 습관이 지배한다. 그러한 친근감은 혈연적 응집력처럼 강하지는 않지만 상당한 힘을 가지고 있으며, 습관은 거의 생리화된 것이어서 그것을 위반하는 일은 좀처럼 일어나지 않는다. 이것을 신뢰에서 보면 유교적 윤리가 지배하는 문화권에서는 붕우유신(朋友有信)으로 규정하고 그것이 마땅히 지켜야 하는 오륜의 하나로 확립되어 있다. 그러한 신뢰를 파괴하는 배신은 비도덕적 행위 중에서도 가장 추하게 여겨졌고 멸시의 대상이 되었다. 그러한 전통 속에서 배신을 범한다는 것은 좀처럼 강행하기 어렵다.

전통적 사회 속에서 신뢰를 유지하고 발전시키기 위한 방안은 비교적 단순하고 간단하다. 그것은 도덕적 행위자 각자를 가르치고 훈련하는 것이다. 다시 말해서 부모와 스승이 신뢰를 가르치고 그것을 생활에서 지키고 실천하도록 감독하고 훈련하는 것이다. 여기에 더하여 신뢰를 지키지 않는 행동에 대해서는 비난을 가하고 꾸짖어야 한다. 신뢰의 유지와 발전을 위한 이 같은 모든 방안들은 필자가 이미 말한 바 있는 도덕적 방법이다. 전통적 사회에서는 신뢰의 덕 유지를 위해서 도덕적 방법으로 족하지 정치적 방법을 도입할 필요가 없으며 또 그러한 방법을 도입할 사회적 여건도 조성되어 있지 않다.

2) 산업사회 속의 신뢰 구현

산업사회는 이미 말한 바와 같이 '이익사회'이다. 이익사회는 그 구성원들이 비인격적 계약에 의해서 합리적으로 발전시킨 기계적 형태의 인간관계의 사회이다. 산업사회는 과학 특히 응용과학이 창출한 사회로서 좁고 제한된 '공동체'인 전통적 사회와는 달리 전 국가적으로, 나아가서는 전 세계적으로 확대된 고도로 복잡한 사회이다. 산업사회는 그 과정이 비인격적 이해관계에 의해서 지배되며, 생산과 이윤 추구가 중시되고 거기에 따라서 인격의 존엄성은 경시되고 심지어는 무시되고 유린되기까지 한다. 이런 문제들을 좀 더 구체적으로 살펴보기로 하자.

첫째로 산업사회의 인간관계는 이익 추구를 목적으로 하는 비인격적 관계이다. 산업사회를 지배하고 있는 핵심적 인간관계는 고용주와 피고용자, 즉 자본가와 노동자의 관계이다. 양자의 관계에는 도덕적 및 인격적 요소란 거의 없고 이해관계에 의해서 서로 얽혀 있다. 자본가는 노동자의 노동을 이용해서 이윤을 추구하고 노동자는 자본가로부터 임금을 벌려고 한다. 고용자는 될 수 있는 한 적은 임금을 지불하려고 하고 피고용자는 가능한 한 많은 임금을 받으려고 한다. 양자 사이의 이 같은 대립적 이해관계가 참을 만한 타협을 발견하여 지탱할 수 있는 상대적 정의를 실현하는 데 실패하면 고용자는 피고용자를 인격이 아닌 기계로 취급하고, 피고용자는 고용주를 임금 착취자로 적대시하는 비도덕적인 비극적 사태를 초래한다.

다음으로 산업사회는 복잡하고 다원적인 사회이기 때문에 사회를 구성하고 있는 각 분야가 이해관계에서 서로 대립되고 상반되는 사태를 초래한다. 이러한 경우의 대표적인 것을 하나 제시한다면 지금 우리나라가 직면하고 있는 쌀 수입의 개방 문제이다. 전자 산업과 자동차 산업의 입장에서 보면 그들의 생산품을 수출하기 위해서 외국의 쌀 수입이 불가피하다. 반면 그 같은 쌀 수입 개방은 농민에게는 생사의 문제가 달린 치명적 정책이다. 이것은 복잡하게 얽힌 다원적 산업사회가 글로벌 시대에서 직면할 수밖에 없는 불가피한 운명이다. 이러한 사태는 정부와 사회가 지혜와 전문적 기업을 동원하여 해결하지 않으면 국가적 위기를 초래할 수 있는 중대사이다.

복잡한 다원적 사회가 초래하는 또 하나의 어려운 문제가 있다. 이미 위에서 말한 바와 같이 산업사회에서는 사회 각 분야의 구성원들의 이해관계가 상반되고 대립될 수 있다. 이러한 이해관계의 차이는 의견차 또는 시각차를 동반하게 마련이다. 넓게 말하면 보수적 견해와 진보적 견해가 대립된다. 예컨대 호주제 폐지의 문제를 두고 보수적 입장과 진보적 입장이 갈라진다. 좁게는 성 매매금지의 문제를 두고 인권 제창자들과 숙박업자 및 요식업자 사이의 심각한 의견 대립을 야기할 수 있다. 이러한 시각차를 극복하고 참을 만한 타협과 조화를 창출하는 것 또한 산업사회가 해결하여야 할 중요한 문제이다.

그러면 지금까지 고찰한 바와 같은 산업사회의 특성이 신뢰 구현에 대해서 가지는 의의를 살펴보기로 하자. 이해관계로 성립되어 있고 이해관계로 인해서 대립되고 갈등을 조성하고 있는 산업사회에서 전통적 사회에서처럼 신뢰가 생리적 본능처럼 실천되고 습관에 의해서 유지되는 것을 기대할 수는 없다. 이해타산에 대한 집착은 언제라도 신뢰를 저버리고 배신할 수 있다. 개인적으로는 도덕적 에고나 정신이 고도의 인성 통제력을 가지고 있기 때문에 신뢰 구현 능력을 구비하고 있는 개인도 맹위를 떨치는 집단적 이기주의에 흡수되어서 신뢰 의식이 마비되고 또는 신뢰 수호를 포기하게 강요당한다. 단적으로 말해서 이해관계가 지배하고 인격이 하나의 기계적 기능으로 전락한 산업사회는 신뢰의 사회라기보다는 배신의 사회라고 할 것이다.

그렇다면 이 같은 산업사회에서 신뢰 구현과 신뢰 유지를 위해서 어떤 노력을 하여야 할 것인가? 먼저 생각하여야 할 것은 정치적 방법이다. 다시 말해서 신뢰를 지키는 것이 이득이 되고 배신하는 것이 손해를 보고 나아가서는 처벌을 받는 사회적 정책과 제도를 수립하고, 그것들을 일관성 있고 공평하게 시행하는 것이다. 앞서 "신뢰 구현을 위한 습관"을 논의함에서 인용한 철학자 러셀의 말 속에 "선한 습관을 형성함으로써 신민들을 선하게 만드는 것이 입법자의 책임이다"라는 구절이 들어 있다. 이 구절 역시 정치적 방법을 시사하고 있다. 정치적 방법, 다시 말해서 정책이나 제도의 사용은 정치적 힘의 강제력에 의해서 뒷받침되기 때문에 매우 강한 압력과 위협을 가지고 있다. 정책이나 제도에 위배하면 벌금이나 체형의 처벌을 받기 때문이다.

그렇지만 법적 처벌에만 일방적으로 의존하면 신뢰 구현의 자율적 능력이 발달하지 못함은 물론이요 약화되고 심지어는 사그라져 버리고 마는 지경에까지 악화할 수 있다. 그리고 아무리 산업사회라고 하지만 주어진 집단 구성원 각자, 특히 집단의 지도자의 인성의 자율적 통합 능력의 높고 낮음 또는 성숙과 미성숙은 집단의 도덕성 발휘나 신뢰 구현에 있어서 상대적으로 현저한 차이를 가지고 있다는 사실을 무시할 수가 없다.

그렇기 때문에 산업사회의 신뢰의 구현과 유지 및 신장을 위해서는 도덕적 방법 역시 무시할 수 없는 중요성을 가지고 있다. 따라서 도덕적 방법과 정치적 방법이 병행되어야 한다. 이것은 비단 신뢰에만 국한되는 것이 아니라 도덕성 일반의 경우도 마찬가지이다.

3) 쾌락주의적인 잘못된 행복관 지배의 사회 환경 속의 신뢰 구현

신뢰 문제와 관련해서 지금까지 고찰한 산업사회의 특성 외에 고찰하여야 할 또 하나의 중요한 문제가 있다. 그것은 오늘의 산업사회를 풍미하고 있는 쾌락주의적 행복관이다. 여기서 필자가 말하는 쾌락주의적 행복관은 인간의 지적 및 심미적 만족 및 고차원의 철학적 및 종교적 차원의 정신적 만족을 무시하고 본능적 만족의 극대화를 행복으로 착각하는 잘못된 행복관을 말한다. 필자의 판단으로는 이 같은 쾌락주의적 행복관이야말로 오늘의 산업사회에서 도덕적 부패와 신뢰 파괴의 주범이다. 아래에서 이 문제를 분석하고 진단하고 그 극복책을 강구하기로 한다. 필자는 이 문제에 대해서 신뢰에 관한 학술진흥재단의 2001년 논문 "신뢰의 윤리적 이해"에서 간단하게 논한 바 있다(고범서 2001, 63-64). 여기서는 이 문제를 좀 더 심층적으로 분석하고 규명하기로 한다.

기술의 발달은 산업사회로 하여금 대량 생산에 들어가게 했고, 그 결과 이른바 물질적 풍요의 시대를 초래했다. 뿐만 아니라 기술의 발달은 생활의 모든 분야에서 편리함을 가져왔다. 물질적으로 풍족하고 편리한 생활은 즐겁고 행복감을 느끼게 한다. 그 결과 산업사회의 소비문화 속에서는 물질을 될 수 있는 대로 많이 소비하고 편리하게 사는 것이 삶의 목적 자체로 착각되게 되었다. 사람들이 정신없이 추구하는 또 하나가 있다. 그것은 권력이다. 물질과 권력에 떨어지지 않고 붙어 다니는 것이 있다. 그것은 명예 혹은 명성 또는 인기이다. 이렇게 해서 부와 권력과 명성은 산업사회의 우상이 되었으며, 그것들만 가지면 행복할 수 있다고 사람들은 착각한다. 사람들은 이 세 가지만 가능한 데까지 많이 소유하면 행복할 수 있다고 착각하고 그것들을 삶의 목적 자체로 추구한다.

인간이 생존하기 위해서는 본능적 식욕과 그것이 발달한 물욕 또는 부에 대한 욕망 및 지배적 본능이 발달한 권력욕을 어느 정도는 만족시켜야 한다. 그러나 물욕과 권력욕이 절대적 가치가 되어서 인성의 통합력이 되어 인성을 지배하면 인격적 파산과 거기에 따른 도덕적 붕괴가 초래된다. 그렇게 되면 인격의 당위성 구현 능력이 상실되고 신뢰 구현 능력 역시 무력화된다. 이렇게 볼 때 오늘의 산업사회의 삶의 방식으로 삶을 지배하고 있는 쾌락주의적 행복관 다시 말해서 물욕과 권력욕만 최대한 만족시키면 행복해질 수 있다는 잘못된 행복관은 온

갖 비도덕성과 신뢰 파괴의 가장 주목하여야 할 주된 원인이라고 보아야 한다. 그렇다면 두 가지 문제가 제기된다. 하나는 도대체 이렇게 잘못되지 않은 참된 행복은 무엇이며, 다른 하나는 그런 행복관에 의한 삶의 영위를 가능케 하는 길은 무엇인가 하는 것이다.

먼저 참된 행복이 무엇인가 하는 문제부터 살펴보기로 하자. 쾌락주의적 행복관은 인간의 만족감(satisfaction)에는 쾌락(pleasure)만이 있다고 생각하는데 그것은 잘못이다. 쾌락이라는 말은 인간의 본능적 욕구의 만족을 나타내는 데 제한되어야 한다. 본능은 인간과 동물이 공통으로 가지고 있는 것이며, 따라서 쾌락 역시 인간과 동물에게 공통된 것이다. 인간은 동물과는 달리 지적 및 심미적 욕구를 가지고 있다. 그렇다면 이러한 인간 고유의 인간적 욕구의 만족을 나타내는 쾌락과는 구별되는 용어가 있지 않으면 안 된다. 인간적 욕구의 만족을 나타내는 말을 만들어 낸 것은 심리학자 프롬이다. 그는 인간적 욕구의 만족감을 나타내기 위해서 'joy'라는 말을 사용했다. joy는 '기쁨'을 나타내는 말이지만 필자는 이것을 '희락(喜樂)'이라고 부르기로 한다. 그러면 프롬이 'pleasure'와 'joy'를 어떻게 구별하는지 살펴보기로 하자.

그는 양자를 구별하기 위해서 먼저 '심리적 결핍'(psychological scarcity)과 '심리적 풍요'(psychological abundance)의 두 개념을 도입한다(Fromm 1947, 186). 그는 이 두 개념의 차이를 '배고픔'(hunger)과 '성욕'(sex)에 의해서 설명한다. 그는 먼저 '배고픔'에 관해서는 '배고픔'과 '식욕'(appetite)을 구별하여 "강한 배고픔의 생리적 욕구를 만족시키는 것은 쾌감을 느끼게 한다. 왜냐하면 그것이 긴장을 진정시키기 때문이다. 식욕의 만족에서부터 오는 쾌락은 배고픔의 만족과는 질적으로 다르다"고 말한다.

그리고 이어서 이렇게 질적으로 다르다는 것이 의미하는 바를 다음과 같이 설명한다: "식욕은 풍요의 현상이다. 그 만족은 필수적인 것이 아니고 자유와 생산성(productiveness)의 표현이다. 식욕에 수반되는 쾌락은 '기쁨'(joy)라고 부를 수 있을 것이다"(Fromm 1947, 187). 그가 이렇게 말할 때 '자유'와 '생산성'은 무엇을 말하는가? 식욕은 배고픔처럼 필연적이고 기계적인 본능이 아니라 인간의 잉여적 에너지(surplus energy)를 사용해서 인간의 자유가 그의 지적 및 심미적인 잠재적 가능성을 발전시킨 것이라는 것을 의미한다. 이것을 프롬은 다음과 같이 말한다: "이런 의미의 미각(taste)은 음악이나 예술의 미각처럼 문화적 발전과 세련화의 산물이다. 그리고 그것은 풍요라는 말의 문화적 및 심리적 의미의 풍요의 상황에서만 발달할 수 있다"(Fromm 1947, 187).

프롬은 성욕에 대해서도 배고픔과 식욕과 같이 구별을 한다. 그는 프로이트(Freud)의 성욕은 전적으로 생리적으로 일어나는 충동에서부터 발생하는 것으로서 배고픔처럼 만족에 의해서 진정되는 긴장이라고 한다. 프로이트의 이 같은 성욕 개념은 오직 풍요의 영역에서만 일어나는 현상인 식욕에 해당되는 성적 욕구와 쾌락을 무시한다는 것이라고 한다. 프롬은 이 같은 두 가지 성적 욕구를 구별하여 다음과 같이 말한다: "성적으로 '배고픈' 사람은 생리적 혹은 심리적 긴장의 진정에 의해서 만족된다. 그리고 이러한 만족은 그의 쾌락을 구성한다. 그러나 기쁨(joy)이라고 우리가 부르는 성적 쾌락은 풍요와 자유에 뿌리박고 있으며 감각적 및 감정적 생산성의 표현이다"(Fromm 1947, 188). 이 경우도 성적 기쁨은 자유가 잉여적 에너지를 사용하여 감각적 및 감정적 잠재 가능성을 발달시키고 세련화한 것이다.

이상의 설명에서 볼 때 식욕의 기쁨도 성적 기쁨도 인간의 지적 및 심미적 잠재 능력을 자유가 발전시키고 세련화하는 활동, 곧 프롬이 말하는 생산적 활동에 수반되는 만족감이다. 이러한 입장에서 프롬은 쾌락과 기쁨 곧 희락의 구별을 다음과 같이 종합하여 설명한다.

> 행복(happiness)은 신들의 선물이 아니라 인간의 내면적 생산성에 수반되는 성취이다. 행복과 희락은 생리적 혹은 심리적 결여(lack)로부터 발생하는 욕구의 만족이 아니다(그것은 쾌락이다 — 필자 첨가). 행복과 희락은 긴장의 진정이 아니라 사상과 감정과 행동의 모든 생산적 활동의 부수물이다.

이어서 그는 happiness와 joy는 같은 것이지만 joy는 복수로 쓸 수 있으나 happiness는 지속적이고 통일된 경험이어서 복수로 쓸 수 없다고 아래와 같이 말하였다.

"희락과 행복은 질적으로 다르지 않다; 그것들은 희락이 단일 행동을 말하는 데 대해서 행복은 희락의 계속적이고 통일된 경험을 나타내는 점에서만 다르다. 우리는 'joys'라고 (복수로) 말할 수 있지만 'happiness'라고 (단수로) 말할 수 있을 뿐이다"(Fromm 1947, 189).

지금까지 고찰한 프롬의 주장으로부터 우리는 다음과 같은 결론을 내릴 수 있다. 즉 인간의 욕구에는 본능적 욕구만이 있는 것이 아니라 인간 고유의 지적 및 심미적 욕구가 있으며, 전자의 만족은 쾌락을 수반하고 후자의 만족은 희락을 수반한다.

그런데 인간의 만족감에는 이 두 가지 외의 또 하나의 높은 차원이 있다. 그러한 높은 차원의 만족감을 신학자 틸리히(Paul Tillich)는 'blessedness'라고 했다. blessedness는 축복, 지복(至福), 정복(淨福) 등으로 번역할 수 있으나 필자는 이것을 희락과 조화를 이루기 위해서 열락(悅樂)이라고 번역하기로 했다. 그러면 틸리히가 말하는 열락이 어떤 것인지를 살펴보기로 하자.

틸리히는 기쁨, 곧 희락은 기쁨과 슬픔을 초월하는 어떤 것을 그 자체 속에 가지고 있으며, 그것은 기쁨이 영원한 차원을 가진 축복된 사람이 누릴 수 있는 것이라고 다음과 같이 말한다.

왜냐하면 기쁨은 기쁨과 슬픔을 초월하는 어떤 것을 가지고 있다. 이러한 어떤 것은 축복(blessedness)이라고 불린다.

축복은 기쁨 속에 있는 영원한 요소로서 기쁨으로 하여금 그것이 거기서부터 나온 슬픔을 자기 속에 포함할 수 있으며 받아들일 수 있다. 산상수훈에서 예수는 가난한 자들, 슬퍼하는 자들, 굶주리고 목마른 자들, 핍박받는 자들에게 "축복받았다"(blessed)고 불렀다. 예수는 그들에게 "기뻐하고 즐거워하라"고 했다. 축복받은 자들과 기쁨이 영원한 차원을 가진 자들은 슬픔 속에서 기뻐할 수 있다(Tillich 1956, 150).

틸리히는 신학적 입장에서 축복, 곧 열락을 해명했다. 그렇지만 슬픔과 고통, 그리고 심지어 죽음까지 초월할 수 있는 기쁨은 종교적 신앙의 높은 차원에만 국한되는 것이 아니다. 높은 철학적인 진리에 대한 깨달음 또는 민족과 조국을 위해서 목숨을 바치는 사랑, 예컨대 안중근 의사의 조국애에서도 찾아볼 수 있다. 이러한 희락은 슬픔과 고통 심지어는 죽음까지 초월할 수 있으며 그것들을 자기 속에 포함할 수 있는 기쁨으로서 축복된 사람만이 누릴 수 있는 열락이다.

이렇게 인간이 체험할 수 있는 만족감에는 쾌락, 희락, 열락의 세 가지 차원이 있으며, 이 세 가지는 각기 질적으로 다르다. 우선 쾌락과 희락의 성질부터 살펴보기로 하자. 프롬은 쾌락과 희락의 차이를 밝히기 위해서 심리적 자극을 '단순자극'(simple stimulus)과 '활성화 자극'(activating stimulus)으로 구별하고, 이 두 개념을 해명을 위한 도구로 사용한다. 전자는 본능적 욕구를 유발하는 자극이요, 후자는 지적 및 심미적 욕구를 유발하는 자극이다. 단순자극은 생리적 반사를 일으키는 자극이요, 배고픔과 본능적 성욕에 대한 자극은 여기에 해당한다. 활성화 자극은 소설, 시, 이념, 풍경, 음악 또는 사랑하는 사람 같은 것이다(Fromm 1973, 269). 단순자극은 수차 반복되면 자극력을 상실하게 된다. 자극이 계속 자극력을 가지려면 자극의 '강도'(intensity)가 강화되어야 하고 그것이 한계에 이르면 자극의 내용(content)을 바꾸어야 한다. 다시 말해서 어떤 새로운 자극의 요소가 필요하게 된다(Fromm 1973, 269). 이것을 구체적 예로 설명하면 계속 콩나물국만 먹으면 곧 싫증이 난다. 콩나물국이 계속 자극을 가질 수 있게 하기 위해서는 두부를 넣고 어묵을 넣고 고기 등을 섞어서 콩나물국의 자극을 강화해야 한다. 그러나 그렇게 맛을 강화해도 한계에 도달하면 미역국으로 바꾸어야 한다. 다시 말해서 내용을 바꾸어야 한다. 그런데 이러한 단순자극이 주는 만족감이 바로 쾌락인 것이다.

이와는 달리 활성화 자극은 항상 새롭고 항상 변화한다. 자극 받는 사람은 자극이 간직하고 있는 새로운 국면을 발견함으로써 자극에 생명을 불어넣고 바꾼다(Fromm 1973, 269-270). 이것을 프롬은 다음과 같이 말한다: "활성화 자극은 … 만족의 시점을 가지지 않는다. 다시 말해서 그것은 사람으로 하여금 결코 '이제는 충분하다'고 느끼게 하지 않는다. 물론 정상적인 신체적 피곤이 찾아올 때는 예외지만 말이다"(Fromm 1973, 271). 이것을 구체적 예에 의해서 설명하면 모차

르트(Mozart)나 베토벤(Beethoven)의 음악은 몇백 년을 두고 변함없이 계속 아름다운 감동을 줌으로써 싫증을 느끼게 하지 않는다. 이러한 활성화 자극이 주는 만족감이 바로 희락인 것이다.

쾌락과 희락의 질적 차이를 한마디로 말하면 쾌락은 곧 싫증이 나고 권태감(boredom)을 느끼게 하지만 희락은 깊고 지속이고 싫증과 권태감을 느끼지 않게 한다. 쾌락의 자극을 계속시키기 위해서 사람들은 풍요한 산업사회 속에서 소비품을 바꾸고 또 바꾸다가 그래도 싫증과 권태감이 진정되지 않으면 술(alcohol)로 도피하여 권태감을 잊으려고 하고, 성적 상대를 바꾸고 심지어는 부부 교환을 하는 그룹 섹스(swingers)에 전락한다. 그런 탈선으로도 병적인 권태성 디프레션(boredomchronic depression)이 해결되지 않으면 마약 환자가 되는 사태에 떨어진다(Fromm 1973, 277-278). 이것이 쾌락주의의 말로이다. 생존을 위해서 쾌락을 전적으로 부정할 수는 없지만 쾌락을 전부로 생각하고 쾌락의 극대화를 행복으로 생각하는 쾌락주의는 나쁘고 배격되어야 한다. 인간은 어디까지나 인간이다. 이른바 성공가도를 달림으로써 아무리 물욕과 권력욕과 명예욕이 만족된다고 할지라도 그것으로 만족하고 행복한 것이 아니다. 무의식적인 공허감과 불안감이 잠재해 있다가 성공을 위한 전생에 이상이 생겼을 때 나타난다. 그 같은 이상이 전혀 일어나지 않을지라도 인간적 욕구 성취의 실패로 인한 공허감과 무의미성의 엄습은 위궤양, 심장병 및 심리적 원인으로 인한 각종의 병에 걸리게 한다(Fromm 1950, 75 참조). 물욕과 권력욕만 채우면 행복할 것이라는 생각은 잘못된 것이다.

그러면 마지막으로 열락은 어떤 특성을 가지고 있는가? 연락은 최고 수준의 종교적 신앙과 사랑 및 진 · 선 · 미에 대한 절대적 투신(投身)에 수반되는 것으로서 축복된 특정의 사람만이 누릴 수 있는 기쁨이다. 그렇기 때문에 그것은 일반 사람과는 거리가 먼 이상적 수준의 기쁨이다. 그렇지만 그것이 일반 사람과 관계가 없는 것이 아니다. 그것은 이상으로서 인류의 열망과 동경의 대상이다. 그것은 근사적 실현(approximation)을 통해서 인류의 삶을 상승시키고 승화시키는 역할을 한다.

이렇게 해서 인간의 만족감에는 쾌락, 희락, 열락의 세 가지 차원이 있다. 이

세 가지는 상하의 위계질서를 가지고 있다. 쾌락은 맹목한 동물적 본능의 영역에 속하지만 생물적 생존을 위해서 필수적이다. 희락은 생존을 위해서 필수적이 아니지만 쾌락에게 합리적 판단을 제시하고 그것을 승화하고 상승시킨다. 열락은 희락에 속하면서 그것을 초월하여 고통과 불안 심지어는 죽음까지도 이기고 그것들을 초월함으로써 기쁨을 누릴 수 있게 하는 인간다운 삶의 이상적 극치이다. 쾌락이 지배하는 삶은 비도덕적 삶이요, 신뢰 구현을 기대할 수 없는 삶이다. 바람직한 삶은 쾌락을 가능한 한 절제하고 희락이 삶을 통제하고, 나아가서는 열락이 희락을 필요에 따라서 비판하고 초월함으로써 보다 높은 차원에서 인성을 통어하여야 한다.

이렇게 쾌락을 부정하지는 않지만 가능한 한 절제하는 삶을 필자는 '신금욕주의'(new asceticism)라고 부를 것을 제의한다. 그것은 본능적 욕구가 주는 쾌락은 가능한 한 절제하고 희락은 풍부하게 누리고 그것을 열락에 의해서 초월하여 보다 높은 정신적 차원의 삶을 열망하고 추구하는 삶이다. 필자가 말하는 참된 행복관이란 이런 행복관을 말한다.

그러면 이 같은 참된 행복관을 구현하고 정착시킬 수 있는 길은 무엇인가? 도덕적 방법과 정치적 방법을 함께 사용하여야 한다. 도덕적 방법에 의해 사회 구성원 각자, 특히 젊은 세대의 각자를 쾌락을 삶의 목적으로 착각하지 않고 희락과 연락의 세계를 발견하고 추구하며 살게 교육하고 훈련하는 것이다. 이것을 전통적 용어로 표현하면 전인교육(全人教育)을 하는 것이다. 오늘날 우리나라 교육은 인성 교육을 등한시하고 기능 교육에만 치중하고 있다. 초 · 중 · 고 교육은 시험을 위한 교육에만 치중하여 인성 교육을 소홀히 하고 있다. 대학은 고등 직업 훈련소가 되어 가고 있다. 각 분야가 고도로 전문화된 산업사회의 교육이 기술 교육을 강조하는 것은 당연한 시대의 추세이지만, 그렇다고 해서 인성 교육, 곧 교양 교육을 소홀히 하여 빈약하게 만들면 사회의 도덕적 및 문화적 저하와 속화, 급기야는 붕괴를 초래할 수 있다. 정치적 방법 역시 도덕적 방법의 목적을 지원하고 강화하여야 한다. 정치적 방법은 개인적 소비는 억제하고 이윤의 사회적 환원을 적극 유도하고, 사적 영역은 가난하고 공적 영역은 풍부하게 하는 정책과 제도를 수립하고 효율적으로 운영하여야 한다.

3. 결론: 신뢰가 신뢰를 낳는 사회 구현

지금 우리나라는 신뢰 붕괴에 직면해 있다. 신문은 날마다, 텔레비전 방송의 뉴스는 시간마다 사기, 협잡, 범죄를 계속 보도하고 있다. 나라 전체가 부패민국이고 불신민국임을 절감하게 하고 있다. 이러한 위기를 극복하기 위해서 해결하여야 할 문제가 허다하지만 그중에서도 가장 절실한 것은 신뢰를 회복하고 불신과 배신을 극복하는 것이다. 이 일을 성공적으로 수행하기 위해서는 도덕적 방법과 정치적 방법이 서로 긴밀하게 협력하고 협동하여 신뢰를 지키는 사람이 인정받고 성공할 수 있는 사회를 만드는 것이다. 자동차 제조회사는 하자가 있는 자동차를 손해를 감수하고 리콜을 실시한다. 자기 회사 제품의 신뢰를 유지하고 강화하기 위해서이다. 이것은 다른 상품의 경우도 마찬가지이다. 그 상품의 브랜드의 신뢰도를 지키기 위해서 하자가 있는 상품의 회수와 폐기를 손해를 감수하고 강행한다. 그러면 그 브랜드의 신뢰도가 확고해지고 높아진다. 신뢰가 신뢰를 낳는 것이다. 이처럼 신뢰가 신뢰를 낳는 사회 구현이 지금 우리나라가 전력을 경주하여야 할 가장 시급한 과제이다.

참고문헌

고범서. 2001. "신뢰의 윤리적 이해." 서울: 한림과학원 『신뢰연구』 제11권 통합호.

______. 2002. "신뢰의 사회적 기능에 대한 사회윤리적 이해." 서울: 한림과학원 『신뢰연구』 제12권 2호.

Aristotle, 1962. *Nicomachean Ethics.* Translated by Martin Oswald. Indianapolis and New York: Bobbs-Nerrill Company, Inc.

Erikson, Erich H. 1950. *Childhood and Society.* New York: W. W. Norton & Company, Inc.

______. 1968. *Identity: Youth and Crisis.* New York: W. W. Norton & Company, Inc.

Fromm, Erich. 1947. *Man for Himself.* New York: Holt, Rinehant and Winston.

______. 1950. *Psychoanalysis and Religion.* New Haven & London: Yale University Press.

______. 1973. *The Anatomy of Human Destructiveness.* New York: Fawcett Crest.

Kaufman, Gordon. 1993. *In Face of Mystery.* Cambridge, Massachusetts: Harvard University Press.

Niebuhr, Reinhold. 1932. *Moral Man and Immoral Society.* New York: Charles Scribner's Sons.

______. 1934. *Reflections on the End of an Era.* New York: Charles Scribner's Sons.

______. 1963. *An Interpretation of Christian Ethics.* New York: Seabury Press; First published Harper & Brothers, 1935

______. 1940. *Christianity and Power Politics.* New York: Charles Scribner' s Sons.

______. 1943. *The Nature and Destiny of Man.* Vol. II: Human Destiny. New York: Charles Scribner's Sons.

______. 1953. *Christian Realism and Political Problems.* New York: Charles Scribner's Sons.

______. 1954. *The Self and the Dramas of History.* London: Faber and Faber LTD.

______. 1959. *The Structure of Nations and Empires.* New York: Charles Scribner's Sons.

Russell, Betrand. 1945. *A History of Western Philosophy.* New York: Simon and Shuster.

Tillich, Paul. 1956. *The New Being.* London: SCM Press LTD.

Ⅱ. 신뢰와 민주주의: 이론적 근거규명을 중심으로

박효종*

1. 문제의 제기

민주주의는 '신뢰의 제도화'보다 '불신의 제도화'를 전제하고 있다는 점에서 그 독특한 특성을 갖고 있다. '불신의 제도화'란 정치제도나 정치 행위자, 즉 호모 폴리티쿠스(homo politicus)의 선의를 믿기보다 믿지 않을 것을 전제하고 감시와 경계, 의혹의 눈길을 보내며 행동의 선택을 유도하는 메커니즘의 제도화를 말한다. 예를 들면 정치 지도자들은 아무리 선거에서 다수의 지지에 의해서 뽑혔다고 하더라도 국민의 뜻에 부응하기 위하여 노력하는 존재라기보다는 자기 자신의 사익을 제고하기 위하여 노력하는 존재로 의심을 받는다. 이해관계가 있는 정책 문제에서도 공인의 입장에서 결정하기보다는 자신의 이익을 위하여 결정권을 행사한다고 상정된다. 또한 권력을 분점하려고 하기보다는 독점하는 존

* 서울대학교 윤리교육과 교수

재, 혹은 절제된 권력에 만족하기보다 끊임없이 권력을 오·남용하려는 유혹에 직면하며 절대권력을 지향하는 존재로 생각된다. 이와 같은 정치권력에 대한 불신과 의구심은 추상적 명제가 아닌 역사적 경험에서 기인하는 것이다.

'호모 폴리티쿠스'에 대한 불신을 전제로 입헌주의(constitutionalism)를 강조하고 삼권분립을 도입하며 대통령의 임기를 제한하고 혹은 이해관계가 상치되는(conflict of interests) 제도를 구축하는 것이 민주주의이다. 같은 맥락에서 국민소환제도나 공직 임기 제한제도를 만들기도 한다. 이러한 '불신의 제도화'는 액셀로드(R. Axelrod 1984)가 개념화한 바 있는 '티포태'(tit for tat) 전략, 즉 상대방에 대해서 조건적으로 대응하는 전략에서 처음에 협력하는 대안, 즉 신뢰하는 대안의 특성을 비협력, 즉 불신하는 전략으로 바꾼 '내스티 티포태'(nasty tit for tat)로 이해할 수 있다. 이것은 내 손으로 뽑은 대표자라도 믿지 말고 "항상 감시하고 경계하자"는 전략인 셈이다. 그 이유는 권력과 권위 관계를 본질적 속성으로 하는 정치 영역에서 신뢰, 특히 맹목적인 신뢰가 제도화될 경우, 권력의 절대화, 권력의 오·남용 혹은 개인의 자유와 권리에 대한 임의적 제한 등, 오히려 심각한 문제가 발생할 것을 우려했기 때문이다.

하지만 의문이 있다. 민주주의를 근본적으로 '불신의 제도화'(institutionalization of distrust)로 접근하는 방식이 타당한가 하는 물음이 그것이다. 이에 답변하기 위해서는 민주주의를 '불신의 제도화'로 접근한 발상의 원천이 무엇인가 하는 점을 점검할 필요가 있다. 이 점에 관한 한, 로크의 통찰이 원천적이다. 로크는 부모나 신에 대한 신뢰가 정부에 관한 신뢰와 같을 수 없다고 주장하였다. 부모와 자녀의 관계, 신과 인간과의 관계는 정부와 피통치자와의 관계와 유의미하게 비교될 수 없기 때문이다. 자녀는 부모를 믿으면 되지, 부모를 감시할 필요는 없다. 그런가 하면 인간도 신을 믿으면 되지, 신을 감시할 필요가 없다. 그러나 정부와 피통치자의 관계는 다르다. 피통치자는 정부를 믿는 것으로 충분하지 않고 정부가 '좋은 통치'나 '책임 있는 통치'를 하는지 감시해야 한다는 것이 로크의 견해이다. 여기서 중요한 것은 정부의 통치 행위를 감시하는 메커니즘이 정부의 통치에 대하여 신뢰를 가지는 메커니즘과 모순되는 것이 아니라는 사실이다. 오히려 피통치자들은 통치자들에 대하여 신뢰를 갖기 위해 감시하는 것이다.

본 연구에서는 이러한 기저 위에서 신뢰가 민주주의의 기본이며 또한 기본이 되어야 한다고 생각한다. 특히 민주주의가 꽃피기 위해서는 '특수화된 신뢰'(particularized trust)를 넘어서서 '일반화된 신뢰'(generalized trust)가 구축될 필요가 있다. 그렇다면 '일반화된 신뢰'를 진작시킬 수 있는 민주주의적 비전이 있는가. 이 문제와 관련, 로크는 신탁 모델에 입각한 대의민주주의를 거론해 왔다. 이번 논의에서는 우선 신탁 모델을 점검하면서 그 취약점을 부각시킬 예정이다. 한편 그 대안으로 최근 심의민주주의가 각광을 받아 왔다는 사실에 주목할 필요가 있다. 즉 공론적 심의가 '일반화된 신뢰'를 활성화시키는 데 효과적이라는 비전에 비판적 지지를 표명하고 있는 본 연구에서는 심의민주주의가 '신뢰의 제도화'로서 갖는 가능성과 한계를 지적하고자 한다.

2. 이론적 관점

오늘날 신뢰는 '민주주의의 질'(quality of democracy)과 관련하여 중요한 '사회적 자본'(social capital)의 범주로 떠오르고 있다. 보수와 진보 등 이념적 균열부터 시작하여 지역 균열, 세대 균열이 상존하는 한국의 상황에서 '일반화된 신뢰'(generalized trust)가 증진되어야 할 필요성은 절박하며, 정치적 · 사회적 · 경제적 행위자들이 이 필요를 충족시켜야 한다는 당위에 봉착하고 있다.

이번 논의에서는 신뢰의 개념을 이론적으로 천착 · 규명하고자 먼저 학계에서 사용되고 있는 신뢰의 개념을 조망하면서 방법론적 관점에서 기존의 개념에 편향성이 있음을 지적할 예정이다. 이 과정에서 기존의 신뢰 개념이 지나치게 개인 간에 이루어지는 신뢰의 범주에 고착되어 있고 또한 사회적 · 문화적 접근 방식에 편향되어 있어 '정치적 관계'에서 나타나는 신뢰와 위험, 불신의 문제를 아예 제외하고 있지 않은가 하는 의구심을 표출할 필요가 있다. 개인 간의 관계와 사회적 관계에 초점을 맞추고 있는 기존의 사회학적 접근 방식을 비판하고 수정된 개념을 제시하는 과정에서 정치적 관계와 제도적 관계를 중시하는 민주주의를 분석의 대상으로 삼을 것인데, 특히 여러 가지 민주주의 모델 가운데 심의민주주의의 기본적 관점이 원용될 것이다.

(1) 개인과 신뢰

전통적인 신뢰론자들, 특히 퍼트남(R. Putnam)이나 후쿠야마(F. Fukuyama) 혹은 감베타 등의 신뢰에 대한 접근 방식의 특징이라면, 호모소치올로지쿠스(homo sociologicus)에 입각한 신뢰를 전제로 하고 있다는 점이다. 한 인간과 다른 인간 사이의 관계로 접근하고 있기 때문이다. 신뢰란 한 행위자가 다른 행위자의 특정한 행동을 예측하는 주관적 확률이다(Gambetta 1988, 217). 어떤 사람을 신뢰할 만하다고 말하는 것은 그가 '나'에게 이익이 되거나 혹은 적어도 해롭지 않은 행동을 할 확률이 충분히 높기 때문에 그에게 호의를 베풀 수 있다는 것을 의미한다. 신뢰자(truster)는 피신뢰자(the trusted)의 행동이 일관성이 있고 믿을 수 있다는 증거와 신호를 시간을 두고 축적함으로써 피신뢰자의 신뢰성을 가늠한다. 반대로 피신뢰자가 과거에 신뢰자에게 신뢰감을 주었던 행동이 피신뢰자에게 자기구속적인 도덕적 힘으로 작용한다. 피신뢰자는 신뢰를 산출하는 행동을 계속함으로써 신뢰자의 기대를 충족시키고 자신의 신뢰성을 높인다. 신뢰관계가 형성되기 위해서는 상호주의(reciprocity)의 규범이 형성되어야 할 것이다. 피신뢰자는 신뢰받고 있다는 사실을 알고 있어야 하며, 신뢰를 존중하는 의무감과 함께 존중할 수 있는 능력이 있어야 한다. 이 경우 신뢰 관계는 자기 규제적이고, 한 걸음 더 나아가 자기 확대적 방향으로 나가게 될 것이다.

신뢰와 불신은 비대칭성(asymmetry)의 관계이다. 신뢰는 구축하기 어려우나 파괴하기는 쉽기 때문이다. 파괴된 신뢰를 재건하는 데는 많은 시간과 노력이 요구된다. 불신이 깊을 때 그 불신을 제거하는 것은 어렵다. 불신이 자리 잡고 있으면 사람들은 이를 확인하는 자기 성취적 행동을 하는 경향을 보이기 때문이다(Gambetta 1988, 234). 불신을 학습한 사람은 신뢰의 위험 부담이 너무 크기 때문에 신뢰할 수 없다는 믿음을 강화하게 마련이다.

이처럼 신뢰를 인간 사이의 관계(interpersonal relations)로 규정하려는 시도와 관련하여 퍼트남과 후쿠야마의 개념 규정은 대표적이다. 후쿠야마(1995, 34)는 신뢰를 '전수받은 윤리적 습관'(inherited ethical habit)으로 규정한다. 달리 말하자면 신뢰란 '공유하고 있는 도덕적 규범 혹은 가치의 선재하는 공동체의 산물'(the product of preexisting communities of shared moral norms and values)이라는 의미이다(336). 같은 맥락에서 퍼트남(1993, 171-174)은 '상호주의'(reciprocity)와 '시민 참여의 망'(networks of civic engagement)을 신뢰의 두 가지 원천으로 들고 있다. 하지만 엄밀한 의미에서 첫 번째의 '상호주의' 는 두 번째의 '사회적 망'의 함수이므로 결국 '사회적 망'이 핵심이 된다. 퍼트남에 의하면, 자발적 결사체의 망은 '단기적 이타주의'(short-term altruism)와 '장기적 이타주의'(long-term altruism)의 반복된 교환을 산출한다. 이처럼 이타주의의 합리적 교환과 시간을 통하여 지속된 신뢰의 직접적 결과는 일반화된 상호주의 규범의 발전으로 나타난다.

흥미로운 것은 국내 학계의 신뢰에 대한 담론에서도 '호모 소치올로지쿠스'에 입각한 개념화가 현저하다는 사실이다. 유석춘(1999)은 한국의 사회 자본 문제를 탐구하는 데 있어 자원적 결사에 의한 연결망과 연고에 의한 연결망으로 구분하여 접근하고 있다. 이재열(2001)도 신뢰를 사회적 관계와 사회 체계의 관점에서 접근하고 있다. 이것은 결국 신뢰 문제를 개인 간의 관계로 환원시켜 조망하는 퍼트남과 후쿠야마의 방식을 원용하고 있음을 뜻한다.

그렇다면 이러한 '호모 소치올로지쿠스'에 입각한 접근 방식의 문제점은 무엇인가. 세 가지 차원에서 문제를 제기할 수 있다고 생각된다. 무엇보다 신뢰를 개념화하는 방식이 개인적 관계에서 그 토대를 찾고 있다는 점이다. 우리의 사회생활을 보면 개인적 관계에 입각한 신뢰 문제가 중요하다는 사실에 이의를 제기할 사람은 없다. 사람을 소개하거나 추천할 때 흔히 듣게 되는 말은 "그 사람 믿을 만한가?" 하는 말일 것이다. 친구로부터 요청을 받고 돈을 꾸어 줄까 하는 문제를 결정하는 데 있어서도 신뢰자와 피신뢰자 간의 관계는 중요하다. 혹은 삼손은 데릴라를 너무나 쉽게 신뢰했기 때문에 재앙에 봉착하게 되었고 양치기 소년은 잦은 거짓말로 동네사람들부터 불신을 받아 파멸에 이르게 되었다. 하지만 그런 관계는 삶의 한 부분에 불과하다.

개인은 흔히 역할을 가지고 있다. 물론 역할과 무관하게 개인의 됨됨이를 평가하는 것이 불가능한 일은 아니다. 로미오와 줄리엣이 서로 사랑을 하게 되었을 때는 가문의 적대적 관계에 신경을 쓰지 않은 것이 확실하다. 혹은 이몽룡과 춘향이 사랑을 속삭일 때도 직분의 관계가 아닌 개인 이몽룡과 개인 춘향이의 관계가 중요했다. 그러나 이러한 사례는 비교적 예외에 속한다. 개인과 역할은 분리할 수 없는 경우가 일반적이기 때문이다.

두 번째로 개인 간의 관계에서 신뢰를 개념화하는 접근 방식의 문제점은 도덕적으로 문제가 있는 신뢰와 도덕적으로 하자가 없는 신뢰를 구분하지 못한다는 점이다. "너만 믿는다"고 하면서 신뢰를 표시했을 경우, 살인청부업자가 돈을 하수인에게 주면서 하는 말이라면 어떻게 평가되어야 할 것인가. 또한 헤로데 왕이 베들레헴에서 태어난 세 살 이하의 아이들을 죽이라는 비인간적 명령을 내리면서 수비대장에게 "너만 믿는다"고 말한다면, 그 신뢰 관계는 도덕적으로 사악한 범주가 분명하다. 하지만 배가 고파 성당의 촛대를 훔친 도둑 장발장에게 노신부가 절도의 죄를 묻지 않고 "너만 믿는다"고 하면서 그 도둑의 앞날을 축복해 주었다면, 도덕적으로 칭송받을 만한 신뢰 관계가 아닐 수 없다. 문제는 개인 간의 신뢰에 초점을 맞추면 도덕성 문제를 가늠할 수 없다는 점이다.

이 문제는 특히 정치 영역에서 중요하다. 개인 간의 친분 관계가 있다고 해서 정치적 결정을 특정 개인에게 유리하게 할 수 있는가. 개인적으로 신뢰 관계가 있다고 해서 정치적 식견과 판단력이 없는 사람에게 공직을 줄 수 있겠는가. 이 물음에 대한 답변이 부정적이라고 한다면, 개인 간 신뢰를 넘어서는 보다 중요한 가치가 존재한다고 생각하기 때문일 것이다. 친족 등용(nepotism)이나 정실주의(favoritism)가 비판을 받는 것도 모두 개인 간 신뢰 관계를 공적 윤리의 잣대 없이 공적 영역에 원용했기 때문이다. 이 점이야말로 자발적 집단이든 연고 집단이든 사회망을 통하여 축적된 개인 간의 신뢰가 정치영역으로 확장되는 것이 항상 정당화될 수 있는 것이 아니라는 반증이다.

마지막으로 개인 간의 신뢰 개념이 문제가 되는 것은 개인 간의 신뢰 관계가 아무리 돈독하다고 하더라도 그것은 '특수화된 신뢰'(particularized trust)의 범주에 머무를 뿐, '일반화된 신뢰 관계'(generalized trust)로 발전하는 데는 불확실성이 있기 때문이다. 가족 공동체 구성원들 간의 신뢰가 정치 공동체 구성원들 간의 신뢰로 발전하기란 결코 쉽지 않은 도전이다.[1] 특히 이 인간의 신뢰 관계가 모든 이방인 사이의 신뢰 관계로 확대 · 발전되기가 어렵다는 것은 수많은 게임 이론적인 실험들이 입증하고 있다. 소규모 집단에서는 아무리 죄수의 딜레마 속성의 상황에 처한다고 하더라도 구성원들 사이에 협력 관계가 정착될 수 있다. 그것은 '일회적인 죄수의 딜레마 상황'(one-shot prisoners' dilemma)에서 '반복되는 죄수의 딜레마 상황'(iterated prisoners' dilemma)으로 변화됨으로써 행위자들의 보상 구도는 달라지기 때문이다. 하지만 '반복되는 죄수의 딜레마 상황'을 보장할 수 있는 상황이란 소규모 집단의 상황에 국한될 뿐, 불특정다수가 포진하는, 이른바 '상상의 공동체'(imagined community) 등, 즉 대규모 집단에서는 불가능하다.[2]

이러한 통찰이 신뢰 문제에도 원용될 수 있는 것은 '우리 집단'에서의 신뢰 관계는 돈독한 데 비하여 '그들 집단'에서의 관계는 불신 관계라는 점, 특히 '두터운 신뢰'(thick trust)는 넘쳐흐르나 '얇은 신뢰'(thin trust)는 부족하다는 점을 한국 사회의 현실이 익히 입증하고 있기 때문이다(F. Fukuyama 1995). 따라서 아무리 개인 간의 신뢰가 누적되고 정착되는 방안에 심혈을 기울인다고 해도 그것이 '일반화된 신뢰'의 범주로 확대되리라는 확증이 없다면, 개인 간의 신뢰는 협소한 범주의 신뢰 관계로 머무는 셈이다.

(2) 정치와 신뢰

상기의 논의를 바탕으로 보다 근본적으로 제기하고자 하는 문제는 개인의 신뢰를 기본으로 삼는 접근방식에는 공동체주의자들이 선호하는 '사회관계'(social relations) 혹은 '사회망'(social networks)의 개념이 내재되어 있다는 점이

1. 한국 사회에서 이 문제는 자주 효와 충의 충돌로 나타났다. 가족간 신뢰의 상징인 효와 관련하여 '효는 만행의 근본'이라고 지칭되어 왔지만, 가족이나 가문에 대한 배타적 신뢰는 오히려 더 넓은 정치 공동체에서는 오히려 불신의 범주로 투영되었다.
2. 이러한 사실을 확인하는 연구는 경험적 많다. 예를 들면 테일러(M. Taylor 1976)나 액셀로드(R. Axelrod 1984)의 논의를 참조.

다. 이 사회 관계란 너와 나 사이에 존재하는 공통적인 요소에 기반하고 있다. 신뢰자와 피신뢰자 사이에 '공유되고 있는 이해'(shared understandings), '공유되고 있는 이익'(shared interests), '공유되고 있는 관행과 문화'(shared conventions and cultures), '공유되고 있는 역사와 전통' 혹은 '공유되고 있는 정체성'(shared identities)에서 기인하고 있는 관계 양식이 바로 사회관계의 특성이기 때문이다. 물론 인간생활에서 이러한 관계가 중요하다는 점을 부인할 수는 없겠으나, 문제는 이러한 사회관계의 개념 안에는 '정치적 동물'(zoon politikon)로서의 인간, 즉 '정치 관계'(political relations)의 독특한 속성이 전적으로 배제되어 있다는 점이다.

문제의 정치 관계를 어떻게 정의할 수 있는가. 너와 내가 '사회관계'를 넘어서서 '정치 관계'에 있다고 할 때 어떠한 의미를 갖는가. 정치 관계는 권력의 배분 관계로 볼 수 있고 일면 명령과 복종이라는 전형적인 '권위 관계'(authority relations)로 규정할 수 있다. 영조와 사도세자는 부자(父子)라는 가족 관계, 혹은 넓은 의미로 사회관계에 있었지만, 왕과 세자라는 '정치 관계' 혹은 '권위 관계'에 연루되어 있기도 했다. 영조가 사도세자를 처형한 것은 가족 관계나 사회관계에서 정당화될 수 있는 것이 아니라, 왕과 세자 혹은 치자(治者)와 피치자(被治者)라는 정치 관계에서 비로소 이해될 수 있다. 혹은 왕이 왕비를 궐 밖으로 내치는 것도 부부 관계라기보다는 정치 관계 혹은 권위 관계에서 정당화될 수 있다.

정치 관계의 특징이라면, 양자 사이에 공유하고 있는 이해나 이익 혹은 정체성이나 문화가 있어도 견고하다고 단언할 수 없다는 점에 있다. 공유된 이해와 공유된 이익이 있을 수는 있겠지만, 정치적 관계를 압도할 만큼 강력한가 하는 점에 관한 한 엄중한 불확실성이 존재한다. 그러므로 정치 관계에 놓일 때 당사자들은 행동을 하는 데 있어 공유된 규범이나 정체성, 혹은 이익에 의하여 제약될 가능성이 비교적 적다고 할 수 있다. 로마의 로물루스가 동생 레무스를 죽이듯, 형제라도 권위를 무시하거나 권력의 경쟁자라면 제거할 수 있다는 점을 역사는 입증하고 있다. 세조의 단종 살해처럼, 친족들 간의 권력투쟁이나 동족상잔(同族相殘)이 다른 부족들과의 권력투쟁이나 전쟁보다 훨씬 더 참혹할 수 있는 것도 바로 이 '정치적 관계'가 '사회적 관계'를 압도하기 때문이다. 특히 정치적 관계에서 기인하는 갈등은 권력과 가치의 배분 문제와 연계될 수밖에 없기 때문에 정치 영역이란 전략적 사고와 행위가 만개할지언정, 신뢰나 의리가 만개할 수 있는 유리한 환경이라고는 할 수 없다.

이 점을 감안할 때 신뢰가 '민주주의의 질'(quality of democracy) 제고에 기여할 수 있는 가능성에 관심을 갖는 사람이라면, 정치적 맥락에서 의미를 갖는 신뢰의 특성에 주목하지 않을 수 없다. 즉 기존의 신뢰주의자들처럼 사회망이나 문화적 맥락 속에서 통용되는 신뢰의 특성을 관찰할 것이 아니라 불확실성과 위험을 합리적으로 모니터할 수 있는 정치적 제도의 범주 안에서 신뢰의 역동성을 고찰할 필요가 있다. 경계와 의심, 불신이 미덕이며, 맹신(盲信)처럼 위험한 일은 없다는 점은 민주사회에서 정치적 관계에 연루된 시민들과 정치인들의 준칙이 되어 왔기 때문이다.

(3) 제도와 신뢰

민주주의와 신뢰 관계를 조명할 때 감안해야 하는 것은 정치적 관계 못지않게 제도적 관계이다. 개인이 또 다른 개인에 대하여 신뢰하느냐 불신하느냐 하는 문제는 개인이 제도에 대하여 신뢰하느냐 불신하느냐 하는 문제와 다르다. 개인이 '인격적 존재'라고 한다면, 제도는 '비인격적 존재'이기 때문이다. 민주주의는 사람들의 평등한 관계에 기반을 둔 상호 작용의 문제이기도 하지만, 그에 못지않게 견제와 균형에 입각한 제도의 문제이기도 하다. 일단 우리는 개인 간의 신뢰와 역할이나 제도에 대한 신뢰가 다르다는 점에 주목할 필요가 있다. 개인 간의 신뢰가 '특수화된 신뢰'의 성격을 갖는다면, 역할이나 제도에 대한 신뢰는 '일반화된 신뢰' 의 성격을 갖는다. '특수화된 신뢰'에서 개인은 다른 사람에 대하여 차별화된 입장을 가질 수 있다. 예를 들면 개인 A는 또 다른 개인 B에 대하여 신뢰할 수 있지만, 다른 개인 C에 대하여는 불신의 태도를 가질 수 있다. 이러한 차별화된 태도는 조금도 이상한 일이 아니다. 하지만 제도는 다르다. 제도는 어떤 개인에게나 차별성이 없는 보편화된 성격을 갖고 있기 때문이다.

사람들은 병이 났을 때 의사 A를 찾고 사고가 났을 때 경찰 B를 부른다. 또 멀리 가고자 할 때 고속버스 운전기사 C를 믿고 버스를 탄다. 이 경우 특정 개인 A나 B, 혹은 C가 중요한 것이 아니라 각기 그의 역할이 중요하다. 우리가 의사를 찾아가고 경찰을 부르고 기사가 운전하는 버스에 올라타는 것도 개인을 떠나 그 역할에 대한 신뢰 때문이다. 혹시 개인 A나 B의 인격에는 흠결이 많아 신뢰를 가질 수 없다고 하더라도 그 개인 A나 B가 맡고 있는 역할, 즉 의사나 경찰의 역할은 믿을 수 있다. 이것은 개인에 대한 신뢰와 역할에 대한 신뢰가 반드시 일치하는 것은 아니라는 반증인 셈이다. 우리는 개인 A의 인격이나 능력상 꾸어 간 돈을 갚을 것이라는 데 대해서는 믿지 못하더라도, 그가 의사일 경우 환자에 대한 의사로서의 임무 수행은 믿게 되고, 인간으로서의 B는 믿지 못하더라도 그가 경찰로서 시민에 대한 배려 임무를 수행하리라는 사실은 믿을 수 있다.

그런가 하면 역할에 대한 신뢰를 넘어서서 보다 거시적 의미에서 제도에 대한 신뢰를 들 수 있다.[3] 물론 제도란 '역할의 집합'으로 볼 수 있다. 검찰에 대한 신뢰나 감사원에 대한 신뢰, 혹은 입법부에 관한 신뢰, 혹은 공교육에 관한 신뢰를 말할 때 개인 간의 신뢰에 대한 담론과는 질적으로 다르다. 적어도 제도에 관한 신뢰는 오랫동안 사회 구성원 다수로부터의 신뢰가 축적되어 있어야 한다는 조건을 갖는다. '내'가 직면한 어떤 억울한 문제를 감사원이 속 시원하게 해결해 주었다고 했을 때 감사원에 대한 '나'의 신뢰는 높아지겠지만 그렇다고 사회 다수 구성원의 신뢰가 높아진다고는 말할 수 없다. 반대로 '내'가 감사원으로부터 부당한 감사를 받았다고 할 때 '나'의 감사원에 대한 불신은 커지겠지만, 다른 사람들의 신뢰도가 심각할 정도로 영향을 받는 것은 아니다. 특히 여기서 강조하고 싶은 점은 일반적으로 어떤 제도든지 '완전 절차적 정의'(perfect procedural justice)보다 '불완전 절차적 정의'(imperfect procedural justice)의 범주에 속한다는 점이다.[4] 즉 아무리 형사재판제도가 공정하게 운영된다고 하더라도 솔로몬의

3. 이 점과 관련하여 매우 흥미로운 조사는 김재한(2002, 114-119)의 신뢰에 관한 국민의식조사라고 하겠다. 이 조사에서는 제도 · 조직 · 사람에 관한 신뢰를 측정하고 있는데, 제도와 조직에 관한 신뢰야말로 기존의 '소치올로지쿠스'에 의한 접근에서는 조망하기 어려운 부분이다.

4. 롤스(J. Rawls 1971)는 세 가지 범주의 절차적 정의를 구분한 바 있다. 특정한 기준이 있는가에 따라 '완전 절차적 정의'와 '불완전 절차적 정의'로 나뉘고 독립적 기준이 없고 절차의 공정성만으로 가늠할 경우 '순수 절차적 정의'가 된다.

재판이나 다니엘의 명판결만 있는 것이 아니라 예수그리스도와 소크라테스 및 갈릴레이의 오판 등, 억울한 피해자가 존재하게 마련이다. 그러나 그럼에도 불구하고 한 사회에서 사법부에 대한 신뢰도가 높다면, 재판제도가 '더' 불완전한 절차적 정의에서 '덜' 불완전한 절차적 정의의 범주에 속한다는 인식이 구성원들 사이에 공감대를 이루고 있기 때문일 것이다. 결국 제도에 대한 신뢰는 개인에 대한 신뢰와 연계될 가능성이 있다고 말할 수 있겠지만, 반드시 비례하는 것은 아니다.

하지만 보완의 관점에서 강조해야 할 점이 있다. 개인에 관한 신뢰와 역할과 제도에 관한 신뢰는 상호 간에 전이될 수 있고 한 걸음 더 나아가 '순환'(cycle)을 그릴 수 있다는 점이다. 예를 들어 판사 A의 명판결에 감명을 받은 시민 B는 문제의 판사 A뿐 아니라 제도로서의 사법부에 대한 신뢰가 높아질 수 있다. 또 사법부에 대한 신뢰는 개인 판사 C에 대한 신뢰로 이어지고 그것은 다시 사법부 전체에 대한 신뢰로 강화되는 현상도 가능하다. 이런 상황이 벌어진다면, 물론 '선순환'(virtuous circle)의 경우일 것이다. 혹은 반대로 '악순환'(vicious circle)의 경우도 생각해 볼 수 있다. '무전유죄'라고 비난을 받는 판결을 내린 판사 D에 대한 불신은 사법부 전체에 대한 불신으로 전이될 가능성이 농후하다.[5]

제도로서의 민주주의에서 이 문제가 중요한 것은 대표자 A에 대한 신뢰나 불신은 민주주주의 전체에 대한 신뢰나 불신으로 이어질 수 있다는 사실 때문이다. 물론 그 역도 마찬가지이다. 따라서 우리는 민주주의와 신뢰의 문제를 다루는 데 있어 개인 간의 신뢰와 제도적 신뢰가 분석적 차원에서 구분될 수는 있겠지만, 동전의 앞뒷면처럼 상호 간에 유기적으로 연계될 가능성이 농후하다는 점을 강조하고자 한다.

5. 개인의 행위에서 제도로의 신뢰, 혹은 불신의 전이 현상은 특히 한국 사회에서 쉽게 감지된다. 또한 이 점에 있어 언론의 책임이나 역할이 크다. 교사 개인이나 경찰관의 잘못이나 비리가 발견되면, 교직이나 경찰 전체의 도덕성이 도마 위에 오른다. 흥미로운 것은 신뢰와 불신의 비대칭성이 발견된다는 점이다. 교사나 경찰관 개인의 미담은 칭송의 대상이 되나 제도에 대한 신뢰로 전이되기는 어려운 반면, 교사나 경찰관 개인의 비리는 "미꾸라지 한 마리가 온 웅덩이 물을 휘젓는다"는 준칙을 방불케 할 만큼 비교적 제도 전체에 대한 불신으로 전이되기 때문이다.

(4) 민주주의와 신뢰

민주사회에서 이루어지고 있는 정치적 관계와 제도적 관계를 '불신의 관계'로 단정하는 접근 방식에는 일면 타당성이 있지만, 한편 문제가 없지 않다. 적어도 현대 민주주의에서 시민이건 대표자이건, 정치적 행위자들 사이의 정치적 관계란 다수결에 승복하고 절차를 존중하는 등, 특유의 민주적 게임의 규칙을 지키면서 이루어져야 한다는 신뢰에 대한 기대에 기초해야 하지 않겠는가. 혹은 후보자들이 정책적 공약을 발표한다면, 무조건 불신하기보다 조심스럽게 일정 수준의 선의를 가지고 그 적실성과 타당성을 평가해야 하지 않겠는가. 혹은 제도로서의 민주선거에 신뢰가 전제될 때, 패자가 자신의 패배를 인정함으로써 비로소 승자는 정당성을 확보하게 될 것이다. 이 점에서 '불신'(distrust)은 너무 강한 표현으로 생각되며, '위험'(risk)이라는 용어가 타당할 듯하다. 즉 민주사회에서의 '정치 관계'나 '제도적 관계'를 '불신 관계'로 단언할 필요는 없으며, 다만 적어도 위험의 요소가 개재된 관계라고 말할 수 있다. 따라서 '민주사회'란 '불신 사회'로 간주하기보다는 '위험 사회'(risk society)라고 규정하는 편이 온당하다. 결국 우리가 민주정치에서 신뢰의 문제를 논의하고자 할 경우 '불신'보다 '위험'의 문제에 주목할 필요가 있다.

그러나 그렇다고 하더라도 민주사회에서 '불신'이나 '위험'보다는 '신뢰'나 '믿음'이 우선적 가치를 가진다는 점은 아무리 강조해도 지나침이 없다. 우리는 물론 민주주의를 하나의 모델로 볼 필요는 없다. 오히려 민주주의는 참여민주주의, 대의민주주의, 결집민주주의, 심의민주주의 등 다양한 모델로 간주하는 것이 타당하다. 중요한 것은 이 다양한 모델을 관통하는 핵심적 가치가 있다면, 신뢰라는 사실이다. '참여민주주의'(participatory democracy)는 시민들이 직접 결정에 참여하면 그들 각자에게는 물론, 정치 공동체 전체에 선(善)이 될 것이라는 믿음이 있기 때문에 매력적이다. 시민들이 직접 결정에 참여해도 '들러리 참여'나 저급한 '방어적 참여'[6]를 방불케 할 만큼 그 참여가 무의미하다거나 가치가

6. '방어적 참여'란 내가 참여하지 않을 경우 나에게 불리한 집단결정이 내려질 수 있다는 전략적 사고 하

없다는 '불신의 철학'이 팽배하다면, 참여민주주의는 효력을 발휘할 수 없다.

대의민주주의(representative democracy)도 마찬가지로 대표자들에 대한 신뢰를 기저에 깔고 있다. 대표자들이 시민들의 가치관과 이익을 충실하게 대변할 것이라는 신뢰가 그렇지 못할 것이라는 불신보다 강하기 때문에 대의민주주의가 운용되고 있다. 만일 원천적으로 대표자들에 대한 신뢰보다 불신이 크다면, 감시와 경계 장치를 아무리 완벽하게 만든다고 하더라도, 대의민주주의는 작동할 수 없을 것이다. 대의민주주의에서 상정되는바 '주인과 대리인'(principal-agent) 간의 신탁 관계가 아무리 불완전하다고 하더라도, 그 불완전함이 감시와 경계에 의하여 보완될 수 있다는 '제도적 신뢰'가 있기 때문에 가능하다. 이 점은 이미 로크에 의하여 강력하게 주장되어 온 내용이다.

그런가 하면 흔히 '선거민주주의'(elective democracy)로 불리는 '결집민주주의'(aggregative democracy)에서 신뢰가 중요한 것은 시민들의 표가 결집되어 하나의 유의미한 결과를 산출할 수 있으리라는 기대가 작용하고 있기 때문이다. 시민들의 표를 모으는 이러한 결집 절차에 대한 신뢰가 있기 때문에 패자는 자신들의 패배를 인정할 수 있고 승자는 자신의 승리에 안도할 수 있다. 물론 애로(K. Arrow 1963)의 '불가능성 정리'(Impossibility theorem)는 이러한 결집민주주의의 신뢰성에 심각한 도전임에 틀림없다. 그러나 그 도전의 본질은 모든 쌍의 대결에서 언제나 승리하는, 이른바 '콩도르세의 승자'(Condorcet winner)가 선출될 가능성이 언제나 보장되는 것이 아니라는 '우연적 불신'의 문제일 뿐, 항상 모든 쌍의 대결에서 패배하는 '콩도르세의 패자'(Condorcet loser)가 선출된다는 '필연적 불신'의 문제는 아니다.

그렇다면 심의민주주의(deliberative democracy)는 어떤가. 심의민주주의는 이전의 다른 민주주의 모델에 비하여 특별한 위상을 지닌다고 할 수 있다. 그 이유는 '심의 없는 참여민주주의', '심의 없는 대의민주주의', '심의 없는 선거민주주의'는 알맹이가 빠진, 이른바 '창백한 민주주의'에 불과하기 때문이다. 이러한

에 이러한 사태를 방지하기 위해 참여하는 경우를 말한다. 사람들이 이러한 의식 하에 참여하게 될 경우 의미 있는 심의나 토론이 이루어지기 어렵다. 이 점과 관련하여 박효종(2005, 460-61)의 논의를 참조.

관점에서 볼 때, 심의민주주의는 민주주의의 핵심적 모델이라고 할 수 있다. 심의민주주의는 주지하는 바와 같이 '공론적 심의'(public deliberation)를 신뢰의 원천으로 삼고 있다. 즉 '공론적 심의'에 의하여 이루어진 결과만이 일반화된 신뢰의 대상이 될 수 있다고 주장한다.

본 연구에서는 민주주의에서 '일반화된 신뢰'가 만개하려면 공론적 심의가 중요하다고 생각한다. 이러한 입장은 물론 심의민주주의론자들의 통찰로부터 도움을 받은 것이다. 롤스(J. Rawls 1993)나 하버마스(J. Habermas 1996) 등, 심의민주주의론자들은 합리적 심의(reasonable deliberation)의 기준으로 공적 이성(public reason), 혹은 공적 변론(public reasoning)을 강조한다. 공론적 심의와 토론으로부터 합의, 특히 '순리적 합의'(reasonable consensus)가 이루어지려면, 특정한 종교나 이데올로기 등 특정 범주의 사람들에게만 호소력을 갖는 '비공적 이성'(nonpublic reason)보다 모든 사람들에게 받아들여질 만한 '공적 이성'에 호소해야 한다고 주장한다.

본 연구에서는 '공적 이성'에 의하여 심의가 주도될 때 신뢰가 가능하고 특히 '일반화된 신뢰'가 증진될 수 있다는 심의민주주의론자들의 견해에 주목한다. 그러나 그렇다고 해서 '신뢰의 제도화'와 관련하여 전통적인 심의민주주의론자들이 주장해 온 견해를 여과 없이 모두 받아들일 필요는 없다고 생각한다. 앞으로의 논의를 통하여 수정해야 할 부분들에 대하여 천착할 예정이다.

3. 민주주의와 신뢰 모델 1: 로크의 고전적 모델

우리는 신뢰와 심의민주주의 간의 관계를 논의하기 이전에 신뢰를 민주주의의 어젠다로 선택한 로크의 비전에 천착할 필요가 있다. 민주주의와 신뢰의 관계에 관한 가장 고전적 모델은 로크에게서 기인하기 때문이다. 로크는 민주정부를 '계약'이 아닌 '신탁'의 관계로 접근한다. '신탁'은 곧 '신뢰'이다. 이번 논의에서는 신탁의 의미를 설명하고자 하는데, 그 과정에서 신뢰가 감시와 판단·평가와 공존할 수 있음을 강조하고자 한다. 그런가 하면 신탁으로서 민주주의의 구체화는 대의민주주의라고 하겠다. 대의민주주의는 대표자들이 시민들의 대리인으로 활동한다는 점이 특징이다. 특히 이번 논의에서는 '신탁'으로서의 대의민주주의가 성공할 수 있을지 불분명하다는 점을 지적할 예정이다.

(1) 로크의 사회계약의 특이점: 홉스와의 비교적 관점에서

로크의 사회계약론의 배경에는 홉스가 자리 잡고 있다. 로크의 중요한 정치적 저서인 『시민정부론』(*Second Treatise of Government*)에서 홉스의 이름이 명시적으로 거명되고 있지는 않지만, 로크가 몇 가지 대목에서 홉스의 주장을 반박하고 있다는 점은 확실하다. 물론 로크의 비전은 단순히 홉스의 주장에 대한 반론의 성격을 넘어가는 것이다. 로크의 계약은 홉스의 계약에서는 볼 수 없는 창의적인 요소를 배태하고 있는 새로운 형태의 사회계약이기 때문이다. 특히 로크의 사회계약론은 '타인에게 양도할 수 없는 자연권'(inalienable natural rights)을 통하여 정치적 권위를 제한하고자 하는 첫 번째 범주의 사회계약론이라고 지칭할 수 있다. 천부인권(天賦人權)에 기초한 제한된 권위의 대리인 모델이야말로 '대표성'(representation)에 기반을 둔 민주적인 권위 유형을 구축하는 데 있어 빼놓을 수 없는 로크의 기여인 셈이다.

로크가 전개하는 논리에 있어서 핵심은 홉스의 경우와 마찬가지로 자연 상태(state of nature)와 정치 사회(political society)의 대비이다. 혹은 정치 권위가 부재했던 상태와 정치 권위가 정립된 상태의 대비라고 하겠다. 로크의 경우에 자연 상태가 아무리 짧은 기간이었다고 하더라도 정부가 세워지기 이전의 역사적 단계라고 믿었다는 점에는 의문의 여지가 없다(51-2).[7] 그러나 그 점을 제외하고 로크의 논리에 주목해 보면, 홉스의 비전을 교정하고자 하는 의도와 목적을 가지고 있었다는 느낌이 현저하게 배어난다.

로크는 무엇보다 자연 상태가 '전쟁 상태'(state of war)라는 점을 부인한다. 자연 상태를 규정하는 특징은 사람들이 자신들 위에 군림하며 자신들의 쟁점사안

7. 로크의 인용문의 페이지는 그의 『시민정부론』(1966)에 나온 페이지를 표시하고 있다.

에 대하여 시시비비를 가려 주는 '권위를 가진 공동의 재판관' 없이 살고 있다는 사실에 있기 때문이다. 이 상태는 어디까지나 '평화와 선의, 상호 도움과 보존'(state of peace, beneficence, mutual assistance and preservation)의 상태로 기술할 수 있다. 그렇지만 '공동의 재판관'이 존재하지 않기 때문에 자연 상태에서는 분쟁이 발생할 여지가 농후하다는 것이 로크의 생각이다. 분쟁이 확대되어 일단 전쟁 상태가 시작되면 걷잡을 수 없는 무질서의 상태로 전락하기 때문에 이러한 전쟁 상태로부터 벗어나려고 하는 것이 사람들이 자연 상태를 떠나 사회에 진입하려고 하는 근본적 이유가 된다(11-12). 그러므로 로크의 평화로웠던 자연 상태는 공동의 재판관이 부재한다는 사실로 인하여 '늑대와 늑대의 투쟁'을 연상시키는 홉스의 자연 상태로 변모하는 것이다.

그러나 그럼에도 불구하고 홉스와 로크 사이에는 유의미한 중대한 차이점이 존재하고 있다. 즉 홉스의 사회계약론에서 자연 상태가 시민사회와 차별화되는 요소가 '공동 주권자'(common sovereign)의 부재라면, 로크에게 있어서는 '공동 재판관'(common judge)의 부재다. 여기에서 또 다른 차이를 유추해 낼 수 있다. 재판관에 대한 필요가 존재한다는 것은 이미 자연 상태에서 재판관들이 관장해야 하는 법이 작용하고 있다는 의미가 된다. 아예 법이 없는 무법천지라면 재판관의 존재 이유조차 찾아볼 수 없을 것이다. 이와 마찬가지로 로크에게 있어 자연 상태에서의 전쟁은 법의 위반 행위, 즉 자연법을 어겼다는 사실에서 기인하는 것이므로 자연법은 이미 구속력 있는 법으로 작용하고 있음을 상정한다.

로크에 있어 이 자연법은 완전한 의미의 도덕법이다. 이성에 의하여 알려질 수 있는 법으로서 홉스의 비전과는 달리 자연 상태에서 비교적 온전하게 작동하고 있는 자연법이다. 이 사실은 모든 사람들이 '신의 창조물'(workmanship)이고 '신의 봉사자'라는 점을 모든 사람들이 터득하고 있다는 점에서 나타난다. 그러므로 누구도 다른 사람의 생명과 건강, 자유, 그리고 소유물에 손해를 끼쳐서는 안 된다. 사람들은 이 자연법을 지키도록 되어 있다. 그 이외의 영역에 관한 한 사람들은 자연 상태에서 완전한 자유를 향유하게 된다. 즉 자신들이 원하는 대로 행동을 할 수 있고 자신의 뜻대로 소유물을 처리하고 사람들을 대우할 수 있다(4-5). 그러므로 홉스에게 있어서와 마찬가지로 로크에게 있어서도 모든 사람들은 자유에 대한 자연권을 갖게 된다.

이처럼 로크의 자연권은 홉스가 말하는 자연권보다 매우 제한되어 있다. 이 점에서 홉스의 경우와는 달리 로크에게 있어 자연권은 '평화에 대한 위협'이 되는 것이 아니라 '도덕법(moral law)의 동반자'가 되는 것이다. 따라서 로크의 사람들이 자연권을 포기할 이유는 없다. 또 로크가 말하는 자유의 자연권은 무제한의 권리가 아니라 제한된 권리이기 때문에 다른 자연권, 예를 들면 생명에 대한 자연권이나 재산에 대한 자연권과 충분히 공존할 수 있다. 그러므로 우리는 생명(life), 자유(liberty), 재산(estate)에 대한 '세 쌍의 자연권'(trinity of natural rights)을 말할 수 있게 된다.

그렇다면 로크의 자연 상태는 광범위한 종류의 자연법과 자연권으로 이루어져 있기 때문에 이들 법과 권리가 순조롭게 준수된다면, 평화롭고 정의로운 상태가 보장될 수 있을 것이다. 그러나 이러한 자연법과 자연권이 충분히 지켜지지 못하기 때문에 정부의 존재 이유, 즉 정치 사회에 대한 필요성이 대두되는 것이다. 자연법을 어기는 사례가 발생한다는 것은 법이 적절한 응징제도에 의해서 집행되어야 할 필요성이 있음을 입증하는 것이며, 이것은 또한 사람들이 자연법을 본의적 의미에서 어겼는지를 판정할 필요성이 있음을 의미한다.

이 점과 관련하여 로크는 주장한다. 정치 권위가 부재할 경우, 모든 사람은 자연법을 어기는 행위를 자의적으로 '판단하고 제재할' 권리를 갖게 된다. 문제는 각자가 가지고 있는 이러한 권리, 즉 '자연법 집행권'은 평화를 유지하는 데 도움이 될 수 없다는 사실이다. 왜냐하면 많은 사람들은 진정한 자연법에 대해서 충분히 알지 못하고 또 그 법을 해석하고 적용하는 데 있어서 편견을 가지고 있으며, 또 적절한 제재를 집행할 수 있는 충분한 힘도 결여하고 있기 때문이다. 그러므로 이 '자연법 집행권'은 사람들이 평화를 유지하기 위해서 포기해야 하고 또 포기함으로써 정치 사회에 들어가야 한다(5-6, 42, 64-5).

그러나 로크에게 있어 정의와 평화를 위하여 '자연법 집행권'을 포기해야 한다는 것은 홉스와 달리 사람들이 정치 공동체에 모든 권리를 양도해야 할 의무를 가지고 있음을 뜻하는 것은 아니다. 로크는 단순히 사람들은 자연법 집행권을 포기해야 할 '타당한 이유'를 갖게 되고, 많은 경우 그와 같이 행동했다고 지적하고 있을 뿐이다. 바로 그것이 정당한 정부의 기원이며, 정치적 권위에 복종해야 할 개인의 의무의 원천이다. 개인의 자유에 대한 로크의 집념은 강하다. 모든 사람은 그들 자신의 동의에 의해서 특정한 정치 사회의 구성원이 되기까지 본성상 자유롭고 독립적이기 때문이다(10). 다만 정치 사회에서는 자연법을 스스로 집행할 수 있는 자유만이 제한되는 것이다.

(2) 정치 권위를 위한 로크의 접근 방식

제한된 개인의 권리의 양도로부터 나오는 정치 권위는 그 자체로 엄격하게 제한될 필요가 있다. 로크에게 있어 정치 권위는 본질적으로 자연법을 집행하고 그 이외 약간의 주요 사안들을 관장할 수 있는 권위에 불과하다. 다시 말해서 개인의 자연권을 방어하고 공공재를 산출할 수 있는 권위가 정치 권위이다. 이것은 정치 권위가 필요한 집행력(executive power)을 갖고 분쟁과 쟁점을 해결하기 위한 불편부당한 사법제도를 확보하게 됨을 의미한다. 뿐만 아니라 (이전에 쟁점이 되었던) 법을 명백히 정의하기 위해 입법부를 필요로 하는 것은 두말할 나위가 없다.

이 입법부의 권력(legislative power)은 무제한의 권력(unlimited power)은 아니나, 공화국에서 최고의 권력(supreme power)이다. 그러므로 입법부 권력의 성향은 매우 중요한데, 로크는 이것이 정치 공동체의 다수의 뜻에 의해서 결정되어야 한다고 주장한다. 사람들은 물론 민주주의나 과두제, 군주제 혹은 이들 사이의 혼합형 등 어떠한 정치 형태도 구축할 수 있다. 이처럼 입법자와 통치자 및 재판관들을 구축하는 현상을 로크는 고전적 개념을 사용하면서 '신탁'(trust, fides)이라는 독특한 용어로 지칭한다. 즉 "통치자들이야말로 그들 수하 사람들의 권리와 복지를 보호하기 위하여 권력을 신탁 받은 사람들이다"(44, 65-9, 75).

정치 권위의 제한점과 입법권의 구성에 관한 로크의 비전에 주목해 보면, 정부에 대한 저항권 개념을 함의하고 있음이 분명해진다. 이미 지적한 바와 같이 로크는 군주정 자체에 대하여 반대하고 있는 것은 아니다. 다만 절대적인(absolute) 군주정에 대하여 이의를 제기하고 있을 뿐이다. 로크의 『시민정부론』

에 나타나고 있는 몇몇 중요한 대목들을 보면, 절대군주에 대한 홉스식의 논리를 비판하고 있는 것들이 허다하다.

"절대군주들은 사람에 불과하다. 물론 자연 상태에서 사람들은 자신들과 관련된 사안에서 스스로 재판관 노릇을 하기 때문에 자연 상태의 불편함은 대단하지만 자연 상태를 떠나면서 다음과 같은 내용에 동의한다면 그냥 자연 상태에 남아 있는 편이 훨씬 낫다."

즉 '한 사람 이외에 모든 사람이 법의 통제 아래 있는 상태, 그 한 개인이 자연 상태의 모든 자유를 갖고 권력을 소유하며 마음대로 권력을 전횡할 수 있도록 하는 제도'에 동의한다면, 그것은 자연 상태보다 조금도 나아졌다고 말할 것이 없는 상황이기 때문이다.

물론 리바이어던처럼 절대적 주권자에 대한 로크의 비판에 과장된 수사적인 표현이 가득 차 있는 것은 사실이다. 그러나 로크는 보다 정교한, 또한 효율적인 논리도 제시하고 있다. 절대 군주제는 실제로 시민사회와 양립할 수 없다. 왜냐하면 절대군주란 자기 자신이 관련된 쟁점 사안에 있어 재판관 노릇을 하는 존재이기 때문이다. 절대군주와 그의 신민들 사이에는 어떤 공통적이고 불편부당한 재판관이 존재할 수 없으며 공적인 불편부당한 재판관의 존재야말로 시민사회를 자연 상태로부터 구분 지우는 제도라고 할 수 있다(9. 47. 45).

통치자들이 절대권위를 주장하는 경우가 있다면, 로크가 '폭정'(tyranny)이라고 부르는 극단적 경우가 아닐 수 없다. 이것은 정의의 범위를 넘어서서 권력을 행사하는 행태(the exercise of power beyond right)로 규정된다. 시민들의 권리에 대한 침해는 통치자의 '신탁'(trust)의 의무를 어기는 것이며, 로크에 의하면 정부가 해산되어야 하는 한 가지 사유가 된다. 즉 통치자 자신들의 통치의 정당성이 취소되고 사람들에게 복종을 요구하는 권리가 취소되는 한 가지 현저한 이유인 것이다.

로크는 그러한 경우가 역사상 많았다고 주장한다. 최초에 구축된 정부는 아마도 군주제였을 것이다. 하지만 시간이 흐름에 따라 폭정으로 전락하고 그 결과 스스로 해체되는 운명을 맞이하게 되었다. 그러한 경우 정치 권위는 다시 전체 시민사회의 구성원들에게 되돌아와 이들 구성원들은 자신들이 적절하다고 생각하는 대로 정부의 권력을 새롭게 배분할 수 있게 되었다. 실제로 로크는 사람들이 입법권을 원로원이나 의회 등 사람들의 집합체 안에 두는 지혜를 발휘함으로써 어떠한 개인도 법 위에 군림하지 못하도록 만들었다(100, 109, 55-8, 73-5)고 강조하고 있다. 이러한 관점에서 보면, 로크는 고전적 의미의 공화주의자의 범주에 속한다고 말할 수 있을 것이다. 물론 그렇다고 해서 로크가 법에 의하여 구속을 받는 군주와 같은 존재를 배제하는 것은 아니며, 또 로크 자신도 오직 하나의 정당한 정부 형태만이 있다고 단정하는 것은 아니다. 군주제를 선택할 것인지 혹은 중앙집권적 정부를 구성할 것인지 등의 문제는 정부를 구축할 때 혹은 정부가 해체된 후 다시 만들 때 일반사람들이 결정해야 하는 사안이다.

일반 사람들이 적절하다고 생각하는 경우 자신들의 정부를 새롭게 구축할 수 있겠지만, 통치자들이 그렇게 하려고 한다면, 부당한 일이 되며 또 그것은 정부가 해체되고 정치적 권위를 잃게 되는 또 다른 사유가 된다. 사람들이 일단 입법적 권위를 설정했다면 그 입법적 권위는 성역이며 변경될 수 없다. 로크가 정부에 대한 저항을 정당화하기 위해 개발한 흥미로운 논리 가운데 하나는 '계약의 파기'(breach of contract)가 아니라 '신탁의 파기'(breach of trust)라는 관점이다. 홉스의 경우와 마찬가지로 로크에 있어서도 통치자들은 '원초적 계약'(original contract)의 당사자는 아니다. 하지만 홉스와는 달리 로크의 계약은 일정한 한도 내에서 행동해야 할 것을 신탁 형식으로 맡기는 정부의 구성을 규정하고 있다. 그러나 신탁의 파기는 중차대한 정치적 사안이며, 따라서 이에 관한 판정의 문제를 야기한다. 즉 "이에 관한 공통적인 질문이라면 통치자나 입법부가 일반 사람들의 신탁에 반하여 행동했는지를 누가 판정할 것인가"라는 문제다. 이에 대하여 로크는 피해를 본 사람이 한 사람인지 혹은 몇몇 사람인지에 대해서는 명시하지 않은 채 "적절한 재판권의 행사에 관한 한 일정한 사람들의 집단이 되어야 한다"고 주장한다. 결국 일반 사람들이 재판관이 되어야 한다는 메시지가 뚜렷한 셈이다.

그러나 로크는 어떻게 사람들이 이러한 사법적 기능을 행사할 수 있을지, 그 기제에 대해서는 설명하지 않고 있다. 오히려 그러한 판단이 불가능하다면, 혹은 통치자들이 독선과 아집으로 완강한 태도로 일관하는 까닭에 시시비비를 가리는 일이 불가능하다면, "하늘에 있는 신이 재판관이 된다"고 대답할 뿐이다. 또한 "스스로 폭정의 희생자가 되었다고 생각하는 사람이 하늘에 호소할 자유(a liberty to appeal to heaven)를 갖는다"고 지적한다. 이것은 다시 말해 무장 저항이며 전투에 의한 재판이 벌어지게 되는 사태가 불가피함을 뜻한다(121, 85. 122).

결국 로크의 계약론은 생명, 자유, 재산에 대한 천부인권의 이름으로 정치권위를 감시하고 그에 저항할 수 있는 반론권이나 저항권을 정당화시킨 비전이라고 할 수 있다. 하지만 그럼에도 불구하고 중요한 것은 '신뢰의 제도화'가 '불신의 제도화'인 저항권의 행사보다 선행한다는 것이며, 혹은 대표자들이 책임 있는 통치를 할 것이라는 신뢰적 기대와 대표자들이 무책임하게 통치를 했을 때 저항을 감수해야 한다는 명제와 공존할 수 있다는 점이 강조될 필요가 있다. 왜냐하면 통치자 신뢰에 대한 기대가 깨졌을 때 비로소 사람들은 하늘에 호소하게 될 것이기 때문이다.

(3) 신탁(trust) 관계

주지하는 바와 같이 '신탁'(信託)이란 개념은 로크가 도입한 개념으로서 민주주의에 중대한 함의를 지니는 매우 특이한 개념이다. 그것은 일반적 의미에서의 '계약'의 개념과 다르다. 일반적으로 계약 관계에서는 양 당사자가 동등한 자격으로 권리와 의무를 공유하는, 이른바 상호주의(reciprocity)가 두드러진다. 양 계약자는 권리와 의무를 이행하는 데 있어서 동등한 자격을 유지한다. 또 권리와 의무는 '조건적'이다. 계약의 일방인 상대방이 그 약속의 조건을 이행한다는 바로 그 조건 하에서만 계약자 본인은 특정한 행위를 이행해야 할 의무를 지게 되기 때문이다. 전통적 사회계약론에서는 이러한 모델에 입각하여 정치 권위의 정당성에 접근하였다.

그러나 로크에 있어서는 다르다. '신탁'이라는 다소 생소한 개념으로 정치적 권위를 조명하고 있기 때문이다. 엄밀한 의미에서 신탁의 개념은 '사람'보다는 '재산'에 대하여 통용되는 개념이다. 이 경우 '이중적인 소유 개념'(duplicate ownership)이 특징이다. 즉 신탁된 재산은 두 사람이 동시에 소유한다. 그들 중한 사람인 '피신탁자'(the trustee)는 다른 사람, 즉 '신탁자'(the trustor)의 이익을 위하여 그의 소유권을 사용해야 할 의무를 진다. 사실 엄밀한 의미에서 피신탁자는 소유권자는 아니다. 오히려 신탁자의 이익을 위하여 재산을 임시로 관리하는 대리인에 불과하다. 결국 이러한 관점에서 볼 때 어떤 특별한 사유로 자신의 이익을 관리할 수 없는 사람들의 이익을 대신 관리해 주는 법적 제도가 신탁제도인 셈이다.

그렇다면 로크는 왜 이처럼 '경제적 의미'가 현저한 신탁 관계에서 '정치적 권위'에 대한 유비(analogy)를 찾아낸 것일까. 경제 영역에서 신탁자와 피신탁자의 관계가 형성되는 주요 이유라면 사람들이 추구해야 할 자신들의 이익을 갖고 있으면서도 자신들의 이익을 효율적으로 추구할 수 없게 된 상황에 봉착했기 때문이다. 구체적으로 그러한 상황은 언제 발생하는가. 예를 들면 관련된 사람들의 수가 너무 많아 일종의 조정 역할 없이는 이익을 효율적으로 극대화할 수 없게 된 상황을 꼽을 수 있다. 혹은 경제 문제에 문외한이기 때문이라는 점도 주요 원인이 될 수 있다. 이러한 상황이라면 일정한 회사나 그 회사의 직원들이 유능한 경제 전문가로서 사람들의 재산의 피신탁자가 될 수 있을 것이다.

같은 맥락에서 통치자들을 시민들의 공동이익의 신탁자로 간주할 수 있다는 것이 로크의 정치적 비전이다. 물론 여기서 중요한 점은 권위 소지자들을 '피신탁자'라고 했을 때 단순히 시민들의 재산을 지켜 주는 역할만 수행한다는 의미는 아니라는 사실이다. 그보다는 로크가 말하는 생명, 자유, 재산 등을 포괄하는 자연권을 지켜 주기 위한 것을 신탁의 목적으로 보아야 할 것이다. 그러므로 정치 권위는 '신탁통치', 즉 신탁자와 피신탁자와 같은 관계(trusteeship)로 간주된다.

로크는 정치 권위야말로 정부 당국에 시민들의 이익을 증진시키는 바로 그 목적만을 부여하는 사람들에 의한 신탁 행위(entrustment)에서 비롯된 것으로 보았다. 사실 어떤 의미에서 보면 이러한 로크의 모델, 즉 신탁 행위와 일반 사람들과 통치자 사이에 존재하는 쌍무계약 사이에 일정한 유사성이 있음을 인정할 필요가 있다. 또 좀 더 치밀하게 조명해 보면, 신탁과 계약, 양자 사이의 공통점은 상당히 크기 때문에 동일하다고 말할 수도 있을 것이다. 이유는 간단하다. 어떤 사람에게 자신에 대한 권위를 '위임'(entrust)한다면, 피신탁자가 그 권위를 신탁자의 권익을 위하여 사용하는 한 권위 위임자인 신탁자에게 복종하기로 약속하는 행위이기 때문이다. 그러므로 유비적으로 말하자면 신탁 행위는 복종에 관한 약속어음과 비슷한 것이다. 사실 피신탁자가 그 신탁의 조건을 어긴다는 것은 상상조차 할 수 없다. 그러므로 권위를 신탁하는 행위는 필연적으로 계약 행위가 될 수밖에 없겠는데, 적어도 상대방이 그 약속을 지킨다는 조건 하에서 수행하게 되는 '조건적인 약속'이 되기 때문이다. 이런 방식으로 이해할 경우 계약과 신탁의 차이는 사소한 것으로 치부해도 좋을 것이다.

그러나 그럼에도 불구하고 일반적인 계약 관계와 신탁 관계가 다르다는 사실은 강조될 필요가 있다. 그것은 주인과 대리인의 관계를 동등한 쌍방 계약자의 관계와 구분하는 일반적인 사람들의 관행적 행태에서 현저하게 나타나고 있기 때문이다. 그렇지만 경험적 사실보다 훨씬 중요한 점은 신탁의 개념에 담겨져 있는 도덕적이며 규범적 메시지이다. '신탁'의 개념을 사용할 때 시민들의 의무(obligation)보다 통치자들의 의무(duty)를 부각시키는 역할을 하기 때문이다. 특히 일반적인 계약 관계에서 중요한 요소로 평가되는 권리와 의무의 상호주의는 '신탁'의 경우 분명하게 강조되지 않을 뿐 아니라, 오히려 묵살되는 경향마저 있다.

(4) 민주정치에서의 '신탁자 모델': 대의민주주의

로크가 전제하는 대리인 모델, 즉 신탁자와 피신탁자 모델은 정치 권위의 '봉사 개념'에 부합한다. 즉 권위 당국자는 일반 시민들의 '직접적 지시' 하에 행동하지는 않는다고 하더라도 일반 시민들의 이름으로 그들을 대리하여 그들의 권익을 제고시키기 위하여 노력해야 한다. 또한 대리인 모델이기 때문에 권위 소지자들은 자신이 한 일에 대하여 신탁자에게 책임을 진다. 그러므로 권위 소지자가 정부를 바꿀 수는 없지만, 일반 시민들은 정부를 바꿀 수 있다는 것이 로크의 생각이다. 그렇다면 이러한 '대리인 모델'이야말로 신민들이 주권자를 바꿀 수 없는 홉스의 '리바이어던 모델'에 비하여 전형적인 민주적 정치권위에 부합한다고 평가할 수 있을 것이다.

그러나 한편 그렇다고 하더라도 문제가 없는 것은 아니다. 그 단적인 이유라면 민주정치는 '시민들을 위한 정치'보다 '시민들에 의한 정치'라는 점에서 하나의 특징적인 단서를 발견할 수 있기 때문이다. 물론 민주정치는 현대 사회의 여건상 '직접민주주의'보다는 '대의민주주의'로 만족할 수밖에 없을지 모른다. 그것은 시민들이 직접적으로 집단결정에 참여하는 것이 아니라 대표자들을 선정하여 그들로 하여금 집단결정을 내리도록 위임하는 정치 형태이다. 대의민주주의론자들은 이러한 대표자들에 의한 공적 결정을 당연한 것으로 생각하지만, 대의민주정치에 대한 루소의 비판을 유념할 필요가 있다. 즉 사람들의 의사는 대변될 수 없다는 것이다. 이러한 주장은 어느 정도로 사실인가. 이러한 주장에는 양면성이 있다고 생각된다. 한국 사회에서는 변호인이 자신에게 사건을 의뢰한 고객의 의사와 이익을 대변하고 있는 관행을 인정하고 있다. 또 고인의 유언을 집행하기 위한 변호사의 권한도 존중된다. 또 미성년자들의 의사와 이익은 그 부모나 보호자가 대변하기도 한다. 또 한국의 정당 대변인들은 각기 소속된 정당의 입장을 대변하는 발언들을 하고 있다. 이러한 관행들은 의뢰자의 의사를 대변할 수 있는 대리인의 존재의 정당성을 옹호하는 사례들이다.

그러나 그렇다고 해서 모든 의사나 이익이 대변될 수 있는 것은 아닐 터이다. '내'가 음악회에 가고자 비싼 값을 주고 음악회 표를 샀는데 부득이한 사정으로 음악회에 가지 못하게 되었을 경우, 다른 사람을 보내 '나'의 이익을 대변할 수 있는가. 또 어떤 아가씨와 데이트 약속을 했는데 바쁜 업무 때문에 데이트 현장에 나갈 수 없다고 해서 대리인을 보내 대신 데이트하게 할 수 있는가. 이러한 사안들에 대한 답변이 부정적이거나 유보적이라면, 유비적 차원에서 '나'의 정치적 의사를 대통령이나 국회의원 등, 대표자가 대변할 수 있다는 것은 설득력 있는 주장이 되기 어렵다.

물론 로크는 그것이 가능하다고 생각하는 입장이지만, 과연 대표자들이 유권자들을 어느 범위에서 어느 정도로 대표하고 대변할 수 있는가 하는 점은 쟁점 사안이 아닐 수 없다. 비록 대표자가 신탁을 받은 '신탁자'보다 더 강한 의미의 '심부름꾼'이나 '상머슴'을 자처한다고 하더라도 로봇이 아니라 나름대로의 판단력과 정의감을 가진 사람이라면, 또 그가 단순히 '나'의 의견을 대변하는 '대리인'이라기보다 의뢰인을 대변하는 변호사처럼 '나'보다 법이나 정치 사안들에 있어 정통하고 현명한 전문가 혹은 '철인 왕'이라고 자부한다면, '나'의 의견을 있는 그대로 대변하기보다 그 자신이 바람직하다고 생각하는 '나'의 의견을 대변하고자 할 것이다. 이러한 경우 '내'가 생각하는 '나의 이익'과 '그'가 생각하는 '나의 이익' 사이에는 괴리가 발생할 수밖에 없다. '나는 나의 이익에 대한 최선의 판단자'라는 명제는 퇴색되고 주인과 대리인의 관계는 역전될 수도 있다.

뿐만 아니라 주인이 하인을 통제하듯이 시민들이 대표자들을 통제할 수 있을 것인가. 보다 현실적으로 말해서 선거 때 이외에 시민들이 어떻게 대표자를 통제할 수 있는가. 만일 피신탁자를 뽑을 때만 통제가 가능하고 오히려 그 이후에는 피신탁자의 통제 하에 들어간다면, 신탁자의 개념 자체를 무색하게 만드는 역설적 상황이 아닐 수 없다. 그것은 마치 "하인이 매를 드는" 상황처럼, 하인이 주인을 부리거나 혹은 하인이 주인 노릇을 하게 되는 부조리한 형국이 아니겠는가.

이처럼 신탁자로서 '나'의 의견이 충실하게 대변될 수 없거나 '내'가 피신탁자인 대표자에 대하여 지속적으로 효율적인 통제력을 발휘할 수 없다면, '대리인 모델'이나 '신탁자 모델' 혹은 '수탁자 모델'은 그것에 내재한 신뢰적 관계의 특성에도 불구하고 태생적 한계를 가질 수밖에 없다. '나'의 의사와 이익은 다른 사람에 의해서 대변될 수 없고 '나'에 의해서만 표출될 수 있는 사안의 영역이 존재하기 때문이다. 혹은 '내'가 대표자를 통제하는 데 역부족일 때 대표자는 '나'에게 봉사하는 존재가 아니라 군림하는 존재가 되기 때문이다.

그렇다면 이처럼 신탁자 모델이 한계를 보이는 상황에서 대표자의 역할을 어떻게 조망할 수 있을까. 로크의 입장을 감안할 때 한 가지 대안이 가능하리라고 생각된다. 운동 경기자들 사이에서 판정을 하는 주심의 역할과 비슷한 어떤 것이 대안이 될 수 있지 않을까. 혹은 학술회의에서 사회를 보는 존재와 비슷한 권위를 행사해야 하는 것이 아닐까. 혹은 법정의 재판관과 같은 역할 기대도 가능할 것이다. 학술회의에서의 사회자나 경기장에서의 주심, 혹은 법정에서의 재판관은 발표자들 가운데 누구의 의견을 대변하는 것도 아니고 운동선수들이나 송사 관계자들 가운데 누구의 이익을 대변하는 것도 아니다. 다만 발표자들이 발언과 발표를 소신껏 할 수 있게끔, 또는 운동 경기자들이 일정한 규칙 하에서 자신의 기량을 마음껏 발휘할 수 있도록 조정하고 보장하는 역할을 하는 셈이다. 혹은 원고와 피고를 심리하는 과정에서 반칙이나 불의가 발견되면 반칙이나 불의로 규정하고 판정을 내리는 역할을 수행하는 것이 판사의 역할이다.

그러나 이러한 '심판자 모델'이 대의민주주의의 한 유형이 될 수 있다고 하더라도 로크의 '신탁자 모델'과 두터운 친화력이 있는지는 불투명하다. 심판은 비교적 독립적 재량권을 가진 존재로서 피신탁자보다 상당한 권한을 가지고 있는 존재가 아니겠는가. 물론 로크에게 있어 정치 권위는 그 기원으로 볼 때 심판의 권위와 유비적으로 닮아 있는 것이 사실이다. 하지만 심판은 사법부의 판사와 유사할지언정, 행정부의 수장이나 입법부의 대표자와 유사한 것은 아니다. 판사는 쟁점사안에 있어 피고와 원고의 이익을 고려하지 않은 채 독자적으로 판단한다. 분명 판사의 이러한 태도와 권위는 재판의 공정성과 객관성을 높일 수 있는 특징이기는 하나, 대표자의 권위로는 적절하다고 할 수 없다. 민주사회에서 대표자는 시민들의 뜻을 고려하고 존중해야 하는 존재가 아닐까. 그 경우에 비로소 '국민의 머슴'이라는 대리인 모델이 유의미할 것이기 때문이다.

(5) 신탁자 모델의 가능성

전 항에서는 '직접통치'의 정당성을 주장함으로써 대리인 모델의 문제점을 부각시켰지만, 이번에는 '간접통치'의 정당성을 인정해 보자. 이 경우 대리인 모델이 그 대안이 될 수밖에 없을 것이다. 실제로 민주사회에서 대리인 모델은 이상적인 비전으로 자리매김해 왔다. 스님이라면 모를까 자신의 머리를 스스로 깎는 사람은 없다. 이발을 하고자 할 때는 이발사에게 자신의 머리를 맡기게 마련이다. 그리고 자녀의 교육도 스스로 담당하는 사람은 별로 없다. 자녀들의 교육은 학교나 학원, 심지어는 과외교사에게 맡기는 경향이 일반적이다. 그렇다면 정치 영역에서도 이러한 위임 행위가 가능하지 않을까. 직업 정치인에게 정치를 맡기는 방안이 대의민주주의의 특징이라면, 대리인 모델이 그 핵심이다. 문제는 이 대리인 모델이 민주사회에서 가능한가 혹은 실현 가능성이 있는가 하는 점이다.

신탁자 모델의 논리를 일단 플라메나츠(J. Plamenatz 1968, 9-10)를 따라 공식적으로 정의하면 다음과 같다. A가 B로 하여금 어떤 행위를 하도록 허용하고 A는 B의 행위에 대하여 책임을 직접적으로나 간접적으로 지는 것이다. 이 정의가 신탁자의 권리를 형식 논리적으로 타당하게 규정했다고는 생각되나, 신탁은 단순한 '허용'이나 '양도' 행위와는 다르다는 점을 강조할 필요가 있다. 사람들 가운데는 때때로 권한 부여와 허용 행위를 혼동하는 경우가 많다. 문제의 개념 규정을 한 플라메나츠 자신도 이 점에 있어 예외가 아니다. 아버지가 딸의 결혼을 승낙하는 행위는 권한 부여인가, 아니면 허락의 행위인가. 딸의 결혼을 승낙하는 것이 아버지의 권한 위임이라고 볼 수 있는 측면이 없는 것은 아니겠지만,[8] 아버지가 딸의 결혼생활에 대해서까지 책임을 질 수 있는 입장은 아니다. 또한 딸이 아버지의 허락으로 결혼을 했다고 하여 딸과 사위가 아버지의 지시와 명령에 복종해야 하는 것도 아니다. '출가외인'(出嫁外人)이라는 속언처럼, 결혼한 그 다음 날부터 딸은 아버지로부터 독립된 존재이지 아버지의 권하(權下)에 속한 사람은 아니다. 이러한 지적이 설득력이 있다면, 문제의 사례를 전형적인 권한 위임의 사례로 파악한 플라메나츠의 입장은 옹호되기 어렵다.

한편 신탁은 '허용'이나 '허락'과 다를 뿐 아니라 '양도' 행위와도 다르다. 예를 들어보자. 어떤 사람이 일정한 절차에 의해 자신의 재산과 부동산을 특정한 사람에게 양도한 상황이다. 일단 권한을 양도했다면 원래의 주인은 문제의 부동산 사용에 대해서 권한을 갖고 있는 것은 아니다. 혹시 그 부동산이 주택으로 개발되기를 원했다고 해도 그 부동산을 양도받은 사람이 그 건물을 헐고 상가건물을 지어 사용한다고 할 경우 어쩔 도리가 없다. 왜냐하면 그 부동산을 양도할 때 주택으로만 사용해야 한다는 조건까지 부과하기란 어려운 일이기 때문이다. 법적으로 볼 때 문제의 부동산은 그것을 차지하게 된 사람의 소유이며 권리가 아니겠는가. 따라서 원래 집을 양도한 사람이 그 집에 대해 특정한 의도를 가졌다

8. 예를 들어 장애인 자녀의 결혼을 허락한 경우라면, 권한 위임이라는 개념이 적용될 수 있을 것이다. 부모가 결혼한 장애인 딸의 복지를 위하여 항상 끊임없이 돌보고 배려하며 책임을 지는 경우이다. 혹은 이른바 '마마보이'의 경우에도 권한 위임의 개념은 통용될 수 있다. 결혼한 다음에도 항상 아내보다 어머니와 집안일을 상의하는 마마보이 남편에게 아내는 "당신은 도대체 누구하고 결혼했어요?" 하고 묻지 않겠는가. 하지만 이러한 경우는 '일반적 사례' 라기보다는 '예외적 사례' 로 간주해야 할 것이다.

고 하더라도 양도된 이후에는 전혀 권한이 없다. 하지만 신탁 관계라면 원래의 집주인은 지속적으로 그 집에 대해 권한을 행사할 수 있을 것이다.

그렇다면 '허락'이나 '양도' 행위와 상이한, 권한 위임에 근거한 신탁자 모델이 민주사회에서 과연 유효할 것인가. 실제로 신탁자 모델은 민주 선거 과정을 통하여 나타날 것으로 기대되고 있다. 하지만 민주사회에서 로크의 의도와 달리 유권자들은 대표자들에게 신탁하는 것이 아니라 허용이나 양도의 행위를 하고 있는 것은 아닌가. 선거일에 허용과 양도의 행위를 한 다음 유권자들은 무력감을 곱씹을 수밖에 없다. 선거가 '신탁' 행위가 되지 못하고 '허용'이나 '양도' 행위가 될 수밖에 없는 이유는 여러 가지이다.

우선 '주인'에 해당하는 유권자들은 서로 다른 의견과 이익으로 나뉘어 있어 단일적인 의사 표출이 불가능하다. 또 '주인'에 해당되는 많은 시민들은 투표에 참여하기보다는 기권하고 있는 실정이다. 이러한 상황에서 투표를 하지 않거나 혹은 승리한 대표자에 반대해서 투표한 사람들에게 어떻게 권한 위임의 신탁자 모델을 적용할 수 있겠는가. 주인 자신이 반대한 사람을 심부름꾼으로 쓸 수 있는 방안이 과연 존재할 수 있는 것인가. 물론 선거에서 진 사람들도 승리자인 대표자를 축하해 주고 또 절차민주주의 정신에 입각해서 승자의 권위를 받아들이도록 권장된다. 하지만 그렇다고 하더라도 이들 반대자에 있어 문제의 대표자에게 권한을 신탁했다는 사실에 대한 진정한 참뜻을 어떻게 찾을 수 있겠는가.

물론 승리한 대표자에게 투표한 시민들에게는 본의적 의미의 신탁자 모델이 적용된다고 볼 수도 있을 것이다. 그러나 그렇다고 하더라도 엄밀하게 추론해 보면 문제가 없는 것은 아니다. 신탁자들의 의도에는 상당한 불확실성이 존재하기 때문이다. 어떤 시민들은 후보자가 좋아서 투표했고 어떤 사람들은 정당의 이미지 때문에 지지표를 던진 것이다. 또 정당 대표의 개인적 매력으로 인하여 지지 의사를 표명한 사람도 있다. 이러한 상황에서 신탁의 범위와 내용을 유의미하게 가늠하는 것은 결코 쉬운 일이 아니다.

대표자에 관한 한, 또 다른 문제가 있다. 일단 선거에서 이긴 사람이 자신을 선출해 준 사람을 대표해서 입법을 할 수 있는 권리를 가졌다고 해도, 입법권은 결국 그 대표자의 뜻대로 이루어지는 것이지 그를 지지한 사람들의 뜻대로 행사될 가능성은 거의 없다. 이러한 상황은 '신탁의 수임', 즉 '수탁'(受託)의 의미를 반감하는 것이다. 물론 그렇다고 해서 문제의 상황이 그 자체로 '비민주적 통치 행위'나 '반민주적 통치 행위'를 의미한다고 낙담하거나 비관할 필요는 없다. 직접적 의미의 대리인 모델이 불가능하다면, 간접적 의미의 대리인 모델도 생각할 수 있을 것이기 때문이다. 간접적 대리인 모델의 전형적 대안이 있다면 '책임민주주의'(accountable democracy)이다. 책임민주주의는 피신탁자들이 신탁자의 뜻을 충실히 반영하여 정치 권위를 행사하기보다는 일정 기간 동안 소신껏 정치 권위를 행사한 후 신탁자인 시민들로부터 평가를 요구하는 민주주의 형태이다. 이러한 관점에서 보면 책임민주주의는 엄격하기보다 느슨한 형태의 대리인 모델이라고 할 수 있을 것이다. 또 책임민주주의야말로 정치적 민주주의에서 권한위임(authorization)이 갖는 또 다른 의미라고 할 수 있다. 문제는 느슨하다는 것이 대리인이나 신탁자 모델의 본의적 의미까지 훼손시킬 가능성이 농후하다는 점에 있다.

물론 한편에서 생각해 보면, 엄격한 대리인 모델이 불가능하다고 실망할 필요가 없을는지 모른다. 앞의 사례를 상기해 보면, 자신의 부동산을 넘겨준 사람은 그것을 상속받는 사람에게 주택용으로만 사용하라고 못을 박고 상세한 규정을 내세울 수 있을 것이다. 그러나 다수의 시민들이 관련된 사안에서 또 여러 가지 복잡한 성격의 사안에서 이러한 역할 규정은 불가능하다. 국방비를 줄였으면 좋겠다는 의견을 갖고 바로 그 이유 때문에 지지한 후보가 당선된 후 국방비를 증액하는 법을 제출한다고 해도 그 법안을 제출한 국회의원의 권한이 존중되는 것이지, 군비삭감을 원하는 유권자의 뜻이 존중될 여지는 별로 없다. 결국 이러한 문제들은 '신탁 모델'보다 '허용 모델'이나 '양도 모델'이 더욱더 현실성을 가지고 있는 것으로 해석될 수밖에 없는 이유일 것이다.

(6) 신탁자 모델의 문제

이제까지의 논의가 의미가 있다면, 신탁자 모델, 즉 대의민주주의는 그 기대에도 불구하고 신뢰에 부응한 민주주의가 되기 어렵다. 또한 신뢰에 부응하고 있는지의 여부조차 판가름하기가 어렵다. 그 이유는 자명하다. '주인과 대리인' 관계가 성립하려면 무엇보다 주인이 스스로 자율적 질서를 유지할 수 있는 능력을 가지고 있거나 혹은 자기 절제력이 충분하여 스스로를 관리할 수 있는 능력을 지닌 존재라는 점이 분명해야 한다. 또한 자신의 이익이 무엇인지 알고 그것을 엄정하게 판단할 수 있는 판단력과 분별력, 지성의 소유자여야 한다. 그렇지 않고 주인이 스스로를 추스를 수 있을 만큼 이성적이거나 합리적이고 자기 반성적 존재가 아니라면, 어떻게 대리인이나 피신탁자를 선정하고 그 행동과 행적을 엄정하게 관리하며 평가할 수 있을 것인가.

그러나 유감스럽게도 그런 부족한 모습이 로크가 상정한 신탁자의 모습이다. 실상 로크가 대리인 모델을 주장한 이유도 '주인'에 해당하는 자연 상태의 사람들이 자율적 통치를 하는 데 한계가 있다고 보았기 때문이다. 즉 자연법 집행권과 관련하여 합리적인 판단을 할 수 있는 분별력이 전적으로 결여되어 있는 존재라고 말할 수는 없겠지만, 충분치 못한 것은 분명하다. 처음에 평화로웠던 자연 상태가 열악한 자연 상태로 전환되는 것도 바로 이 속성 때문이다. 따라서 그 해법으로 '신탁의 정부'를 만들어야 한다는 논리가 대두된 것인데, 이러한 상황에서 대리인이 신탁자 자신의 뜻에 따라 자연법 집행권을 순리적으로 행사하리라는 판단을 어떻게 내릴 수 있을 것인가.

사람들이 이른바 '판단의 부담' 등, 스스로 문제를 가지고 있어 이러한 문제를 해결하기 위해 대리인을 두기로 하였다면, 그런 사람들이 어떻게 대리인을 관리할 수 있을 것인가. "관리인을 누가 관리할 수 있는가?"(Quis custodiet custodes ipsos?)라는 문제는 플라톤 이래로 내려온 영원한 정치적 숙제가 아닐 수 없다. 이 경우 관심의 초점은 관리인들의 도덕적 해이나 이기주의에 맞추어졌다. 하지만 로크의 경우 관리자 문제는 다르다. 주인들에게 문제가 있어 특정한 업무를 관장하는 관리자를 두었는데, 그 관리자를 문제의 주인들이 관리할 수 있어야 한다는 것은 마치 병에 걸린 사람이 자신을 보살펴 달라고 간병인을 두었는데, 환자가 간병인을 관리하는 문제를 두고 걱정해야 하는 상황처럼 부조리한 일이다.

엄밀한 의미에서 볼 때 주인과 대리인 모델은 로크보다는 왕권신수론자에게 적합한 모델이다. 왕의 통치권이 신으로부터 위임되었다는 명제를 전제하고 있는 왕권신수론에 있어 통치자는 신의 하수인이다. 그것은 다시 말해서 신과 통치자 사이에는 '주인과 하수인'(principal-agent) 관계가 성립한다는 의미이다. 신은 주인, 왕은 대리인이라는 관계는 누구에게나 명확하기 때문이다. 신은 완전한 존재로서 그 의지와 뜻이 확고하며 명쾌하다. 모세의 십계명은 신의 뜻을 명시하는 전형적 사례가 아니겠는가. 왕은 이러한 신의 뜻을 정성을 다하여 이행하기만 하면 된다. 우리는 때때로 "시민의 목소리가 신의 목소리"(vox populi, vox dei)라고 말하기도 한다. 그런데 로크에 있어서 '주인과 하수인' 관계는 '완전한' 신과 '불완전한' 인간 사이에 성립하는 것이 아니라 '더 불완전한' 일반 사람들과 '덜 불완전한' 통치자 사이에 이루어진다는 점이 특징이다. 문제는 과연 자기 자신의 앞가림조차 못하여 분쟁 상태를 일으킬 정도의 일반 시민들이 유비적 의미에서나마 '신'의 존재와 비교될 수 없을뿐더러, 대리인인 통치자들의 지성과 판단력에도 미치지 못한다는 점에 있다. 상황이 이러하다면, 로크의 신탁자 모델은 '지속 가능성'(sustainability)을 보장받기 어렵고, 결국 '일반화된 신뢰'를 제고시키는 모델이 되기 쉽지 않다는 의미가 될 것이다.

4. 민주주의와 신뢰 모델 2: 심의민주주의의 현대적 모델

지난 논의에서는 로크의 신탁 모델로 상징되는 대의민주주의가 그 의도에도 불구하고 기대되는 신뢰를 담보받기가 어렵다는 점을 지적했다. 그 대안이라면 심의민주주의를 들 수 있다. 심의민주주의는 결정을 대표자들에게 위임한다는 점에서 특징이 있는 것이 아니라 시민들이 심의와 숙의에 적극적으로 참여한다는 점에 특징이 있다. 심의에 의한 결정이 '일반화된 신뢰'를 제고시키리라는 기대는 상당하다. 그렇다면 이러한 기대가 현실화될 수 있을 것인가. 이번 항목에서는 '신뢰의 제도화'로서 주목을 받고 있는 심의민주주의 모델의 강점과 문제점을 점검하고자 한다.

(1) 심의민주주의의 특징

어떤 사회라도 상반되는 도덕적 주장들을 내세우는 집단들과 그러한 주장들에 대하여 판결을 내리는 절차를 구분하고 있다는 점에서는 공통적이다. 이러한 구분과 심의에 대한 특징은 민주주의 국가뿐 아니라 독재국가나 권위주의 국가에서도 존재한다. 교황도 교회재판소에 의존하며, 전제군주 국가도 내각을 운영하는가 하면, 전쟁을 벌이는 독재자도 군 지휘자들의 진언에 귀를 기울이며, 공산주의 독재 국가에서조차 정치위원회에서의 토론은 활발하다. 이처럼 어떤 정치 공동체이든 자기 자신이 추구하는 목적을 이루기 위해 여러 집단의 목소리를 들을 수 있는 '불편부당한 대립적 절차'(impartial adversarial procedures)를 필요로 한다. 이것은 "아우디 알테람 파르템"(audi alteram partem), 즉 "다른 한쪽의 말도 들으라"는 내용의, 법정에서 오랫동안 통용되어 온 준칙이 심의의 원칙이 되고 있다는 의미일 것이다. 모든 정치 활동의 보편적 요소라고 할 수 있는 이러한 심의 과정이야말로 결정을 내려야 하는 입장을 가진 사람들에게 '선험적인 원칙'들을 포기하게 하고, 다양하고 심층적인 입장들을 귀담아 듣게 하는 기회를 제공한다. 권위 소지자들은 그러한 비교 분석을 근거로 가장 좋은 방향의 대안을 모색할 수 있을 것이다. 그러나 심의민주주의는 보다 특별한 의미의 정치적 숙고와 대화, 설득 및 공적 심의를 요구하는 제도이다. 여기서는 일정한 절차의 규칙에 의해 조정된 다원적 대립을 정당화하며 보다 이성적인 해법을 추구하고 있기 때문이다.

심의민주주의는 '수동적 시민'보다 '능동적 시민'을 전제한다는 점에서 직접민주주의와 유사하다. 하지만 차이가 있다. 직접민주주의에는 결정의 합리성을 객관적으로 판단할 수 있는 평가적 기준이 없다. 사람들이 직접 참여하여 결정을 내린다면 '그 자체로' 가치 있다고 말할 수 있다는 점이 고작이다. 이에 비하면 심의민주주의에는 비교적 확실한 기준이 있다. 이른바 '공적 이성'(public reason)이라는 잣대가 그것이다.

이러한 관점에서 볼 때, 심의민주주의는 '공적 이성'이 존재하는 직접민주주의라고 할 수 있을 것이다. 롤스와 하버마스, 코헨, 스캔론 등은 '공적 이성'의 개념을 조명하는 데 중요한 기여를 하였다. '공적 이성'이란 무엇인가. 일단 루소의 표현을 빌려 간단명료하게 요약하자면, '일반 의사'(general will)의 관점을 갖고 결정에 임하는 것이다. 루소는 집단 선택에 있어 요구되는 '공적 이성'의 문제를 나름대로 특별한 형태로 제시한 바 있다. 즉 시민들에게 "당신은 문제의 정책 대안을 좋아하는가"라는 식의 질문을 하기보다 "당신은 문제의 정책 대안이 공동선을 증진시킬 것으로 믿는가"라는 질문을 하는 것이다. 바로 이로부터 기대될 수 있는 답변이 있다면, '공적 이성'에 입각한 비전이다. 이러한 질문을 받은 시민이 '나에게 혹은 내가 사는 지역에 유리하기 때문에 문제의 대안을 선택할 작정'이라는 답변을 할 수는 없을 것이다.

물론 여기서 '공적 이성'의 기조가 되는 '공동선'이라는 개념은 복합적이고 경합적이며, 때로는 '모순성'을 지니고 있는 것이 사실이다. 환경주의자라면 환경 보호가 '공동선'에 해당된다고 역설할 것이며 개발주의자라면 개발이 '공동선'이라고 강변하지 않겠는가. 그러나 그렇다고 하더라도 '공동선'을 추구한다는 사실은 일단 '사적 선'을 추구한다는 것과는 비교적 매우 다른 함의를 투영하게 될 것이 분명하다. 자녀 자랑이나 애인 자랑 혹은 친구 자랑 등, 사적 관심사를 공적으로 표명하거나 거론할 수는 없는 일이다. 공적 토론석상에서 그런 말을 하는 사람이 있다면, '팔불출'(八不出)이라는 비웃음을 듣기 십상이 아닐까. '공동선'을 정당화시키려면 어떤 형태로든 행위자 자신에게 국한된 관심사나 이익을 적어도 한 단계 넘어설 수 있다는 논리를 개진해야 한다.

심의민주주의를 말할 때 두 가지 상정이 전제된다. 우선 시민 개인은 단순히 의견과 선호를 '보유'하고 있는 사람이 아니라 의견과 선호를 '형성' 하는 존재라는 점이다. 결집민주주의론자들은 유권자들을 "주어진" 선호를 가지고 있는 존재라고 생각하는 경향이 있다. 그러한 "주어진" 선호야말로 민주적인 정치 과정이 처리해야 할 기본적 자료가 된다고 간주하기 때문이다. 그렇다면 집단 선택에서 이러한 선호와 의견을 어떻게, 어느 정도로 반영해야 하는가 하는 문제가 결집민주주의론자들에게 있어 최대의 관심사가 되는 셈이다.

물론 심의민주주의론자들은 이러한 비전과는 상이한 관점을 가지고 있다. 유권자를 '복합적 판단'(complex judgement)을 하는 존재로 파악하며, 자신의 정치적 선호를 바꿀 수 있는 행위자로 보고 있기 때문이다. 블로그(R. Blaug 1996, 50)의 지적에 주목해 보자.

"유권자의 선호는 복합적으로 이루어져 있다. 사회적인 상호 작용에 의해 형성되기도 하고, 또 성찰에 의하여 발견되기도 하기 때문이다."

심의민주주의 비전의 특징은 상호 작용을 개인과 집단의 정체성의 구성 요소로, 또한 '사회적 지성'(social intelligence) 자체의 구성 요소로 간주한다는 점에 있다.

그런가 하면 심의민주주의의 또 다른 특징은 '공적 이성'의 제약을 받으며 작동한다는 점이다. 정책을 제안하고 집행하며 일련의 대안들을 점검할 때, 그 정당화의 논리가 공적 심의에 필수조건이라고 간주되는 독특한 절차주의적 형태를 취한다는 데 있다. 물론 공적 심의의 절차와 조건들을 정당화하는 논리의 독특한 형태가 과연 무엇인가 하는 점은 심의민주주의론자들마다 견해가 약간씩 다르다. 이와 관련, 롤스와 하버마스에 주목해 보자.

(2) 롤스의 심의민주주의

심의민주주의에 관한 절차와 기준은 롤스와 하버마스에 의해서 비교적 정교하게 개발되었고 오늘날 심의민주주의의 핵심적 준거가 되고 있다고 해도 과언이 아니다. 우선 롤스는 『정의론』에서 심의민주주의의 특징적 요소들에 대하여 암묵적 형태로나마 지적한 바 있다. 우선, 민주정치는 공동선(common good)에 기반을 둔 공적 심의(public deliberation)를 요구하고 있으며, 둘째, 시민들 사이에 일정한 형태의 명시적 평등이 보장될 것을 규정하고 있고, 마지막으로, 공동선의 공적 개념 형성에 기여하는 방식으로 시민들의 정체성과 이익을 형성하게 된다는 주장을 개진하고 있다. 이러한 주장의 정당성은 어떻게 찾을 수 있는가. '무지의 베일'을 쓴 '원초적 상황'(original position)에서의 합의가 그 해답이다. 즉 상기한 심의민주주의의 세 가지 이상에 대하여 '무지의 베일'을 쓴 계약자들이 합의할 것이라는 것이 롤스의 입장이다. 이 심의에 관한 부분은 정의의 제1원칙인 자유의 평등원칙과 제2원칙인 차등의 원칙을 정립하는 과정에서 나타나기 때문이다.

후기 저서인 『정치적 자유주의』에서 롤스는 '무지의 베일' 구도를 포기한다. 그 대신 정의는 '형이상학적'(metaphysical) 개념이 아니라 특정 공동체에 고유한 '정치적'(political) 개념이라는 관점에서 서구 사회의 역사에서 비롯된 고유한 정치 문화를 반추하며 민주주의의 심의적 성격에 대한 설명을 시도한다. 롤스에 의하면, '정치적 자유주의'는 프로테스탄트의 종교개혁과 그 이후 종교적 관용과 양심의 자유 및 사상의 자유에 관한 16세기, 17세기의 논쟁에 그 역사적 뿌리를 갖고 있다. 이러한 논쟁들은 인간에 있어 진정한 포괄적인 선을 구성하고 있는 요소가 무엇인지에 관하여 서로 불일치하고 있는 사람들로 이루어진 다원주의 사회를 출현시켰다. 따라서 '정치적 자유주의'는 삶의 비전이 다른 사람들이 다원주의자로 남아 있으면서도 순리적으로 조화롭고 안정된 사회 속에 함께 살 수 있는지를 가늠하기 위하여 발전되었다는 것이 롤스의 주장이다.

결국 다원주의가 일정한 틀 안으로 규정되는 '순리적 다원주의'(reasonable pluralism) 문제에 대하여 롤스가 파악하는바, 서구 사회의 정치적 자유주의자들이 추구해 온 해법은 다음과 같은 세 가지 주요 이념들로 요약될 수 있다. 첫째, '온건한 평등주의'(modest egalitarianism)로서 사람들 사이에 존재하고 있는 커다란 불평등을 감소시키기 위한 자원의 재분배를 추구한다. 둘째, 표현의 자유와 종교의 자유, 인종, 성에 기초한 차별로부터의 자유, 적절한 법 절차 등과 같은 일련의 자유권들을 침해할 수 없는 것으로 간주한다. 셋째, 개인의 도덕성 문제들에 관한 한 관용을 강조한다.

이러한 가치들을 감안할 때 두 가지 관심사가 제기된다. 우선 시민들의 자유와 평등에 부합될 수 있는 기본적 제도 구축 문제가 그 하나이며, 입법부의 구성원들이 존중해야 할 기본적인 권리와 자유에 관한 문제가 또 다른 관심사이다. 롤스가 주장하는 『정치적 자유주의』(*political liberalism*)에서는 위에서 지적한 '정치적 가치들' 이외에 중요한 '비정치적 가치들'(nonpolitical values)이 엄존하고 있음을 인정하고 있다. 하지만 그러한 '비정치적 가치'들에 관하여 특정한 입장을 취하는 것은 자제해야 한다는 것이 '정치적 자유주의'의 특징이다. 이처럼 자제와 불개입의 태도를 취함으로써, '정치적 자유주의'는 시민들이 어떠한 포괄적인 종교, 철학 및 도덕적 신념을 가지고 있건 상관없이 모든 시민들로부터 지지를 확보할 수 있는 정치적 가치가 될 수 있을 것이다. 즉 일련의 포괄적인 신념들(comprehensive doctrines)이 중첩되는 지점이야말로 '중첩적 합의'(overlapping consensus)의 형태로 구체화되리라는 것이 롤스의 기대이다.

'정치적 자유주의'에 관한 롤스의 주장에는 두 가지 상정이 자리 잡고 있다. 우리에게 친숙한 정치 사회는 '닫혀 있는 사회'이며, 모든 정상적인 성인들은 두 가지의 기본적인 도덕적 능력을 가지고 있다는 점이다. 닫힌 정치 사회란 자기 충족적이며 자기 의존적인 사회이다. "사회의 구성원들은 출생으로써 그 사회에 들어오고 죽음으로써 비로소 그 사회를 떠난다. 이로 말미암아 사회의 구성원들은 온전한 삶을 유지할 수 있는 사회 안에 태어난 존재라고 말할 수 있다(political liberalism, 12)."

롤스의 두 번째 상정은 모든 정상적인 성인이라면 '정의감'(sense of justice)에 관한 능력을 가지고 있을 뿐 아니라 이성적 비전이나 선을 형성하고 수정하며 합리적으로 추구할 수 있는 능력도 가지고 있다는 점이다. '정치적 자유주의' 가 개념화하고 있는 인간이란 "어떤 특정한 목적이나 이상과 불가분적으로 연계되어 있다고 생각될 필요는 없으며 합리적인 사고에 따라 자신의 목적을 평가하고 교정할 수 있는 존재로 간주된다"(political liberalism 280). 이러한 능력과 견해를 가지고 있기 때문에, 사람들은 평등한 존재이고 또한 사회의 협력적인 구성원이 될 수 있다.

롤스는 이러한 두 가지 상정에 의해서 두 가지 원칙으로 이루어진 정의에 관한 정치적 개념에 도달한다. 즉 평등한 자유에 대한 권리와 기회 균등과 최소 수혜자 배려에 입각한 사회 경제적 불평등의 허용이 그것이다. 실상 이 두 가지 정의의 원칙은 롤스가 이미 『정의론』에서 '무지의 베일' 구도를 통하여 정립한 원칙과 동일하다. 『정치적 자유주의』에서는 '무지의 베일' 구도 대신에 서구 사회의 역사적인 정치 문화로부터 정의의 두 가지 원칙을 추출하고 있다는 점에서 차이가 있을 뿐이다.

이 두 가지 원칙을 내포하고 있는 롤스의 정의 비전은 시민들로 하여금 '순리적으로' 추구할 수 있는 도덕적 · 정치적 재화의 가치의 범위를 결정해 준다고 할 수 있다. 물론 이러한 범주의 결정은 불가피하게, 의미 있는 것으로 평가받는 다른 합리적 가치들을 배제하는 결과를 초래한다. 하지만 의미 있는 것으로 평가받는 모든 가능한 가치를 추구하는 사회제도가 불가능하다는 점을 감안한다면, 문제의 제약 사항은 받아들일 수밖에 없다. 또한 받아들일 만한 선의 범위가 확정되었다면, 정의의 원리는 그들 중 어떤 것도 공식적인 선으로 설정하지 않는다는 특징을 보여 주고 있다. 따라서 정치적으로 자유로운 사회에서 '올바름'(right)은 '좋음'(good)에 대한 우선권을 확보하게 되는 셈이다.

롤스는 정의의 요구 조건들을 충족시키기 위해 하나의 '공적 이성'(public reason)과 다수의 '비공적 이성'(nonpublic reason) 범주에 관하여 엄격하고 명확한 구분을 시도한다. '공적 이성'의 기능은 이 두 가지 정의의 기본원칙의 내용을 명시하고 이에 관한 관련된 증거를 제시하며 또한 정치적 문제를 다루는 데 있어 적절한 추론 방식이 무엇인가를 결정하는 지침들을 명시하는 것이다.

'비공적 이성'이란 사람들이 '시민'이 아니라 어떤 '자발적인 조직의 구성원', 예를 들면 특정 교회나 회사, 동호회의 회원으로서 행동할 때 지침으로 삼는 이성이다. 사람들은 '비공적 이성'을 통하여 개인적인 차원에서 어떠한 선을 소중한 것으로 간주할지 혹은 어떤 삶의 목적을 추구할지를 결정한다. 예를 들면 A는 한 사람의 시민이기도 하지만, 직업상 연예인이기도 하다. 또한 B는 시민이면서, 프로 운동선수이다. A가 연예인으로서 추구하는 선은 B가 운동선수로서 추구하는 선과 다르다. 따라서 민주국가 안에는 오직 하나의 '공적 이성'이 있지만, '비공적 이성'은 수없이 많다는 것이 롤스의 주장이다. 다원주의 사회인만큼, 다양한 이상과 목적을 추구하는 다원적 조직들이 존재할 수밖에 없기 때문이다.

그렇다면 '공적 이성'은 언제 사용될 수 있는가. 롤스는 시민들에게 (a) 헌법적인 핵심가치(constitutional essentials), 즉 정부 구조나 정치 과정에 관하여 심의할 때 (b) 기회의 균등이나 자존감의 사회적 기초와 같은 배분적 정의의 기본사안들을 규제하는 평등한 권리와 자유에 대하여 심의할 경우, 오로지 '공적 이성'만을 사용할 것을 촉구한다. 시민들은 이러한 범주의 토의와 심의 과정에서 오로지 '정치적 가치들'에 한해서만 천착할 수 있도록 스스로를 제약해야 한다.

다원주의 사회에 그러한 제약이 없다면 심각한 사회적 갈등과 정치적 불안이 조성될 것이기 때문이다.

물론 롤스는 '공적 이성'에 관한 자신의 주장이 절대적인 성격을 띨 수 없다는 사실을 인정한다. '헌법적 핵심적 가치'와 관련하여 사회에 깊은 갈등과 균열이 존재한다면, 이 문제를 해결하기 위하여 '종교적 교리'와 같은, 보다 포괄적인 가치 체계에 의하여 정치적 가치를 보완하는 것이 잘못된 것은 아니라고 판단하고 있기 때문이다. 예를 들면 여성을 비하하는 문화나 제도를 교정하기 위하여 '신 앞에 평등'이라는 종교적 교리를 내세울 수 있을 것이다. 그러므로 마틴 루터 킹과 같은 인권운동가들이 인종차별제도와 관행을 폐지하기 위한 명분으로 종교적 교리를 원용한 것은 충분히 정당화될 수 있다는 것이 롤스의 입장이다. 롤스에 의하면, 이러한 방식의 '비정치적 이성'을 추구하면서 "인권운동가들이 의존하고 있는 포괄적인 근거들이 (사회에서) 성취되어야 할 정치적 가치에 충분한 힘을 실어 주는 데 필요하다고 생각했다면", '공적 이성'의 이상을 위배했다고 말할 수 없기 때문이다. 바꾸어 표현한다면 기존의 역사적 상황을 감안할 때 문제의 종교적 신념들은 (미국의) 헌법적 가치와 부합되고 공적 이성과 합치된다고 볼 수 있기 때문에 '비정치적 이성'이긴 하지만 '비합리적 공적 이성'이라고는 할 수 없다는 의미이다. 즉 공적 이성의 이상 구현을 위하여 종교적 신념에 호소했기 때문에 정당화될 수 있는 셈이다.

결국 롤스는 프로테스탄트 종교개혁 이후 대두된 가치의 다원주의에 대하여 사회의 안정과 시민 각자가 자신들의 사적 목적을 추구할 수 있는 광범위한 기회를 제공받을 수 있을 만큼 강력한 '공적 영역' 혹은 '정치적 영역'이 구축되고 존중되기를 희망한 것이다. 이를 위해, 시민들에게는 '공적 이성'과 '비공적 이성'을 구분하는 데 그치지 말고, 특히 헌법적 가치와 기본적 정의 문제에 관한 한 순수한 방식으로 '공적 이성'을 사용할 것이 각별히 기대된다. 따라서 시민들은 원칙에 입각한 합의 없이 단순히 전략적 방식인 '모두스 비벤디'(modus vivendi)를 성취하는 것으로 만족해서는 안 된다. 오히려 시민들 모두가 지지하는 원칙에 입각한, 합리적이고 순리적인 정치 사회를 구축해야 한다는 것이 롤스의 생각이다.

(3) 하버마스의 심의민주주의

심의민주주의에 대한 하버마스의 출발점은 사회 집단이 자신들의 생활을 규제하는 규범을 구축하는 과정에서 나오는 논증(argument)이다. 만일 이러한 논증들이 이성적인 방식으로 이루어진다면, 즉 진정한 합의의 성취를 그 목적으로 삼는다면, 논증에 있어서의 참여자들은 '담론의 윤리'(discourse ethics)의 요구조건을 준수하기 위하여 최선의 노력을 경주해야 할 것이다.

하버마스(1996 a)는 다음과 같은 일련의 조건들이 보장되지 않는 상황에서 도덕적 권리와 정치적 권리에 관한 주장들을 정당화하기 위하여 사람들이 논쟁과 토론에 참여하고자 한다면, '성취상의 모순'(performative contradiction)에 봉착하게 될 것이라고 경고한다.

첫째, 모든 참여자의 발언과 목소리는 일정한 유의미한 방식으로 경청될 기회를 가져야 한다.

둘째, 우리의 기존 지식들을 감안할 때, 우리에게 가능한 최고 수준의 토론이 진행되어야 한다.

셋째, 완력이 배제된 상황에서 보다 나은 논증의 힘이 참여자들로 하여금 '예'와 '아니오'의 답변을 선택하도록 결정력을 발휘해야 한다.

따라서 공적 심의에 참여하는 사람은 쟁점사안에 대한 자신의 관심과 기여가 의미 있고, 참되고 적절한 것이 되도록, 또한 그것이 자신이 진지하게 믿고 있는 가치를 표현하고 있다는 점을 확실히 보여 줄 수 있도록 가능한 모든 노력을 경주할 것이 요청된다.

이러한 '담론의 윤리' 는 시간이나 장소에 의해서 제약을 받지 않는 '의사소통의 공동체'(communication community)의 존재를 전제로 하고 있다. 물론 실제로 진행되는 토론과 논증은 언제나 시간과 공간적으로 제약된 곳에서, 또한 구체적인 사람들 사이에서 벌어지는 것이다. 그러나 행동규범의 정당성 문제를 다루는 그러한 토론과 논증의 목적은 가능한 모든 자료와 증거에 입각하여 이성적 판단에 도달하는 데 있다. 이성적 판단이 되려면 '보편적 동의'(universal assent)의 가치에 의해 뒷받침되어야 하며, 따라서 '참' 이라고 평가될 수 있어야 한다.

이성적 판단은 언제나 특정한 주제에 관한 한 행동규범에 관한 실제적인 실천과 믿음을 포함하고 있다. '담론의 윤리'에 속하는 논증의 목적은 한편으로는 논증의 구체적 맥락에 의해서 제약되지 않는 정당성을 갖고, 한편으로는 구체적 이해관계의 상황에 적용될 수 있으면서도 또한 수정될 수 있는 규범적 주장에 도달하는 데 있다.

이러한 하버마스의 '담론 윤리'로부터 나오는 결과 가운데 가장 현저한 것은 "국가의 시민들로 이루어진 공동의 부문에 담론적 의견과 의미의 형성이 일어나는" 정치적 공적 영역에 관한 비전이다. 공적 영역에 있어 담론이란 정치적 원칙에 관한 사안들이나 일반적으로 도덕적 차원을 가진 사안들에만 해당된 것은 아니다. 정의의 가치와 연관되어 있지 않으나, '좋은 삶'(good life)과 관련되어 있는 정치적인 의미를 갖는 경험적 사안들도 두루 포함하고 있기 때문이다. 이 후자 가운데 어떤 사안들은 윤리적 · 정치적인 자기 투영, 즉 전체 사회나 그 하위문화에 대한 윤곽 구성 등의 현상과 밀접한 관계를 갖고 있는 문제들이다. 이러한 유형의 정치적 담론이 진행되어야 할 공적 공간(public space)을 설정하고 견지하는 것이야말로 법의 사명이 아닐 수 없다. 이러한 방식으로 국가의 법들은 그 자체로 담론윤리의 요구사항에 스스로 복속하게 되기 때문이다. 따라서 입법 프로그램과 행위들은 담론윤리에 의하여 설정된 논증의 범위 안에서 진행되어야 한다. 그러므로 적절하게 구성된 입법 절차는 그 입법 행위에 의하여 영향을 받게 될 모든 관련자들을 온전히 포함시키고, 자유롭고 용이한 상호 작용, 주제와 주제에 대한 기여에 있어서 제약이 없어야 하며, 결과를 수정할 수 있는 가능성이 보장되기를 요구한다. 이러한 맥락에서 법 절차들은 경험적으로 존재하는 의사소통 공동체 안에서, 이상적 공동체 안에서 작동하게 될 선택에 관한 공간적이고 시간적이며 실제적인 제약들을 견지하는 데 기여하는 것이다."

하버마스에 의하면, 모든 현대 국가의 헌법은 '담론 윤리'의 요구 조건을 수용하고 있다. 즉 각 헌법이 인간의 권리를 헌법의 원리로 포함하고 있는 한, 그와 같은 역할을 수행하고 있는 것으로 볼 수 있기 때문이다. 이러한 보편적 민주주의에서 보장되는 인간의 권리라는 전제 조건들은 특정한 민족 공동체의 정체성을 판단할 수 있는 규범으로 작동한다. 하버마스(1996 b)는 지적한다.

"민주주의의 보편화와 인간의 권리에 관한 추상적 이념은 언어, 문학, 역사 등, 공동체의 전통을 조망해 볼 수 있는 실체가 된다."

문제의 추상적 이념이야말로 '자유와 책임 및 자기결정에 관한 서구 사회의 이해 방식'을 내포하고 있다고 말할 수 있는 셈이다.

그러므로 하버마스에 있어 개인의 가장 중요한 정치적 책임은 보편적 민주주의와 인간의 권리에 대한 내적인 지지와 더불어 세계주의를 내면화한 시민이 되는 데 있다. 특히 서구 사회에서 발달된 세계주의는 특정한 민족적 집단의 전통을 판단하고 그 합리성을 가늠하는 데 있어 최종적 잣대가 된다. 그러므로 한 국가의 시민이 된다는 것은 세계주의의 요구 조건과 공존할 수 있는 한에서 정당화되며, 세계주의야말로 담론의 윤리가 정당화하는 정치 유형이 아닐 수 없다.

상기의 논의를 통하여 볼 때 민주적 심의의 비전에 관한 한, 롤스와 하버마스가 다수의 상정들을 공유하고 있음을 비교적 뚜렷하게 확인할 수 있을 것이다. 롤스는 공적 추론(public reasoning)을 '순리적 추론'(reasonable reasoning)이라고 표현하고 하버마스는 '의사소통적 합리성'(communicative rationality)이라고 지칭할 만큼, '수단적 합리성'의 범주를 넘어 '비수단적 합리성' 혹은 '규범적 합리성'의 개념을 선호한다. 특히 양자는 '단순한 합의'(mere agreement)와 '이성적 합의'(rational consensus)를 구분하고 있다는 점에서 특징적인 모습을 보여 주고 있다. '정치적 심의'란 '불편부당성'(impartiality)의 원리에 의해 주도되는 순리적이며, 이성적인 존재들 사이의 논증(argument)의 교환이다. 하버마스와 롤스는 민주제도가 '공적 이성'의 이상적 형태를 지니고 있어야 한다고 주장한다는 점에서 차이가 없다. 양자의 차이가 있다면, 그 구체적인 형태에 있다. 롤스에게 있어 자유로운 공적 이성의 틀은 '공정성으로서의 정의'(justice as fairness)와 '헌법적 핵심 가치'(constitutional essentials)로 요약될 수 있을 것이다. 이에 대하여 하버마스는 심의 내용과 범위에 대하여 제약이 없는, 순수한 절차주의적 접근을 강조하고 있는 것이 특징이다. 물론 절차주의적 접근 방식에는 일련의 제약적 조건들이 존재한다. '이상적 언어 소통 상황'의 절차적 제약 조건들이 준수될 경우 도덕적 담론의 참여자들이 동의할 수 없는 관점들이란 존재하지 않을 것이라는 것이 하버마스의 생각이다.

하버마스에 있어 공적 심의 과정은 그것이 '이상적 담론'(ideal dicourse)의 조건을 구체화하는 한, 순리적인 결과를 산출하게 된다. 보다 평등하고 보다 불편부당하며 보다 열린 심의 과정일수록, 또한 참여자들이 자유롭게 참여할 수 있는 심의 과정일수록, 그리고 참여자들에게 강제가 행사되지 않고 오로지 보다 나은 논증의 힘에 의해서만 영향을 받을수록, 진정한 의미에서 '일반화될 수 있는 이익'(generalizable interest)들은 심의와 토론에 참여한 사람들에게 받아들여질 것이기 때문이다. 물론 하버마스는 '이상적 담론'을 실현하는 데 걸림돌이 있으리라는 점을 부인하지 않는다. 그러나 심의와 토론 과정에 걸림돌이 있다면, 그것은 단순히 경험적인 걸림돌에 불과하다. 개인들이 보편적으로 '이성적인 자아'와 일치하기 위해 개인의 모든 구체적인 이해관계를 포기할 수 없기 때문에 야기되는 사태라고 보아야 하기 때문이다. 따라서 이 점이야말로 이상적인 언어 소통 상황이 '규제적 이념'(regulative idea)으로 제시되는 이유라고 하겠다.

물론 하버마스는 이성적인 공적 토론의 영역 밖에 머물러 있어야 할 문제들이 있다는 사실을 받아들인다. 이들은 '정의'(justice)의 문제라기보다는 '좋은 삶'(good life)에 관한 문제—하버마스는 이를 '윤리의 영역'이라고 지칭한다—로서, 협상에 의해서만 해소될 수 있는 배분적 문제에 관한 이익집단들 사이의 갈등이다. 하지만 그렇다고 해서 정치적 결정이 도덕적 문제와 반드시 분리되어야 한다는 의미는 아니다. 근본적으로 정치적 문제는 도덕적 문제와 동일한 범주이며 이성적으로 결정되어야 한다. 그러나 도덕적 문제와는 달리 정치적 문제들은 '구체적 맥락'에 달려 있는 것은 아니다. 정치적 문제에 대한 정당성은 독립적 근거에서 기인하는 것이며 보편적 정당성을 가지고 있다. 논증과 반론의 교환이야말로 '일반화될 수 있는 이익'이 대두될 수 있는 합리적인 의사결정에 가장 적절한 절차라는 것이 하버마스의 입장이다.

그렇다면 롤스와 하버마스의 심의 비전에 대한 다른 심의민주주의론자들의 평가는 어떤가. 많은 심의민주주의론자들은 현대 민주주의 상황에서 롤스가 지칭하는바, 종교나 도덕, 철학적 성격을 가진 '포괄적 이론들'(comprehensive views) 사이에 합의가 가능할 것이라는 희망적 전망은 포기해야 할 것이라고 주장한다. 그러나 그렇다고 해서 정치적 결정에 대한 '이성적 합의'(rational consensus)가 불가능할 것이라는 비관론을 피력하고 있는 것은 아니다. 여기서 '이성적 합의'라고 할 때 단순히 편의주의적이며 전략적인 '모두스 비벤디'가 아니라 평등한 존재들이 자유롭게 토의하고 추론하는 과정에서 나오는 '도덕적 합의'여야 한다는 점이 전제되고 있다. 그런가 하면 심의 절차가 불편부당성과 평등성, 개방성, 강제의 결여 등의 조건들을 충족시킨다면, 모든 참여자들이 합의할 수 있는 '일반화될 수 있는 이익'에 대한 진지한 심의가 이루어질 수 있고 타당한 결과를 산출할 수 있을 것이라는 하버마스의 주장도 많은 심의민주주의자들이 공감하는 부분이다.

(4) 성공적인 공적 심의

롤스와 하버마스는 정치적 평등을 위해 필요한 절차적 조건들을 구체적으로 제시하는 데 심혈을 기울여 왔다. '공적 이성'이나 '이상적 의사소통 상황'이 그것이다. 그러나 중요한 사실은 이러한 조건들이 '심의적 평등'(deliberative equality)을 위해 필요하다고 하더라도, 언제, 어디서, 어떻게 그 이유가 공적으로 설득력을 갖게 되는지 명시하는 데 있어 실패하고 있다는 점이다.

물론 심의의 복잡한 성격을 감안할 때 어떤 조건들을 제시해도 완벽할 수는 없을 것이다. 제시되는 형식적 논리상 심의의 조건들이란 플라톤의 이데아 세계에서처럼 '보편'의 형태로 남아 있을 수밖에 없고 구체적인 상황이나 현실적인 제도와 일정한 거리를 유지하게 되어 있기 때문이다. 그러나 그럼에도 불구하고 심의와 의사결정을 위한 이러한 일반적 조건들은 공적인 토의와 토론에 의해서 집단선택과 결정이 이루어져야 할 어떠한 상황에도 적용될 수 있어야 할 것이다. 따라서 중요한 것은 일반적인 절차적 조건들이 성공적인 심의나 토론에 있어 '필요조건'은 될 수 있겠지만 '충분조건'은 되기 어렵다는 사실이다. 왜 어떤 결정이 민주적으로 정당화되는 데 실패하기도 하고 성공하기도 하는지, 또한 어떤 상황에서의 심의가 민주적 심의가 될 수 있는지의 여부를 가늠하는 데 있어 절차적 조건들은 '필요조건'은 될 수 있겠지만, '충분조건'도 될 수 있는지 분명치 않기 때문이다.

그렇다면 언제, 어떻게 '공적 심의'(public deliberation)가 성공할 수 있을지 말할 수 있을 것인가. 유감스럽게도 롤스나 하버마스 등, 절차주의나 절차적 공정성을 주장하는 사람들은 이러한 유형의 질문에 자신 있게 대답할 수 없다. 왜냐하면 심의 과정과 심의에 참여하는 사람들에게 어느 정도로 이러한 규칙들과 조건들이 충족될 수 있는지에 관하여 불충분하게만 설명하고 있기 때문이다. 절차주의적 심의론자들은 이러한 조건들이 지니는 일반성을 담론의 절차에 부여한다. 여기서 심의는 공적인 담론을 통해서만 이루어질 수 있는 특정한 사회적 · 정치적 활동으로 간주된다. 따라서 '사회적 · 정치적 활동으로서의 심의'는 '학술적 담론으로서의 심의'와는 동일하지 않은 성공의 기준과 독자적인 준거를 가지고 있다. 즉 공적 활동으로서의 심의는 학술회의처럼 순수한 담론이 진행되는 것과는 달라야 한다는 의미이다. 물론 공적 심의의 특성을 감안한다면, 롤스나 하버마스가 공적 심의에 대하여 포괄적으로나 추상적으로 절차적 접근 방식을 적용한 시도가 틀렸다고 단정할 수는 없을 것이다. 그러나 바로 그러한 포괄성이나 추상성 때문에 그들의 모델에서는 유의미한 심의 과정에 대한 설명이 없고 심의성공에 대한 기준을 '사전적으로'(ex ante) 제시할 수 없다는 점이 문제이다. 다만 성공한 심의에 한하여 '사후적으로'(ex post) 제시한 일련의 절차적 조건들이 충족되었다고 말할 수 있을 것이기 때문이다.

본 연구의 관점에서 볼 때, 이들 절차적 심의민주주의의 아킬레스건은 심의의 결과를 '합의'(consensus)로 접근하는 데 있다. '합의'를 성공적인 심의의 기준으로 볼 필요가 과연 있을 것인가 하는 점은 의문이다. 가치관이 상이한 사람들이 아무리 허심탄회하게 장시간 심의를 한다고 해도 반드시 합의에 이를 수 있는 것은 아닐 터이다. 오히려 가까워질 수 없는 입장의 차이를 보다 분명하게 확인할 공산도 크다. 혹시 추기경들의 '교황 투표'의 경우처럼, 한 방에 모아 놓고 상호 간 합의에 이르지 못하면 누구도 외부 세계로 나올 수 없다는 조건을 부여한다면, 결과가 달라질 수 있을지 모른다. 그러나 그렇다고 해서 합의의 결과를 낙관하는 것은 성급한 일이다. 그렇다면 전통적 의미의 합의와는 다른 합의를 생각할 수 있지 않을까. 그것은 '일치하기로 합의하기' 보다 '불일치하기로 합의하는' 방법이다. 이러한 관점에서 심의의 결과 "불일치하기로 합의할 수 있다면"(agree to disagree), 혹은 의견은 달라도 지속적으로 협의를 하기로 합의할 수 있다면, 그것도 심의의 성공이라고 평가할 수 있지 않을까. 혹시 '성공'이라는 표현이 부담스럽다면, '성과'라고 할 만하다. '불일치의 합의'란 결코 '옥시모론'(oxymoron)이 아니다. 우리 주변에서 많이 목격할 수 있는 현상이기 때문이다. 제시된 의제의 구체적 내용에 대해서 합의를 한 것은 아니더라도, 앞으로도 계속해서 선의의 관계와 협력의 관계를 유지하겠다고 참여자들이 공감할 수 있다면, 성립하는 것이 '불일치의 합의'이다. 즉 심의에 참여한 사람들이 실제적 결정에 대하여 합의한 것은 아니더라도 친구 관계로 남아 있기로 공감한다면, 혹은 결과에 대한 합의는 아니더라도 협력의 관계가 이어지도록 추동력이 작용한다면, 혹은 '합의 관계'는 아니더라도 '신뢰 관계'가 형성된다면, 성공적이라고 보지 못할 이유는 없을 것이다.

우리 주변을 돌아볼 때 사람들끼리 의견이 다르더라도 대화는 지속될 수 있다. 의견이 다르더라도 대화나 심의가 가능한 이유는 대화를 통하여 심의 참여자 자신이 원하는 결과를 도출해 낼 수는 없을지라도 결과에 어느 정도 영향을 미칠 수 있다고 믿고 있기 때문이다. 예를 들어 X를 지지하는 유권자 A와 Y를 지지하는 유권자 B가 심의하고 대화할 수 있는 이유가 있다면, 또한 '차이를 존중하기로 합의'할 수 있다면, X나 Y를 지지하는 유권자 A와 B의 동기나 이유가 성이나 종교, 학력 및 지역에 대해서 차별적이 아닐 경우이다. 뿐만 아니라 X나 Y에 대한 지지 이유가 각기 문제 후보자들의 능력과 자질 혹은 공익 추구 능력이라고 한다면, 각기 공적으로 정당화될 수 있는 이유가 된다. 물론 A가 X를 지지하는 이유가 B가 Y를 지지하기 때문에 이에 반대하기 위해서라고 한다면, 이 경우 A의 이유는 공적으로 정당화될 수 없을 것이다. 이 경우에는 '불일치하기로 합의'할 수조차 없을 것이다.

따라서 구체적 합의가 없더라도 협력적 관계를 지속하겠다는 우호적 의사, 혹은 불일치하기로 합의하려는 의사를 확인했다면, 그것은 의미 있는 성과가 아닐 수 없다. 이러한 관점에서 볼 때 흥미로운 점은 롤스나 하버마스의 절차적 조건들이 구체적인 '합의'를 암암리에 목표로 삼고 있으면서도 실제로는 '합의'에 이르는 과정을 명시하지 못하고 있다는 사실이다. 이것은 아마도 불가능한 것을 목표로 설정했기 때문이 아닐까. 만일 심의와 토의의 목표를 낮춘다면, 그러한 절차들이 의미를 가질 수 있지 않겠는가.

(5) 심의민주주의와 일반화된 신뢰의 전망

이제 롤스와 하버마스가 제시한 심의민주주의에 내재한 문제를 '일반화된 신뢰'의 관점에서 지적해 보자. '일반화된 신뢰'에 기초한 심의민주주의가 이루어지기를 목표로 한다면 심의에 관한 지나친 이상주의는 수정될 필요가 있다. 즉 공정성에 관한 지나친 집착이나 '공적 이성'과 '비공적 이성'에 대한 엄격한 구분, 및 '모두스 비벤디의 정치'에 대한 엄격주의적 비판 등이 신뢰에 입각한 심의민주주의 정착에 기여하는 요소가 될 것인가에 대하여 의문이 드는 것은 현실과 맞지 않을 정도로 경직된 조건들이라고 생각되기 때문이다. 오히려 공정성 못지않은 선에 대한 적절한 관심, '공적 이성'과 '비공적 이성' 구분의 모호성 및 '모두스 비벤디의 정치'가 인정될 때 일반화된 신뢰는 감소되기보다 증진될 것으로 전망되기 때문이다.

이러한 관점에서 볼 때 롤스에 있어서 심의에 관한 관심사항은 두 가지이다. 롤스는 절차적 문제, 즉 정의의 문제와 관련된 '절차적 문제'(procedural matter)와 정치 사회의 구성원들이 추구하는 '선'(善)에 관한 '실질적 문제'(substantive matter)들을 엄격하게 구분하고 있다. 이러한 구분은 자유민주주의 정치에서 '정의'(the just)나 '옳음'(the right)은 언제나 '선'이나 '좋은 것'(the good)에 대해서 우위에 있어야 한다는 주장에 바탕을 두고 있다. 이 점은 심의민주주의에도 그대로 통용된다. 심의에서 실질적 가치보다 절차가 중요한 것으로 평가받는 것도 이 때문이다. 그러나 실제의 정치생활에서 '옳음'과 '좋음'은 항상 엄격하게 구분될 수 있는 것이 아니다. 미스코리아 '진'과 미스코리아 '선'이 아름다움에 있어 확연히 구분되는 것이 아닌 것처럼, 정치적 '옳음'과 정치적 '좋음'은 항상 분명하게 구분되는 것은 아니다. 부정부패를 척결하는 작업은 정치적 '옳음'을 세우는 일이지만, 동시에 공동선, 즉 공동체의 '좋음'을 세우고자 하는 작업으로 보아야 하지 않을까. 뿐만 아니라 '절차적 이슈'가 '실질적 이슈'에 비해 언제나 우위에 있는 것도 아니다. 왈처(M. Walzer 1981, 393-94)도 주장한 것처럼, "절차적 구조는 실질적 문제에 대한 논증 없이 이루어질 수 없다. 또한 모든 실질적 논증은 절차적 논증의 형태로 이루어져 있는 것이다."[9]

또한 공정성을 내재한 절차라고 해서 '선'의 개념 없이 만들어지는 것은 아니다. 예를 들면 정부가 교량공사를 위한 입찰 절차를 만들 때도 나름대로 '선'이 기준이 된다. 실력을 갖춘 건설업체가 쉽게 응찰할 수 있도록 하는 것이지, 실력도 갖추지 못한 건설업체가 쉽게 응찰할 수 있는 제도를 만들지 않는다. 순전히 도덕적으로 임의적 성격을 갖는, 이른바 '운'(運)에 의하여 시공업체가 결정되는 제도를 만들고자 하는 정부의 건설 관계자가 있겠는가. 이처럼 양식 있는 사람들이라면 자신들이 추구하고자 하는 '선'이나 피하고자 하는 '악'을 감안하면서 절차를 만든다. 그러한 기대에 부응하지 않는 절차가 있다면, 개혁의 대상이나 혹은 폐기의 대상이 될 가능성이 농후하다. 따라서 '선'의 개념이 내포되어 있지 않고, 중립성을 띤 '순수 절차'가 존재할 수 있을지는 의문이다.

두 번째로 롤스가 시도하는 '공적 이성'과 '비공적 이성' 간의 구분도 문제가 될 수 있다. 양자 사이의 지나친 구분에 집착할 경우, 정치 과정이나 정치 심의에 참여하는 사람들이 개진하는 근거나 논리를 올바로 평가하는 데 어려움을 겪을 수 있다. 역사적으로 보았을 때 평등주의나 인간의 존엄성과 같은 가치는 정치 영역에서 주도한 담론이라기보다는 종교 영역에서 주도한 담론이 아니겠는가. '인간은 신의 창조물이기 때문에 존엄한 존재'라거나 "인간은 신 앞에 평등하다"는 종교적 인식이 평등주의의 강력한 근거가 되었다. 따라서 신분이나 계급상의 차이나 차별도 교회 안에서 예배를 볼 때는 철폐되었다. 성당이나 예배당에 이른바 '로열석'은 존재하지 않았던 것이다. 또 롤스도 인정한 것처럼, 미국의 민권운동 주창자들은 그 정당성의 논리를 종교적 근거와 이유에서 도출해냈다. 하지만 이러한 종교적 이유나 논리는 본의적으로 공적이며 세속적인 논리나 근거에 대하여 '주도적' 역할보다 '보조적' 역할을 수행할 뿐이라는 것이 롤

9. 이와 유사한 비판에 대해서는 아렌트(H. Arendt 1984, 75-103)의 논의를 참조. 또한 완벽주의 성향의 자유주의자인 라즈(J. Raz 1986, 117-33)의 비판도 같은 맥락에서 유용하다고 생각된다.

스의 생각이다.

그러나 민권운동을 벌인 루터 킹 목사나 그의 종교적 지지자들이 그러한 롤스의 분석과 설명 방식을 받아들일 수 있을 것인가. 실상 근본적으로 '종교적 논증'이 '공적 이성'이나 '공적 담론'의 규범에 종속되어야 한다는 롤스의 주장은 종교를 가진 시민들에게 당혹스럽게 느껴질 수 있다. 정치적 이슈에 있어 자신들의 입장을 표명하는 데 종교적 용어와는 다른 세속적이며 정치적 용어로 찬반의 논리를 완벽하게 개진할 수 있어야 한다는 주장은 현실성을 결여한 요구로 보이기 때문이다. 돈독한 신앙심의 소유자인 시민이라면 자신의 주장과 논리를 종교적 범주에 의해 정당화할 수밖에 없지 않겠는가. 예를 들어 성 매매를 근절해야 한다는 주장을 내세우는 데 있어 기독교 신자들이 즐겨 원용하는 논리라면 신이 부여한 성(性)을 소중히 가꾸어야 한다는 논리일 것이다. 또한 인간 배아복제를 반대하는 생명윤리를 주장하는 기독교 신자라면 생명의 창조는 신의 고유한 영역이기 때문에 인간은 침범해서는 안 된다는 논리를 전개할 것이다.

이것은 하버마스의 경우도 마찬가지이다. 하버마스의 '담론 윤리'(discourse ethics)가 시간과 공간에 의하여 제약을 받지 않는 의사소통 공동체의 이상을 전제하는 한, 유토피아적인 성격을 노정하고 있다고 보이기 때문이다. 이 경우 정치 현장의 현실을 경시하는 결과가 초래되는 사태는 불가피하다. 또한 '절차'와 '실질적 문제' 사이의 엄격한 구분도 롤스의 경우 못지않게 의문의 대상이다.

그런가 하면 롤스의 이상주의의 백미는 '모두스 비벤디'를 경시하고 있다는 점이다. 롤스에게 있어 '모두스 비벤디'란 이해관계가 상충하지만 서로 간에 싸움을 피하겠다는 의도를 가진 개인들이나 집단들 사이에 이루어지는 정치적 흥정의 결과일 뿐, 그 이상이나 이하도 아니다. 그러한 '모두스 비벤디'는 정치 사회에 있어 안정성을 보장하는 것은 아니라는 것이 그의 생각이다. 왜냐하면 "경쟁자들은 상대방을 희생시키면서 자신들의 이익을 관철하고자 할 마음이 있고 상황이 변할 경우 그렇게 할 것이기 때문이다."

그러나 의문이 있다. '모두스 비벤디'는 모두 다 이렇게 불안정한 것일까. 진정성과 상호 신뢰에 기초한 '모두스 비벤디'는 존재할 수 없는 것인가. '모두스 비벤디'의 불안정성이나 전략적 성격만을 단정적으로 말하기는 어렵다. 롤스가 비판적으로 지적하는, 이른바 '얇은 범주'의 '모두스 비벤디'보다 더욱더 안정되고 두터운 유형의 '모두스 비벤디'가 있을 수 있다고 생각되기 때문이다. 서로 경쟁하는 집단들은 상호 간 공멸에 이르는 투쟁과 경쟁을 지양하고 평화를 유지하겠다는 내용의 '모두스 비벤디'를 구축할 수 있지 않겠는가. 사회 집단들은 다원주의의 현실 속에서 정치적 영역에 관한 한 협상이나 절충이 자신들 사이의 갈등을 해소시킬 수 있는 가장 적절한 방식이라는 것을 깨달을 수 있다. 서구의 역사에서 격렬한 종교전쟁이었던 30년 전쟁 후에 맺어진 베스트팔렌 조약도 물론 그러한 사례일 것이며, 한국에서 이루어지고 있는 종파를 초월한 상이한 종교인들 간의 진지한 대화나 공존모색도 그런 유형의 결실일 것이다. 물론 어느 특정한 협상이 성공한다고 해서 쟁점이 되는 사안들이 완전히 해결되는 것은 아니다. 하지만 협상을 계속하겠다는 용의를 견지하는 태도는 영속적인 유대의 단초가 될 수 있다.

때때로 협상은 특정 사안에 대하여 비교적 안정된 합의를 일구어 낼 수 있다. 이 경우 합의는 또 다른 협상을 촉발할 수 있을 것이다. 그러나 합의가 없다고 해서 문제의 협상의 순리성(reasonableness)이나 순기능을 전적으로 앗아 가는 것은 아니다. 가치관이나 '삶의 선'에 대한 합의가 없다고 해서 분란이나 전쟁이 일어나는 것은 아니며, 특히 합의가 없다고 해도 심의 과정이 비교적 평화롭게 이루어졌다면 심의 당사자들의 입장에서 얻을 수 있는 것은 많다. 우선 상대편의 선의나 진정성을 파악할 수 있지 않겠는가. 그것은 마치 여야간 정치적인 사안에 대해서 합의가 없다고 해서 반드시 여야 정쟁이 시작되는 것이 아니며, 야당에 대한 여당의 해악 행위를 온전히 정당화시킬 수 없는 것과 마찬가지이다. '좋은 삶'에 대한 비전이 다른 사람들 사이에 대화나 의사소통이 이루어졌다면, '차가운 얼음'과 같은 원한 관계를 녹게 만든다고 할 수 있을 정도로 그 자체로 가치 있는 것이 아니겠는가.

사회 안에 있는 개인과 집단들은 공적으로 추구해야 할 정책이 무엇인가 하는 정치적 의제에 대하여 비교적 관심을 갖고 심사숙고하는 과정에 연루되게 마련이다. 그러나 유의해야 할 점이 있다. 사람들이 특정 정책에 찬성하는 이유나 반대하는 이유가 곧 '이성' 자체에서 나오는 판단으로 볼 필요는 없다는 사실이다. 신호등이 없는 네거리에서 운전자인 '내'가 직진해야 할 것인가의 여부는 '이성' 그 자체보다는 주위 상황을 감안한 '분별력'(prudence)에 의하여 판단되어야 하지 않겠는가. 같은 맥락에서 많은 정치적 판단들은 '이성'에 의한 판단이라기보다는 '분별력'이나 '신중함'에 의한 판단이라고 보아야 한다.

이러한 '분별력'과 관련하여 아리스토텔레스는 '사변이성'(theoretical reason)과 상이한 '실천이성'(practical reason)이라고 지칭한 바 있다. 예를 들면 마약 판매나 성 매매는 이성의 판단에 의해서 무조건 금지되어야 하는 것일까. 아니면, 무조건 허용되어야 하는 것일까.

이성적 판단이라면, 이른바 '영원의 빛 아래' (sub specie aeternitatis) 통용될 수 있는, "예/아니오"의 이분법적 판단이 되어야 할 것이다. 그러나 이러한 사안들에 관한 한, 반드시 '옳음'과 '그름'으로 가늠할 필요가 있을까. 그럴 필요는 없을 것이다. 왜냐하면 문화나 역사적 요인에 따라 나라마다 다를 수 있기 때문이다. 네덜란드처럼 마약에 대하여 허용적일 수도 있는가 하면, 한국처럼 대마초까지 엄격하게 금지할 수 있다. 마약에 대하여 허용적이라고 하여 '마약 왕국'이라는 오명을 붙일 필요는 없을 것이다. 그것은 '순수이성의 판단'이라기보다 '분별력에 의한 판단'의 결과이기 때문이다.

만일 이러한 사안들이 이성에 의한 판단의 결과라면, 사람들 상호 간에 일어나는 의견 대립의 정당성을 받아들이기 어렵다. 하나가 '이성적인' 것이라면, 그와는 반대되는 다른 것은 '반이성적'이라고 해야 하지 않겠는가. 그러나 신중함이나 분별력의 판단이라면, "옳다, 그르다"보다 "적절하다, 덜 적절하다"라는 판단이 가능할 것이며, 이에 입각해서 이루어지는 '모두스 비벤디'의 성취는 가치 있는 일이라고 할 수 있을 것이다.

바꾸어 표현하자면, 정치적 심의 과정은 시간과 공간을 초월한 정치적 규범과 결과들을 "이성적으로" 추구하고 있는 것은 아니며, 또한 추구할 수도 없다. 다만 '분별력을 가지고' 공동체에 관한 사항들을 가늠하는 것으로 보아야 하지 않겠는가. 따라서 심의의 기준이 '이성'이 아니라 '신중함'이나 '분별력'이라면 사람들 사이에 반드시 판단의 일치를 주장할 필요가 없고, 판단이 다르더라도 신뢰의 기반은 생성될 수 있을 것으로 생각된다.

(6) '일반화된 신뢰'와 '모두스 비벤디'의 구축

'모두스 비벤디'의 구축이 심의민주주의에서 일반화된 신뢰를 고양시킬 수 있는 가능성을 옹호하는 것이 이번 항목 논의의 목표이다. 우리는 '좋은 삶'의 의미를 매우 다르게 이해하는 다양한 사회적 집단들이 존재한다는 것이 현실 세계에서 피할 수 없는 엄연한 사실임을 인정하게 된다. "인간에게 가장 좋은 삶은 어떤 것인가?"라는, 아리스토텔레스로부터 제기된 '영원한 질문'(perennial question)에 자신 있게 답변할 사람은 없다. 따라서 이 질문은 논쟁적이다. 완벽주의자들은 정답이 있다고 주장할 것이고 반완벽주의자들은 정답이 없다고 역설할 것이기 때문이다. 문제는 이 두 부류의 사람들이 경쟁하며 살고 있는 것이 다원주의 사회의 현 주소라는 사실이다. 설사 '좋은 삶'(good life)에 대한 질문에 자신 있게 답변을 할 수 있다고 해도 우리들 가운데 누구도 자신과 상이한 입장을 갖고 있는 다른 사람들에게 그들의 기본적 입장이 잘못되었다고 설득할 수 있는 지적 자원(intellectual resources)을 갖고 있지 못한 것은 분명하다. 이처럼 삶의 방식이 판이하여 어느 쪽이 더 우월한지 결론을 내릴 수 없는 경우, 대안은 무엇인가. 그 가운데 어느 한쪽을 헐뜯기보다 평화가 전제되는, 이른바 '모두스 비벤디'의 관계가 구축되도록 노력하는 것이 바람직하다고 생각된다.

일단 '좋은 삶'에 대한 불확실성이 롤스에게는 '정치적 자유주의'(political liberalism)를 확립해야 할 이유가 되는 셈이다. 정치적 자유주의가 추구하는 것은 서로 다른 사유 및 이해 체계를 지닌 사람들이 서로를 존중하는 가운데 공존할 수 있도록 해주는 일련의 법적 · 정치적 장치이다. 그러나 문제가 있다. 정치적 자유주의는 사람들 사이에 이른바 '평화협약'을 확립하는 행위 이상을 포함하며, 롤스는 이것을 '모두스 비벤디'의 구축과 엄격하게 구별하고 있기 때문이다. 롤스는 오늘날의 세계에서 현저하게 자유주의적인 국가를 지탱하기 위해서는 근대 국가의 시민들이 가졌던 종교적 · 도덕적 의무에 의존할 필요가 있다고 생각한다. 종교와 세속적인 도덕적 신념들 모두가 — 신이나 자유, 불멸성에 관한 진실이 무엇이든 간에 — 개인의 양심과 도덕적 삶의 고귀함에 관한 관심을 공유함으로써 우리들로 하여금 양심의 신성함과 인격의 불가침성에 대해 동의할 수 있도록 해주고 있는 것이다. 결국 롤스의 견해를 새삼 반추해 보면, 일반 사람들의 '건전한 상식'에 벗어나지 않는, 비교적 사려 깊은 모든 견해들은 하나로 수렴될 수 있다는 합리주의적이고 계몽주의적인 낙관론이 내재되어 있는 것이 아닐까.

본 연구에서는 '모두스 비벤디'는 롤스가 생각하는 것보다 의미심장한 역할을 할 수 있다고 믿는다. '좋은 삶'에 대한 비전이 다원성을 넘어서서 모순성을 띠고 있는 다원주의 사회에서 '일반화된 신뢰'를 구축할 수 있는 방안은 '합의의 정치'보다 '평화의 정치' 혹은 '모두스 비벤디의 정치'라고 생각되기 때문이다. '모두스 비벤디'의 정치를 옹호할 수 있다면, '합의' 보다 '평화'가 공동체의 근본적인 가치가 되어야 한다고 주장할 수 있을 것이다. '모두스 비벤디'의 정치에서는 서로 다른 집단들에게 자신들의 방식에 따라 자신들의 가치를 추구하도록 허용하는 것을 '원칙의 문제'라기보다 '슬기로움', 즉 분별력(prudence)의 문제' 라고 간주한다. 압박과 무시, 혹은 모욕을 당하지 않는 한 사람들은 자신들의 소신이나 가치관과 다르다고 하여, 이웃을 공격한다거나 분란을 일으키게 될 일을 벌이지는 않을 것이기 때문이다.

'모두스 비벤디'의 정치는 평화와 공존의 원칙에 따라 이웃들에게 어떻게 살아야만 하는가를 강압적으로나 권위주의적인 방식으로 가르쳐 주고 싶은 욕구를 자제하거나 절제하는 정치라고 할 수 있다. 한국의 기업인들은 미국의 기업인들과 함께 사업을 하기 위해 그들에게 낙태나 종교, 대통령제의 장단점에 관한 자신들의 견해를 피력하고 설득할 필요는 없을 것이다. 이들에게 필요한 것은 과실송금에 관한 상업적 분쟁과 같은 문제에 대한 상호 간의 견해 차이를 해결할 수 있는 제도를 공동으로 마련하는 일이 아니겠는가. 한 사회 내에서도 사정은 동일하다. 진보주의자나 보수주의자가 같은 하늘을 이고 사는 것은 분명하지만, 같은 신을 숭배하고 같은 종교를 믿을 필요는 없다. 또 같은 땅을 밟고 있는 것은 사실이지만, 같은 역사의식이나 도덕관, 정의관을 공유할 필요는 없다. 중요한 것은 우리들 가운데 그 누구도 강압적인 방식으로 상대방을 변화시키려 시도하는 것은 금지된다는 점이다.

원론적으로 말해 사람들은 정의의 가치를 소중히 여기고 있고 '정의감'(sense

of justice)도 가지고 있지만, 각론적으로 정의의 내용에 대해서는 십인십색이다. '공적(desert)의 원리'를 중시하는 자유주의자와 '필요(needs)의 원리'를 중시하는 사회주의자는 부딪치게 마련이다. 이러한 상황에서 '정의'와 같은 가치에 대하여 사회적 합의가 있어야 한다고 주장한다면, 어떻게 될까. 각자가 자신의 정의관을 옳은 것이라고 강변하는 나머지 정의는 쟁점이 될 뿐 아니라 사소한 것이 되고 또 값싼 것으로 변질될 가능성이 있다. "각자에게 그의 몫을 주라"(suum cuique tribuere)고 규정하는 정의의 가치는 특정한 요구나 불만을 가진 사람들 모두에게 오 · 남용될 수 있기 때문에, 정의에 관한 합의의 요구는 공동체를 파국이나 시민적 무질서 상태로 전락시킬 수도 있다. 입장이 다른 양측이 자신의 주장을 관철시키기 위해 정의의 개념을 왜곡할 수 있기 때문에, 사회 전체가 내전 상황으로 치달을 가능성이 농후하기 때문이다. 특히 홉스는 크롬웰로부터 비롯된 영국의 내란이 바로 이 문제 때문에 발생한 것으로 진단하고 있다. 따라서 그는 정치적 이상으로서 정의를 평가절하하는 한편, 평화를 강조했다. 평화는 '모두스 비벤디'에 입각한 현상이다. 물론 '모두스 비벤디'를 주장한다고 해서 정의나 양심에 주의를 기울일 필요가 없다는 의미는 아니다. 사실 "정의가 없는 왕국은 무엇인가, 대도적들인가"(remota justitia, quid sunt regna nisi magna latrocinia)라며 아우구스티누스는 정의의 중요성을 강조하지 않았던가! 그러나 정의는 이성적인 현상 못지않게 감성적인 현상이다. 정의를 은유적으로 표현한다면, 열정이라는 불꽃에 의하여 점화되는 가연성(可燃性) 물질과 같은 것으로 이해할 수 있을 것이다. 따라서 정의가 '일반화된 신뢰'에 기여할 수 있는 가치가 되기 위해서는 평화라는 열쇠와 자물통에 의하여 보호되어야 하는 가치로 간주할 필요가 있다.

'모두스 비벤디'의 정치가 중시하는 규칙이 있다면, 서로가 평화롭게 공존하면서 살아갈 수 있도록 해주는 규칙이다. 그러므로 이 규칙은 '합의의 규칙'도 아니고 '정의의 규칙'도 아니며, 다만 '평화의 규칙'일 뿐이다. '평화의 규칙'의 정당성은 어디에 있는가. 이것은 만일 평화공존이 이루어지지 못할 경우에는 서로가 서로의 죽음을 불러올 수도 있다는 것을 깨달을 때 비로소 그 가치를 인정하고 존중할 수 있는 규칙이라고 할 수 있다. 물론 '평화의 규칙'은 관용을 합의하는 규칙이다. 이 경우의 관용은 어떠한 경우이든 표현의 자유나 사상의 자유를 권리로 인정하는 것과는 다르다. 표현의 자유를 절대적 권리로 인정할 경우, 이를 제한할 수 있는 근거가 미약하기 때문이다. 이 점과 관련, 그레이(J. Gray 2000, 121)의 지적에 주목해 보자.

"표현의 자유가 다른 자유, 혹은 중요한 공공의 이익과 충돌할 경우 이를 제한하는 것이 무조건 나쁜 것일까. 구체적인 예를 들어 보자. 누군가 인종차별주의를 조장하고자 할 때, 그의 표현의 자유를 제한하는 것이 올바른 일이 아닐까."

'모두스 비벤디'의 정치는 합의보다는 낮은 목표를 설정한다. 그러나 낮은 목표라고 해서 유의미한 목표가 될 수 없다는 뜻은 아니며, 실현 가능한 목표라는 데 초점이 맞추어져 있다. 만약 사람들 간의 삶의 방식이 어쩔 수 없을 만큼 서로 달라서 어느 쪽이 더 우월한지에 대한 결론을 내릴 수 없는 경우, 그 가운데 어느 하나를 소멸시키려 하지 말고 오히려 그들 사이에 평화가 유지되도록 노력하는 것이 '일반화된 신뢰'의 관점에서 가치 있는 일이 아니겠는가. 바로 이것이 서구 사회에서 그리스도교 종파들 간의 갈등을 해결한 방식이었다. 이와 마찬가지로 어떻게 평화를 유지할 것인가 하는 문제는 '정치적 원칙'(political principle)의 문제가 아니라 '정치적 지혜로움'(political prudence)의 문제라고 생각된다.

이러한 관점에서 보았을 때 롤스와 하버마스의 심의민주주의 비전의 문제는 자명하다. 롤스나 하버마스는 공적 이성 비전과 관련, '순리적인 합의'(reasonable agreement)만을 강조할 뿐, '비순리적인 합의'(unreasonable agreement)나 '비순리적 비합의'(unreasonable disagreements) 등의 개념을 인정하지 못하고 있기 때문이다. 물론 '단일한 공적 이성'을 상정하고 절충의 개념을 평가절하하는 상황에서 '순리적인 비합의'의 개념을 상상조차 할 수 없었던 것은 이해할 만하다. 특히 '순리적인 합의'의 개념에 몰입했다면, '순리적인 비합의'의 개념은 인출하기가 불가능했을 것이다.

그러나 그들의 접근 방식이 타당한 것이라고는 생각할 수 없다. 기실 '순리적인 비합의'(reasonable disagreements)는 가능하다고 판단되기 때문이다. 그것은 공적 심의에서 다원주의를 받아들일 때 가능한 것이다. 즉 시민들은 심의를 하면서 반드시 그 결과가 이성적으로 하나의 범주로 수렴될 것을 목적으로 할 필요는 없다. 오히려 심의의 결과나 결정은 '선의의 관계'나 '협력 관계'가 지속되는, 이른바 신뢰의 증진을 목적으로 할 수 있다. 이러한 방식은 롤스나 하버마스가 목표로 설정한 '1차적 합의'(first order consensus)는 아니지만 '2차적 합의'(second order consensus)라고 명명할 수 있을 것이다. '2차적 합의'는 내용에 대한 합의가 아니라 협력 관계를 지속하겠다는 의도가 내재해 있다는 관점에서 '순리적인 비합의'라고 할 수 있을 것이다. 비록 오늘 만나 합의하지는 못했지만, 내일 만나 대화와 심의는 계속할 수 있겠다는 의지가 표출된 것이 아니겠는가. 이것이 가능하다면, 민주사회에서는 불신보다 신뢰가 더 큰 힘을 얻게 될 것이다.

5. 결어: 신뢰와 심의민주주의

이상의 논의를 통하여 신뢰와 민주주의 간의 관계를 조명해 보았다. 이 과정에서 먼저 양자 간의 유기적 관계를 설정한 로크의 신탁자 모델이 관심의 대상이었다. 대표자가 시민들의 대리인이 되는 신탁자 모델은 오늘날 작동되고 있는 대의민주주의의 모델의 초석이다. 그것은 주인에 해당하는 시민들의 뜻을 대리인인 대표자들이 집행할 것이라는 신뢰의 명제에 기반을 두고 있다. 그러나 대의민주주의에서 전제되고 있는 대표자들에 대한 신뢰는 로크의 기대보다 취약하다는 것이 문제이다. 특히 피신탁자들보다 더 나을 것이 없는 신탁자들의 자질 문제 혹은 피신탁자들보다 많은 신탁자들의 수적 문제로 인하여 신탁자들의 뜻이 피신탁자들에게 제대로 전달될 수 없다는 점이야말로 주인 · 대리인 관계에 기초한 신탁자 모델의 지속 가능성을 위협하고 있는 심각한 요소라고 해야 할 것이다.

그렇다면 대의민주주의의 결점을 보완하기 위해 대두되고 있는 심의민주주의는 '일반화된 신뢰'를 진작시키는 데 기여할 수 있는가. 롤스나 하버마스 등, 심의민주주의론자들이 '공적 이성'에 입각한 심의를 강조하고 있는 것을 보면 신뢰를 높이는 데 심의민주주의에 대한 기대를 갖게 한다. 하지만 '공적 이성'에 입각한 심의가 합의를 지향하고 있다는 점은 현실과 맞지 않는 과잉이상주의로서 신뢰보다 불신을 야기하는 요소가 된다고 생각된다. 오히려 합의보다는 불일치할 수 있다는 '불일치에 대한 순리적 합의', 즉 '모두스 비벤디'에 의한 관계가 일반화된 신뢰를 높일 수 있는 가능성이 크다고 생각된다. 이 '모두스 비벤디의 민주주의'에는 실질적 문제에 관한 합의라는 점을 빼놓고 선의와 상호 이해, 절충과 교섭 등, '일반화된 신뢰'에 기여할 수 있는 요소들이 다수 존재하기 때문이다.

이러한 지적이 의미가 있다면, 즉 심의민주주의가 '일반화된 불신'보다 '일반화된 신뢰'를 증진시키고자 한다면, 심의는 합의의 정치를 목표로 하기보다 '순리적인 비합의', 즉 '모두스 비벤디'의 구축을 목표로 할 필요가 있다. '모두스 비벤디의 민주주의'에서는 상대방과 의견이나 가치관이 다르다고 해도 자신의 견해를 상대방에게 설득하기 위해 강압적인 노력을 기울이기보다 그 차이를 인정하면서 모욕과 해악을 가하는 것을 자제하겠다는 결의가 유효하다.

이 '모두스 비벤디' 비전의 정당성은 민주정치에서 사람들이 '합리성'이나 '이성성', '순리성' 혹은 '반성성'을 추구하면 합의가 가능할 것인가 하는 물음을 비판적으로 제기하므로 옹호될 수 있다. 합의의 가능성을 낙관하기 어려운 이유는 민주정치는 갈등과 다양성 속에서 '실현 가능한 조율' 상태를 찾는 것이지, 일원화된 문화와 공감대가 이루어진 상태 속에서 마음과 뜻이 하나로 어우러진 '두터운 일치'를 찾는 것은 아니기 때문이다. 어느 사회도 예외가 아닌 것처럼, 민주사회에서도 '우리'(we)와 '그들'(they)은 있다. 이념적으로나 종교적으로도 '우리'와 '그들'은 있으며, 문화적으로나 지역적으로도 '우리'와 '그들'은 있다. 심의에 의한 민주정치가 이 '우리'와 '그들'의 차이를 헤겔이 말한 정(正)·반(反)·합(合)의 변증법에 의하여 없앨 수 있을까. 혹은 롤스나 하버마스가 말하는 '순리적(reasonable) 심의' 혹은 '공적 이성'이나 '이성적 의사소통', 혹은 '심의적 절차'(deliberative procedures)에 의하여 없앨 수 있을까. 그것은 불가능한 일이라고 생각된다.

심의민주주의가 일반화된 신뢰 모델로 작동하려면, 눈높이를 낮출 필요가 있다. 심의의 목표는 '우리'와 '그들'의 차이를 '근절'하는 것이 아니라 '최소화'하는 데 있으며, 혹은 '차이'를 없애는 것이 아니라 '차별'만을 없애는 데 있다. 여기서는 '일원주의'를 목표로 삼는 것이 아니라 바로 다원주의적 공존의 방식이 그 해결책이다. 다원주의적 공존의 방식은 '일심동체'가 아니라 '사회 평화'를 지향점으로 삼는다. 따라서 '차별'은 인정하지 않지만 '차이'는 인정하는 것이며, 차이를 극대화하는 것이 아니라 최소화하는 데 역점을 두는 것이다. 분명 이것은 '동이불화'(同而不和)의 방식이 아니고 '화이부동'(和而不同)의 방식이다. 롤스와 하버마스는 '공적 이성'을 말하면서 '그들'을 '우리'로 바꿀 수 있는 전망을 낙관하는 나머지 '동이불화'를 주장하는 듯하다. 그러나 '우리'와 '그들'이 엄존한다면, 해법은 '화이부동'이 되어야 하지 않을까. 차이가 있을 때 건강한 공존과 타협이 필요한 것이 민주사회의 특징이다. 또 타협을 통해 비로소 '일반화된 신뢰'가 만개할 수 있다. '모두스 비벤디'에 입각한 사회 평화가 심의민주주의의 목표가 되어야 하는 이유가 여기에 있다.

선에 대한 합의된 개념이 약하고 선의 상이한 개념을 어떻게 처리할 것인가에 대한 합의가 없는 사회에서, 그리고 불편부당성에 대해 더 이상 매력을 느끼지 못하고 있는 사람들의 공동체에서, 순수한 이성의 개념으로 정당성의 문제가 해결되고 권력의 문제가 이성적 토론으로 대체될 수 있다고 생각하는 것은 지나친 이상이며, 현실 민주주의에 대한 초현실주의적 왜곡이 아닐 수 없다. 이처럼 이상화된 심의민주주의 비전에서는 현실적으로 달성하기 어려운 불가능한 목표와 조건들을 전제하고 있기 때문에 신뢰보다 불신을 야기할 공산이 크다.

신뢰와 민주주의 간의 관계는 불확실하다. 이 불확실성을 완전히 없앨 수는 없지만, 최소화할 수는 있다는 것이 이번 연구의 주장이다. 그것은 민주주의의 목표를 참여의 활성화나 시민들의 뜻의 실현, 혹은 합의 도출보다 사회 평화의 구축에 두는 데 있다. '모두스 비벤디'에 입각한 사회 평화가 심의민주주의에 의해 순리적으로 구축될 때, 사회 자본으로서 '일반화된 신뢰'는 극대화될 수 있을 것이다.

참고문헌

김재한 · 김지희. 2002. "신뢰에 관한 국민의식조사." 『신뢰연구』 12권 2호: 111-138.

박효종. 2005. 『민주주의와 권위』. 서울: 서울대학교 출판부.

유석춘 · 장미혜. 1999. "한국의 비영리 · 비정부 영역과 사회발전: 연고집단을 중심으로." 『동서연구』 10권 2호. 연세대 동서문제연구원.

이재열. 2001. "투명성과 사회적 자본." 서울대학교 국민윤리교육과 20주년 기념 국제학술회의(11월 2일) 「지구촌시대의 신뢰회복과 신뢰구축」 발표논문.

임혁백. 2000. 『세계화시대의 민주주의』. 서울: 나남출판.

Arendt, Hanna. 1984. "Thinking and Moral Considerations." *Social Research* 51. no.1-2 (Spring- Summer).

Arrow, Kenneth. 1963. *Social Choice and Individual Values*. New Haven: Yale University Press (2nd edn.).

Benhabib, Seyla. 1996. "Towards a Deliberative Model of Democratic Legitimacy." in S. Benhabib (ed.). *Democracy and Difference*. Princeton: Princeton University Press.

Bertram, Charles. 1997. 'Public Reason' Imprints. 2.

Cohen, Joshua. 1998. "Democracy and Liberty." in J. Elster (ed.). *Deliberative Democracy*. Cambridge: Cambridge University Press.

Connolly, William. E. 1991. *Identity/Difference: Democratic Negotiation of Political Paradox*. Ithaca: Cornell University Press.

Elster, John. 1991. "The Market and The Forum." J. P. Pettit (ed.). *Contemporary Political Theory*. New York: Macmillan, 193-215.

Forst, Robert. 1994. "John Rawls's Political Liberalism." *Constellations* 1 (1), pp.163-71.

Fukuyama, Francis. 1995. *Trust*. New York: Free Press.

Gambetta, Diego. 1988. "Mafia: The Price of Distrust." D. Gambetta (ed.). *Trust*. Oxford: Basil Blackwell.

Gray, John. 2000. *Two Faces of Liberalism*. New York: New Press.

Habermas, Juergen. 1991. "Further Reflections on the Public Sphere." in C. Calhoun (ed.). *Habermas and the Public Sphere*. Cambridge MA: MIT Press.

______. 1995. "Reconciliation through the Public Use of Reason: Remarks on John Rawls's Political Liberalism." *Journal of Philosophy*, XC II(3), pp.109-31.

______. 1996a. "Three Normative Models of Democracy." in S. Benhabib (ed.). *Democracy and Difference*, Princeton NJ: Princeton University Press.

______. 1996b. *Between Facts and Norms: Contributions to a Discourse Theory of Law and Democracy*, Cambridge MA: MIT Press.

Larmore, Charles. 1996. *The Morals of Modernity*. Cambridge: Cambridge University Press.

Locke, John. 1966. *Second Treatise of Government and A Letter Concerning Toleration*. Oxford: Blackwell.

Mouffe, Chantal. 1993. *The Return of the Political*. London: Verso.

Oakeshott, Michael. 1975. *On Human Conduct*. Oxford: Clarendon Press.

Olson, Mancur. 1982. *The Rise and Decline of Nations*. New Haven: Yale University Press.

Plamenatz, John. 1968. *Consent, Freedom, Obligation*. Oxford: Oxford University Press.

Putnam, Robert. 1993. *Making Democracy Work*. Princeton: Princeton University Press.

______. 1995. 'Bowling Alone' *Journal of Democracy* 6, January 65-78.

Raz, John. 1986. *The Morality of Freedom*. Oxford: Oxford University Press.

Rawls, John. 1971. *A Theory of Justice*. Cambridge: Harvard University Press.

______. 1993. *Political Liberalism*. New York: Columbia University Press.

Schmitt, Carl. 1976. *The Concept of the Political*. New Brunswick: Rutgers University Press.

Taylor, Michael. 1976. *Anarchy and Cooperation*. New York: Cambridge University Press.

Warren, Mark. E. 1999. *Democracy and Trust*, Cambridge: Cambridge University Press.

III. 신뢰와 이념갈등의 극복: 한국의 정치 갈등과 상호 불신

김영명*

1. 머리말

한국 정치의 제도권에서 이른바 보수파와 진보파가 대립한 것은 크게 보아 세 시기로 나눌 수 있다. 첫 번째는 해방 직후에 일어난 좌/우파 대결이었으며, 두 번째는 1960년 4.19 봉기 이후 1961년 5.16 쿠데타 시기까지 나타난 보수/혁신 갈등이었고, 세 번째가 김대중 정부 출범 이후 특히 노무현 대통령 취임 뒤 지금까지 계속되는 보수/진보 갈등이다.

이렇게 세 번에 걸쳐 일어난 보수/진보 갈등은 그 성격과 강도가 서로 달랐다. 그 가운데 이념적으로 가장 뚜렷하게 갈라지고 대결도 심했던 것은 해방 직후였다. 그때는 공산주의를 추구하는 좌파와 자본주의를 추구하는 우파가 그야말로 직접 충돌하였다. 하지만 분단과 미군 진주라는 현실 속에서 그 충돌의 결

* 한림대학교 정치행정학과 교수

과는 우파 승리로 나타날 수밖에 없었다. 그래서 좌파 집단들은 소멸하거나 자하로 잠복하였다.

그 뒤 4.19 봉기로 이승만 권위주의 정권이 무너지자 잠복해 있던 이른바 '혁신계'가 다시 정치 전면에 나타났다(한승주 1983). 하지만 그 영향력은 미미하였고 얼마 되지 않아 군부 쿠데타로 다시 철퇴를 맞게 되었다.

이후 한국에서는 반공적 준군사 체제가 오랫동안 지속되었으나 1980년 광주사태를 거치면서 민주화 운동의 좌경화가 뚜렷해졌고, 1987년 민주화된 뒤에도 좌파 세력들은 한동안 상당한 정치력을 발휘하였다. 하지만 보수적인 정치 · 경제 체제가 뿌리를 내리면서 급진 좌파는 소멸하고 중산층 위주의 시민사회 운동이 활발해졌다. 이와 더불어 정치권도 보수 세력이 지배하게 되었다. 하지만 김대중에 의한 정권 교체로 이른바 진보 세력이 정치제도권에 진출하기 시작했고, 2002년의 노무현 후보 당선과 2004년의 민주노동당의 국회 진출로 진보 세력의 제도권 진출이 본격화되었다고 할 수 있다.

1998년 김대중의 집권에 이은 정통 보수 세력들의 연이은 대선 패배는 이들에게 일종의 위기의식을 심어 주었다. 출신 배경과 경력과 취향, 행태에서 기존의 보수 정치 세력과 매우 다른 사람들이 세력을 이루어 개혁을 표방하고 나섰으니, 보수 세력들이 긴장하고 불편해 한 것은 어쩌면 자연스러운 현상이라고 할 수 있다.

하지만 그런 불편함은 필요 이상으로 도를 넘어섰고, 이에 따라 한국 정치는 필자가 보기에 지나치고 불필요한 당파 싸움과 인신공격으로 가득 차 있다. 정당하고 합리적인 정책 대결이 아니라 정서적인 감정싸움과 이익 투쟁이 결합하여 이들이 한국 민주주의 발전을 가로막고 있다.

이러한 민주 발전의 장애물에는 진보파와 보수파 사이에 존재하는 상호 불신이 크게 작용하고 있다. 정치권뿐 아니라 시민사회에서도 양 진영은 서로를 정서적으로 미워하고 불신한다. 그 결과 불필요한 갈등이 난무하여 정치 발전을 가로막고 시의적절하고 합리적인 정책 결정과 집행을 방해하고 있는 것이다.

그러면 이런 상호 불신의 원인은 무엇이고, 그것이 어떻게 나타나고 있으며, 어떻게 하면 이런 상호 불신을 줄이고 상호 신뢰에 입각한 민주 발전을 이루어

나갈 수 있을까? 이렇게 중요한 문제에 대한 본격적인 연구는 아직 없는 것 같다. 한국 정치에 관한 수많은 학술 논문들과 평론들도 두 진영 가운에 어느 한 쪽에 서서 상대방을 비판하거나 정치 갈등의 추이를 서술하는 데 치중하며, 서로가 지닌 불신의 여러 측면에 대해서는 별로 주목하지 않는다. 이 글은 바로 이런 측면에 주목하여, 한국의 정치 발전 또는 발전의 지연에서 보수/진보 세력들의 상호 불신이 어떤 의미를 지니는지를 고찰해 보고자 한다. 그런데 이를 위해서는 먼저 우리 사회에서 과연 보수와 진보가 무엇을 의미하고 그 담당 세력들이 어떤 사람들인가 하는 점부터 살펴볼 필요가 있다.

2. 보수/진보의 개념과 구성원들

여기서 우리가 먼저 알아야 할 점은 한국에서 거론되는 보수/진보의 개념이 전통적인 좌/우의 개념과는 다르다는 사실이다. 다 알다시피, 우리가 처한 분단 상황이라는 특이한 조건 때문에 한국에서는 전통적인 좌파가 성장할 수 없었다. 따라서 한국의 정치/사회에서 우파가 압도하는 현실이 건국 이후 지금까지 계속되고 있다. 좌파는 해방 직후 짧은 기간 동안 분출하였으나 그 뒤 소멸하다시피 하였다가, 1980년대 중반에서 1990년대 초반 사이에 다시 살아나 활발하게 활동하였으나, 지금은 다시 매우 약화된 상태다. 현재 제도권에 진출한 좌파는 중도좌파라고 할 수 있는 민주노동당에 국한되어 있다. 그러므로 한국의 진보파는 전통적인 좌파보다 매우 느슨할 뿐 아니라 좌/우 이념으로 본다면 좌파와 중도파, 그리고 온건 우파를 포괄하는 폭넓은 범주라고 할 수 있다.

보수 · 진보 사이에 벌어지는 정치 갈등의 핵심 쟁점들도 전통적인 좌/우 구분의 기준인 사회 · 경제 정책이라기보다는 북한과 미국과의 관계에 관한 것이 대부분이다. 거기에 민주화 이후 과거사 청산(친일 청산과 권위주의 청산)의 문제가 떠올랐다. 따라서 한국에서의 진보/보수 구분은 사회 경제 정책에서보다는 대북한 · 미국 문제와 과거사 문제가 중심이 되어 있다. 이를 다른 방식으로 말하자면 냉전 · 반공에 대한 태도와 친일 · 권위주의 유산 문제에 관한 것이라고 할 수 있다.

개념으로 보아도 보수/진보와 좌/우파의 구분은 같지 않다. 보수/진보가 주로 현 상황을 유지하거나 반대로 타파하고 앞으로 나아가려는 태도에 관한 것이라면, 좌/우 이념은 주로 사회 경체 체제에 대한 노선, 그중에서도 주로 자본주의와 사회주의에 대한 선호에 관한 것이라 할 수 있다(손호철 1997; 채장수 2003). 우파는 물론 자본주의 시장 경제를 지향하는 세력이고, 좌파는 사회주의를 지향하거나 자본주의를 기본으로 하더라도 정부 개입을 통한 분배와 복지제도의 확충을 꾀하는 세력이다.

이런 기준으로 보면, 한국에서 진정으로 좌파라고 할 세력은 미미한 반면 느슨한 진보로 분류될 수 있는 사람들은 상당히 많다고 할 수 있다. 한국의 진보파 가운데 사회주의 체제를 지향하는 세력은 미미하다. 사회주의에 미치지 못하는, '큰 정부'를 통한 분배와 복지 확충을 내거는 세력도 제도권에서는 민주노동당 정도이기 때문에, 사회 · 경제 정책에서는 이른바 보수와 진보의 차이가 별로 크지 않다. 하지만 이런 작은 차이를 가지고도 보수 쪽에서 현 집권 세력을 좌파라고 공격하는 모습을 흔히 볼 수 있는데, 극우파의 눈으로 보면 온건 우파도 좌파로 보일 것이기 때문에, 이런 공격을 상대적인 개념으로 보면 이해할 수도 있다. 그러나 그것을 객관적인 평가라고 하기는 어렵다.

그러면 어떤 사람들이 한국의 좌/우파 또는 진보/보수파를 형성하고 있는가? 한국에서 좌파로 분류될 사람들은 제도권에서는 중도좌파의 민주노동당 인사들이 있다. 또 제도권에 진입하지 못한 재야 잔존 세력들, 그리고 민주노동당보다 더 온건한 사회민주주의자들로 구성된다. 이들은 주로 학계, 언론계의 지식인들이다. 더 급진적인 좌파 인사들도 있기는 하겠으나 정치적인 의미를 둘 정도는 아니다.

우파로 분류될 사람들은 위 사람들을 제외한 사실상 모든 정치 세력들이라고 할 수 있다. 그 가운데 온건 우파는 열린우리당의 대부분과 한나라당의 많은 인사들, 그리고고 많은 지식인과 언론인들이라고 할 수 있으며, 소수의 극우파들이 좌파 또는 진보파에 맞서 목소리를 높이고 있다.

앞서 말한 대로 진보파는 좌파보다는 훨씬 더 많다고 할 수 있는데, 정당으로 볼 때 민주노동당의 모두와 열린우리당의 많은 부분, 그리고 소수 한나라당 의원들이 이에 해당된다. 좌/우 구분을 따르자면 지금 한국의 진보파는 중도우파에서 중도좌파에 이르는 느슨한 이념 정향을 보이는데, 그 가운데서도 중도좌파보다는 중도우파와 중도파로 분류할 수 있는 사람들이 더 많다고 할 수 있다.

이에 비해 보수파는 이전의 자민련(지금의 국민 중심당)의 모두와 한나라당의 대부분 의원들, 그리고 열린우리당의 많은 인사들로 구성된다. 그런데 열린우리당 인사들을 보수/진보로 구분하는 것은 간단하지 않다. 보수파가 좌파라고 공격하는 386개혁 세력들도 사실상 사회 경제 정책에서는 신자유주의를 지지하는 보수파이기 때문이다(장하준, 정승일, 이종태 2004). 동시에 그들은 북한 문제나 과거사 문제, 인권 문제들에서는 진보적인 성향을 보인다. 이러한 이념적 복잡함에 대해서는 따로 연구할 필요가 있다.

이렇게 구분되는 보수/진보 인사들의 세력 분포는 어떻게 될까? 많은 조사 결과들이 정치권과 국민들 모두에서 보수적 성향이 압도했던 과거보다는 진보 성향이 성장한 것으로 보고하고 있다(이현출 2005).

국민들의 이념 성향을 조사한 최근 연구들은 진보 성향이 최근 성장하여 보수/진보가 거의 대등한 분표를 보인다고 보고한다. 여기서 문제는 보수/진보를 구분하는 기준을 어떻게 잡으며 그 지표로 무엇을 사용하는지인데, 조사 연구들은 어떤 지표를 사용했더라도 한국인들의 '좌파적' 성향이 '우파적' 성향과 대등해졌다고는 말하지 못하는 결과를 내놓는다.

예를 들어 『중앙일보』는 2002년 2월 2일 한국인의 이념 성향에 대한 조사 결과를 보도하였는데, 여기서 보수/진보 '이념'의 지표로 삼은 것은 외교 · 안보(한미 동맹과 외교 다변화), 국가보안법 개정, 대북 지원, 재벌 개혁, 집단소송제, 복지 예산 확대, 환경 정책 중시, 고교 평준화, 호주제, 사형제 등이다. 이들 가운데 정말로 좌/우 개념으로 나눌 만큼 정치적 또는 사회 경제적 '이념'에 해당하는 것은 없다고 해도 좋을 정도다.

외교 다변화를 지지하는 것이 진보인지는 모르겠으나 이는 좌파든 우파든 다 지지할 수 있다. 재벌 개혁도 좌파뿐 아니라 진정한 우파 시장주의자라면 지지할 것이다. 고교 평준화, 호주제, 사형제 등은 사회적 가치관이나 정책의 문제이지 이념의 문제가 아니다. 복지 예산 확대와 환경 보호는 좌파와 진보파에서 더 주장하므로 다른 지표보다는 이념 측정에 좀 더 적합하지만, 그 또한 정도가 문제다. 우파 자본주의 안에서도 이런 정책들을 어느 정도는 추진할 수 있다. 이념이 아니라 광범한 가치관이나 정책에 대한 진보/보수 구분이라면 이런 지표들도 받아들일 수 있지만, 문제는 이를 정치 이념 또는 사회 경제적 이념으로 내세우며 일부 언론이나 정치권에서 진보를 의도적으로 좌파라고 호도하는 데 있다.

3. 갈등의 실체

민주화 이후에 계속된 일이지만, 특히 노무현 정부 들어와서 이념 갈등이 커졌다고 우려하는 목소리가 높아졌는데, 이런 우려가 얼마나 현실성이 있는 것인지 살펴볼 필요가 있다. 필자의 판단으로는 객관적인 상황과 주관적인 인식 사이에 괴리가 있는 것 같다. 하지만, 갈등의 인식과 특히 상호 신뢰/불신에는 객관적인 것보다 주관적인 것이 더 중요하기 때문에, 이 또한 엄정한 현실의 하나로 받아들여야 한다.

(1) 노무현 정부의 이념 지향과 이념 갈등의 의미

보수 기득권 세력은 노무현 정부를 '좌파'라고 공격한다. 그러나 노무현 정부는 세계의 보편적인 기준으로 보면 좌파가 아니라 오히려 우파에 가깝다. 좌파는 세금을 많이 걷어 사회보장제도를 확충하고, 친노동자 정책을 펼치며, 기업을 국유화하거나 공유화하기를 지향한다. 좌파 정부는 그래서 시장과 시민사회에 많이 간섭하는 '큰 정부'이다. 노무현 정부는 이 어디에서도 좌파에 해당하지 않는다. '기업하기 좋은 나라'를 최상의 목표로 삼으며, 사회보장제도를 확충하지 않으며, 공기업 민영화 정책을 유지하며, 한미 자유무역협정을 앞장서서 추진하며, 시장 논리를 교리처럼 여긴다. 노무현 대통령은 집권 초기에 친노동적인 발언도 하였지만, 발언에서나 실행에서나 기업 중심 사회의 원칙을 고수하고 있다. 전형적인 우파 노선이니, 노무현 정부를 좌파라고 하는 것은 터무니없는 일이다. 물론 그렇게 공격하는 보수파들보다는 조금 더 왼쪽에 있는지 모르겠다. 굳이 따지자면 중도우파 정도에서 시작하여 요즘 오른쪽으로 더 옮겨 갔다고 할 수 있다.

그러면 그 정부는 '진보적'인가? 이 정부와 김대중 정부가 이전의 정부들에 비해서 좀 더 진보적인 색채를 보이는 것은 사실이다. 그러나 이 또한 사회 · 경제 정책에서 그런 것은 아니고, 오히려 북한이나 미국에 대한 정책에서 그렇다. 노무현 정부는 김대중 정부의 대북 화해 협력 정책을 이어받아 되도록 북한과의 관계를 좋게 하기 위해 노력하고 있다. 이런 점에서 이 정부를 진보적이라고 할 수 있을지 모르고, 이런 점이 보수파 공격의 초점이 되고 있다. 그러나 이 또한 지금까지 어떤 파격적인 대북 관계 개선의 시도도 없었다는 점에서, 크게 진보적이랄 것도 없다.

한미 동맹에 대해서도 그렇다. 노 대통령이 한두 번 '자주'적인 대미 관계를 언급하기는 하였으나, 이를 뒷받침할 아무런 실질적인 행동도 하지 않았다. 오히려 이전의 박정희 대통령이 자주국방을 강조하고 핵무기 개발을 실제로 시도하는 등 자주 노선을 추구하였다. 하지만 아무도 박정희를 좌파라거나 진보파라고 생각하지 않는다. 오히려 진정한 우파라면 민족주의적 자주 노선을 취하는 것이 교과서적이다.[1] 북한에 대해서든 미국에 대해서든 독자 노선이 있어야 하는 것은 주권 국가로서 당연하고, 이런 노선을 상대방의 노선과 절충, 타협하는 것이 국제 관계의 기본이다. 이런 기본을 못 갖춘 대한민국이기에 대통령의 '자주' 발언이 보수 인사들에게 걱정을 끼친 것이 사실이다. 그런 만큼은 노 대통령의 외교 노선이 진보적인지는 모르겠으나, 근본적으로는 미국 (또는 강대국) 의존 외교를 탈피하지 못하고 있다는 점에서 이전과 크게 다를 바 없다.[2]

1. 한국의 우파는 민족주의를 추구하지 않고 그 반대인 사대주의를 추구한다는 점에서 매우 특이하다. 한국에서 민족주의는 오히려 좌파의 몫처럼 되어 있다. 이는 강대국의 지배 아래 존속해 온 한민족의 역사를 반영하는데, 이 문제에 대한 본격적인 연구가 필요하다.
2. 자주와 동맹 사이의 긴장에 대해서는 한용섭 편(2005) 참조. 그러나 이런 자주와 동맹의 이분법은 잘못되었다. 그 둘이 상호 배타적인 반대말이 아니기 때문이다. 자주의 반대는 종속이나 의존이고, 동맹의 반대는 비동맹 또는 고립이다. 보수 인사들이 노무현 정부의 '자주' 노선이 한미 동맹을 해치는 것이라고 비판하기 위해 이런 이분법을 즐기는 경향이 있다. 노무현 정부는 말과는 달리 자주적인 외교 노선을 실

물론 정부와 여당이 야당보다는 분배나 자주 외교에 좀 더 관심을 가지고 북한에 대해 좀 더 포용적이며 교육 평등을 좀 더 주장하는 것은 분명하다. 이런 점에서 정부 여당이 한나라당보다 좀 더 진보적인 것은 사실이지만, 그렇다고 해서 이를 좌파라고 하는 것은 타당하지 않다.

이렇게 볼 때 노무현 정부 출범 이후 흔히 거론되어 온 이념 갈등은 진정한 의미에서의 이념 갈등이라고 하기 어렵다. 여야가 국가보안법 개폐 문제와 같은 세부적인 사항에서 노선 차이를 보인 것은 사실이지만, 갈등의 진정한 실체는 이념 갈등이 아니었다. 그럴 만큼 뚜렷한 이념 차이가 있는 것도 아니었고, 어느 쪽이든 이념 자체를 체계적으로 개발했다고 볼 수도 없다. 정말 이념 갈등이 있으려면 그것은 한나라당 안의 극우 세력들과 민주노동당 사이의 갈등이어야 할 텐데, 그런 것이 전혀 없다는 점도 한국의 지금 상황이 이념 갈등 상황이 아니라는 점을 잘 증명해 준다. 갈등의 진정한 요인들은 다른 데 있는 것이다.

(2) 성분 갈등과 상호 불신

한국 정치의 갈등이 얼핏 보면 이념 갈등처럼 보이는 것도 사실이지만, 갈등의 진정한 실체는 오히려 '성분' 갈등과 이익 갈등이라는 것이 필자의 생각이다. 이 가운데 이익 갈등은 한국의 정치 갈등에서 매우 중요한 자리를 차지하지만, 상호 불신과 직접 관련되는 요소는 아니어서 여기서는 본격적으로 다루지 않기로 한다. 그 반면 성분 갈등은 상호 불신 문제와 직결되기 때문에 이에 논의를 집중하기로 한다. 게다가 지금 일어나고 있는 정치 갈등의 요소 가운데 성분 갈등이 으뜸가는 중요성을 지닌다고 보이는 바, 그것은 다른 요소들은 어느 정도 보편적인 정치 현상이지만, 성분 갈등은 노무현 집권과 함께 두드러진 한국 정치의 최근 특징이기 때문이다.

행한 적이 없다. 북핵 문제에서 미국과 다른 태도를 보이는 것은 사실이지만, 이는 이해관계가 다른 데서 오는 당연한 현상으로, 자주니 동맹이니 하는 말을 적용할 사안이 되기 어렵다. 오히려 노무현 정부는 한미 자유무역협정을 추진하기 위해 스크린쿼터제 축소를 미리 선언하는 등 대미 관계에서 국가 간 협상의 기본을 지키지 않는 행태를 보인다. 자주와 반대되는 매우 의존적인 행태다.

그러면 여기서 말하는 성분 갈등이란 도대체 무엇을 가리키는가? 여기서 성분이란 정서, 취향, 기질, 말투, 행동 양식 등을 아우르는 정서적인 요소와 이에 영향을 주는 연령이나 출신배경 같은 객관적인 요소, 또 이에 따른 상호 인식이라는 주관적인 요소들의 결합체다. 성분 교체는 세대교체와 함께 와서 정파들 사이의 차이를 한꺼번에 넓혔다.

먼저 세대교체의 의미부터 보자. 세대교체는 1인지배 체제(김영명 1998)의 종식과 함께 노무현 정부가 가진 두 가지 역사적 의미 중 하나다. 노무현 정부와 그 지지집단들을 보면 구성원의 이전 정치 세력에 비해 나이가 매우 젊어졌다는 것을 알 수 있다. 그야말로 정치권의 세대교체가 이루어진 것이다. 그런데 세대교체를 이루었다는 것은 단순히 정치인들의 나이가 젊어졌다는 뜻이 아니다. 더 중요하게, 그것은 노무현 정부가 한국 정치의 새로운 세력을 대변한다는 점을 뜻한다. 지금까지 한국 정치의 핵심을 이루었던 나이 든 보수 세대를 교체하여 젊고 비교적 진보적인 세력이 정권을 장악하였다. 실상 노무현 정부 들어 나타난 대부분의 정치 갈등이 바로 이런 세력 교체 때문에 일어난 것이라고 할 수 있다.

이전의 정치 주도 세력이 50-60대의 중상층 엘리트 계층을 대변하였다면, 새로운 정치 세력은 20-30대의 지식층과 서민의 정서를 대변한다고 할 수 있다. 한국의 지배계층은 재벌, 중소자본가, 대학 출신, 수도권의 중상류층이다. 과거나 현재나 그 사실은 마찬가지이며, 앞으로도 그럴 것이다. 지금까지의 정권은, 서민 경제나 복지 사회를 외치기는 하였으나, 구성원이나 정책 모두에서 근본적으로 이 지배계층을 대변하고 있었다. 그런데 노무현 정부는 이들이 아니라 20-30대의 젊은 층의 취향과 정서를 대변하여 집권하였고, 특히 젊은 도시 지식층의 탈권위주의 정서에 부응하여 선풍을 일으켰다.

그런데 이러한 세대 차이는 우리가 개념화한 '성분' 차이에 포함되는 한 부분이다. 또 다른 중요한 부분은 그들의 출신 성분과 경력, 그리고 이에 따른 행태상의 특징이다. 노무현 대통령은 대학을 나오지 못한 상고 출신이다. 어렵게 사법고시를 통과하여 상류층에 끼었으나 여전히 이 사회의 주류는 되지 못한다. 그런 비주류의 행태와 사고가 대통령의 행적에서 여실히 드러난다. 이 사회의 주류 엘리트들은 이런 그의 출신 배경과 행태를 참지 못한다. 대통령뿐 아니라 그를 대통령으로 만든 세력들—젊고 (그들의 눈에) 무례하며 천방지축이며 무책임한 무리들이 권력을 장악하고 설쳐대는 것을 주류 엘리트들은 참을 수 없다. 김대중 대통령도 비주류 출신이었고 '빨갱이'였지만, 그래도 그는 나이 많은 구세대 인물이었고, 오랫동안 기성 정계에서 잔뼈가 굵었다. 적어도 그런 점에서는 주류 엘리트들과 비슷했다. 그런데 노무현은 '비천한' 출신에 나이도 젊고 행동도 막무가내다. 그를 떠받치는 '노무현을 사랑하는 사람들(노사모)'의 무리, 촛불 시위다 뭐다 해서 온 거리를 메우는 붉은 셔츠의 사람들—이들의 집단행동에 보수적인 기성세대, 기득권층이 혐오감과 심지어 공포를 느끼는 것도 어쩌면 자연스러운 일이다.

미군 장갑차 사고로 죽은 효선이 · 미순이를 추모한 2002년의 촛불 시위를 보자. 수많은 사람들이 광화문 네거리에 몰려들어 촛불을 켜들고 시위를 벌였다. 그러나 그들의 요구는 미국 정부가 사과하고 책임자를 처벌하라는 것이었다. 그 정도의 요구는 시민으로서 당연히 할 수 있는 요구다. 그런데 그 요구의 내용보다는 그런 대규모 시위를 일사분란하게 벌였다는 사실 자체가 보수인사들에게는 위협으로 다가갔다. 그들이 여기서 중국의 홍위병을 떠올린 것도 이해할 수 있다. 이 또한 이념 갈등과는 큰 상관이 없는 성분 갈등에 가깝다.

이러한 성분 갈등은 정파들 사이의 상호 불신에 깊은 영향을 준다. 성분의 차이가 서로를 불신하게 만들고, 이 불신이 정치 갈등을 증폭시키며, 다시 이것이 서로 간의 불신을 깊게 만드는 불신과 갈등의 상승작용과 악순환이 일어나고 있다. 이것이 현재 일어나고 있는 한국 정치 갈등의 핵심으로 보인다.

보수 세력은 노무현 정부의 출현에 대해 매우 민감하게 반응하고 사사건건 발목을 잡았다. 그리고 적극적인 반격에 나섰다. 그들은 과거와는 달리 거리에 나서고 인터넷을 활용하는 등 진보 세력의 전유물이던 대중 동원의 방법도 이용하기 시작했다. 그들의 우려와 반격은 자신이 누렸던 기득권을 잃을지도 모른다는 우려와 노무현 세력을 용납할 수 없는 성분 차이 때문에 나왔다. 그들 나름대로 규정한 '국익'을 지키기 위한 충정도 없다고 볼 수 없지만, 국익에 대한 관념 역시 기본적으로는 위 두 요소에 좌우된다고 할 수 있다.

뛰어난 대중 동원 전술을 구사하는 '노사모' 등 새로운 권력의 공세 앞에서 보수적인 '아날로그 세대'들은 한국 사회가 근본적으로 재편되지 않을까 우려한다. 이른바 대중영합주의의 득세가 건전한 대의민주주의를 훼손하고 '대중독재'를 불러온다는 경고도 나온다.

그런 보수파의 인식은 이해할 수 있다. 그러나 그들의 우려와는 달리 노무현 정부는 미국 주도의 신자유주의적 자본주의를 충실히 따르고 있다. 세계화에 도전하는 목소리가 온 세계에 울려 퍼지지만, 한국에서는 그 목소리가 매우 미약하다.[3] 노 대통령은 최근 들어 틈만 나면 기업의 중요성을 외치고 외자 유치를 부르짖으며, 한미자유무역협정을 앞장서서 추진하고 있다. 그가 집권한 뒤 재벌 집중은 더 심화되고 빈부격차는 점점 깊어 간다. 한국 정치의 진정한 문제는 대중영합주의가 아니라 계급의 골이 점차 깊어지고 있는 점에 있다. 엘리트들은 우민 정치를 우려하나, 그 반대로 돈이 좌우하는 금권 엘리트 계급정치가 실현될 가능성이 더 크다(김영명 2005). 이 역시 또 다른 뜻에서의 우민 정치가 될 것인바, 그에 반발하여 대중들의 소요가 커질 가능성도 있고, 미국처럼 그렇지 않을 가능성도 있다. 보수파들이 우려하는 것과 같은 한국 사회의 구조적 개편은 일어나지 않을 것이다. 노무현 세력이 이를 의도하는 세력이 아니기 때문이다. 그러니 지금 보이는 한국 사회-정치의 갈등은 이념 갈등보다는 성분 갈등의 요소가 더 크다고 보아야 한다.

그러면 그 본질이야 어떻든 간에 한국에서 일어나는 정치 갈등의 '정도'를 우리는 어떻게 평가해야 할까? 많은 사람들이 한국 사회의 갈등이 매우 크다고 느낀다. '크다'는 기준을 어디에 두느냐에 따라 평가가 달라지겠지만, 실질적인 갈등의 요소는 사실상 그렇게 크지 않다. 그런데 큰 것처럼 보이는 것도 사실이다. 갈등의 요소가 크지 않은 것은 진보파와 보수파의 이념 격차나 정책 차이가 별로 크지 않기 때문이요, 그럼에도 갈등이 크게 보이는 것은 정치 세력들의 행태가 절

3. 2006년 현재 이전의 남미에 이어 유럽에서도 좌파 정권들이 들어섰다. 이곳들에서는 좌파를 지지하는 유권자들이 점점 늘어나고 있다. 신자유주의의 폐해에 대한 반발 때문이다. 이런 현상이 1989년 동독 붕괴 이후 세계를 지배했던 신자유주의에 대한 진정한 도전인지는 좀 더 두고 보아야 한다. 어쨌든 미국의 입김이 어느 나라보다 강한 한국은 그런 조류에서 크게 빗겨나 있다.

제되지 못하고 좌충우돌하며 대결 지향적이기 때문이다. 쉽게 말하여 이념이나 정책상 별 차이도 없는 것을 두고 계속 다투고 있는 것이다. 이념 충돌이라기보다는 성분 갈등이요 당파 싸움이다. 그리고 여기에 한국 정치의 미숙함이 있다.

진보파들보다는 보수파들이 특히 갈등의 정도를 과장하는 경향이 있는데, 도전받는 처지에서 당연히 나올 수 있는 반응이다. 그러나 성분 갈등이든 이익 갈등이든 이념 갈등이든 그 갈등의 정도가 그렇게 크지는 않다. 한국의 과거에 비해서도 그렇고 지금의 다른 나라와 비교해서도 그렇다. 북한과 미국 문제를 둘러싸고 설전이 벌어지고 시위 경쟁이 벌어지지만, 폭력 사태로 가지도 않고, 한미 동맹을 파기하자는 세력도 없고, 남북한 연방제를 공공연히 주장하는 세력도 없다. 이 정도의 차이와 이 정도의 갈등은 없는 것보다 있는 것이 한국 민주주의를 위해서 바람직하다.

3. 보수파와 진보파의 상호 불신

이렇게 객관적인 기준으로 보면 대규모 갈등의 정치적 · 이념적 토대가 크지 않은데도 한국의 정파들은 대화와 타협에 서투르고 대결로 치닫기만 한다. 왜 그럴까? 우선 근본적인 까닭 두 가지를 들 수 있다. 하나는 우리가 지금껏 처해 온 남북한 대치 상황 때문에 '빨갱이' 알레르기에 젖어 있다는 사실이다. 언론에서 흔히 거론하는 '레드 콤플렉스'다. 그 때문에 한국에서는 보수 우익을 조금만 벗어나거나 북한에 조금 유화적인 태도를 취하거나 서민 위주의 정책을 강조하는 것들이 모두 좌파 또는 용공의 의심을 받게 된다. 또 하나 근본적인 문제로, 대화와 타협에 익숙하지 않고 작은 문제로도 충돌로 치닫는 우리 정치인들의 미숙함과 이런 갈등을 여과할 정치제도화의 부족 현상을 들 수 있다. 한마디로 민주주의 제도화의 미비함이라고 할 수 있다.

이런 갈등은 앞에서도 말했듯이 정파들 사이의 상호 불신과 서로 원인과 결과가 되면서 상승작용하고 있다. 정치 갈등은 이념이나 정책 노선보다는 좁은 당파 이익과 성분 차이로 인한 상호 불신 때문에 심화되었다. 그런데 여기서는 이런 일반적인 문제들은 일단 제쳐 두고 좀 더 구체적인 정치인들의 인식과 행동 양태에 주목하기로 한다. 물론 이런 상호 인식과 불신에는 위에서 본 일반적 · 구조적인 조건들이 배경으로 작용한다.

보수 세력과 진보 세력 사이에 팽배한 상호 불신의 원인들로, 여기서는 ① 양 세력 사이 상호 인식의 문제와 ② 서로 간에 존재하는 과잉 대결의식과 왜곡, ③ 그리고 제도권에서 보수/진보 세력이 거의 대등한 세력을 처음으로 이룬 '첫 경험'이라는 세 가지 요소들에 주목한다. 물론 이 세 요소들은 서로 밀접히 관련되어 있다. 이 중 앞의 두 요소는 보수/진보 간 성분 갈등의 구체적인 표현이라고 볼 수 있겠다.

(1) 불신의 원인 1: 상호 인식

보수파와 진보파는 서로를 대화 상대자나 정치적 경쟁자로서 존중하지 않고 서로 미워하거나 경멸하는 경향을 보인다. 이런 현상은 불가피하게 대화를 할 수밖에 없는 정당들 사이에서보다 보수 언론과 대통령을 중심으로 한 집권 세력들 사이에서 더 두드러진다. 또 이들은 대한민국의 역사와 현재 한국의 사회 정치적인 상황에 대해 상반되는 인식을 가지고 있으며, 그것이 상호 불신과 갈등의 원인이 되고 있다.

먼저 보수파가 지금의 한국 상황과 진보파 인사들에 대해 어떻게 인식하고 있는지를 보자. 우선 보수 인사들은 지금의 한국 상황을 일종의 '위기'로 인식한다. 여기서 그들이 어떤 상황을 위기라고 생각하는지는 분명하지 않지만, 대체로 경제 하락과 안보 위기의 두 가지로 구성된다고 할 수 있다.

1997년 말 외환 위기를 겪은 한국 경제는 1998년의 마이너스 성장을 비롯하여 침체를 겪고 있다. 2002년경 경제가 일시적으로 좋아져서 당시 김대중 대통령은 한국 경제가 IMF 위기를 탈피했다고 선언하기까지 하였다. 그러나 그 뒤 다시 경기 침체가 계속되어 예전의 고도성장에 익숙해 있던 국민들에게 일종의 위기의식을 불러일으켰다. 특히 보수 언론의 경제 위기 강조가 두드러지고 일반 국민들의 인식도 크게 다르지 않다.

보수 언론을 비롯한 보수 세력들은 이러한 한국 경제의 침체를 과도한 노동 분규와 민중주의 정권의 분배 우선 정책 때문이라고 생각하고, 외국 투자를 늘리기 위해 정부 규제를 없애고 노동 유연성을 늘려 시장주의에 더 충실해야 한다고 주장한다. 한마디로 한국 경제의 '위기'를 강한 노동 세력과 '민중주의' 정권 탓으로 돌리고, 위기를 극복하기 위해 더 자유주의적인 시장주의 노선으로 회귀해야 한다고 주장하는 것이다.

그들의 한국 상황에 대한 우려는 경제 문제 못지않게 대북 · 대미 관계를 중심으로 한 안보 문제에서도 두드러진다. 북한에 대한 유연한 정책이 북한 정권의 오판을 불러올 수 있을 뿐 아니라, 호혜주의에 입각하지 않는 '퍼주기' 정책이 국민 경제에 해를 끼치고 북한의 버릇을 나쁘게 한다고 주장한다.

또 연달아 일어난 2002년의 촛불시위 사태를 보면서 친북 공산 세력이 남한의 요소요소에 뿌리박아 안보에 위협이 되고 있다고 생각한다. 이런 현상을 '친북적'인 현 정권이 부추기고 있다고 여긴다. 그리하여 그들은 현 정부와 그 지지 세력들을 좌파, 심지어 친북 세력이라고까지 생각한다.

이렇게 보수파는 진보파의 이념을 의심할 뿐 아니라, 집권 세력의 출신 성분을 들어 국가를 경영할 자격이 없는 것으로 생각한다. 그들을 지나치게 이념적이고 전문 지식과 경영 기술이 없는 아마추어들이라고 낮추어 본다. 노무현 대통령과 그 주위 인사들은 정통 엘리트 과정을 거친 사람들이 아니라 서민 출신이거나 이념적인 운동권 출신으로서 교육 수준이나 사회 경제적 배경으로 한 단계 아래의 인사들로 간주한다. 그래서 이들이 장악한 정부를 대한민국을 대표하는 정부로 인정할 마음이 내키지 않는다. 이런 일종의 경멸감이 자기 자신의 이익 추구와 상승 작용하여 사사건건 크고 작은 충돌로 이어지고 있다. 사실 이런 현상이 지금 한국에서 일어나는 정치 갈등의 중요한 한 본질이라고 할 수 있다. 집권 세력에 대해 보수 세력이 가진 불신의 중요한 뿌리다.

이상 보수파가 지닌 상황 인식과 진보파에 대한 인식을 보았다. 그러면 거꾸로 진보파는 지금의 한국 상황과 보수파에 대해 어떻게 인식하고 있을까? 우선 진보파는 대한민국의 역사가 친일 세력의 잔존과 냉전 이데올로기 때문에 왜곡되었다고 본다. 그래서 '과거사 청산'을 정부의 중요한 과제로 내세우고 추진했다. 여기에는 물론 보수 세력과의 정치적 힘겨룸이 개입된다고 볼 수 있다. 친일·냉전 세력이 지금의 보수 세력으로 이어지고 있으므로, 과거사 청산은 자연히 보수 세력에 대한 공격이 되기 쉬웠고, 보수 세력은 이에 반발하여 정치 갈등을 빚었다. 이 갈등은 국가보안법 개정이나 폐지 문제에서 보는 바와 같이 과거사 청산의 구체적인 조치들이 유야무야 되는 바람에 수면 아래로 잠복하게 되었다. 하지만 이 과정에서 보수/진보 사이의 상호 불신이 깊어졌다고 할 수 있다.

진보 세력들은 '수구 보수 세력'들을 청산하고 개혁 세력이 한국 사회의 주류가 되어야 한다고 생각한다. 그래서 그들이 권위주의 타파, 정치 과정에의 국민참여 등의 분야에서 많은 개혁을 이룬 것이 사실이다. 이러한 탈권위주의 과정에서 일어나는 행태상의 차이가 보수 세력으로 하여금 '세대 갈등', '이념 갈등'의 위기감을 느끼게 만들었고, 더 나아가 진보 세력에 대한 정서적 거부감을 부추겨 상호 불신을 심화시켰다고 볼 수 있다.

진보 세력은 현 자본주의 체제를 부인하지 않으나 보수 세력보다는 복지와 평등을 좀 더 중시한다. 재벌 개혁 문제에 대해서도 보수 세력보다는 더 적극적이다. 그러나 이른바 진보 세력이 추구하는 경제 개혁은 기본적으로 신자유주의에 입각한 세계화, 규제 완화, 시장주의 개혁이기 때문에 이 부분에서 집권당과 야당의 구분이 모호하게 된다. 이런 점에서 보면 현 정부와 집권 여당도 기본적으로 진보 세력이 아니라 보수 세력으로 규정할 수 있다. 간단히 말해 집권 세력은 정치와 역사 문제에 있어서는 진보적이라고 할 수 있으나, 경제 사회적으로는 보수 세력과 별 다를 바 없이 비슷한 '보수' 세력이라고 할 수 있다. 단, 인식상 야당과 보수 언론의 정통 보수 세력들이 집권 보수 세력을 진보적 또는 좌파라고 인식하는 것이 정치적으로 의미 있다고 할 수 있다.

(2) 불신의 원인 2: 과잉 대결의식과 왜곡

그러나 불신이 꼭 상호 인식에서만 오는 것은 아니다. 상호 불신에는 불필요한 대결을 부추기는 언행도 큰 원인이 되었다. 특히 노무현 정부 출범 이후 보수/진보 모두 상대방을 부당하게 폄하하고 갈등과 대결을 과장하며 이를 부추기는 경향을 보였다. 둘 다 정치적 이익을 위해 그런 행동을 한다. 이런 점에서 보면 한국의 정치 수준이 서로 상대방을 인정하고 대화와 타협을 통해 정책을 결정하고 이익을 나누는 성숙한 민주주의로까지 나아가지 못했음을 잘 알 수 있다.

먼저 『조선일보』로 대표되는 보수 언론은 김대중 정부 이래 끊임없이 정부를 걸고넘어진다. 조그만 일을 침소봉대하고 때로는 의도적으로 왜곡하면서 '좌파' 정부를 무너뜨리거나 무너뜨리지 못하더라도 조금이라도 흠집을 내기 위해 온갖 노력을 기울인다. 보수 언론은 야당인 한나라당과 밀접히 손잡고 때로는 이를 대변하는 정파적인 행동을 서슴지 않는다.

진보 언론도 정도의 차이는 있으나 비슷한 경향을 보인다. 정부가 하는 일은 무조건 편들고 보수 세력을 공격하기 위해서는 과장과 왜곡도 서슴지 않는다. 일종의 언론 · 방송 대리전을 보는 착각이 일기도 한다.

노무현 정부 출범 이후에는 대통령이 직접 나서 거친 언행으로 보수 언론과 보수파에게 싸움을 걸었다. 이것이 보수/진보 간의 성분 갈등을 증폭시켰다. 싸움 좋아하는 대통령의 기질도 보수/진보 갈등과 상호 불신을 일으킨 한 중요한 요인이다. '조 · 중 · 동'으로 일컬어지는 보수 언론에 문제가 많았고, 특히 『조선일보』는 악의적으로 노무현을 공격한 바 있다. 세금을 포탈하고 곡필과 불공정 거래를 일삼는 언론을 개혁해야 한다는 사실은 부인할 수 없다. 그러나 과연 대통령이 진정으로 언론 개혁을 위해 언론을 공격하였을까? 사사로운 감정이 더 컸을지도 모른다. 그렇게 되면 상대 언론은 반발할 수밖에 없다. 『조선일보』가 자신의 잘못을 아는지 모르는지 잘 모르겠지만, 감정 섞인 공격이 들어오면 잘잘못에 관계없이 반발하는 것이 모든 생명체의 본성이다. 그러니 언론 개혁이 잘 될 리 없었다. 언론 개혁이라는 본질은 사라지고 치졸한 감정싸움이 되어 버린 것이다. 싸움 좋아하고 경솔하게 행동하는 대통령의 기질이 양 진영 사이의 불신과 대결을 심화시킨 한 중요한 요소란 점을 부인할 수 없다.

(3) 불신의 원인 3: 첫 경험

객관적인 상황보다 주관적인 인식이 경쟁 세력 사이의 갈등과 불신 증폭에 더 중요하다는 것이 이 논문의 한 핵심적인 주장이다. 그런데 이렇게 상호 불신이 높은 것은 보수/진보 갈등 또는 성분/세대 갈등의 경험을 우리가 별로 갖지 못했다는 사실에서도 찾을 수 있다. 물론 앞서 본 바와 같이 보수/진보 갈등이 우리 역사에서 처음은 아니다. 하지만 현 정치 세력들은 이를 별로 경험해 보지 못했다. 이는 박정희 지배 이후 20년 이상 만에 처음 일어난 현상이다. 제도권에서 공식적으로 보수/진보 갈등이 일어난 것은 대한민국 역사상 처음이라고 해도 지나치지 않다. 처음이니까 그만큼 낯설고 이에 대한 거부감이 클 수밖에 없다.

머리말에서 말하였듯이 한국에서 보수/진보의 갈등은 세 차례에 걸쳐 간헐적으로 나타났다. 특히 해방 직후와 1980년대 중반부터 1990년대 초반까지의 급진 세력의 발호는 대단하였다. 당시 한국 정치는 치열한 투쟁을 겪었다. 그러나 이러한 치열한 투쟁은 정치권보다 오히려 민간 사회에서 일어났다. 다시 말해 당시에는 급진 세력이 아무리 대단하게 발호하였더라도 정치권에 속할 만큼 성장하지는 못했다. 그 반면 최근에 와서는, 급진 세력은 소멸하였으나 정통 보수 세력과 성분이 매우 다른 '진보 세력'이 정치권에 진출했을 뿐 아니라 정권까지 장악하였으니, 그것은 한국에서 새로운 첫 경험이었다. 그리고 그것이 정파들 사이의 타협과 협상에 아직 서투른 한국 사회와 정치권에게 새로운 충격을 주었다.

어떻게 규정하든 진보파의 세력이 갑자기 커 오고, 특히 보수파가 두 번이나 정권을 놓치니 분노와 원망, 그리고 위기감이 닥쳐오는 것은 자연스럽다. 집권한 진보파가 세련되거나 성숙한 세력도 아니고, 그들이 보기에 한 수준 아래의 사람들이 자신을 공격하니 분노가 더 커진다. 불신도 더 커지고 갈등의 요소가 더 커지는 것이다. 이것이 우리 정치권에서 보이는 보수/진보 갈등의 진실이라고 해도 지나치지 않다.

4. 결론

2006년의 시점에서 보면 노무현 정부 출범 뒤 두드러졌던 보수/진보 세력의 갈등은 소강상태를 맞고 있는 것 같다. 노 대통령은 한나라당과의 대연정 제안(2005) 같은 잇단 돌출성 발언과 행동으로 국민들의 지지를 많이 잃었다. 경제가 빠른 시일 안에 회복되지 못하고 사회적 양극화가 심화되고 있는 것도 대통령과 정부 여당에 대한 국민들의 지지가 떨어지는 주요 요인으로 작용한다. 보수파가 좌파라고 우려했던 노 정부의 정책은 실상 좌파와는 거리가 먼 오히려 우파적인 정책이었고, 이런 신자유주의적 정책들이 양극화를 심화시키는 원인이 되었다.

본론에서 말하였듯이 사실 여당과 야당, 정통 보수 세력과 집권 세력 사이의 사회 경제적 노선 차이가 크지 않기 때문에 '이념' 갈등의 실체가 없었던 점이 양 세력 간 이념 · 노선 갈등이 수그러든 주요 원인이라고 할 수 있다. '이념 갈등'의 실체는 사실상 정서적인 요소가 강한 '성분 갈등'이었던 셈이다.

하지만 시간이 지나면서 이런 종류의 갈등은 수그러드는 경향을 보인다. 구체적인 사회 경제적인 정책 노선에서 큰 차이를 볼 수 없고, 갈등의 소지가 컸던 과거사 문제나 냉전 체제 해소 문제들에서는 양 진영에서는 타협을 하였거나, 국민의 보수적 성향 때문에 집권 세력이 꼬리를 내린 셈이 되었다. 따라서 이런 정책 노선 상에서는 큰 갈등의 요소는 사라졌다고까지 말할 수 있다. 양 진영의 성분 차이에 양쪽이 어느 정도 적응하였다고 해석할 수도 있겠다.

그렇다고 하여 갈등의 요소나 양 진영 간 불신의 골이 해소되었거나 줄어들었다고 볼 수는 없다. 서로를 믿지 않고 미워하는 상호 불신의 골은 여전히 깊다. 거기에는 두 가지가 가장 중요한 요소로 작용한다. 하나는 지금까지 말한 성분 갈등의 요소이고, 다른 하나는 정제되지 않고 적나라한 이익 투쟁이다. 앞의 것은 지금 한국의 특수한 상황이라고 할 수 있고, 이익 투쟁은 정치의 보편적인 일상사라고 할 수 있지만, 지금 한국의 경우 그것이 정제되지 않고 거친 힘겨룸으로 나타나기 때문에 그것 역시 한국적 특징이라고 할 수 있다.

보수파와 진보파의 힘겨룸이 있는 것은 정치의 보편적인 현상이고 민주주의 발전을 위해 오히려 바람직하기까지 하다. 오히려 필자는 보수 이념과 진보 이념이 지금보다 더 뚜렷하게 구별되어 정치이념의 폭이 넓어지고 내용이 다양해지는 것이 한국 민주주의가 더 발전하는 길이라고 생각한다. 서로 다른 이념과 정책 노선이 정해진 법과 제도의 테두리 안에서 서로 경쟁하는 것이 바로 발달한 민주주의다. 지금의 한국 정치는 이념과 정책 노선의 차이도 뚜렷하지 않은 정파들이 감정적으로 충돌하고 적나라한 이익 투쟁만 벌이고 있는 상황에 있다. 노선 차이가 뚜렷하지 않는 것이 오히려 경쟁을 더 추하고 적나라하게 만들고 있는지 모른다. 대결할 내용, 곧 알맹이가 뚜렷하지 않기 때문에 양 진영 정치 세력들이 감성과 감정에 휩쓸리거나 세세하고 작은 이익 다툼에 매달리게 만들고 있는 면이 강하다고 본다.

따라서 어떤 면에서 보면, 어느 정도 역설처럼 들릴지 모르지만, 양 진영이 상호 불신을 줄이고 대화에 입각한 정치를 펼치기 위해서는 서로의 이념과 노선이 지금보다 더 분명하게 달라지고, 각 세력은 그것에 입각하여 구체적인 정책 개발을 제대로 해야 할 것으로 본다. 싸울 내용이 분명하면 내용 아닌 다른 것, 예컨대 말투나 행동이나 과거 경력 따위로 의심하고 기분 나빠하고 트집 잡고 진흙탕 싸움할 가능성이 줄어들기 때문이다.

지금 한국에서 보이는 보수/진보 사이의 불신은 이념적 거리보다는 서로를 기질적으로 인정하지 않으려는 비이성적이고 비합리적인 '감정적' 불신이다.[4] 정치 싸움도 정강 정책이나 이념의 차이에서 일어나는 싸움이라기보다는 이런 상호 불신과 맞물린 당리당략 싸움이 대부분이라고 할 수 있다. 이런 원시적인 감정싸움과 당파 싸움을 극복하고 정책과 이념에 입각한 세력 경쟁이 될 때 한국 정치는 한 단계 더 발전하게 될 것이다. 그러기 위해서는 합리적인 정치 지도력이 계발되어야 하는데, 지금 상황으로 볼 때 그런 정치 지도력은 빠른 시일 안에 계발될 것 같지 않다. 하지만 그런 길을 향해 노력하는 것만이 한국 민주주의를 한 단계 더 발전시키는 유일한 길이 될 것이다.

4. 이 이야기를 하다 보니 불신에도 '감정적' 불신과 '이성적' 불신의 두 종류가 있는 것 같은 생각이 든다. 감정적 불신은 위에서 말한 것들이고, 이성적 불신은 이익의 차이 때문에 생기는, 합리적인 근거가 있거나 아니면 합목적적 계산에 따른 불신을 말한다. 이런 종류의 불신은 "상대를 믿지 마라, 그래야 내 이익을 꾀할 수 있다"라는 말로 요약될 수 있다. 이 분류에 대해서는 앞으로 좀 더 구체적으로 생각해 볼 필요가 있다.

참고문헌

강원택. 2003. 『한국의 선거 정치: 이념, 지역, 미디어』. 서울: 푸른길.

김영명. 1998. "동아시아 정치 체제의 이론적 모색." 김영명 편. 동아시아의 정치 체제. 춘천: 한림대학교 아시아문화연구소.

______. 2005. 『신한국론 : 단일 사회 한국, 그 빛과 그림자』. 고양 : 인간사랑.

______. 2002. "제2공화국 하에서의 보수 – 진보 갈등." 한림대학교 민족총합연구소 창립 4주년 기념 세미나 발표문(2002. 11. 8).

______. 2005. "한국 민주주의의 성격과 과제." 『비교 민주주의 연구』.

김인영 편. 2004. 『사회 신뢰/불신의 표상과 대응』. 서울: 소화.

사회와 철학 연구회. 2002. 『진보와 보수』. 서울: 이학사.

손호철. 1999. 『신자유주의 시대의 한국 정치』. 서울: 푸른숲.

이갑윤. 1998. 『한국의 선거와 지역주의』. 서울: 오름.

이현출. 2005. "한국 국민의 이념 성향: 특성과 변화." 『한국정치학회보』 39: 2.

장하준, 정승일, 이종태. 2005. 『장하준, 정승일의 결정 대화, 쾌도난마 한국 경제』. 서울: 부키.

채장수. 2003. "한국 사회에서 좌파 개념의 설정." 『한국정치학회보』 37: 2.

최영진. 1999. "한국 지역주의 논의의 재검토." 『한국정치학회보』 33: 2.

한국정당학회 편. 2004. 『17대 총선 현장 리포트』. 서울: 푸른길.

한승주. 1983. 『제2공화국과 한국의 민주주의』. 서울: 종로서적.

한용섭 편. 2004. 『자주냐 동맹이냐: 21세기 한국 안보 외교의 진로』. 서울: 오름.

IV. 신뢰와 지방자치: 주민 참여를 중심으로

김인영*

1. 들어가는 말

민주주의 정치는 다양한 행위자들의 견제와 균형(checks and balances)의 관계를 기본으로 한다. 다양한 행위자에는 지방정부, 지역주민, 시민단체, 기업, 대학, 특수 이익단체 등이 있고, 이들은 상호 관계를 형성하며 일정한 틀, 즉 견제와 균형의 틀 속에서 행위한다. 이 가운데 지방정부, 지역주민, 시민단체는 지방 민주정치(local democracy) 거버넌스(governance)[1]의 가장 중요한 행위자로서 상호 행위의 관계를 주목할 필요가 있다.

OECD 국가 등 민주주의 선진국에서는 시민을 행정의 대상으로 보는 과거의 시각에서 탈피하여 행정의 파트너로써 정책 결정에 관련된 정보(information)를

* 한림대학교 정치행정학과 교수

1. 거버넌스(governance)는 '공동 통치' 또는 '협치'(協治)로 번역하기도 한다.

제공하고, 협의(consultation)하며, 적극적인 참여(active participation)를 기대하는 대상으로 시각이 변하고 있다.[2] 우리의 경우도 최근에는 시민을 행정 시혜의 대상으로만 인식하는 것이 아니라 서비스의 대상, (지방)자치의 주체, 자치행정의 파트너, 협의의 대상으로 시민이나 주민에 대한 인식이 변화하고 있다.

본 논문에서는 지방자치 시대 민주정치의 중요한 행위자로서 지방정부 · 지역주민 · 시민단체는 어떠한 신뢰/불신의 관계를 형성하며, 지방정부가 지역주민의 신뢰를 증대시키기 위하여 어떠한 노력을 하고 있는지 고찰한다. 주민 신뢰 증진을 위한 또 다른 노력의 하나로 지역 시민단체들이 적극 추진하고 있는 주민자치 여러 제도들 가운데 주민참여예산제도, 즉 지방자치단체와 지역주민의 협력 모델이자 지방자치 거버넌스의 일환으로서의 주민참여예산제의 국내외의 현황과 실례의 하나로 강릉의 현황도 알아본다.

본 논문은 지방자치의 제도적 성공이 주민들의 지방정부에 대한 신뢰(信賴)와 주민 간의 신뢰의 정도에 달려 있다는 로버트 퍼트남(Robert D. Putnam)의 주장을 적극 수용한다. 퍼트남에 따르면 이탈리아 북부와 남부의 지방자치의 성공과 실패는 그 지역의 주민간의 신뢰도와 그에 근거한 시민 공동체(civic community)의 활성화와 지방정부에의 참여 여부로 결정되었다.

그러면 우리의 지방자치는 어떠한가? 우리나라의 경우 청와대, 국회, 지방자치단체, 지방의회, 정당, 정부 행정기관, 경찰, 검찰 등 공공기관에 대한 국민의 불신이 상당히 높다. 한림대학교 한림과학원이 한국갤럽에 의뢰하여 2001년 6월에 실시한 「신뢰에 대한 국민의식조사」의 결과를 보면 이들 기관에 대한 불신이 하나같이 신뢰보다 높다. 공공기관 가운데 의회와 함께 행정부에 대한 국민의 신뢰도가 그다지 높지 않은데, 한림과학원이 조사한 「신뢰에 대한 국민의식조사」에 따르면 중앙행정기관에 대한 신뢰도는 28.6%, 불신이 71.3%로서 국민의 70% 이상이 행정부를 불신하는 여론조사 응답 결과가 나온 바 있다. 지방자치단체도 중앙행정기관과 별로 다르지 않아 신뢰도 28.2%, 불신 71.8%를 나타내

2. OECD. *Citizen as Partners: Information, Consultation and Active Participation in Policy-Making.* OECD Publications. 2001.

고 있다. 지방정부를 포함한 전반적인 정부 업무 수행에 대한 신뢰수준은 정책 산출에 대한 국민의 평가와 연결해서 고려할 수 있는 것으로 불신(不信)의 정도가 높은 편이라고 할 수 있다.

본 장에서는 지방자치 운용의 성공과 실패를 주민의 지방정부에 대한 신뢰/불신의 척도로 가늠할 수 있고, 지방정부는 주민들의 신뢰를 높이기 위하여 행정의 효율성(效率性)과 개방성(開放性), 투명성(透明性)을 제고(提高)하는 여러 정책들을 시행(施行)하고 있으며, 시민단체들도 여러 운동들을 전개하고 있음에 주목한다. 즉 주민의 신뢰가 높은 지방자치는 성공의 가능성이 높다는 것이고, 역으로 지방자치 정부가 주민의 신뢰를 높이는 열린 행정 · 참여 행정 · 클린(clean) 행정을 펴는 경우 주민은 지방정부를 믿고 신뢰하게 되어 더 높은 효율성과 책임성과 주민 만족도를 보인다는 것이다.

흔히 지방자치제도의 성공은 세 가지의 척도로 판단한다. 즉 지방 수준에서 대의제가 어느 정도 성공하였는가, 또는 주민의 참여가 어느 정도인가(representation/participation), 지방정부가 주민의 요구에 어느 정도 책임 있게 반응하였는가(responsiveness), 정책의 수립과 집행이 얼마나 효율적인가(efficiency/effectiveness)를 성과의 척도로 사용한다(안청시 · 이광희 2002, 24). 그런데 위의 세가지 척도 모두 주민들의 지방정부에 대한 신뢰/불신에 따라 매우 달라질 수 있다는 것이다. 즉 지방자치의 성공의 여부는 많은 경우 주민들의 자치정부에 대한 신뢰 여부에 따라 달라지므로, 지방자치 정부는 주민들의 신뢰를 높이는 행정(行政)을 펴는 것이 성공의 관건일 것이다.

본 논문에서는 주민 참여 행정을 통하여 정책 수립/집행의 효율성을 높이고 주민들의 신뢰를 증진시키는 사례로 1990년대 린다 채핀(Linda W. Chapin) 미국 플로리다 오렌지카운티 의장(Chairman)이 펼친 지역 발전을 위한 주민 참여 자치 프로젝트의 방식과 성과를 검토한다. 그리고 최근 한국의 지방자치 단체에서 일어나고 있는 주민자치 생활화의 예를 사례를 들어 차례로 검토하고, 강릉의 경우 주민 참여 행정들이 어떠한 방식으로 실천되고 있고, 시민단체들은 시민참여를 어떻게 확대하고자 하며, 이에 대한 강릉 시청(市廳)과 시민들의 반응은 무엇인가를 검토하고 바람직한 참여를 통한 상호 신뢰 증진 방안을 제시하고자 한다.

2. 자치신뢰와 주민 참여

현대 사회에서 신뢰(trust)는 '사회적 자본'(social capital)의 토대로 주목받고 있다.[3] 경제적 측면에서 자본(capital)이 경제 운용의 혈액이라고 인식되어 그 중요성이 인정받고 있는 것을 고려한다면, 신뢰는 정치 · 사회 운용과 발전의 중요한 기초일 뿐만 아니라 경제성장도 가능하게 하는 자원으로 지적되었다(Fukuyama 1995). 신뢰는 민주주의 운용에 필요한 시민참여를 가능하게 하고(Putnam 1993), 국가와 시민사회를 연결시키는 접합제의 역할을 하기도 한다. 즉 신뢰를 통해 가능해진 사회적 자본은 시민참여 내지는 시민 관여(civic engagement)의 네트워크(network)와 규범(norms)으로 구성된다. 퍼트남은 자신의 저서 『혼자 볼링하기』(*Bowling Alone*, 2000)에서 미국인들의 생활에서 지속적인 시민참여의 저하가 사회적 자본의 상실로 이어졌음을 증명하고 있다. 공적인 부분에 대한 참여 없이는 신뢰의 감정이나 상호 부조의 결속이 손상되며, 사회 문제를 해결하고 경제적 번영을 지속할 능력이 약해진다는 것이다.

지방자치와 신뢰/불신의 상관관계를 분석함에 있어서 지방자치 운용의 성공과 실패는 주민의 지방정부에 대한 신뢰/불신의 척도로 가늠할 수 있음을 많은 문헌들이 연구의 결과로 제시하고 있다. 즉 주민의 신뢰가 높은 지방자치는 성공 가능성이 높다는 것이고, 역으로 지방자치 정부가 주민의 신뢰를 높이는 열린 행정 · 참여 행정 · 클린 행정을 펴는 경우 주민은 지방정부를 믿고 신뢰하게 되어 더 높은 효율성 · 책임성 · 주민 만족도 제고의 선순환 구조를 보인다.

지방자치의 성공/실패와 주민의 참여를 통한 신뢰 증가와 상관관계가 있다는 본고의 가정을 세 가지 사례연구로 간접 검증한다. 우선 퍼트남이 자신의 저서 『*Making Democracy Work*』(1993)에서 제시한 이탈리아 남부와 북부의 지방자치의 차이를 주민들의 신뢰/불신으로 보여 주고, 1990년대 린다 채핀 미국 플

---

3. 조셉 나이(Joseph Nye)는 사회적 자본(social capital)을 다음과 같이 정의한다, "사회적 자본이란 특별한 개념이 아니라 국민들이 서로 협력할 수 있는 능력을 의미한다. 즉 공동의 일을 추진해 나갈 수 있는 신의, 규범, 네트워크 등의 기본 토양을 말한다. 사회과학자들은 그런 능력의 일정 부분이 시민자율단체에서 공동체 활동의 경험을 통해 배양된다고 여기고 있다"{Nye 1998(2001)}, 38.

로리다 오렌지카운티 의장이 펼친 지역 발전을 위한 주민 참여 프로젝트의 방식과 성과를 검토한다. 그리고 최근 한국의 지방자치 단체에서 일어나고 있는 주민 참여자치의 생활화 예를 사례를 들어 차례로 검토한다. 마지막으로 강릉의 현황을 검토한 뒤 개선 방안을 제시한다.

(1) 이탈리아 지방자치와 신뢰/불신

퍼트남은 지방정부이건 중앙정부이건 정부 역할의 성공 평가는 정부가 문제의 해결자로서 또는 서비스 제공자로서의 역할을 제대로 했는가 여부로 판단한다. 특히 지방정부의 경우 급격하게 변화하는 사회의 요구를 처리하기 위해 활용 가능한 모든 자원들을 성공적으로 사용했는가[Putnam 1993(2000) 97]를 주목해야 함을 강조한다. 즉 '결과(outcomes)보다는 산출(outputs)'을, 사망률보다는 보건을, 공기의 질보다는 환경정책을 측정해야 한다는 것이다.

이탈리아 행정구조는 1870년 통일 이후 프랑스 나폴레옹 시기 행정을 모델로 하였기 때문에 중앙집권화되었다. 로마는 도청(道廳, Prefects)을 통해 지방 관리들을 통제하였고, 지역 수준의 자치정부는 존재하지 않았다. 하지만 1970년에 시작된 지방자치는 이탈리아 남부와 북부의 지역 발전을 갈랐다. 남부 푸글리아(Puglia) 지역의 수도인 바리(Bari)시에서 공무원들을 만나는 일은 쉽지 않았다. 지역정부 청사도 잘 눈에 띄지 않았고, 청사의 대합실은 지저분했으며, 공무원은 느리고 게을러 보였다. 공무원은 친절하지도 않았고, 엽관제가 만연하여 주민의 요구를 명령으로 받아들였다. 공무원들은 파벌 싸움에 젖어 있었고, 허황된 지역 발전 공약을 남발했다[Putnam 1993(2000), 4].

이에 반해 에밀리아로마냐(Emilia-Romagna) 지역의 수도인 볼로냐(Bologna)시의 효율성은 매우 높았다. 지역 정부청사가 마치 첨단 일류기업을 방불케 하였다. 청사의 안내원은 적극적이었고, 공무원은 빠르고 효율적이었으며 친절했다. 볼로냐의 중앙광장에는 시민과 정치 집단들이 밤새 열띤 토론을 자주 벌이고 있었으며, 지역의회에서는 지역의 모든 일에 대한 격렬한 토론이 이어졌다.

이탈리아가 이렇게 서로 다른 지방자치를 가지게 된 원인은 무엇인가? 즉 강력하고(strong), 민감하고(responsive), 효율적인(effective) 지방정부를 갖게 되는 원인은 무엇인가이다. 퍼트남은 토크빌(Alex de Tocqueville)의 전통을 따라 시민결사(civic associations)에서 그 해답을 찾고 있다. 즉 시민결사는 안정되고 효율적인 민주제도에 꼭 필요한 '습성'(the habits of the heart)을 강화한다. 퍼트남식의 용어로 풀어 보면 시민결사는 그 지역 주민들의 신뢰/불신의 형성에 큰 영향을 미친다. 즉 시민들 사이의 고신뢰(high trust)가 민주주의에 필요한 습성의 조건일 수 있다.

물론 여기서 퍼트남은 비판을 받는다. 즉 시민결사체가 고신뢰 형성과 사회적 자본(social capital)을 구축하는 가설을 제시하는데, 역으로 시민들의 고신뢰 관계와 사회적 자본이 많은 숫자의 시민결사체를 만드는 것이 아니냐는 것이다. 하지만 그러한 비판은 사회에 어떻게 고신뢰가 형성되었는지 그 원인을 규명하지 못하는 문제점을 가지고 있다.

퍼트남은 이탈리아의 북부는 시민적 결사체가 발달한 곳이다. 합창단과 축구팀, 조류관찰클럽, 로터리클럽(Rotary Club)이 상당히 존재하고 활동한다. 이 지역의 시민들은 대부분 공동의 일에 많은 관심을 갖고 있으며 신문에서 정보를 얻는다. 즉 공공 이슈(public issues)에 따라 정치에 관여하지, 개인적 친분 관계나 후견인/피후견인 관계(patron-client relationship)로 정치에 관여하지 않는다는 것이다. 주민들은 서로 공정하게 행동할 것과 법을 준수할 것을 믿는다. 시민과 지도자들이 모두 평등을 좋아하며, 사회적 · 정치적 네트워크도 수평적이지 위계적이지 않다. 이 지역 공동체에서 중시하는 가치는 연대성과 시민참여(citizen participation), 협력(cooperation), 정직(honest)이다.

반대로 '비시민적'(uncivic) 지역이라고 할 수 있는 남부는 수평적 연대의 집단적 호혜주의를 찾기 힘들었고, 위계질서와 무력이 규율로 작동한다. 가장 비시민적이라고 할 수 있는 칼라브리아의 경우 이탈리아 반도의 발가락 부분에 위치하는데 "역사적으로 볼 때, 마을이나 읍에서 간혹 생긴 사교클럽 이외에, 거의 완벽하게 시민사회가 결여되어 있다"[Putnam 1993(2000), 72]고 제임스 왓슨(James Watson)은 설명한다. 즉 이 지역의 특징은 공공심의 결여(incivisme)라고 할 수 있고, 공공생활이 위계적(位階的)이고, '시민'이라는 개념 자체가 잘 드러나지 않고 있다.

이와 반대로 에밀리아로마냐는 고전적인 의미의 전통 '공동체'가 아니고 시민성의 잣대에서 보면 사회적 연대성의 네트워크가 많이 중첩되어 있고, 시민들도 높은 공공정신을 가지고 있다. 즉 시민공동체의 망(網)이 잘 발달되어 있다고 하겠다. 부언하면, 지방자치의 성공 여부는 그 지역 시민들의 상호 신뢰 또는 사회적 자본을 형성하는 수평적 네트워크의 존재와 활동, 시민성의 정도에 따라 다르다는 것이다.

(2) 미국 플로리다 오렌지카운티 지역 발전 프로그램과 사회적 자본

사회적 자본은 '상호 이익을 증진시키기 위해 협력하고 협조하게 하는 사회적 신뢰, 규범, 네트워크 등과 같은 사회 조직의 특징'으로 정의한다. 거의 모든 가난한 지역의 발전 전략이나 상의하달 전략은 지역 시민들의 참여를 끌어내는 데 실패해 왔다.

미국 플로리다주의 오렌지카운티 정부는 주민들의 참여를 끌어내어 지방정부를 신뢰하게 하고 지역 발전을 이룩하려는 새로운 운동을 전개한다. 이는 '목표 지역 공동체 주도 사업'(Targeted Communities Initiative)이라는 이름의 계획인데, 몇 개의 중점 지역을 선정하여 모범사례로 주민 참여 개발 모델을 실천에 옮기는 것이다. 지방자치단체는 '시민 우선!'(Putting Citizens First!) 운동을 시작하며 시민들의 능동적이고 책임 있는 태도를 이끌어 내고 동시에 지방정부로 하여금 시민에 대한 책임감을 증대시키는 방안이다.

우선은 오렌지카운티의 북서부 저소득 흑인 밀집지역인 사우스아폽카(South Apopka)에서 시작하였다. 주민들이 직접 자신들의 공동체에 대한 새로운 구상을 만들게 하고, 이를 실천할 수 있는 실행 계획을 짜게 하며 공동체에 필요한 프로그램을 추진시켰다. 소년 범죄율, 빈곤율, 아동학대 비율이 매우 높은 이 지역에서 새로이 카운티 의장으로 선출된 린다 채핀은 1991년 일련의 주민 모임을 가지기 시작하였다.

이러한 주민 모임들에서 채핀 의장은 주민들이 공동체에 필요한 것이 무엇이며 해결 우선순위는 무엇인지를 스스로 정하게 하였다. 공동체에 필요한 주요 목록에는 고용증가, 기술훈련 기회 증가, 저렴한 주택, 법의 집행, 마약 금지교육, 레크리에이션 강화 프로그램, 건강보험, 운송, 교육 등이 망라되어 있었다. 채핀 의장은 우선적인 재정 지원 등을 약속하고 대신 주민들이 스스로 조직을 만들어 카운티 정부와 협동하여 커뮤니티가 직면한 여러 문제를 해결할 것을 주문하였다. 주민들은 곧 여러 지역 교회들, 시민단체 조직들을 혼합하여 지역 개선을 위한 '아폽카 연대'(Apopka Coalition to Improve Our Neighborhood: ACTION)를 조직하고 사우스아폽카 계획을 발전시키고 실험하는 모기관 역할을 하게 되었다.

ACTION은 커뮤니티 현안에 따라 여러 실무 그룹들을 만들고 계획을 짜서 카운티 정부에 제출하였다. 즉 지역 개선 계획이 상의하달된 것이 아니라 하의상달된 풀뿌리 실천 방식이었다. 사우스아폽카 계획의 주안점은 또는 그 시작은 헤드 스타트(Head Start), 마약의 심각성 알기, 구직 박람회, 부모의 수업 지도 등의 프로그램을 통한 가족(family)의 강화였다. 오렌지카운티 지방정부는 시설 개선을 지원하였다. 지역 기업인들은 이러한 프로그램들에 기부를 했고, 지역 자원봉사자들은 지역봉사 활동을 강화하고 기금을 모금했으며, 지원했다.

이 ACTION 프로젝트는 성공했고, 1994년에 클린턴 대통령으로부터 탁월한 지역 발전 프로그램으로 표창을 받기도 하였다. 이러한 가시적 성공에도 불구하고 시민들이 지방정부의 정책결정 구조에 참여하고 거버넌스 과정에 참여하는 데는 미흡하였다. 그래서인지 시민단체 조직들에는 참여자의 숫자가 급격히 줄어들고 계획과 집행을 거의 자치단체 공무원에 의존하게 되었다. 결국 많은 주민들이 계획에서 실천 단계까지 참여하는 것이 아니라, 소수 분파들이 이끌어가는 문제가 가장 심각한 교훈으로 드러났다.

이러한 교훈을 바탕으로 다음번의 두 번째 '목표 지역 공동체 주도 사업'(Targeted Communities Initiative)의 대상이 된 비틀로(Bithlo—오렌지카운티 동부의 이동주택 주민지역)와 윈터 가든(Winter Garden—오렌지카운티 서부의 흑인 커뮤니티)에서는 좀 더 조직화되고 더욱 광범위한 주민 참여가 시도되었다. 비틀로와 윈터 가든에서는 공식화된 타운 집회(town meeting)를 통해 주민들의 초기의 투입(inputs)을 가능하게 하였다. 즉 공동체의 관심사를 초기부터 정책에 반영하였던 것이다. 그 과정에서 주민들은 지방정부에 대한 심각한 불신을 극복하여야 했다. 왜냐하면 이제까지 아무 것도 도와준 것이 없는 지방정부가 앞으로도 무엇을 해줄 수 있는지를 의심했기 때문이다. 그래서 오렌지카운티의 채핀 의장은 지역에 새로운 지원을 약속하고, 기존의 자치단체 지원도 효율적으로 사용될 수 있도록 재조정할 것을 약속하였다. 주민들이 지역에 우선적으로 필요한 사업들의 목록을 만드는 주민들 간의 대화를 지켜보면서 지방공무원들은 현재 자신들이 하고 있는 자원 배분(예산) 시스템의 문제점을 깨닫고 개선할 수 있었다. 즉 자신들이 얼마나 주민들의 의사와 요구와 관계없는 프로그램에 예산을 퍼부었는지를 깨닫게 되었던 것이다. 주민들의 토론을 지켜본 지방 공무원들의 변화 역시 큰 것이었다.

2주에 한 번씩 여섯 차례를 만나면서 주민들은 자신들의 지역 공동체에 새로운 비전을 만들어 갔다. 시민들은 10-12명씩 그룹으로 함께 일하며, 훈련된 공무원들의 도움을 받았다. 커뮤니티의 모든 문제점과 부족한 점이 드러났고, 그것을 바탕으로 미래를 설계했다. 참여한 시민들은 자신의 공동체의 희망 없는 현실에 눈물을 흘리기도 했지만 자신들과 자식들의 미래를 위해 꿈을 실천하기로 결의하였다(Denhardt and Gray 1998, 230).

미래의 비전을 가진 다음 시민들은 구체적으로 문제 해결 방안 찾기에 몰두하였고, 8개의 실무 그룹에 나누어 참여하였다. 이 실무 그룹에 지방정부는 가용자원과 서비스에 대한 정보를 제공하였다. 이러한 투명한 정보 공개는 주민들의 지방정부에 대한 신뢰를 제고시키는 데 매우 중요한 기여를 한다. 그리고 주민들이 수립한 계획들의 실천 가능성을 가늠하는 중요한 판단 근거를 제공한다. 계획들을 구체적으로 실천함에 있어 지방정부 공무원들이 가진 전문성과 서비스는 매우 중요하다. 각 계획들에 실천 일정과 예상되는 예산들이 추가되었고, 계획마다 공무원이든 지역주민이든 책임지는 사람들이 정해졌다.

비틀로와 윈터 가든 프로젝트는 크게 성공했다는 평가를 받고 있다. 많은 가시적인 변화와 개선이 있었다. 시민 참여는 지속적으로 계속되었다. 후일에는 계획의 실천을 감시하는 위원회도 구성되었다. 오렌지카운티는 이후 카운티 내의 다른 지역에서도 유사한 프로젝트를 추가로 실험하였다. 이 모든 노력들은 결국 '시민 우선!'이라는 구호로 표현되는 철학에 근거한다. 시민과 지방자치단체 공무원들이 함께하는 프로그램은 성공할 수밖에 없는 것이 토크빌이 미국 민주주의의 기본으로 강조한 자발적 단체의 성격을 띠기 때문이다. 그 속에서 퍼트남이 갈파한 시민들 사이의 신뢰의 증가가 일어나고 그 과정에서 사회적 자본은 쌓여 가는 것이다(Denhardt and Gray 1998, 233).

(3) 한국 "주민자치, 생활 속으로"

한림대학교 한림과학원이 한국갤럽에 의뢰하여 2001년 6월에 실시한 「신뢰에 대한 국민의식조사」의 결과에 따르면 중앙행정기관에 대한 신뢰도는 28.6%, 불신은 71.3%이며 지방자치단체에 대한 신뢰도는 28.2%, 불신은 71.8%를 보이고 있다. 중앙행정기관이든 지방자치 단체이든 국민의 70% 이상이 불신함으로써 신뢰도가 매우 낮은 현실이다(김인영 2002b, 136).

이러한 불신을 없애는 방안 가운데 가장 중요한 요인은 앞의 미국 플로리다 오렌지카운티에서 실시한 "시민 우선!" 프로그램과 같은 주민의 참여를 높여 주민과 지방자치단체가 거버넌스를 공유하는 것이다. 그 과정에서 지방자치단체의 재정과 운용에 대한 투명성은 높아지고, 지방공무원과 주민이 함께 문제해결을 위해 협동할 때 지방정부와 주민 간의 상호 신뢰는 쌓이고, 지역의 사회적 자본은 커지게 된다.[4]

2000년대에 들어서 한국의 지방자치도 많은 변화의 과정을 겪고 있다. 『조선일보』가 2007년 신년특집으로 다룬 "주민자치, 생활 속으로"라는 기획보도는 그 현장의 좋은 예들을 보여 주고 있다. 다음은 그 예들이다.

1) 경기도 이천 계양구 자율방범대와 주민자치센터

경기도 이천 계양구 계산 4동의 주민들은 동네에 성폭행 사건이 일어나자 스

4. 다음의 내용은 『조선일보』 2007년 1월 1일, 1월 4일, 1월 6일 세 차례에 걸쳐 연재된 "주민자치, 생활 속으로"라는 특집기획 기사를 주로 참고하였다. 인용된 구체적인 사례는 신문의 기사에 근거한다.

스로 자율방범대를 조직하여 자체 활동에 나섰다. 자율방범대는 주민자치위원회에서 결의된 것으로 자치위원회 산하 단체인 '우리 마을 가꾸기', '새마을부녀회', '통장협의회', '아파트연합회' 등 7개 주민단체가 참여해서 구성되었다. 자발적 시민 결사체의 사회적 자본 네트워크가 또 하나의 결사체를 만들어 사회적 자본을 불려 나가고, 주민 사이의 신뢰를 고양시키는 자기발전의 선순환 구조의 예이다.

또한 주민자치센터가 지방정부의 시혜의 대상에서 지역 커뮤니티의 문제를 해결하는 진정한 자치기구가 되어 가고 있다. 즉 주민들이 모여 서예나 요가를 배우고 건강강좌를 듣는 문화 · 복지 중심의 본인만을 위한 활동에서 커뮤니티의 문제와 해결 현안을 찾아 실천하는 공동체를 위한 활동으로 변화하고 있는 것이다. 이러한 주민 운동은 지방자치단체가 주민 의견을 수렴하고 설문조사 등을 통해 주민들이 원하는 맞춤형 프로그램을 개발함으로써 이루어진다. 거기에 주민들이 주민 자치의 중요함을 알고 주민들 스스로가 참여하고 실천하고 있는 점도 중요하다. 주민 참여 없이 주민 자치도 없기 때문이다. 이러한 읍 · 면 · 동 사무소의 주민자체센터로의 전환은 거의 모든 자치단체에서 시행 중에 있거나 시행을 준비 중에 있어 더 이상 새로운 현상은 아니다.

2) 웰빙(well-being)형 도 · 농 연대

한국의 주민(참여) 자치는 또 다른 특성으로 도 · 농 연대나 복지 활동을 위해 타 지역 주민단체와 연대하는 것이 두드러진다. 도 · 농 연대란 농민과 도시민이 서로 어울려 농가 소득을 올리면서 공동체 의식을 형성하고 신뢰를 키우는 운동이다. 이러한 도 · 농 연대는 '농촌 살리기'라는 일방적 부조에서 자연생태계도 보호하는 '친환경 오리 농법 체험 프로그램'이나 '된장 담그기 운동'처럼 농가 소득도 올리고 신뢰할 만한 먹을거리도 확보하는 웰빙형 연대로 나아가고 있다. 특히 타 지역 주민과 연대는 복지 활동이 그 주가 되는데 복지기금 확보와 후원 대상 선정의 이점 때문이다. 이러한 주민자치 활동은 아직은 플로리다 오렌지카운티처럼 지방 행정 깊숙이까지는 들어가지 못한 상태이나 청소, 교통, 방범, 복지 활동으로 행정비용을 절감시키고 주민들로 하여금 자신의 지역 공동체에 관심을 증가시키는 효과가 있다.

이러한 주민 참여는 참여민주주의를 강화하는 방안일 뿐만 아니라 거버넌스의 민주화와 거버넌스의 발전을 가져와 지방자치단체의 신뢰를 높이는 중요한 기능을 한다. 즉 자치단체가 주민들의 신뢰를 높이는 방안은 주민 참여를 통한 거버넌스의 발전과 앞에서 언급한 행정의 투명성을 높이고, 행정을 깨끗이 하고, 행정의 효율성을 높이는 것인데 위의 모든 방안이 결국은 행정에의 주민 참여를 높이는 방안으로 통한다고 하겠다. 주민 참여를 위하여 행정의 투명성을 높일 수밖에 없고, 깨끗이 할 수밖에 없으며, 주민이 원하는 사업을 추진하게 되므로 효율성이 높아질 수밖에 없다.

이러한 주민 자치와 지방자치는 현대 사회의 공적 기관에 대한 신뢰 제고의 가장 중요한 방안이 될 것이다. 이러한 주민의 참여는 공적 기관에 대한 신뢰를 높일 뿐만 아니라 개인 간의 일반적 신뢰도 높이는 계기가 된다. 왜냐하면 주민 참여를 위하여 주민들이 자체적으로 소규모 그룹 공동체를 만들어 규정을 갖추어 운영하고, 협동하며, 자발적으로 공동체에 참여하는 경우 퍼트남이 강조하는 소규모 자발적 결사체의 운용을 통한 신뢰의 증진이 바로 나타나게 되는 것이다.

미국에서 감소하고 있다는, 남부 이탈리아에서 찾기 힘들다는 소규모 자발적 시민 공동체(spontaneous civic community)가 한국 사회에서 시민단체의 도움으로 자발적으로 자리 잡고 있고, 결국 일반적 신뢰의 증진에 기여할 것으로 기대할 수 있다.

3) 주민참여예산제

자발적 주민 참여와 참여에 의한 자치의 구체적인 사례 가운데 주민참여예산제(또는 참여예산제)의 모습은 아직은 새로운 제도로서 현재 진행 중이다. 주민이 지역자치단체의 예산편성, 집행, 감사 과정에 참여하는 주민참여예산제는 2003년 광주시 북구에서 처음 실시되어 전국 14개 기초단체로 확산되어 가고 있다.

비교적 앞선 울산광역시 동구의 경우 2004년 말부터 주민 대표들이 동구의 예산편성 과정에 직접 참여하였다. 이렇게 지역 예산을 주민들이 직접 참여해서

짜는 '주민참여예산제'는 공무원들이 독점했던 예산편성권을 주민과 공무원이 공유함으로써 지역자치를 발전시키고, 심의민주주의(deliberative democracy)를 학습하며, 지방자치 거버넌스에 획기적으로 민주성을 제고시켜 거버넌스의 발전을 가져오고 성공으로 이끄는 방안이라고 할 수 있다. 또한 예산편성의 과정에 시민의 참여를 보장하고, 재정 운영의 투명성을 보장함으로써 지방자치의 본래의 이념과 취지를 구현하는 제도이기도 하다. 특히 주민참여예산제의 경우 국가와 시민사회의 '거버넌스'(共同統治 또는 協治)의 한 형식이자 국가 행정 관료에 대한 외적 통제 메커니즘의 방식으로 간주되고 있다.[5]

주민참여예산제는 원래 브라질의 포르투알레그레(Porto Alegre)가 성공적으로 실시해 왔고, 전 세계의 주목을 받아 연구되고 있다. 우리 학계와 시민단체들도 포르투알레그레가 성공적으로 주민참여예산제를 실시하게 된 정치적 · 사회적 변수들을 자세히 검토한 바 있다. 중요한 점은 주민참여예산제가 지방의회의 예산 심의 활동에 대한 한계 극복, 즉 지방자치 거버넌스의 발전이라는 대전제 하에서 탄생하였다는 점이다.

즉 지방의회라는 대의민주주의(representative democracy) 기관의 한계를 직접민주주의(direct democracy) 방식으로 해결하려는 제도의 탄생이라는 의미를 가지고 있다. 아울러 최근 대의민주주의의 극복 방안으로 중요하게 지적되고 있는 심의민주주의의 중요한 기능들을 공유하고 있다는 점이다. 즉 주민들이 모여 공동체의 문제를 심의하는 심의민주주의의 실현이라는 중요한 기능을 주민참여예산제가 가진다는 장점이 있는 것이다.

공무원들은 주민들의 예산안 토론에 앞서 미리 사업별로 쉽게 정리해서 예산을 보고하고 사업의 내용도 구체적으로 공개한다. 주민들은 지역회의와 시민위원회(또는 구민위원회)를 통하여 체계적으로 조직적으로 예산 심의에 임한다. 예를 들어 대전시 대덕구의 경우, 지역회의는 동별로 10명 안팎으로 구성되어 동별로 주민의 의견을 수렴하고 7-8월경 구민위원회에 넘기면 9월경 1차 회의에

5. 주민예산참여제와 공동 통치에 대한 자세한 논의는 마리옹 그레 · 이브 생또메, 김현택 역, 『뽀르뚜알레그리, 새로운 민주주의의 희망』, 서울: 박종철출판사, 2005: 160-169를 참조.

서 중점투자 사업의 우선순위를 정하고, 구청 각 부처에 예산편성지침을 시달한다. 10월 중에는 4차례에 걸쳐 부서별 예산안을 심의 한 뒤 구청 간부와 구민위 대표가 함께 예산안 총괄 심의 조정을 한다. 이렇게 작성된 예산안은 11월경 구민위원회에 보고 되고, 12월 구의회에서 예산이 확정된다.

〈표 1〉 "울산광역시 동구청의 참여예산시민위원회 운영 체계도"와 [그림 1] "2006년 울산시 동구청 참여예산제 시기별 운영 체계"에서 보듯이 울산시 동구도 대전시 대덕구와 참여예산제 전체 운영이나 시기별 운영이 그다지 다르지 않

〈표 1〉 울산광역시 동구청의 참여예산시민위원회 운영 체계도6

단계	회의명		구성원	주요내용
	지역회의		동 거주 주민 전체	동단위 업무 설명 구 및 동단위 주민의견 수렴
	1차 분과위원회		각 분과위원회 소속 위원	부서별 업무설명 분과별 해당 분야 의견 수렴
	의견 수렴사항 반영 예산요구서 및 심의자료 작성 (부서별)			
	2차 분과위원회	1일차	시민위원회 전위원	〈1부〉—1시간 구단위 업무계획 설명 및 자료공개
			각 분과위원회 소속 위원	〈2부〉—2시간 부서별 업무계획 설명 심의자료 설명 미반영된 사업 추가의견 수렴
		2일차	각 분과위원회 소속 위원	심의대상 사업 대상지 방문
		3-4일차	각 분과위원회 소속 위원	심의대상 예산 검토 및
	협의회		분과위원장 8명 공무원 5명	우선순위 결정 심의대상 예산 총괄 심의조정
	협의회 심의 조정 내용에 의거 심의대상 예산편성(안) 작성 (기획감사실)			
예산안 의결	3차 분과위원회		각 분과위원회 소속 위원	심의대상 예산 총괄 심의조정 (협의회 결정) 사항 설명
	총회		시민위원회 전위원	심의대상 예산편성(안) 의결

6. 김태근, "주민참여예산제의 의미와 운영방안—울산광역시 동구의 경험을 중심으로," 풀뿌리자치연구소 이음 · 한양대 제3섹터연구소 주최, 『주민참여예산제 들춰보기—포르뚜알레그리와 한국의 참여예산제 세미나』, 2007년 4월 25일, 5쪽 인용.

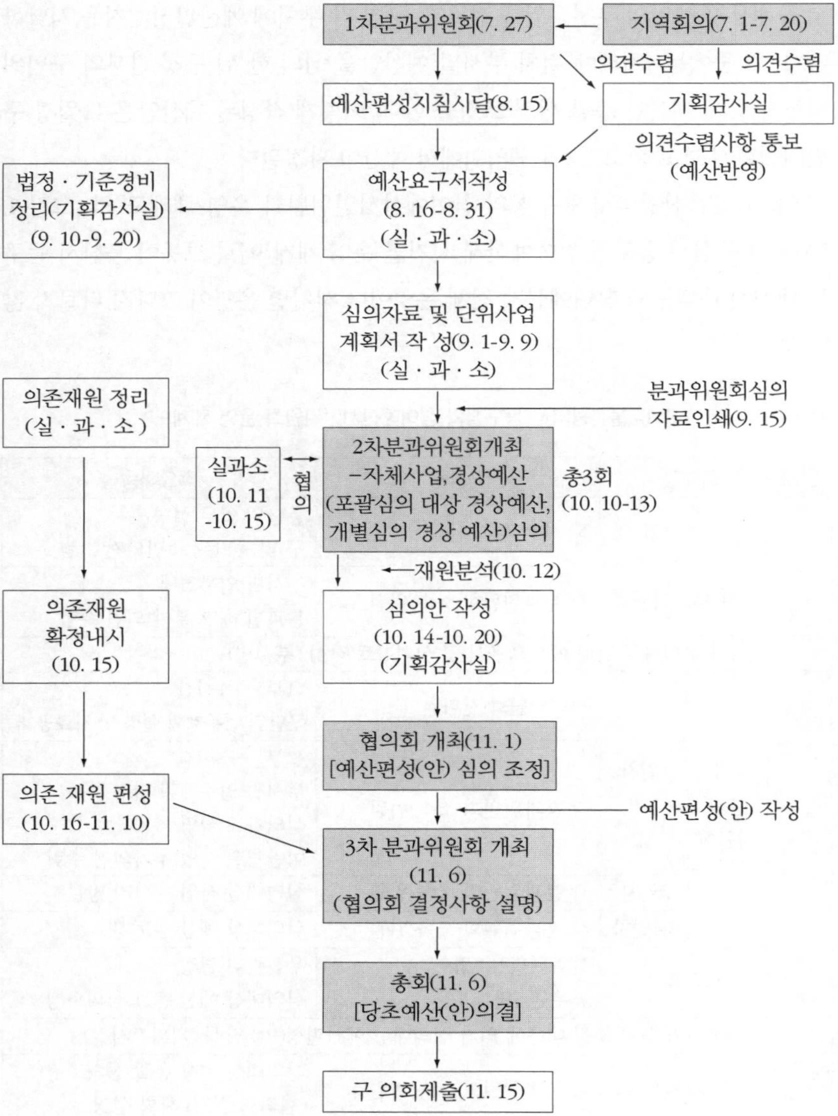

[그림 1] 2006년 울산시 동구청 참여예산제 시기별 운영 체계[7]

7. 김태근, "주민참여예산제의 의미와 운영방안—울산광역시 동구의 경험을 중심으로," 풀뿌리자치연구소 이음 · 한양대 제3섹터연구소 주최, 『주민참여예산제 들춰보기—포르뚜알레그리와 한국의 참여예산제 세미나』, 2007년 4월 25일, 6쪽 인용.

다. 이러한 예산안 편성, 심의 과정을 통하여 주민들은 지역 사정을 더욱 정확히 알게 되고, 지방자치 공무원들은 지역주민의 바람과 요구를 정확히 파악할 수 있게 되어 공무원과 주민 간의 상호 신뢰 증진의 기회가 된다. 또한 주민들은 참여예산시민위원회 활동으로 민주정치의식을 높이고 상호 신뢰를 형성하게 되며 사회적 자본 형성의 중요한 계기가 된다.

주민 참여는 예산편성 참여에서 한 걸음 더 나아가 부실공사나 예산 낭비, 예산 감시 활동으로까지 이어진다. 주민들이 무책임 행정의 책임자를 가리고 낭비된 예산 회수를 위하여 소송까지 나서고, 주무장관 · 시도지사에게 감사를 청구하기도 한다. 이러한 주민의 감사 청구는 주민 소송의 전제 조건이기도 하지만 지방자치단체의 비리, 부정, 예산 낭비를 막는 주요한 기능을 하기도 한다. 물론 이러한 감시제도는 앞에서 언급된 자치단체의 주민 배제, 불투명 행정 때문에 생겨난 고육지책이다. 즉 감시제라는 불신이 전제된 제도의 탄생에는 신뢰 구축 노력과 사회적 자본 형성 노력이 부재했기 때문이라는 점을 주목해야 한다.

3. 신뢰와 지방자치: 강릉시를 중심으로

(1) 강릉시와 시민 참여

강원도 강릉시의 홈페이지(www.gangneung.go.kr)를 중심으로 살펴본 강릉시의 열린 행정, 주민 참여 행정의 수준은 성공과 실패를 판단하기에 충분하지 않다. 하지만 강릉시는 최근에 많은 변화를 하고 있고, 언론과 외부 지역 시민들은 이러한 변화를 주목하고 있다. 예를 들어 인터넷을 통한 여론조사의 경우 2004년 6월에서 2007년 9월까지 총 11차례의 여론조사가 실시되거나 또는 실시 중에 있다.

현실적으로 여론조사는 주민의 의사를 반영할 수 있다는 지방행정자치 단체의 의지의 표현이다. 강릉의 경우 2004년 6월 처음 여론 조사를 실시하였다. 전국의 다른 도시들과 비교하여 늦지 않은 시작이며 주민생활이나 강릉의 미래와 관련된 주요 사안들에 대한 여론을 조사하려 한 의지가 보이기도 한다. 본 논문이 특히 주목하고 있는 주민 참여 예산에 관한 여론조사가 두 차례나 실시되었다. 시의 주민참여예산제를 어떠한 방식으로든지 수용하고 싶은 시의 고민들을 발견할 수 있었다.

그럼에도 불구하고 지적하고 싶은 것은 〈표 2〉의 인터넷 설문조사 참가자의 수이다. 2004년 이래 11차례의 설문조사 가운데 200명 이상이 응답을 한 설문조사는 3차례에 불과하고 심지어 15명 응답이 1차례, 21명이 2차례, 31명과 35명 각 1차례, 57명과 86명이 각 1차례, 125명의 응답이 1차례 있다. 이러한 저조한 인터넷 설문조사 참가자의 결과는 전국의 다른 시도들도 수백 명을 넘는 경우가 많지 않아 거의 대동소이(大同小異)하다. 더욱이 강릉시를 포함하여 전국의 지방자치 단체들이 인터넷을 통한 주민 의견 수렴에 얼마나 무관심하였는지 알 수 있다.

물론 강릉 시민을 포함하여 많은 시도의 시민들이 인터넷 설문조사에 익숙하

〈표 2〉 강릉시 인터넷 설문조사 현황

번호	설문제목	등록일	참가자	참여하기
1	경포호 낚시금지구역 지정에 대한 시민의견 수렴	2004/06/10	226명	종료
2	강릉교동택지 지구명칭 응모 안에 대한 설문조사	2004/08/26	57명	종료
3	강릉단오제 영문표기 인터넷 설문조사	2004/09/09	86명	종료
4	2006년 "일제소독의 날" 소독약품 선정을 위한 설문조사	2006/03/31	269명	종료
5	주민 참여 예산을 위한 인터넷 설문서	2006/09/04	31명	종료
6	강릉 농 · 특산물 대표작목 선정을 위한 설문조사	2006/09/27	21명	종료
7	2007년 "일제소독의날" 축사소독약품 선정을 위한 설문조사	2007/02/20	283명	종료
8	『강릉시청소년수련관』의 여가 활동 프로그램운영에 대한 설문	2007/04/02	125명	종료
9	강릉시민 문화욕구 수요조사	2007/06/08	15명	종료
10	2008년 예산편성 관련 주민 참여 의견수렴 설문조사	2007/08/17	21명	참여
11	강릉시 브랜드 개발관련 설문조사	2007/09/10	35명	참여

강릉시청 홈페이지(http://www.gangneung.go.kr/) 2007년 9월 15일 검색.

지 않고, 소극적이라는 문제점이 없는 것은 아니다. 남양주시, 울산시 등 다른 시도의 인터넷 설문조사의 경우도 각 설문조사마다 응답자가 30명 내외에서 300명 내외까지 다양하였지만 그다지 활성화된 것은 아니었기 때문이다. 그럼에도 불구하고 강릉시와 다른 시들을 단순 비교하자면 응답 인원수가 그다지 많은 것은 아니다.

하지만 지적하고 싶은 것은 쓰레기봉투 사용이나 음식물 쓰레기 처리 · 교통질서에 대한 계도는 그렇게 열심히 하면서, 주민들의 의견 수렴이나 의사 확인에 무관심했다는 비판은 면하기 힘들다는 것이다. 다른 의미로 해석한다면 지방자치단체가 주민들의 의견을 수렴하는 일에 소홀한 이유가 있지 않는가이다. 시청이나 도청의 정책결정의 결과가 주민들의 의견과 다를 경우 문제가 생길 수 있으므로 주민 의견 청취가 거북하기 때문일 것이라는 추리가 가능하다.

(2) 강릉시와 투명행정, 열린 행정

전국 지방치단체가 재정 운영 정보를 공개해야 하는 2005년 8월 3일의 지방재정법 개정에 따라 강릉시의 홈페이지에도 강릉시 재정 일반에 대한 공시가 되어 있다. 이것을 강릉시 투명 행정의 본보기로 삼기는 곤란하다. 법에 따라 전국의 지방자치단체가 모두 시행하고 있는 제도이기 때문이다. 강릉시가 다른 지방자치단체보다 투명행정과 열린 행정의 시행에 무엇을 앞서 가고 있는지 본 글을 쓰는 기간 내내 가늠하기 쉽지 않았다.

시민단체 회원들과의 대화에서 확인하는 전반적인 강릉 시정에 대한 논평은 시정의 투명성과 시민 참여에 대한 시장의 의지를 시청 직원들이 잘 받쳐 주지 못하는 것이 아니냐는 것이었다. 한편으로는 동의하면서도 한편으로는 동의하지 못하는 것이 시장의 의지가 확고하다면 시정 투명성 확보를 가능하게 하는 조치들에 추진력이 생기는 것은 당연한 것인데, 결국은 시장의 투명 행정과 열린 행정에 대한 의지가 의심스럽다는 것을 언급하지 않을 수 없다.

아울러 시정의 투명성과 열린 행정에 의한 주민 자치의 진정한 실현은 사실은 주민참여예산제의 실시와 확고한 정착, 그리고 발전에 있다고 하겠다. 연간

예산과 장기 계획에 따라 지출될 예산을 작성해서 지방의회에 상정하고 집행하는 것은 법률적으로 지방행정부의 권한이다.

하지만 앞에서 언급한 것처럼 지방 수준에서 대의제가 어느 정도 성공하였고(representation), 주민의 참여가 어느 정도이며(participation), 지방정부가 어느 정도 주민들의 요구에 책임 있게 반응하였는가(responsiveness), 정책의 수립과 집행이 얼마나 효율적인가(efficiency/ effectiveness)를 성공과 실패의 척도로 사용한다고 하였을 때, 위의 모든 조건들을 만족시킬 수 있는 제도는 주민참여예산제가 우선으로 뽑힐 수 있다는 것이다. 또한 주민들의 지방정부에 대한, 지방정부의 주민들에 대한, 주민들 상호 간의 신뢰를 증진시킬 수 있는 방안이기도 하다. 이러한 주민참여예산제에 관하여 강릉은 강릉경실련을 포함한 시민단체들의 노력과 시장의 공약에 따라 그 시작이 전국적으로는 빠르다고 할 수 있다.

(3) 강릉시 지방자치 거버넌스의 발전을 위한 제언

박찬웅(1999)은 신뢰의 특징을 다음과 같이 요약한다. 첫째, 신뢰는 항상 위험을 전제한다. 둘째, 신뢰는 불확실성과 감시의 불완전성을 전제한다. 셋째, 신뢰는 자발적이다. 넷째, 신뢰는 신뢰자의 계산을 전제로 한다. 다섯째, 신뢰의 궁극적인 목적은 협조이다. 여섯째, 신뢰란 사회적 관계성을 전제한다. 위의 특징과 이탈리아 · 미국 · 한국의 지방자치와 신뢰의 관계를 고찰할 때, 주민들이 자신의 지역을 위하여 위험을 무릅쓰고, 자발적으로 서로 협조한다면 지역의 발전은 이루어졌고, 더욱 많은 자본이 형성되었다.

이렇게 주민들 간의 신뢰와 불신은, 그리고 지역주민과 지방자치 공무원의 신뢰와 불신은 지방자치의 성공과 실패의 중요한 요인으로 작동함을 한국의 경우, 미국의 플로리다 오렌지카운티의 경우, 이탈리아 남 · 북부의 경우로 확인하였다. 미국인들이 연방정부를 불신하는 주된 요인은 정부가 돈을 쓰는 방식과 관련되어 있었다. 미국인 10명 중의 8명이 정부의 비효율성과 낭비(80%), 그리고 적절하지 않은 곳에 쓰는 비용(79%)을 불신의 주요 원인으로 지적하였다. 아울러 연방정부보다 주정부를 더 신뢰하는 이유와 주정부가 연방정부보다 더 큰 책임을 맡기를 원하는 이유는 단순히 효율성이나 정책 운영을 주정부가 더 낫다는 믿음 때문이 아니었다.

오히려 주정부가 정책의 우선순위를 결정하는 데 있어 지역주민들의 취향과 선호를 더 잘 반영한다고 생각하기 때문이었다. 주민들의 요구를 더 민감하게 받아들이고(65%), 문제를 더 신속하게 해결할 수 있으며(64%), 더 옳은 일에 돈을 쓸 것 같기(56%) 때문이었다[Nye 1998(2001), 314].

이러한 조사 결과를 토대로 분석하건대 플로리다 오렌지카운티의 시민참여 자치의 실험은 대단히 중요한 의미를 가진다. 주민들이 자신들이 거주하는 지역의 문제점들을 직접 선택하고, 해결의 우선순위를 정하며, 지방정부에의 요구를 결정하고, 문제를 신속하게 해결할 수 있도록 정부의 공무원이 주민과 함께 예산을 결정하는 주민 자치식 문제해결제도를 도입하여 주민의 지방정부 신뢰를 극대화시켰기 때문이다. 이는 곧 지역 발전과 연결되었다.

이러한 한국, 미국, 이탈리아에서 지역주민들 간의 신뢰차이가 보여 준 지역 발전의 격차는 중요한 교훈이 된다. 지역 발전을 위하여 지방자치단체 공무원들은 자신들이 만든 정책의 실행으로 자신들의 능력을 보여 주는 것이 지역 발전을 담보하는 것이 아니라, 지역주민들이 스스로 지역에 부족한 것들을 찾아내어 스스로 정책을 세우고 예산을 편성하여 지방자치단체의 집행을 지켜보게 하는 것이 더욱 민주적이고 지역 발전을 담보한다는 것이다.

강릉시의 경우 오늘날까지 시청이 시에 관련한 모든 정책 결정과 예산 배정과 관련된 거버넌스를 주도할 수밖에 없는 여러 이유가 존재한다. 그 몇 가지 이유를 지적하고 발전 방안을 제시하고자 한다.

첫째로 거버넌스의 한 축이라고 할 수 있는 시민사회의 미발달이다. 하지만 시민의 무관심도 시민사회의 미발달도 상대적인 것으로 정확히 규명하기는 쉽지 않다. 도리어 강릉의 시민사회는 지속적인 발전을 위한 노력을 계속해 왔다.

예를 들어 강릉경실련의 경우 지난 2000년부터 납세자 운동에 동의하는 시민단체들과 예산 감시 네트워크를 공동으로 구성, 예산 감시운동을 시작한 바 있다. 납세자 운동이란 납세자들이 정부가 예산을 공정하게 짜고, 집행하는가를 감시하고 바람직한 방향으로 개선을 요구하는 운동이다. 강릉경실련은 2000년부터 2003년까지 예산 감시운동으로 시장의 판공비 공개 및 불필요한 판공비 삭감운동을 전개한 바 있다. 2004년부터는 강릉시의 판공비에 대한 정보 공개를 일반화시켰으며, 주민참여예산제에 대한 연구를 진행하였다.[8]

이를 바탕으로 2005년 10월 14일 "주민참여예산제"를 주제로 제3차 정기 포럼을 개최하였다. 이어 2006년 1월 25일 제4차 포럼에서는 강릉경실련 공동대표 송문길 관동대 행정학과 교수에 의한 "강릉시 주민참여 예산편성제도 운영조례(안) 마련을 위한 탐색적 제안(II)"이 있었다. 하지만 그 이후 현재까지 '주민참여예산제'를 위한 새로운 진전은 보도된 것이 없다가 최근 내년 2008년부터 도입하기로 결정하였다고 지역신문은 전하고 있다. 『강원일보』 2007년 8월 18일 보도에 따르면 강릉시가 "투명하고 효율적인 예산편성을 위해 내년부터 주민참여예산제를 운영한다"는 것과 "주민들의 의견은 인터넷 및 서면 설문조사를 병행해 추진할 계획이다"라는 것이었다. 인터넷 설문조사는 9월 14일까지 시 홈페이지를 통해 실시하고, 서면 설문조사는 9월 10일까지 "읍 · 면 · 동 주민자치위원개발위원 등 총 80여 명을 대상으로 실시하며, 설문 내용은 내년도 예산편성시 우선 투자 사업이나 투자를 늘리거나 감소해야 할 분야, 시 재정 운영 방향 및 개선 의견 제시 등 총 21개 문항"으로 되어 있다고 한다.[9]

이렇게 설문으로 주민 의사 수렴을 대체하고, 그 설문 결과를 예산편성에 반영하겠다는 시의 주민참여예산제 실시 방안은 현실적으로 참여예산제를 직접 실행에 옮길 시민사회의 준비가 아직 부족하다는 의미일 수도 있다.[10] 하지만 시민단체는 "강릉 시민단체나 강릉 시장의 주민참여예산제 실시 의지를 시청 공무원들이 따라가지 못하고 있다"는 의견들이 많았다. 강릉 시청 예산 관련 부서에서는 상위 기관인 강원도 차원에서 주민참여예산제를 도입할 것이므로 강원도의 조례 제정 등 시행 방식을 지켜보고 그에 준하는 주민참여예산제를 시행할

8. 강원일보, "시민들이 만드는 세상: 도내 시민단체 활동 현황," 2005년 9월 22일.
9. 강원일보(http://www.kwnews.co.kr) 2007년 8월 18일. "주민참여예산제 실시 강릉시 21일부터 설문".
10. 주민참여예산제에 관한 인터넷 설문조사는 이루어진 바 없는 것으로 보이며, 80여 명의 여론 조사는 별 의미가 없다는 시민단체의 의견에 따라 이루어지지 않은 것으로 알려져 있다. 2007년 9월 28일 경실련 전화인터뷰.

의사를 가지고 있다는 강릉 시민단체들의 예상이었다.[11]

현재 알려진, 강릉시가 준비하였던 설문조사를 통한 주민참여예산제의 실시는 고육책이기는 하지만 전시행정의 표본이라고도 할 수 있다. 주민위원회가 구성되어 주민들의 의사를 읍 · 면 · 동 차원에서부터 수렴하여 그 내용을 정리하고 직접 지방자치단체 예산 담당 공무원으로부터 내년도 예산의 윤곽을 포함한 설명을 듣고 토론하는 과정이 삭제된 간편한 설문조사식 주민참여예산제는 참여민주주의와 심의민주주의의 실현이라는 원칙과 거버넌스의 실현이라는 목적에 부합하지 않기 때문이다. 실시의 의도가 무시된 편의주의적 전시행정의 본보기가 될 수 있는 위험성을 내포한다.

물론 지방자치 정부가 주민의 요구도 없는데 예산을 공개하고 주민 참여를 기다리는 것은 난망하다. 하지만 지방자치 정부도 참여예산제에 대한 의식이 부족한 것이 정보 공개를 통한 주민 신뢰의 증가와 주민참여예산제를 도입함으로써 주민들의 지방자치단체에 대한 신뢰 증가의 효과를 정확히 인식하지 못하고 있다는 의미이다.

물론 정도의 차이에 따라 국내에서 5-10개 자치단체에서 시행 중에 있으므로 강릉시에서 참여예산제도를 전면적으로 내년에 도입하는 경우 국내의 기준으로 그다지 늦은 것은 아니고 빠르다고 할 수 있으며, 방식에 따라서는 주민과 함께하는 모범적인 제도로 자리 잡을 수도 있다. 주민참여예산제가 실시되더라도 주민들의 진정한 참여가 활발하게 진행되지 않을 것을 염려할 수도 있다. 하지만 모든 제도의 도입이 한 번에 완성이 되는 것이 아니고, 점차적인 수정과 발전의 과정을 거쳐야 제대로 자리 잡을 수 있으며, 주민 참여는 홍보하고 독려하고 중요함을 깨닫게 하여 참여를 유도해야 하는 것이지 참여의 부진을 불실시의 원인으로 사용할 수는 없을 것이다. 강릉시 주민참여예산제의 경우 중소도시이므로 주민과 시민단체의 능력을 고려하여 환경이나 건강 또는 복지 관련 예산 등 일정한 분야, 그리고 한정된 일정 읍 · 면 · 동 예산부터 실시하는 것이 현실

11. 강릉시의 주민참여예산제는 2006년 초 제2차 세미나에서 조례안을 제시한 이후 이제까지 진전이 없다가 최근에 강원도의 주민참여예산제에 대한 연구용역을 맡고 있는 강원발전연구원이 강릉시 시민단체의 의견을 듣고 안을 준비하는 과정에서 약간의 진전을 보고 있다는 의견이었다.

적인 방안이다. 즉 이러한 현실적인 방안을 가진 강릉의 시민사회가 주도가 되는 주민참여예산제가 실시된다면 국내의 타 지역보다 강릉의 시민사회가 상대적으로 미발달되어 있다는 주장에는 동의하기 어렵다.[12]

광주광역시 서구의 경우 '재정 운영의 투명성을 제고' 하기 위해 2007년 7월 이후 주민참여예산제를 적극 도입 · 운영하고 있다고 그 취지를 명시하고 있다. 구청의 기획감사실 예산 팀과 협조 하에 이루어지고 있는 주민참여예산제는 "광주광역시 서구 주민참여예산제 운영조례 제7조"에 근거하여 주민참여 예산위원회를 60명으로 구성하여 5개 분과위원회를 운영하고 있다. 그 활동 기간은 2007년 4월 12일부터 2009년 4월 11일까지 2년간이다. 그 역할은 "① 주민들을 대상으로 구 예산에 대한 설명 · 홍보 활동, ② 중기 지방재정계획과 재정 투 · 융자 사업 등 예산에 대한 주민들의 의견을 수렴하고 예산편성 과정에 참여하여 의견제출, ③ 총회 · 분과위원회 개최 등에 관한 활동, ④ 예산 토론회 · 공청회 개최 등에 관한 활동, ⑤ 기타 위원회의 목적 달성을 위해 필요한 활동"으로 정의하고 있다.[13]

강릉시의 주민자치센터의 운용 방식이나 주민참여예산제의 도입 등 제도의 정착 수준에 따라서 국내에서 앞서 가는 거버넌스의 확립이 충분히 가능하다.

12. 주민참여예산제는 1990년대 말 일부 시민단체 활동가와 민주노동당에 의해 브라질의 포르투알레그레시에서 실시된 "참여예산제"가 소개되면서 알려지게 되었다. 2003년에는 광주시 북구, 2004년에는 울산시 동구, 2005년에는 울산시 북구에서 참여예산제가 실시되었다. 울산시 동구와 북구의 경우 민주노동당 출신의 자치단체장이 당선됨으로써 활성화된 경우라고 하겠다. 문제는 참여예산제를 실시하였던 자치단체장이 선거에 지게 되는 경우 참여예산제가 급속히 추진력이 떨어지는 문제점이 있다. 아직 주민참여예산제가 제도적으로 정착되지 않았음을 고려한다면 자치단체장의 의지와 참여예산제는 밀접히 관련되어 있음을 알 수 있다. 하지만 2005년 지방재정법은 예산편성 과정에 주민의 참여가 가능한 절차를 마련하여 시행할 수 있음을 규정하고 있다. 지방재정법 제39조에 따르면 "(지방 예산편성 과정에 주민 참여) 지방자치단체의 장은 대통령령이 정하는 바에 따라 지방 예산편성 과정에 주민이 참여할 수 있는 절차를 마련하여 시행할 수 있다"고 적시하고 있다. "함께하는 시민행동" 참여예산팀장 이병국에 따르면 2006년 9월까지 행정자치부가 파악한 자료에 따르면 "참여예산조례를 제정 혹은 위원회 상정된 곳은 15군데로 강진군, 광양시, 광주 북구, 대전 중구, 대덕구, 밀양시, 시흥시, 서산시, 순천시, 울산 동구, 울산 북구, 안성시, 장성군, 여수시, 영광군이고 안산시(주민 참여 기본조례 2005-01-05)와 청주시(청주 시민 참여 기본조례 2004-09-24)는 이름을 달리하여 제정되어 있어 총 17개 지역에서 시행되어 왔다"고 한다. 이병국, "참여예산조례의 현황", 풀뿌리자치연구소 이음 · 한양대 제3섹터연구소 주최, 『주민참여예산제 들춰보기—포르뚜알레그리와 한국의 참여예산제 세미나』, 2007년 4월 25일, 11쪽.
13. http://seogu.gwangju.kr/ 2007년 9월 25일 검색.

하지만 강릉시 의회라는 새로운 장애가 등장할 가능성도 예상할 수 있다. 그동안 주민참여예산제를 실질적으로 반대하는 집단은 시의회나 도의회 등이었기 때문이다.

시의회나 도의회는 자신들의 예산 심의권을 빼앗기고 결국 예산에 관련된 모든 권한을 위협 받지 않을까를 염려하기 때문이었다. 하지만 이제까지 예산 심의 과정에서 시의회는 예산 심의권으로 시청은 예산편성권으로 협조 아닌 협조, 또는 상호 주고받기 내지는 상호 봐주기로 불릴 수 있는 이익 챙기기가 빈번하였고, 부실한 예산 감사가 있었음은 익히 언론에 보도된 바이다. 그 때문에 주민참여예산제라는 제도의 도입이 논의되고 있는 것으로 시의회나 도의회가 시청이나 도청 또는 지역 소재 이익집단들의 이익에 포획되지 않았음을 납득할 수 있게 보여 주어야 주민들은 예산에 대한 시민 감시가 필요하지 않을 것이라고 믿을 수 있을 것이다.

예를 들어 강릉경실련은 2014년 평창 동계올림픽 유치 지원을 이유로 강릉시의회가 관광성 외유를 한 것에 대한 성명서를 발표하는 등 시의회의 예산 낭비에 대하여 비판과 감시 활동을 벌이는 역할을 하고 있다.[14] 강릉 시의회가 자신들에 비판적인 시민단체에 예산편성에의 참여가 허용된다면 미래에는 예산 심의에 대한 권리까지 빼앗기지 않을까를 염려하여 주민참여예산제를 반대하는 것이라고 예상할 수 있다.

하지만 주민참여예산제의 근본은 주민 참여 예산편성임을 지적하고자 한다. 대부분의 시민운동단체들이나 학자들이 주민참여예산제를 지지하는 이유는 지금까지 지방자치단체가 독점적으로 행사해 왔던 예산편성권을 지역주민들이 함께 행사하여 예산편성 과정에 해당 지역주민들의 직접 참여를 보장하는 제도를 도입하는 것을 의미한다. 이는 주민들이 내는 세금으로 운영되는 지방자치단체의 예산편성에 주민들이 직접 참여함으로써 지방 재정 운영의 투명성과 공정성 및 효율성을 제고하고, 궁극적으로 재정민주주의의 이념을 구현하는 데 그 목적을 두고 있다(〈별첨 1〉 강릉시 주민참여예산편성제도 운영조례 시안(강릉경실

14. 동계올림픽 유치 활동 빙자 관광성 외유에 대하여 강릉 시의회 전체 18명의 의원 가운데 외유에 참여한 의원 16명의 여비 7,223만여 원을 시에 반납하였다. 『강원일보』(http://www.kwnews.co.kr) 2007년 7월 17일.

련안), 〈별첨 2〉 광주광역시 북구 주민참여예산제 운영조례, 〈별첨 3〉 울산광역시 동구 주민참여예산제 운영조례 참조].

주민참여예산제의 시작은 관료정치에 의한 폐쇄적인 예산편성으로 발생하는 관료 실패와 정부 실패를 되풀이하지 않으며, 지방자치단체장의 선심성 예산이나 일부 지역이익단체에 의한 압력성 · 거래성 예산편성의 비효율성을 극복하고 통제하기 위한 제도적 장치를 마련하자는 취지였다. 또한 지방의회의 예산심의 활동의 한계를 극복하고, 지역 주민의 직접 참여에 의하여 지방 재정의 대응성을 높이고자 하는 의도의 제도이다(곽채기 2005, 9).

주민참여예산제가 가져올 수 있는 또 다른 효과는 자치단체 예산이 투명하게 공개됨으로써 부패의 소지를 줄이고, 주민 참여를 통하여 예산의 우선순위가 결정됨에 따라 불필요한 예산 낭비가 줄어들고, 지방자치단체와 주민(대표)의 협의를 통한 협의민주주의가 실현된다는 것이다.[15]

결국 주민참여예산제도의 도입 배경에는 지방자치단체 중심의 예산편성이 급속히 변화하는 시대적 변화에 부응하기 힘들다는 한계를 극복하고, 복잡하고 다양한 그리고 시급한 주민 욕구를 쉽게 반영하게 하는 데 있다. 즉 주민참여예산제의 도입으로 당장 시의회의 예산 심의권이 침해 받는 것이 아님을 알 수 있으며, 따라서 시의회의 참여예산제에 대한 적극적인 도입이 아닌 방어적 입장은 이해하기 힘들다.

이렇게 볼 때 두 번째 이유는 시청 공무원이나 시의회 의원의 주민 참여에 대한 적극적 자세의 결여일 것이다. 앞서 시의회가 시 예산 감시를 시민단체와 하기를 주저하는 이유를 언급하였는데, 시의회가 도리어 시청보다 예산 감시의 부분에서는 보수적임을 지적하였다.

강릉 시청의 경우도 '열린 행정'이나 '투명 행정'에 대한 적극성이 부족한 것

15. 주민참여예산제가 긍정적인 측면만 있는 것은 아니다. 울산 시민연대 사무처장 김태근은 문제점으로 예산 결정이 복지성 · 정치성 위주로 결정되어 예산 지출의 경제적 효율성이 저하된다는 측면과 브라질 포르투알레그레시의 참여예산제에 비하여 주민 참여가 저조하다는 점, 즉 주민자치위원들을 중심으로 하는 지역회의와 약 80명 내외의 선출 시민위원들이 주요 참여 주민이 됨으로써 참여예산제가 '참고 예산제'가 되는 것이 아니냐는 비판이 있음을 지적하고 있다. 김태근, "주민참여예산제의 의미와 운영방안—울산광역시 동구의 경험을 중심으로," 풀뿌리자치연구소 이음 · 한양대 제3섹터연구소 주최, 『주민참여예산제 들춰보기—포르뚜알레그리와 한국의 참여예산제 세미나』, 2007년 4월 25일, 2쪽.

은 홈페이지에서도 쉽게 나타나 있다. 현재 전국의 거의 대부분의 시청 홈페이지에는 '시민 참여'나 '열린 행정'이라는 항목이 존재하고, 지역의 특성에 맞는 콘텐츠가 중심이 되게 한다. 강릉시의 경우 관광과 휴양도시로서의 강릉의 이미지가 홈페이지에서 더욱 강조될 필요가 있다. 즉 전국에서 강릉시 홈페이지에서 원하는 역사 · 관광에 대한 정보가 부각되어야 한다는 것이다. 정보 전달자 중심의 컨텐츠 구성으로 정보 수요자를 고려해야 한다는 의미이다.

또 하나는 전국의 지방 행정조직들이 서비스 전달을 수요자인 주민 중심으로 바꾸어 가고 있는 추세에서 강릉의 현황을 보아야 하겠다. 강릉시도 시청과 읍 · 면 · 동사무소의 조직과 기능을 '주민생활 지원' 위주로 적극적으로 바꾸고 있다. 하지만 여전히 '열린 행정', '투명 행정', '주민 중심 행정'의 기준에서 본다면 강릉시는 전국의 시민 참여에 적극적인 도시들보다는 홈페이지 구성에서 주민 자치 공동체나 주민 편의 중심의 컨텐츠 구성으로 변화를 필요로 한다. '전자 민원', '발전 아이디어', '참여 광장', '부조리 신고' 등의 항목들이 전면에 배치되지 않고 있든가 존재하지 않는다는 비판보다 더 중요한 것은 시청 홈페이지부터 주민과 함께하는 또는 주민 중심의 홈페이지 자문위원회(또는 운영위원회) 구성이다.

세 번째는 강릉시를 포함하여 주민들의 주인의식의 부족일 것이다. 이 부분에서 짚어야 할 것은 주민의 지방자치에 대한 불신은 곧 지방자치단체의 주민에 대한 불신과 긴밀히 연관되어 있다는 점이다. 다시 말해 주민들의 주인의식의 부족은 결국 주민들에 대한 불신으로 연결되기 때문에 먼저 지방자치단체가 주민들을 접촉하고 의견을 청취하고 시정을 설명해야 한다는 것이다. 주민들을 불신한다고 주민들을 계몽이나 계도의 대상으로만 대하는 경우 주민들 역시 시청을 불신의 대상으로 인식할 것이다.

아울러 시민사회 역시 시민들에 대한 시민의식 교육과 지방자치에 대한 정보 제공에 힘을 기울여야 한다는 것이다. 이러한 부분으로 예산이 적극 지원되어 시민의식을 높일 때 전국에서 가장 살기 좋은 도시가 될 수 있을 것이기 때문이다.

강릉 시민사회가 주민들의 주인의식을 함양하려는 시도는 여러 가지가 있다. 예를 들어 강릉경실련이 2007년 8월에 진행한 "다 함께 살기 좋은 마을 만들기

리더 교육"은 주민 교육의 새로운 시도이다. 강릉시 옥계면 전 지역 이장 및 참여를 희망하는 주민을 대상으로 농촌 마을의 삶의 질을 향상시키고 마을 공동체를 복원하는 방식을 교육하고, 주민 자치 경험을 확대하는 교육을 실시하였다. 살기 좋은 마을 만들기를 진행할 마을 자치 조직을 정비하고 강화하는 교육, 마을 자원을 체계적이고 효과적으로 개발하기 위한 마을 발전 전략 수립 교육, 주민 소득을 증대할 유기농업 및 생태관광 프로그램 도입계획을 수립하는 교육, 마을단위 개발 사업을 지원하는 정부 및 지방자치단체와의 협력 방안을 모색하는 방법 교육, 마을 만들기를 시도하는 마을 및 단체 간의 네트워킹 및 공동사업 계획을 수립하는 교육, 강릉 지역 및 강원 지역 시민사회단체에 참여하는 방식을 교육하였던 것이다.[16] 이러한 교육은 지방자치 정부와 유기적으로 주민들이 자치에 참여하여 거버넌스를 발전시키는 목적으로 이루어진 것이라고 하겠다.

4. 나가는 말

본 논문에서는 신뢰와 지방자치의 기본적인 이론과 미국과 한국의 시민 신뢰 증진을 통한 지방자치 발전의 예를 검토하였다. 특히 지방 거버넌스 발전을 위해 이탈리아의 해법인 시민 결사체의 증가와 그 활동의 증가, 플로리다의 "주민 먼저!" 프로젝트의 실시, 브라질 포르투알레그레의 주민참여예산제의 실시를 검토하였다. 위의 해법 모두 주민 참여의 증가와 주민을 대신하여 시민단체의 자치에의 적극적인 참여가 그 중심에 있음을 알 수 있었다. 주민 참여를 증가시켜 신뢰의 증진을 가져오는 방안으로 주민자치위원회 활동의 증가나 주민자체센터의 수요자 중심으로의 전환, 주민참여예산제의 도입을 제시하였다.

특히 주민예산참여제의 경우 복지예산이나 정치적 예산의 증가라는 단점에도 불구하고, 또한 저조한 주민 참여가 문제가 된다는 지적에도 불구하고 심의민주주의의 발전이나 재정민주주의의 정착, 지방정부의 투명성과 책임성

16. 강릉경실련 홈페이지(www.justizen.org) 검색. 2007년 9월 16일.

(accountability 또는 통치능력)의 증가, 열린 행정의 실시라는 민주주의의 중요한 원칙들을 실천할 수 있다는 장점이 있다.

본고는 주민참여예산제의 실시, 성공과 실패 여부가 지방정부의 능력과 책임성에 달려 있음을 다시 지적하고자 한다. 지방정부가 기획실을 만들어 주민협력조정위원회와 예산편성을 협력하고, 회계 보고를 하며, 주제별 위원회에 시정에 대한 자문을 하는 등 적극적이고 자발적인 협력이 필요하다는 것이다. 적극적으로 평가한다면 지방정부가 자신이 그동안 누렸던 예산편성에 관한 권한이나 정책 의제 설정, 정책 우선순위 결정에 관한 권한을 주민과 나누는 것을 의미한다. 지방행정의 주민 중심 행정, 수요자 중심 행정으로의 의식 전환이 일고 있는 강릉에서 주민참여예산제가 실시된다면 그것은 강원도의 모범이 되고 전국적인 모범이 될 것이다.

즉 신뢰 증진을 통한 성공적인 지방자치의 결정적인 관건은 열린 행정, 투명행정으로 시민들의 신뢰를 높이되 그 연결고리는 주민참여예산제가 될 수 있음을 검토하였다. 물론 주민참여예산제만이 주민들의 신뢰를 높일 수 있다는 것은 아니나, 심의민주주의의 연습이나 퍼트남이 기대하는 시민 공동체의 형성은 주민참여예산제가 그 좋은 예가 될 수 있다는 주장이다.

참고문헌

강릉경실련 홈페이지(www.justizen.org) 검색. 2007년 9월 16일.

『강원일보』(http://www.kwnews.co.kr). "주민참여예산제 실시 강릉시 21일부터 설문." 2007년 8월 18일.

______ (http://www.kwnews.co.kr). "강릉시 '경제 세일즈' 나선다." 2007년 9월 1일.

______ (http://www.kwnews.co.kr). "시 새 성장동력 찾는다." 2007년 9월 5일.

______ (http://www.kwnews.co.kr). "지역경제 살리기 '올인'." 2007년 9월 17일.

고재정. 2005. "포르투알레그리의 참여예산제도." 강릉경실련 주최. 정기 포럼 『주민참여예산제』 1차 포럼. 4월 1일.

곽채기. 2005. "주민참여예산제도의 기본모형과 운영시스템 설계방안." 『한국지방재정논집』 제10권 제1호.

마리옹 그레 · 이브 생또메. 2005. 김현택 역. 『뽀르뚜알레그리, 새로운 민주주의의 희망』. 서울: 박종철출판사.

김도희 · 정준금. 2006. "울산지역 로컬 거버넌스(Local Governance)의 성과와 한계: 주민참여예산제와 주민배심원제의 정책사례를 중심으로." 『한국정책학회보』 제15권 제3호.

김미경. 2000. "참여적 정부모형과 뉴거버넌스." 『사회과학연구』 제13호. 상명대학교 사회과학연구소)

김우택 · 김지희 편. 2002. 『한국 사회 신뢰와 불신의 구조: 미시적 접근』. 서울: 소화.

김인영. 2002a. "한국과 이탈리아의 (저)신뢰비교." 김인영 편. 『한국 사회 신뢰와 불신의 구조: 거시적 접근』. 서울: 소화.

______. 2002b. "정부 부문의 신뢰와 불신." 김인영 편. 『한국 사회 신뢰와 불신의 구조: 거시적 접근』. 서울: 소화.

______. 2004. "미국의 사회변화와 신뢰." 김인영 편. 『사회 신뢰/불신의 표상과 대응: 거시적 평가』. 서울: 소화.

김태근. 2007. "주민참여예산제의 의미와 운영방안—울산광역시 동구의 경험을 중심으로." 풀뿌리자치연구소 이음 · 한양대 제3섹터연구소 주최. 『주민참여예산제 들춰보기—포르투알레그리와 한국의 참여예산제 세미나』. 4월 25일.

나중식. 2004. "브라질 알레그리시의 주민참여예산제도: 성공 요인과 한계." 『한국행정논집』 제16권 제3호.
박광우. 2005. “광주광역시 북구의 주민참여예산제 현황과 발전과제.” 강릉경실련 주최. 정기포럼 「주민참여예산제」 2차 포럼. 6월 23일.
박찬웅. 1999. “신뢰의 위기와 사회적 자본.” 『사회비평』 제19호.
______. 2000. “사회적 자본, 신뢰, 시장: 시장에 대한 사회학적 접근.” 한국사회학회 편. 『21세기 시장과 한국사회』. 서울: 나남.
박효종. 2004. “한국의 시민단체와 신뢰 구축.” 김인영 편. 『사회 신뢰/불신의 표상과 대응: 거시적 평가』. 서울: 소화.
소재진 · 김병진 · 강제상. 2001. “지방정부와 지역NGO의 정책적 협력방안.” 『한국정책과학학회보』 제5권 제3호.
송문길. 2005a. “지방예산편성 과정에 대한 시민참여.” 강릉경실련 주최. 정기포럼 「주민참여예산제」 1차 포럼. 4월 1일.
______. 2005b. “강릉시 주민참여예산제 운영 조례안 마련을 위한 탐색적 제안.” 강릉경실련 주최. 정기포럼 「주민참여예산제」 3차 포럼. 10월 14일.
______. 2006. “강릉시 주민참여예산편성제도 운영조례(안) 마련을 위한 탐색적 제안(II).” 강릉경실련 주최. 정기포럼 「주민참여예산제」 4차 포럼. 1월 25일.
신명균. 2005. “울산광역시 동구 주민참여예산제도 사례 발표.” 강릉경실련 주최. 정기포럼 「주민참여예산제」 2차 포럼. 6월 23일.
안청시 · 이광희. 2002. “한국민주주의와 지방정치 10년의 성과와 과제.” 안청시 외, 『한국지방자치와 민주주의』. 서울: 나남.
이병국. 2007. “참여예산조례의 현황.” 풀뿌리자치연구소 이음 · 한양대 제3섹터연구소 주최. 「주민참여예산제 들춰보기—포르투알레그리와 한국의 참여예산제 세미나」. 4월 25일.
『조선일보』. 2007년 1월 1일, 1월 4일, 1월 6일. “주민자치, 생활 속으로.”
Banfield, Edward C. 1958. *The Moral Basis of a Backward Society*. New York: The Free Press.
Chapin, Linda W. and Robert D. Denhardt. 1995. “Putting ‘Citizens First!’ in Orange County, Florida.” *National Civic Review* 84(3): 210-217.
Clague, Christopher K. 1997. *Institutions and Economic Development*. Johns Hopkins University Press.
Cohen, Jean. 1999. “Trust, Voluntary Association and Workable Democracy: the

Contemporary American Discourse of Civil Society." Mark Warren. (ed.). *Democracy and Trust.* London: Cambridge University Press.

Dasgupta, Partha. 1988. "Trust as a Commodity." In Diego Gambetta, (ed.). Trust: *Making and Breaking Cooperative Relations.* Cambridge, MA: Basil Blackwell: 49-72.

Denhardt, Robert B. and Joseph E. Gray. 1998. "Targeting Community Development in Orange County, Florida." *National Civic Review* 87(3): 227-235.

Evans, Peter. (ed.). 1997. *State-Society Synergy: Government and Social Capital in Development.* International and Area Studies, University of California, Berkeley.

Fukuyama, Francis. 1995. *Trust: The Social Virtues and the Creation of Prosperity.* New York: Free Press. (프란시스 후쿠야마. 1996. 『트러스트』. 서울: 한국경제신문사.)

Gambetta, Diego. 1988a. "Can We Trust Trust?" In Diego Gambetta, (ed.). *Trust: Making and Breaking Cooperative Relations.* Cambridge, MA: Basil Blackwell: 213-237.

______. 1988b. "Mafia: The Price of Distrust." In Diego Gambetta, (ed.). *Trust: Making and Breaking Cooperative Relations.* Cambridge, MA: Basil Blackwell: 158-175.

Hawthorn, Geoffrey. 1988. "Three Ironies in Trust." In Diego Gambetta, (ed.). *Trust: Making and Breaking Cooperative Relations.* Cambridge, MA: Basil Blackwell: 111-126.

Inglehart, Ronald. 1991. "Trust between Nations: Primordial Ties, Societal Learning and Economic Development." In K. Rief and R. Inglehart, (eds.). *Eurobarometer.* London: Macmillan: 145-85.

Lieberherr, Francoise. 2007. "Participatory Budget: A Tool for Participatory Democracy." http://www.caledonia.org.uk.budgets.htm. 10월 3일 검색.

Nye, Joseph S., Jr. (ed.). 1998. *Why People Don't Trust Government.* Cambridge: Harvard University Press. (조셉 S. 나이 편. 2001. 『국민은 왜 정부를 믿지 않는가』. 서울: 굿인포메이션.)

OECD. 2001. *Citizen as Partners: Information, Consultation and Active Participation in Policy-Making.* OECD Publications.

Pagden, Anthony. 1988. "The Destruction of Trust and its Economic Consequences in the Case of Eighteenth-century Naples." In Diego Gambetta, (ed.). *Trust:*

Making and Breaking Cooperative Relations. Cambridge, MA: Basil Blackwell: 127-141.

Putnam, Robert D and Lewis M. Feldstein. 2003. *Better Together: Restoring the American Community*. New York: Simon and Schuster.

Putnam, Robert D. 1993. *Making Democracy Work*. Princeton, N. J.: Princeton University Press. (안청시 외 역. 2000. 『사회적 자본과 민주주의』. 서울: 박영사.)

______. 1995a. "Bowling Alone: America's Declining Social Capital." *Journal of Democracy* 6: 65-78.

______. 1995b. "Turning In, Turning Out: The Strange Disappearance of Social Capital in America." *PS: Political Science and Politics* 28: 664-683.

______. 2000. *Bowling Alone: The Collapse and Revival of American Community*. New York: Touchstone.

Tocqueville, Alexis de. 1969. *Democracy in America*. J. P. Mayer, (ed.). Geroge Lawrence, trans. Garden City, N. Y.: Doubleday.

Wallis, Allan, Jarle P. Crocker, and Bill Schechter. 1998. "Social Capital and Community Building: Part One." *National Civic Review* 87(3): 253-271.

Warren, Mark E, (ed.). 1999. *Democracy and Trust*. Cambridge: Cambridge University Press.

〈별첨 1〉 강릉시 주민참여예산편성제도 운영조례 試案 (강릉 경실련안)[17]

제1장 총칙

제1조 (목적)

이 조례는 강릉시(이하 "시"라 한다) 예산편성 과정에 대한 주민참여의 기구와 절차에 관한 기본적인 사항을 규정함으로써 예산편성의 투명성과 공정성 및 책임성을 증대하여 재정민주주의를 실현함을 목적으로 한다.

제2조 (정의)

이 조례에서 사용하는 용어에 대한 정의는 다음과 같다.

1. "주민"이라 함은 시에 주소를 두고 있는 사람과 시에 사업 본부 또는 지부를 두고 있는 공공 및 민간 부문의 사업체에서 근무하는 임・직원을 말한다.

2. "민관(民官)협의-관(官)결정형"이라 함은 시청이 제안한 예산편성관련 사안을 예산편성 시민위원회 분과위원회에서 예비심사를 한 후, 예산편성 민관(民官)협의회의 심의를 거쳐 시장이 확정하는 주민참여방법을 말한다.

3. "민관(民官)협의-민(民)심의-관(官)결정형"이라 함은 시청이 제안한 예산편성관련 사안을 예산편성 시민위원회 분과위원회에서 예비심사를 한 후, 예산편성 민관(民官)협의회의 1차 심의, 예산편성 시민위원회의 2차 심의를 거쳐 시장이 확정하는 주민참여방법을 말한다.

4. "민(民)결정형"이라 함은 시장이 예산편성 시민위원회에 위임한 예산편성관련 사안을 예산편성 시민위원회 분과위원회에서 예비심사를 한 후, 예산편성 시민위원회가 심의・의결하여 확정하는 주민참여방법을 말한다.

제3조 (법령준수 의무)

이 조례에 따른 예산편성관련 사안에 대한 주민의 참여는 지방자치법, 지방재정

17. 송문길. "강릉시 주민참여 예산편성제도 운영조례(안) 마련을 위한 탐색적 제안(II)." 강릉경실련 주최. 정기 포럼 「주민참여예산제」 4차 포럼. 2006년 1월 25일에서 인용.

법, 그 밖의 지방자치단체 예산편성에 관하여 규정한 법령 및 공공기관의 정보공개에 관한 법률 등을 위반하여서는 아니 된다.

제4조 (시장의 책무)

시장은 시의 중기재정계획, 재정투융자사업, 지방채발행 및 예산 등에 대하여 주민으로 하여금 충분한 정보습득 및 의견개진을 할 수 있도록 정보공개 및 주민참여보장을 위해 노력하여야 한다.

제5조 (주민의 권리)

주민은 누구나 주민참여예산편성제도와 관련한 의견을 시에 제출할 수 있는 권리를 가진다.

제6조 (주민참여대상)

주민의 참여대상이 되는 예산편성관련 사안의 종류는 다음과 같다.

1. 재정구성요소별 종류: 일반회계 · 특별회계 · 기금의 예산편성

2. 예산 성립시기별 종류: 본예산 · 수정예산 · 추가경정예산의 편성

3. 지방재정관리제도별 종류: 중기지방재정계획 · 투융자사업계획 · 지방채발행계획의 수립

4. 예산편성 과정별 종류: 예산편성지침 · 예산요구서 · 예산안의 작성

5. 예산구성요소별 종류: 예산총칙 작성, 세입세출 · 계속비의 예산편성, 채무부담행위 결정, 명시이월비 예산편성

6. 재원유형별 종류: 자주재원 예산편성

7. 경비유형별 종류: 경상경비 · 임시경비의 예산편성

제7조 (주민참여방법)

① 주민이 예산편성관련 사안에 참여하는 방법은 민관(民官)협의－관(官)결정형, 민관(民官)협의－민(民)심의－관(官)결정형, 민(民)결정형으로 구분한다.

② 민관(民官)협의－관(官)결정형의 방법으로 참여하는 예산편성관련 사안의 종류는 다음과 같다.

1. 재정구성요소별 종류: 특별회계예산편성

2. 예산 성립시기별 종류: 특별회계예산 및 경상경비에 속하는 본예산편성, 수정예산편성, 추가경정예산편성

3. 예산편성 과정별 종류: 예산편성지침 작성, 예산요구서 작성, 특별회계예산 및 경상경비에 속하는 잠정예산안 작성

4. 예산구성요소별 종류: 특별회계예산 및 경상경비에 속하는 세입세출예산편성 · 계속비 예산편성 · 채무부담행위 결정, 명시이월비 결정

5. 재원유형별 종류: 특별회계예산 및 경상경비에 속하는 자주재원 예산편성

6. 경비유형별 종류: 경상경비 예산편성, 특별회계예산에 속하는 임시경비 예산편성

③ 민관(民官)협의-민(民)심의-관(官)결정형의 방법으로 참여하는 예산편성관련 사안의 종류는 다음과 같다.

1. 재정구성요소별 종류: 일반회계예산편성, 기금예산편성

2. 예산 성립시기별 종류: 일반회계예산 및 임시경비에 속하는 본예산편성

3. 지방재정관리제도별 종류: 중기지방재정계획 수립, 투융자사업계획 수립, 지방채발행계획 수립

4. 예산편성 과정별 종류: 일반회계예산 및 임시경비에 속하는 잠정예산안 작성

5. 예산구성요소별 종류: 예산총칙 작성, 일반회계예산 및 임시경비에 속하는 세입세출예산편성 · 계속비 예산편성 · 채무부담행위 결정

6. 재원유형별 종류: 일반회계예산 및 임시경비에 속하는 자주재원 예산편성

7. 경비유형별 종류: 일반회계예산에 속하는 임시경비 예산편성

④ 민(民)결정형의 방법으로 참여하는 예산편성관련 사안은 시장이 주민에게 위임한 것으로 한다.

제2장 예산편성 시민위원회

제8조 (설치)

주민참여예산편성제도를 효율적으로 운영하기 위하여 시장 소속하에 예산편성 시민위원회(이하 "위원회"라 한다)를 둔다.

제9조 (운영원칙)

위원회는 다음의 원칙에 따라 운영하여야 한다.

1. 지역공동체의 형성
2. 주민의 복리증진
3. 예산편성관련 사안에 대한 주민참여의 보장
4. 정치적 중립
5. 시의회의 예산심의권 불가침

제10조 (위원회의 직무)

① 위원회는 다음 각 호의 사안을 심의 · 의결한다.

1. 민관(民官)협의－민(民)심의－관(官)결정형 및 민(民)결정형의 대상이 되는 예산편성관련 사안
2. 예산편성관련 사안에 대한 설명회 · 토론회의 개최계획
3. 예산학교 운영계획
4. 주민참여예산제의 활성화와 개선을 위한 사업계획
5. 시의 재원확충 활동을 지원하기 위한 사업계획
6. 그 밖에 주민참여 예산편성제도의 운영을 위하여 필요한 사안

② 위원회는 위원장과 부위원장을 선출한다.

③ 위원회는 제1항의 업무 중 회계연도마다 법정기일과 관련한 업무는 그 기일에 차질이 없도록 하여야 한다.

제11조 (위원회의 구성)

① 위원회는 위원장 1인과 부위원장 2인을 포함한 100인 이내의 위원으로 구성한다.

② 위원회의 위원은 다음 각 호의 1에 해당하는 사람 중에서 시장이 위촉하되, 제1호에 의한 위원은 읍면동별로 2인씩으로 하고, 제2호에 의한 위원은 성별, 연령 등 인구학적 구성비를 고려하여 제1호에 의한 위원의 수와 합하여 총 인원의 1/2 이상이 되도록 하고, 제3호에 의한 위원은 각 단체별로 1인씩, 제4호에 의한 위원은 분과위원회별로 분과위원회 소관부서에 소속한 공무원 2인씩으로 한다.

1. 읍면동 주민자치위원회가 추천한 읍면동 주민자치위원
2. 위원회의 참여를 희망하는 주민으로서 공개모집절차에 의해 선정된 사람

3. 시민 · 사회 · 직능단체가 추천한 각 단체의 회원

4. 공무원

5. 시정 각 영역이나 지방재정 또는 지방자치에 대해 전문적인 식견이 있는 주민으로서 기관 또는 시민 · 사회 · 직능단체의 추천을 받은 사람.

③ 제2항 각 호의 모집인원과 추천할 수 있는 기관, 시민 · 사회 · 직능단체의 기준은 규칙으로 정한다.

제12조 (위원의 위촉과 임기 등)

① 시장이 위원을 위촉하기 위해서는 미리 위원의 선정기준 및 지원 기간을 15일 이상 공고하여 주민의 신청 및 기관 또는 시민 · 사회 · 직능단체의 추천을 받은 후에 심사 · 선정하는 과정을 거쳐야 한다.

② 공무원위원의 임기는 시청 소속부서의 재임기간으로 한다.

③ 시민위원의 임기는 2년으로 하되, 연임할 수 있다. 다만 보궐위촉에 의한 위원의 임기는 전임자의 잔임 기간으로 한다.

④ 시장은 위원이 다음의 각 호에 해당하는 사유가 있는 때에는 임기 전이라도 해촉할 수 있다.

1. 제2조 제1호의 사람이 타 지역으로 거주지를 이전한 경우

2. 제2조 제1호의 임 · 직원이 속하는 사업소가 타 지역으로 이전한 경우

3. 질병이나 해외여행 등으로 6개월 이상 임무를 수행하기 어려운 경우

4. 스스로 사퇴를 원하는 경우

5. 위원회 운영취지, 원칙, 목적, 기능 등에 반하는 행위를 하였을 경우

6. 기타 그 직의 직무를 소홀히 하였거나 직무를 수행하기가 어렵다고 판단되는 경우

⑤ 보궐위원은 잔임 기간이 1년 이상 남았을 경우에 모집하여 위촉한다. 다만 해촉된 위원이 총 위원의 1/5 이상인 경우에는 수시 모집하여 위촉할 수 있다.

제13조 (위원장과 부위원장의 임기와 직무)

① 위원장과 부위원장의 임기는 2년으로 하되 1차에 한하여 연임할 수 있다. 다만 보궐선거에 의한 위원장 및 부위원장의 임기는 전임자의 잔임 기간으로 한다.

② 위원장은 위원회를 대표하고 의사를 정리하며 사무를 감독한다.

③ 부위원장은 위원장을 보좌한다.

④ 위원장이 부득이한 사유로 그 직무를 수행할 수 없는 때에는 부위원장 2인 중 연장자가 그 직무를 대행한다.

제14조 (사무처의 설치)

① 위원회 및 위원회 소속기구의 사무를 처리하기 위하여 위원회에 사무처를 둔다.

② 사무처에 사무처장 1인과 위원회 전속 공무원간사 1인과 시민간사 1인, 각 분과위원회 전속 공무원간사 1인과 시민간사 1인, 예산편성지역회의 전속 공무원간사 1인, 예산편성 민관(民官)협의회 전속 공무원간사 1인, 주민참여 예산편성제도 연구회 전속 공무원간사 1인을 둔다.

③ 사무처장은 시청 예산담당부서의 장이 되고, 위원회 및 위원회 소속기구의 사무를 관장하며 위원회 소속간사를 지휘 · 감독한다.

④ 공무원간사는 위원회와 예산편성 민관(民官)협의회 및 예산편성제도연구회의 경우는 예산담당공무원으로 하고, 예산편성 지역회의 경우는 해당 읍 · 면 · 동 사무소의 주무담당으로 한다. 다만 분과위원회의 경우는 공무원위원 중에서 시장이 임명한다.

⑤ 시민간사는 시민위원 중에서 위원장의 추천으로 시장이 임명한다. 시민간사는 계약직 공무원의 신분을 갖는다.

⑥ 공무원간사의 임기는 시청 소속부서의 재임기간으로 하고, 시민간사의 임기는 계약조건에 의한 재임기간으로 한다.

제15조 (회의소집 및 의결)

① 위원회의 회의는 정기회와 임시회로 구분한다.

② 정기회는 매년 예산편성지침 작성 전(7월)과 잠정예산안 작성 후(11월)에 개최한다.

③ 임시회는 예산편성에 대한 주민참여 활동과 관련하여 시장과 위원장이 합의한 경우에 개최할 수 있다.

④ 위원회는 재적위원 과반수 출석으로 개의하고 출석위원 과반수 찬성으로 의결한다.

제16조 (회의 공개의 원칙)

위원회 회의는 공개적으로 진행하며, 회의종료 후에는 7일 이내에 회의개최 일시 및 장소, 심의안건, 의결사항 등을 기록한 회의록을 시 인터넷 홈페이지 등을 통해 공개하여야 한다.

제17조 (주민참여의 활성화 노력)

위원회는 예산편성관련 사안에 대한 주민참여를 활성화하기 위하여 주민을 대상으로 홍보 및 교육 활동을 적극적으로 수행하여야 한다.

제18조 (관계기관 · 부서 등에의 협조요청)

① 위원회는 그 직무를 수행함에 있어서 필요한 경우 다음 각 호의 조치를 할 수 있다.

1. 관계기관 · 부서에 대한 설명 또는 서류 · 자료제출 요청
2. 관계공무원 또는 전문가의 출석 및 의견진술 요청

② 관계기관 · 부서의 장은 제1항의 요청에 적극 협조하여야 한다.

제19조 (시설 · 사무 지원요청)

위원회는 위원회를 운영하는 데 필요한 시설사용과 사무관리 등에 관하여 시에 지원을 요청할 수 있다.

제20조 (위원회의 경비)

위원회를 운영하는 데 필요한 경비는 시 예산에 계상한다.

제3장 예산편성 시민위원회 분과위원회

제21조 (분과위원회의 설치와 종류)

① 위원회의 기능을 효율적으로 수행하기 위하여 위원회에 분과위원회를 둔다.

② 분과위원회는 자치행정 · 재정분과위원회, 농림수산경제분과위원회, 문화관광분과위원회, 보건복지분과위원회, 건설건축분과위원회, 도시환경교통분과위원회로 구분한다.

제22조 (분과위원회의 직무와 소관)

① 분과위원회는 그 소관에 속하는 예산편성관련 사안에 대한 조사 · 연구와 예비심사 등의 직무를 행한다.

② 분과위원회의 소관은 다음과 같다.

1. 자치행정 · 재정분과위원회: 시장실 · 비서실 · 부시장실, 대회협력담당관, 자치행정국, 읍 · 면 · 동사무소 소관에 속하는 사항

2. 농림수산경제분과위원회: 농림수산경제국, 농업기술센터 소관에 속하는 사항

3. 문화관광분과위원회: 2014 동계올림픽유치준비지원단, 문화관광복지국의 문화체육과 · 관광개발과, 여성회관, 여성회관문화교육센터, 오죽헌시립박물관, 문화체육시설관리사무소, 시립도서관 소관에 속하는 사항

4. 보건복지분과위원회: 문화관광복지국의 복지여성과, 보건소 소관에 속하는 사항

5. 건설건축분과위원회: 건설교통국의 건설과 · 재난안전관리과 · 건축과, 특정개발사업단 소관에 속하는 사항

6. 도시환경교통분과위원회: 문화관광복지국의 환경관리과, 건설교통국의 도시과 · 교통행정과, 상하수도사업소, 공원관리사업소, 생활환경사업소 소관에 속하는 사항

제23조 (분과위원회의 구성 등)

① 분과위원회는 위원회 위원으로 구성한다.

② 위원회 위원에 대한 분과위원회로의 배정은 위원장이 일정한 기준에 따라 행한다.

③ 분과위원회 위원(이하 "분과위원"이라 한다)의 정수와 배정기준은 규칙으로 정한다.

④ 분과위원의 임기는 2년으로 하되 연임할 수 있다. 다만 보궐위원의 임기는 전임자의 잔임 기간으로 한다.

제24조 (분과위원장과 분과부위원장)

① 분과위원회에 위원장(이하 "분과위원장"이라 한다) 1인, 부위원장(이하 "분과부위원장"이라 한다) 1인을 둔다.

② 분과위원장과 분과부위원장은 각각 분과위원회에서 선출한다.

③ 분과위원장과 분과부위원장의 임기는 2년으로 하되 1차에 한하여 연임할 수 있다.

④ 분과위원장은 분과위원회를 대표하고 분과위원회의 업무를 총괄한다.

⑤ 분과부위원장은 분과위원장을 보좌하고, 분과위원장이 그 직무를 수행할 수 없을 때 그 직무를 대행한다.

제25조 (간사)

분과위원회의 사무를 처리하기 위하여 분과위원회에 제14조에 의한 공무원간사 1인과 시민간사 1인을 둔다.

제26조 (회의소집 및 의결)

① 분과위원회의 회의는 정기회와 임시회로 구분한다.

② 정기회는 매년 예산요구서 작성 전(9월)과 후(9월), 예산요구서 사정 전(10월)과 후(10월), 잠정예산안 작성 전(11월)과 후(11월)에 개최한다.

③ 임시회는 그 소관에 속하는 예산편성관련 사안에 대한 조사 · 연구와 심의 · 의결 등의 직무를 수행하기 위하여 필요한 경우 위원장이 소집한다.

④ 위원회는 재적위원 과반수 출석으로 개의하고 출석위원 과반수 찬성으로 의결한다.

제27조 (분과위원회의 기타 운영사항)

분과위원회의 운영에 관한 기타 사항은 위원회의 운영에 준한다.

제4장 예산편성 지역회의

제28조 (설치)

예산편성관련 사안에 대한 주민의 의견을 효율적으로 수렴하기 위하여 위원회에 읍 · 면 · 동별로 예산편성지역회의(이하 "지역회의"라 한다)를 둔다.

제29조 (지역회의의 직무)

지역회의는 읍 · 면 · 동사무소 소관에 속하는 예산편성관련 사안에 대한 주민의 요구 및 의견을 조사하고 수렴하는 등의 직무를 수행한다.

제30조 (지역회의의 구성 등)

① 지역회의는 해당 읍 · 면 · 동에 거주하는 위원회 위원과 주민자치위원회 위원으로 구성한다.

② 해당 읍 · 면 · 동에 거주하는 주민 중 참여를 희망하는 주민은 회의에 참여할 수 있다. 다만 이들은 발언권만을 갖고 의결권은 갖지 아니한다.

③ 위원회 위원으로서의 지역위원과 주민자치위원회 위원으로서의 지역위원의 임기는 각각 그 직의 재임기간으로 한다.

제31조 (지역회의의 위원장과 부위원장)

① 지역회의에 위원장(이하 "지역위원장"이라 한다) 1인, 부원장(이하 "지역부위원장"이라 한다) 1인을 둔다.

② 지역위원장과 지역부위원장은 각각 해당 읍 · 면 · 동 주민자치위원회 위원장과 부위원장이 된다.

③ 지역위원장과 지역부위원장의 임기는 각각 그 직의 재임기간으로 한다.

④ 지역위원장은 지역회의를 대표하고 지역회의 업무를 총괄한다.

⑤ 지역부위원장은 지역위원장을 보좌하고, 지역위원장이 직무를 수행할 수 없을 때 그 직무를 대행한다.

제32조 (간사)

지역회의의 사무를 처리하기 위하여 지역위원회에 제14조에 의한 공무원간사 1인을 둔다.

제33조 (회의소집 및 의결)

① 지역회의는 정기회와 임시회로 구분한다.

② 정기회는 매년 예산요구서 작성 이전(6월)에 개최한다.

③ 임시회는 해당 읍 · 면 · 동의 예산편성관련 사안에 대한 주민의견의 수렴 등을 위하여 필요한 경우 위원장이 소집한다.

④ 지역회의는 재적위원 과반수 출석으로 개의하고 출석위원 과반수 찬성으로 의결한다.

제5장 예산편성 민관(民官)협의회

제34조 (설치)

주민참여예산편성제도의 효율적 운영을 위하여 시장 소속하에 예산편성 민관(民官)협의회(이하 "협의회"라 한다)를 둔다.

제35조 (협의회의 직무)

협의회는 다음의 직무를 수행한다.

1. 민관(民官)협의-관(官)결정형 및 민관(民官)협의-민(民)심의-관(官)결정형의 대상이 되는 예산편성관련 사안에 대한 심의
2. 예산편성관련 사안에 대한 시청과 위원회의 의견 조정 · 통합
3. 그 밖에 주민참여 예산편성제도 운영에 대한 시청과 위원회의 의견 조정 · 통합

제36조 (협의회의 구성 등)

① 협의회의는 시장, 부시장, 국장, 시장이 임명하는 공무원과 위원회의 위원장, 부위원장, 분과위원장으로 구성한다.

② 제1항에 규정에 의해서 시장이 임명하는 공무원의 수는 협의회를 구성하는 공무원위원의 수와 위원회위원의 수가 동일하도록 해야 한다.

③ 위원의 임기는 각각 그 직의 재임기간으로 한다. 다만 시장이 임명하는 공무원위원의 임기는 2년으로 하되 연임할 수 있다.

제37조 (위원장과 부위원장)

① 위원장과 부위원장은 각각 시장과 부시장이 된다.

② 위원장과 부위원장의 임기는 각각 시장과 부시장직의 재임기간으로 한다.

③ 위원장은 협의회를 대표하고 협의회 업무를 총괄한다.

④ 부위원장은 위원장을 보좌하고, 위원장이 직무를 수행할 수 없을 때 그 직무를 대행한다.

제38조 (간사)

협의회의 사무를 처리하기 위하여 협의회에 제14조에 의한 공무원간사 1인을 둔다.

제39조 (회의소집 및 의결)

① 협의회는 예산편성관련 사안에 대한 시와 위원회(분과위원회와 지역회의 포함)의 의견을 조정할 필요가 있다고 인정하는 경우에 위원장이 소집한다.

② 협의회는 재적위원 과반수 출석으로 개의하고 출석위원 과반수 찬성으로 의결한다.

제6장 주민참여예산편성제도 연구회

제40조 (설치)

위원회에 주민참여예산편성제도에 관한 이론과 실제를 연구하기 위하여 주민참여예산편성제도연구회(이하 "연구회"라 한다)를 둔다.

제41조 (연구회의 직무)

연구회는 다음의 직무를 수행한다.

1. 주민참여예산편성제도 운영조례 개정 연구
2. 주민참여예산편성제도의 효과적 운영방안 연구
3. 주민참여예산편성제도의 역기능 극복방안 연구
4. 의회와의 원활한 협력 관계 확립방안 연구
5. 예산제도의 개선 연구
6. 주민의 의식 및 여론 조사 · 분석
7. 기타 지방재정의 발전방안 연구

제42조 (연구회의 구성 등)

① 연구회는 시정 각 영역, 지방재정, 지방자치, 시민사회 등에 대한 전문가 또는 각 관련 분야 종사자 중에서 시장이 위촉하는 9인 이내의 연구위원으로 구성한다.

② 연구위원의 임기는 2년으로 하되 연임할 수 있다.

제43조 (위원장과 부위원장)

① 연구회의 위원장과 부위원장은 연구위원 중에서 호선한다.

② 위원장과 부위원장의 임기는 2년으로 하되 연임할 수 있다. 다만 보궐호선에 의한 위원장과 부위원장의 임기는 전임자의 잔임 기간으로 한다.

③ 위원장은 연구회를 대표하고 연구회 업무를 총괄한다.

④ 부위원장은 위원장을 보좌하고, 위원장이 직무를 수행할 수 없을 때 그 직무를 대행한다.

제44조 (간사)

연구회의 사무를 처리하기 위하여 연구회에 제14조에 의한 공무원간사 1인을 둔다.

제45조 (회의소집 및 의결)

① 연구회는 시장이 필요하다고 인정하거나 위원장이 연구회 직무를 수행하는 데 필요하다고 인정하는 경우 위원장이 소집한다.

② 연구회는 재적위원 과반수 출석으로 개의하고 출석위원 과반수 찬성으로 의결한다.

제7장 보칙

제46조 (시행규칙)

이 조례시행과 관련하여 필요한 사항은 규칙으로 정한다.

부칙

이 조례는 공포한 날로부터 시행한다.

〈별첨 2〉 광주광역시 북구 주민참여예산제 운영조례 [2004. 3. 25. 조례 제647호]

제1장 총칙

제1조 (목적) 이 조례는 광주광역시 북구(이하 북구라 한다)의 예산편성 과정에 주민참여를 보장하고 북구예산의 투명성을 증대하기 위하여 필요한 사항을 규정함을 목적으로 한다.

제2조 (정의) 이 조례에서 주민이라 함은 북구에 주소 또는 거소를 두고 있는 자와 북구에 영업소의 본점 또는 지점을 둔 사업체의 대표자 및 타 지역 주민이라도 북구 예산의 편성 및 집행과 이해관계를 가진 자를 말한다.

제3조 (기본이념) 주민의 예산참여는 구와 주민이 협력하여 주민복지의 향상과 생활의 질 개선을 위해 노력하고, 재정운영의 공개를 통한 투명성 · 민주성 확보로 재정 민주주의를 실현하는 것을 기본이념으로 한다.

제4조 (법령준수 의무) 이 조례에 따라 예산편성 시 주민참여 보장은 지방자치법, 지방재정법, 그 밖의 지방자치단체 예산편성에 관하여 규정한 법령을 위반하여서는 아니 된다.

제5조 (구청장의 책무)

① 구청장은 예산을 편성하는 단계부터 주민이 충분한 정보를 얻고 의견을 표명할 기회를 가질 수 있도록 정보공개와 주민참여 보장을 위해 노력하여야 한다.

② 필요한 경우 소속 공무원으로 하여금 제7조의 규정에 의한 예산참여시민위원회(이하 위원회라 한다)의 사무처리 등을 지원하게 할 수 있다.

③ 위원회와 홈페이지 등을 통해 본예산관련 주민 의견수렴 사항을 지방재정계획 심의위원회에 부의한다.

제6조 (주민의 권리) 주민은 누구나 주민참여예산제와 관련된 의견을 제출할 권리를 가진다.

제2장 예산참여시민위원회

제7조 (위원회의 설치 및 구성)

① 북구에 주민의 예산참여에 관한 사항을 심의하기 위한 예산참여시민위원회를 둔다.

② 위원회의 구성은 80인 이내로 한다.

③ 위원회의 위원은 다음 각 호의 1에 해당하는 자 중에서 구청장이 위촉하되 제2호에 해당하는 자는 각 동별 1인 이상으로 하고 제3호에 해당하는 자는 총 위원의 2분의 1 이상으로 한다.

1. 예산 및 행정에 대해 전문적인 식견이 있는 전문가로서 비영리 민간단체지원법에 의한 비영리민간단체의 추천을 받은 자
2. 동 주민자치위원회가 추천한 주민자치위원
3. 본 위원회의 참여를 희망하는 주민으로서 공개모집절차에 의해 선정된 자

④ 구청장이 위원을 위촉할 때는 미리 선정기준 및 지원일시를 공고하여야 하며, 비영리민간단체 및 동 주민자치위원회의 추천 또는 주민으로부터 신청을 받아 선정기준에 따라 심사하여 위촉한다.

제8조 (위원회 운영원칙) 위원회는 다음 각 호의 원칙에 따라 운영하여야 한다.

1. 주민의 복리증진 및 북구 지역공동체 형성
2. 주민참여의 보장 및 재정자치의 실현
3. 분과위원회별 자율적 운영을 유도
4. 위원회의 건전한 육성 및 발전을 위한 행정 · 재정적 지원
5. 정치적 · 사적인 목적으로 이용 배제
6. 구의회의 예산안심의권을 침해하지 아니하도록 하고 구청장의 예산편성권 행사 범위 내에서 활동

제9조 (운영)

① 위원회 운영은 구청장이 한다.

② 위원회는 자원봉사자로 하여금 위원회 운영에 관한 사무를 전담 또는 분담하여 수행하게 할 수 있다.

③ 위원회는 위원장 1인, 부위원장 1인, 간사 1인을 둔다.

④ 위원장, 부위원장, 간사는 위원회에서 호선한다.

⑤ 위원장, 부위원장, 간사, 위원의 임기는 2년으로 하되, 1회에 한해서 연임할 수 있다. 다만, 보궐위원의 임기는 전임자의 잔여기간으로 한다.

제10조 (위원장 및 간사의 직무)

① 위원장은 위원회의 업무를 총괄하고 위원회를 대표한다.

② 부위원장은 위원장을 보좌하며, 위원장이 직무를 수행할 수 없을 때 그 직무를 대행한다.

③ 간사는 위원회 사무를 처리한다.

제11조 (분과위원회 등)

① 위원회는 그 기능을 효율적으로 수행하기 위하여 분과위원회를 둔다.

② 분과위원회는 예산편성요구안에 대하여 각 분야별 활동을 담당한다.

③ 분과위원회는 분과위원장과 간사를 둔다.

④ 분과위원회 위원장은 분과위원회 업무를 총괄한다.

⑤ 분과위원회 간사는 분과위원장을 보좌하며 분과위원장이 직무를 수행할 수 없을 때 그 직무를 대행하고, 분과위원회 사무를 처리한다.

제12조 (해촉) 구청장은 위원이 다음 각 호의 1에 해당하는 사유가 있는 때에는 임기 전이라도 해촉할 수 있다.

1. 타 지역으로 거주지나 사업장을 이전한 경우
2. 질병이나 해외여행 등으로 6개월 이상 임무를 수행하기 어려운 경우
3. 스스로 사퇴를 원하는 경우
4. 위원회 운영취지, 원칙, 목적, 기능 등에 반하는 행위를 하였을 경우
5. 기타 그 직의 직무를 소홀히 하였거나 직무를 수행하기가 어렵다고 판단되는 경우

제18조 (관계기관 등에의 협조요청) 위원회는 직무수행과 관련하여 필요할 때는 관계공무원 또는 전문가를 위원회에 출석시켜 의견을 청취하거나 자료제출 등 협조를 요청할 수 있다.

제19조 (재정 및 실무지원)

① 구청장은 위원회를 운영하는 데 필요한 회의장소를 지원하고 회의자료 인쇄 등에 소요되는 회의준비 비용을 지원할 수 있다.

② 구청장은 제20조 규정에 의한 조사, 연구 및 예산정책토론회 등에 필요한 경비를 예산의 범위 안에서 지급할 수 있다.

제3장 예산정책토론회

제20조 (토론회의 개최)

① 위원회는 매년 북구의 예산이 편성되기 이전에 주민의 의견을 수렴하기 위한 예산정책토론회를 개최할 수 있다.

② 예산정책토론회는 위원회가 개최하여 진행한다.

제21조 (각 토론회의 내용과 진행방식)

① 예산정책토론회는 사전설명회, 분야별 토론회, 총괄토론회로 구분할 수 있다.

② 사전설명회는 매년 1회 개최하고, 전년도 결산결과에 대한 설명과 다음 연도 예산편성 방향에 대한 토론으로 진행한다.

③ 분야별 토론회와 총괄토론회는 매년 9월 또는 10월 중에 개최한다.

④ 분야별 토론회에서는 분야별로 관계공무원들이 출석하여 다음 연도 예산편성의 분야별 방향과 내용에 대해 설명하고, 이에 대해 토론한다.

⑤ 총괄토론회에서는 분야별 토론회의 결과를 수렴하면서, 북구 전체의 예산편성의 우선순위와 대규모 신규사업의 타당성, 분야별 토론내용 중 상충되는 부분의 조정 등에 관하여 토론한다.

⑥ 구청장은 각 토론회 이전에 토론준비 자료를 북구 홈페이지 등을 통해 공개하여야 한다.

⑦ 사전설명회, 분야별토론회, 총괄토론회의 전 과정은 공개한다.

제4장 주민참여예산제연구회

제22조 (구성운영)

① 주민참여예산제에 대한 운영방법, 정책수립, 연구개발 등을 위해 필요한 경우 전문가, 관련 분야 종사자, 시민단체 관계자, 위원회 대표 등 9인 이내로 주민참여예산제연구회(이하 연구회 라 한다)를 구성 · 운영할 수 있다.

② 연구회 운영은 구청장이 한다.

③ 회의는 구청장이 주민참여예산제와 관련하여 연구회 활동이 필요하다고 인정하는 때 개최한다.

④ 연구회 회의 수당은 예산의 범위 내에서 광주광역시 북구위원회 실비변상조례에서 정하는 기준에 따라 지급할 수 있다.

⑤ 연구회는 다음 각 호의 1의 임무를 수행한다.

1. 주민참여예산제운영조례 개정 연구
2. 주민참여예산제의 역기능 해소방안 강구
3. 의회와의 원활한 협조 방안
4. 기타 주민참여예산제 도입에 따른 효율적인 운영방안 등

제23조 (시행규칙) 이 조례의 시행에 관하여 필요한 사항은 규칙으로 정한다.

부칙

이 조례는 공포한 날부터 시행한다.

〈별첨 3〉 울산광역시 동구 주민참여예산제 운영조례 [2004. 6. 10 조례 제291호]

제1장 총칙

제1조 (목적) 이 조례는 울산광역시 동구(이하 "구"라 한다)의 예산편성 과정에 주민참여를 보장하고 구 예산의 투명성을 증대하기 위하여 필요한 사항을 규정함을 목적으로 한다.

제2조 (정의) 이 조례에서 "주민"이라 함은 다음 각 호의 자를 말한다.

1. 구에 주소를 두고 있는 자
2. 구에 영업소의 본점 또는 지점을 둔 사업체의 임 · 직원
3. 시민단체 등이 추천하는 대학교수, 회계사, 세무사, 예산 분야 유경험자 등 회계 관련 전문가로서 울산광역시에 주소를 두고 있는 자.

제3조 (법령준수 의무) 이 조례에 따라 예산편성 시 주민참여 보장은 지방자치법, 지방재정법, 그 밖의 지방자치단체 예산편성에 관하여 규정한 법령을 위반하여서는 안 된다.

제4조 (구청장의 책무) 울산광역시 동구청장(이하 "구청장"이라 한다)은 예산을 편성하는 단계에서부터 주민이 충분한 정보를 얻고 의견을 표명할 기회를 가질 수 있도록 정보공개와 주민참여 보장을 위해 노력하여야 한다.

제5조 (주민의 권리) 주민은 누구나 "주민참여예산제" 관련 의견을 제출할 수 있는 권리를 가진다.

제2장 주민참여예산시민위원회

제6조 (위원회의 구성)

① 구의 예산편성 과정에 주민참여를 위한 주민참여예산시민위원회(이하 "위원회"라 한다)를 둔다.

② 위원회의 구성은 100명 이내로 한다.

③ 위원회의 위원은 다음 각 호의 1에 해당하는 자 중에서 구청장이 위촉하되 제1호에 해당하는 자는 총 위원의 1/2 이상으로 하고, 제2호에 해당하는 자는 각 동별 1명 이상으로 한다.

1. 위원회의 참여를 희망하는 주민으로서 공개모집절차에 의해 선정된 자
2. 洞 주민자치위원회가 추천한 주민
3. 시민 · 사회 · 직능단체, 기관 등의 추천을 받은 자

④ 위원회의 위원 중 타 지역에 거주하는 자는 총 위원의 15% 이하로 한다.

⑤ 제3항 각 호의 모집인원과 추천할 수 있는 시민 · 사회 · 직능단체, 기관 등의 기준은 규칙으로 정한다.

제7조 (위원의 위 · 해촉 및 임기)

① 구청장이 위원을 위촉할 경우에는 미리 선정기준 및 지원기간을 15일 이상 공보와 구 인터넷홈페이지, 구 · 동 게시판 등에 공고하여야 하며, 신청 또는 추천을 받아 선정기준에 따라 심사하여 선정하고, 선정된 자 중에서 제16조에 의한 예산학교를 수료한 자를 위원으로 위촉한다.

② 위원의 임기는 2년으로 하되, 1회에 한하여 연임할 수 있다. 다만, 보궐 위원의 임기는 전임자의 잔임 기간으로 한다.

③ 구청장은 위원이 다음 각 호에 해당하는 사유가 있는 때에는 임기 전이라도 해촉할 수 있다.

1. 제2조 제1호의 자가 타 지역으로 거주지를 이전한 경우
2. 제2조 제2호의 자가 속하는 영업소가 타 지역으로 이전한 경우
3. 질병이나 해외여행 등으로 6개월 이상 임무를 수행하기 어려운 경우
4. 스스로 사퇴를 원하는 경우
5. 위원회 운영취지, 원칙, 목적, 기능 등에 반하는 행위를 하였을 경우

6. 기타 그 직의 직무를 소홀하였거나 직무를 수행하기가 어렵다고 판단되는 경우

④ 보궐 위원은 잔임 기간이 1년 이상 남았을 경우에만 모집하되, 다만 해촉된 위원이 총 위원의 1/5 이상인 경우에는 수시 모집 위촉할 수 있다.

제8조 (운영)

① 위원회는 위원장 1인, 부위원장 1인, 간사 1인을 둔다.

② 위원장, 부위원장은 제11조에 의한 분과위원회 위원장 중에서 호선하고, 간사는 구 예산담당으로 한다.

③ 위원장, 부위원장은 윤번제로 한다.

제9조 (위원장 및 간사의 직무)

① 위원장은 위원회의 업무를 총괄하고 위원회를 대표한다.

② 부위원장은 위원장을 보좌하며, 위원장이 직무를 수행할 수 없을 때 그 직무를 대행한다.

③ 간사는 위원회 사무를 처리한다.

제10조 (위원회 운영원칙) 위원회는 다음 각 호의 원칙에 따라 운영하여야 한다.

1. 주민의 복리증진 및 구 지역공동체 형성
2. 주민참여의 보장 및 재정자치의 실현
3. 분과위원회별 자율적 운영 유도
4. 위원회의 건전한 육성 및 발전을 위한 노력
5. 정치적 · 사적인 목적으로 이용 배제
6. 구 의회의 예산안심의권을 침해하지 아니하도록 하고 구청장의 예산편성권 행사 범위 내에서 활동

제11조 (분과위원회)

① 위원회는 그 기능을 효율적으로 수행하기 위하여 분과위원회를 둔다.

② 분과위원회는 자체사업예산 우선순위 결정 등 예산편성에 따른 주민들의 의견을 수렴 · 집약하는 활동을 담당한다.

③ 분과위원회의 구성은 위원회의 전 위원을 대상으로 하며, 구의 업무 분야별로

8개 내의 분과로 구성한다.

④ 분과위원회는 위원장 1인, 부위원장 1인, 간사 1인을 둔다.

⑤ 위원장, 부위원장은 분과위원회 위원 중에서 호선하고, 간사는 구 해당분과 선임 부서 주무 담당으로 한다.

⑥ 위원장과 부위원장의 임기는 2년으로 한다. 다만, 보궐 위원장 · 부위원장의 임기는 전임자의 잔임 기간으로 한다.

⑦ 위원장은 분과위원회의 업무를 총괄하고 분과위원회를 대표한다.

⑧ 부위원장은 위원장을 보좌하며, 위원장이 직무를 수행할 수 없을 때 그 직무를 대행한다.

⑨ 각 분과위원장은 위원회의 위원장과 협의하여 회의를 소집할 수 있고 기타 제반사항은 위원회의 규정에 따른다.

⑩ 간사는 분과위원회 사무를 처리한다.

제12조 (기능) 위원회는 다음 각 호의 기능을 수행한다.

1. 예산편성 지침에 대한 의견수렴
2. 예산편성에 대한 주민들의 의견을 수렴 · 집약하는 활동
3. 총회 · 분과위원회 개최 등에 관한 활동
4. 기타 위원회의 목적달성을 위해 필요한 활동

제13조 (회의소집 및 의결)

① 위원장은 예산 활동 등에 필요하다고 인정하는 때에는 위원회를 개최하되 사전에 구청장과 협의하는 것을 원칙으로 한다.

② 구청장이 위원들의 의견 수렴이 필요하다고 인정할 때는 위원회 및 분과위원회를 개최할 수 있다.

③ 위원회는 재적위원 과반수 출석으로 개의하고 출석위원 과반수 찬성으로 의결한다.

제14조 (회의록 공개의 원칙) 회의는 공개하며, 공공기관의 정보공개에 관한 법률 제7조 제1항의 비공개사유가 없는 한 회의종료 후 7일 이내에 회의개최 일시 및 장소, 심의안건, 결의내용 등을 담은 회의록을 동구 인터넷 홈페이지 등을 통해 공개하여야 한다.

제15조 (교육 · 홍보 및 주민참여)

① 위원회는 주민의 참여를 활성화하기 위해 주민을 대상으로 구 예산에 대한 설명 · 교육 · 홍보 활동을 적극적으로 수행하여야 한다.

② 구청장은 위원회 운영에 대한 주민참여 방안을 적극적으로 강구하여야 한다.

제16조 (예산학교)

① 구청장은 위원회 위원의 교육을 위한 예산학교를 설치 운영하여야 한다.

② 예산학교는 매년 위원회를 대상으로 예산참여 전에 실시하여야 한다.

③ 예산학교의 교육내용은 예산의 편성 · 집행 · 결산 등 예산 과정과 주민참여방법, 위원회 운영 등에 관한 사항으로 한다.

제17조 (자료 제출 및 협조)

① 구청장은 심의대상 안건에 대하여는 회의개최 1주일 전까지 당해 위원회(위원)에 송부하여 사전에 충분한 검토가 이루어지도록 하여야 한다. 다만, 불가피한 경우는 예외로 한다.

② 위원회는 직무수행과 관련하여 필요할 때는 관계공무원 또는 전문가를 위원회에 출석시켜 의견을 청취하거나 자료제출 등 협조를 요청할 수 있다.

제18조 (재정 및 실무지원)

① 구청장은 위원회의 원활한 운영을 위하여 회의장소 및 사무처리 등 행정적 지원을 할 수 있다.

② 구청장은 위원회의 조사, 연구, 회의개최 등에 소요되는 비용을 지원할 수 있다.

③ 구청장은 위원회 및 예산학교에 참석한 공무원이 아닌 위원에 대하여 예산의 범위 안에서 수당과 여비를 지급할 수 있다.

제3장 주민참여예산지역회의

제19조 (구성 및 운영)

① 구청장은 위원회 운영과 관련하여 주민의견수렴을 위하여 동별로 주민참여예

산지역회의(이하 "지역회의"라 한다)를 둔다.

② 지역회의는 해당 동에 거주하고 있는 위원회 위원 및 주민자치위원회 위원으로 구성하되, 다만 해당 동 주민 중 참여를 희망하는 경우 지역회의에 참여할 수 있으며, 참여대상자 선정은 동장이 한다.

③ 지역회의는 위원장 1인, 부위원장 1인, 간사 1인을 둔다.

④ 위원장과 부위원장은 해당 동 주민자치위원회 위원장과 부위원장으로 하며, 간사는 해당 동 주무담당으로 한다.

⑤ 위원장, 부위원장, 간사의 임기는 당연직으로 그 직의 재임기간으로 한다.

⑥ 위원장은 지역회의 업무를 총괄하고 지역회의를 대표한다.

⑦ 부위원장은 위원장을 보좌하며, 위원장이 직무를 수행할 수 없을 때 그 직무를 대행한다.

⑧ 간사는 지역회의 사무를 처리한다.

⑨ 지역회의의 원활한 운영을 위하여 위원회 위원을 제외한 회의 참석 대상자에 대하여 별도의 설명회를 개최하여야 한다.

제20조 (회의소집 및 의결)

① 위원장은 매년 구의 예산이 편성되기 이전에 주민의 의견을 수렴하기 위한 지역회의를 개최한다.

② 지역회의는 재적위원 과반수 출석으로 개의하고 출석위원 과반수 찬성으로 의결한다.

제21조 (기능) 지역회의는 다음 각 호의 기능을 수행한다.

1. 예산편성과 관련하여 중점투자 분야 등에 대한 주민들의 의견을 수렴 · 집약하는 활동

2. 기타 지역회의의 목표 달성을 위해 필요한 활동

제4장 주민참여예산협의회

제22조 (구성 및 운영)

① 구청장은 위원회(분과위원회)와의 예산편성의 심의 · 조정을 위한 주민참여예산협의회(이하 "협의회"라 한다)를 둔다.

② 협의회는 구의 구청장, 부구청장, 국장과 위원회의 위원장 및 각 분과위원장으로 구성한다.

③ 협의회는 위원장 1인 · 부위원장 1인 · 간사 1인을 둔다.

④ 위원장은 구의 구청장이 되며, 부위원장은 위원회의 위원장이, 간사는 예산 담당 부서장이 된다.

⑤ 위원장, 부위원장, 간사, 위원의 임기는 당연직으로 그 직의 재임기간으로 한다.

⑥ 위원장은 협의회 업무를 총괄하고 협의회를 대표한다.

⑦ 부위원장은 위원장을 보좌하며, 위원장이 직무를 수행할 수 없을 때 그 직무를 대행한다.

⑧ 간사는 협의회 사무를 처리한다.

제23조 (회의소집)

① 위원장은 매년 구의 당초예산편성 시 자체사업예산의 심의 · 조정 등 주민의 의견을 수렴하기 위한 협의회를 개최할 수 있다.

② 협의회는 재적위원 과반수 출석으로 개의하고 출석위원 과반수 찬성으로 의결한다.

제24조 (기능) 협의회는 다음 각 호의 기능을 수행한다.

1. 자체사업예산 심의 조정
2. 기타 협의회의 목표 달성을 위해 필요한 활동

제5장 주민참여예산연구회

제25조(구성 및 운영)

① 구청장은 위원회의 원활한 업무추진과 주요 활동사항에 대한 자문을 구하기 위하여 주민참여예산연구회(이하 "연구회"라 한다)를 둘 수 있다.

② 연구회는 예산관련 전문가, 관련 분야 종사자, 시민단체 관계자 등 15인 이내로 구성하고, 임기는 2년으로 하되 연임할 수 있다.

③ 연구회는 회장 1인, 부회장 1인, 간사 1인을 둔다.

④ 회장, 부회장은 연구회 회원 중에서 호선하고, 간사는 구 예산담당으로 한다.

⑤ 회장, 부회장의 임기는 2년으로 한다. 다만, 보궐 회장 · 부회장 · 회원의 임기는 전임자의 잔임 기간으로 한다.

⑥ 회장은 연구회 업무를 총괄하고 연구회를 대표한다.

⑦ 부회장은 회장을 보좌하며, 회장이 직무를 수행할 수 없을 때 그 직무를 대행한다.

⑧ 간사는 연구회 사무를 처리한다.

제26조 (회의소집 및 의결)

① 회장은 주민참여예산제와 관련하여 연구회를 분기 1회 개최하되 사전에 구청장과 협의하여야 한다. 다만 필요에 따라 개최 횟수를 조정할 수 있다.

② 연구회는 재적회원 과반수 출석으로 개의하고 출석회원 과반수 찬성으로 의결한다.

제27조 (기능) 연구회는 다음 각 호의 기능을 수행한다.

1. 주민참여예산제운영조례 제 · 개정
2. 역기능 통제장치 강구
3. 의회와의 원활한 협조방안 모색
4. 주민참여예산제도의 도입에 따른 효율적인 운영방안 지원
5. 기타 연구회의 목표 달성을 위해 필요한 활동

제28조 (회의수당의 지급) 구청장은 연구회에 참석한 공무원이 아닌 회원에 대하여는 예산의 범위 내에서 수당을 지급할 수 있다.

제29조 (시행규칙) 이 조례시행과 관련하여 필요한 사항은 규칙으로 정한다.

부칙

이 조례는 공포한 날부터 시행한다.

제2부
신뢰와 평화

I. 국제 관계와 신뢰

김용구*

1. 서론: 21세기와 신뢰 — 국제적인 사회자본 연구의 필요성

국제 관계에 있어서 신뢰의 문제는 국제 정치 행위자들 사이에 작위와 부작위에 대한 예측 가능성을 말한다. 이런 신뢰의 성격은 시간(tempo)과 장소(topos)에 따라 다르다.

최근 학계 일각에서 대두되고 있는 신뢰 연구는 정치적으로는 자유민주주의를, 경제적으로는 사유재산을 기반으로 하는 자본주의 체제를, 사상적으로는 경제적 합리주의를 표방하는 특정한 사회를 분석 대상으로 삼고 있다. 그리고 신뢰를 사회적 자본이라고도 호칭하고 정치 문화라고도 부른다. 이와 같은 신뢰 연구의 대종은 한 문명권을 전제로 하는 연구이어서 여러 문명권의 충돌을 전제로 하는 국제 사회의 신뢰 문제와는 그 성격이 다르다.

---

* 한림대학교 한림과학원 원장

제13조 (위원회의 기능) 위원회는 다음 각 호의 1의 기능을 수행한다.

1. 예산편성 지침에 대한 의견수렴

2. 예산에 대한 주민들의 의견을 수렴 · 집약하는 활동 등 예산편성 과정에 참여하여 예산안에 대한 의견제출

3. 주민들을 대상으로 예산에 대한 교육을 실시하는 활동

4. 예산정책토론회 개최 등에 관한 활동

5. 결산에 대한 설명회 참여 활동

6. 기타 위원회의 목적달성을 위해 필요한 활동

제14조 (회의)

① 위원회 회의는 구청장이 주민참여예산 활동과 관련하여 필요하다고 인정하는 때 개최할 수 있다.

② 위원장이 예산 활동 등이 필요하다고 인정하는 때에 구청장과 협의하여 개최할 수 있다.

③ 위원회 회의는 재적위원 과반수 출석으로 개의하고 출석위원 과반수 찬성으로 의결한다.

제15조 (회의록 공개의 원칙) 위원회의 회의는 공개하며, 공공기관의 정보공개에 관한 법률 제7조제1항의 규정을 제외하고는 회의 종료 후 7일 이내에 회의 개최 일시 및 장소, 심의안건, 출석위원 성명, 발언내용, 결의내용 등을 담은 회의록을 북구 홈페이지를 통해 공개하여야 한다.

제16조 (교육 · 홍보 및 주민참여)

① 위원회는 주민의 참여를 활성화하기 위해 주민을 대상으로 북구 예산에 대한 설명 · 교육 · 홍보 활동을 적극적으로 수행하여야 한다.

② 구청장은 위원회 운영에 대한 주민참여 방안을 적극적으로 강구하여야 한다.

제17조 (의견청취) 위원회는 업무수행 상 필요하다고 인정하는 때에는 전문기관 또는 단체 등에 조사 · 연구를 의뢰하거나, 정책토론회 · 공청회 등을 개최하여 관계 전문가 및 주민의 의견을 들을 수 있다.

더욱이 21세기의 국제 사회는 역사의 그 어느 시기보다 불신의 국제 사회가 될 것이다. 다시 말하자면 국제 분쟁을 잉태하고 있어서 국제 사회의 신뢰 회복의 문제가 시급한 과제로 대두될 것이다.

21세기는 중세 말기 또는 탈중세(post-medieval) 시대의 유럽 질서와 유사한 혁명적인 국제 정치 구조이다. 오늘의 국제 질서가 지닌 이런 격동적인 성격은 국제 사회의 세 가지 본질에 관하여 합의가 존재할 수 없는 현재의 국제 정치 구조로 설명된다.

행위자가 누구인가에 대한 합의가 있어야 국제 사회는 안정되고 신뢰가 수립될 수 있는 첫 번째 조건이다. 그러나 이제 이런 합의가 사라졌다. 세계 국가, 지역 국가들이 새로 등장하고 중세 국가들이 다시 나타나서 서로 자신이 중요한 행위자라고 주장하고 있기 때문이다.

세계 국가라는 새로운 행위자인 미국의 등장은 획기적인 역사적 사건이다. 미국 역사 속에 잠재하여 온 제국주의적 공화정(imperial republic), 또는 공화주의적 제국(republican empire)의 뿌리가 완성 단계에 도달하였다. 이는 인민주권론과 개인주의사상에 입각한 제국(empire)의 등장으로서 역사상 최초의 현상이다.

더욱이 유럽의 전통과 결별하는 미국적인 예외주의(exeptionalism)가 지배하고 있다. 미국의 예외주의는 원래 유럽 사회가 보유하지 못한 우월한 사상적 전통을 가리켰는데 이제는 미국적인 것이 세계를 지배해야 한다는 적극적인 사상으로 변하였다. 따라서 국제 사회의 국제법과 미국의 국내법을 구별할 수 없게 되었고 미국은 예방개입론과 예방전쟁론에 입각하여 유엔 헌장 질서에 도전하고 있다. 이라크 전쟁이나 쿠바 관타나모에 억류되어 있는 아프가니스탄 포로 문제, 그리고 국제형사재판소(International Criminal Court) 창설에 대한 미국의 반대가 이를 잘 말해 주고 있다.

그러나 미국은 필요 불가결한 세력이다. 미국이 현재 세계 제국의 역할을 수행하는 데에 여러 가지 문제점이 있지만 세계 제국으로서의 미국의 존재는 국제 질서의 한 여건이 되었다. 앞으로 미국은 기존 국제 질서의 규범을 수정하려고 계속 노력할 것이며 이런 규범 변화의 결정적인 시점은 테러 집단들이 대량살상무기를 보유할 수 있는 시기와 때를 같이하게 될 것이다.

다음은 유럽 연합이라는 새로운 지역 국가의 등장을 들 수 있다. 2004년 5월 1일 구공산권의 국가들을 비롯해 10개 국가들이 유럽연합에 합류하여 유럽은 이제 하나가 되었다. 더블린에서 있었던 신입 회원 국가의 환영식에서 아일랜드 수상은 "고향으로 돌아온 것을 환영한다"고 말했다. '유럽'이라는 고향을 뜻한다. 18세기 이래 유럽과 러시아 사이에 수백 년에 걸친 투쟁에서 유럽의 승리로 일단 끝난 것을 의미한다.

동/서 유럽의 통합으로 러시아의 영역은 이제 18세기로 돌아가게 되었고 유럽연합은 16세기 이래 국제 사회의 기본단위라고 여겨 온 근대 국가의 틀을 완전히 넘어서 지역 단위의 정치 집단 형식으로 변모하였다. 이런 행위자의 형식이 현대 국가의 한 모습일 것이다.

다음으로 이라크나 아프가니스탄과 같은 중세 질서 행위자들의 문제가 세계 정치의 현안으로 다시 등장하였다는 점을 들 수 있다. 중세 질서의 특징은 폭력 장치의 민주화와 충성심의 분권화, 두 가지로 요약할 수 있다. 중세 국가는 폭력 장치나 그 사회 구성원의 충성심을 독점하지 못한다. 그런데 이들 중세 국가들이 바로 서유럽 국가들의 산물이라는 데에 문제의 심각성이 있다. 이들은 제1차 세계대전 이후 유럽 강대국가들에 의해 만들어져서 근대 국가의 탈을 쓴 정치 집단 형식이었는데 탈냉전 이후 그 외형적인 모습이 사라지게 된 것뿐이다.

따라서 이들 행위자는 세속적인 집단이 아니다. 더구나 이슬람 종파 문제가 강대 국가들의 외교 정책에 의하여 자의적으로 굴절되어서 이슬람 세계의 문제는 현재 더욱 혼미해졌다. 우리는 지난번 이라크 선거에서 이런 현상을 보고 있다.

이슬람 문제가 세계 정치의 중심이라는 사실은 미국이 현재 이슬람 국가들과 무력 분쟁을 하고 있다는 목전의 현실에 국한되어 있지 않다. 미국이나 유럽의 정신 구조에서 이슬람 국가들과 과연 한 국제 사회의 같은 구성원이 될 수 있는가 하는 의구심이 자리 잡고 있다는 데에 문제의 핵심이 있다. 1856년 파리조약에서 오토만 터키는 수백 년에 걸친 유럽과의 투쟁 이후 비로소 같은 국제 사회의 구성원이 되었다고 규정하였다. 그러나 150년이 지난 지금에도 그 규정은 정치적 현실과는 큰 거리가 있다. 현재 터키의 유럽연합 가입에 대하여 일부 서유럽 국가들이 보여 주고 있는 강력한 회의적인 태도가 이를 대변해 주고 있다.

이슬람 문제의 근저에는 기독교와 이슬람의 세계관 충돌이 있다. 슈펭글러(O. Spengler)가 지적한 바 같이 인간과 자연의 대립만을 생각하는 파우스트(Faust)형 인간과 인간을 신과의 관계에서 존재 양식을 정립하는 마기 또는 메이자이(Magi)형 인간 사이의 충돌이다. 따라서 테러 문제를 오로지 정치적인 수단으로 해결하려는 미국의 세계 정책에는 한계가 있을 수밖에 없다.

두 번째로 오늘의 국제 질서는 그 행위자들이 무엇은 할 수 있고 어떤 것은 하지 말아야 하는 작위와 부작위에 관하여 전혀 합의가 존재하지 않는 무질서의 특징을 지니고 있다.

최근까지 작위와 부작위의 기준은 기본적으로 1648년 웨스트팔리아(Westphalia/Vestphalen) 체제에 입각하였다. 이 체제의 근본 가정은 행위자들은 jus ad bellum, 즉 전쟁할 권리는 있지만 상대방인 적도 정당하다는 정당한 적(just enemy)의 개념이다. 다시 말하자면 debellatio, 섬멸전의 부정이다. 그리고 행위자들은 전쟁 중에 일정한 규칙을 준수해야 한다는 jus in bello, 즉 전쟁 중의 법의 존재를 인정하는 기준이다.

물론 명분의 세계에서도 여러 번 변혁을 거쳤다. 전쟁할 권리에 관해서는 국제연맹, 1928년 파리조약, 국제연합이 큰 고비였다. 그리고 전쟁 중의 법에 관해서는 1949년 제네바 체제와 1977년 유엔 의정서가 고작이다.

국제 정치에 있어서 과학 기술은 인간을 살육하는 군사 기술을 의미하는데 상상을 초월하는 과학 기술의 발전을 생각할 때 명분 세계의 이런 원시적인 상태는 매우 이율배반적이다. 더구나 이 기준은 국제 질서의 행위자가 근대 국가인 경우를 가정한 것이어서 다양하고 이질적인 행위자들이 중첩되어 있는 현재에는 이 기준이 더 이상 준수될 수 없게 되었다.

이 기준이 더 이상 작동할 수 없게 된 것은 무엇보다 적도 정당하다는 관념의 소멸이다. 소멸된 그 자리에 적은 섬멸해야 한다는 정당한 전쟁(just war), 즉 정전론이 20세기에 들어서면서 대두되기 시작하더니 이제는 이런 논리가 세계를 지배하고 있다. 이슬람 세계의 지하드(jihad), 미국이 주장하는 예방전쟁론이 그 대표적인 예이다.

국제 질서의 세 번째 본질은 그 질서 구성원이 모두 인정하는 공동의 적

(common enemy)이 있는가 하는 것이다. 어떤 국제 질서이건 간에 그것이 안정되려면 이교도이건 야만인이건 또는 유엔 헌장에 규정된 제2차 세계대전의 적국이건 간에 공동의 적에 관한 합의가 있어야 한다. 그런데 현재는 세계화의 시대라고 한다. 만일 그렇다면 공동의 적은 인권이나 질병과 같은 인간의 삶에 관한 것이어야 한다. 그러나 현실에는 너무나 많은 국제 정치적인 적들이 존재하고 있다.

이와 같이 여러 정치적인 적들이 존재하는 근본 이유는 근대 국가 이외의 행위자들인 세계 국가, 지역 국가, 중세 질서들은 그들이 왜 국제 사회의 행위자로 존재해야 하는가를 선전하지 않을 수 없는 명분 집단이기 때문이다. 명분의 충돌은 적과 적대감을 양산한다.

여러 유형의 행위자들이 난립하고 작위와 부작위에 대한 합의가 결여되어 있으며 여러 정치적인 적들이 존재하고 있는 오늘의 현실은 마치 중세 말이나 탈중세 시대의 세계를 연상시킨다. 17세기 그로티우스(H. Grotius)의 고민을 우리는 지금 다시 지니고 있다. 이런 의미에서 17세기와 21세기는 동시대적이다.

탈중세적인 21세기에 동북아 지역 국가들은 더 심각한 역사적 문제들을 안고 있다.

이들 국가들은 19세기 중엽 이후 서유럽 세계로부터 강제적으로 수입된 근대 국가의 유형을 지니고 있다. 그러나 외형만이 수입되었고 그것을 작동시키는 자유주의, 개인주의, 그리고 이에 입각한 경제 체제는 아직도 미해결의 문제로 남아 있다.

그런데 근대 국가를 지배하는 국제 정치 원칙은 기본적으로 세력 균형이다. 그러나 동북아 국가들은 서로 독특한 성격을 띠고 있어서 전통적인 세력 균형 원칙이 작동될 수 없게 되어 있다. 이들 국가들은 그 정신 구조에 있어서는 서로 매우 이질적인 국가들이어서 자신들이 속한 동북아 지역 자체를 인식하는 태도가 서로 적대적이기 때문이다.

먼저 동북아 지역에는 러시아 문제가 다시 대두되었다. 이 문제는 위에서 언급한 바 같이 유럽연합의 확장과 밀접한 관련을 갖고 있다. 유럽과 아시아의 두 얼굴을 가진 러시아가 아시아 국가의 외모를 더 드러내게 되었다. 러시아의 이런 아시아화 현상은 1970년부터 나타나기 시작하여 유럽연합의 확장으로 이제 동북아 지역은 러시아 발전의 불가피한 돌파구가 되었다.

그런데 러시아는 역사적으로 아시아나 동북아 문제에 대하여 매우 편견을 지닌 정치 집단이다. 러시아는 서유럽에 대한 열등의식, 유럽에서 받은 모욕을 아시아에서 보상을 받으려는 러시아적인 오리엔탈리즘, 그리고 자신이 세계를 구원해야 한다는 메사이아 사상을 지닌 정치 집단이다. 도스토에프스키(F. Dostoevsky), 다닐레프스키(N. Ya. Danilevsky)의 사상에 잘 나타나 있다. 그런데 러시아 오리엔탈리즘은 유럽의 그것과는 달리 자유주의 전통을 지니고 있지 않기 때문에 매우 과격한 성격을 갖고 있다는 점은 특기해야 한다.

중국의 강대국 부상에 관해서는 여러 지적이 있다. 그런데 유념해야 할 것은 중국의 동북아 관념은 전통적인 사대질서에 입각한 것이 아니라 1880년대에 변형된 사대질서에 근거하고 있다는 데에 문제의 심각성이 있다. 다시 말하자면 사대질서의 조공국 개념을 서양국제법에서 말하는 속국의 개념으로 변형시킨 논리이다. 현재 고구려 역사 문제를 포함한 중국의 동북아 태도는 이런 맥락에서 있다.

그리고 독특한 정신 구조를 지닌 정치 집단인 일본은 17세기 이래 동북아 국제 정치 질서 밖에 있었다는 역사적 사실을 기억해야 한다. 이런 사실에서 일본은 유럽 국제 질서에 쉽게 동화될 수 있었고 또 탈아론을 주장하였다. 일본은 지리적으로는 동북아에 위치하고 있으나 정신적으로는 아시아를 넘어선 위치에 있다는 자만심이다. 역사 교과서 문제는 이런 우월의식의 발로이다.

이렇게 볼 때 동북아 지역 국가들은 역사적으로 공존의 동반자라기보다는 투쟁의 상대자로 존재해 왔다. 따라서 작위와 부작위 규범의 존재, 그리고 공동의 적의 존재를 상정해야 하는 국제 사회의 근본 요소가 결여되어 있는 매우 불안정한 국제 정치 구조를 이루고 있다.

이와 같이 폭력을 잉태한 국제 정치 여건에서 한반도는 19–21세기에 걸친 3세기의 역사적 사명을 아직도 함께 지니고 있는 지구상의 유일한 지역이다. 첫째로 근대 국가 창설이라는 19세기의 과제, 둘째로 냉전의 청산이라는 20세기의 문제, 끝으로 세계화라는 미명으로 둔갑한 새로운 정치적 적들이 난립하고 있는

21세기의 현실에 어떻게 대처해야 하느냐 하는 중첩된 사명들이 우리 앞에 놓여 있다.

이렇게 볼 때 한반도에 살고 있는 우리들은 탈중세 시대의 특징을 지닌 21세기의 국제 정치 질서 속에서 자신의 삶을 찾아야 하는 번민의 늪에 빠져 있다고 볼 수 있다.

국제 관계와 신뢰를 결부시켜 논의한다면 국제 신뢰는 국제 사회 자본이라고 말할 수 있고 이것이 국제 사회의 민주화와 어떻게 연관되는가를 탐구해야 할 것이다. 이런 연구는 21세기 불신의 국제 사회에서는 더욱 절실한 학문적 과제일 것이다. 그리고 이런 연구는 국제 사회 자본이라는 측면에서 국제 평화의 가능성을 진단하는 연구이기도 하다.

2. 국제 사회의 유형과 신뢰

역사적으로 여러 문명권에 입각한 국제 사회의 유형들이 존재하였다는 사실을 인정하는 것은 유럽 중심주의를 반박하는 출발점이다. 유럽 사회에서 문명들(civilizations)이라는 복수의 명사가 등장한 것은 1819년 전후의 시기였기 때문이다.

일정한 유형의 국제 사회가 언제 발생하며 그 요인은 무엇인가에 관해서는 여러 견해들이 있으나 기본적인 요소들은 위에서 지적한바 같이 행위자 문제, 작위와 부작위의 명분 문제, 그리고 공동의 적 존재 문제 세 가지이다.

그러나 이들 3요소가 급변해 기존의 국제 사회가 과도기에 접어들고 새로운 유형의 국제 사회의 맹아가 나타나도 기존의 인식 태도는 상당히 오랜 시간 존속된다.

한두 가지 두드러진 예를 들어보자. 15세기 말 서유럽의 일각에서는 중세 질서의 행위자와는 다른 형태의 단위들이 등장하기 시작하였다. 상위 질서의 존재를 부정하고 자신을 절대적인 존재라고 관념한 중세 질서의 파괴자들이다. 우리는 오늘날 이들을 '근대 국가'라고 부르지만 당시에는 이들 새로운 행위자들을 어떻게 명명할지 고민이었다. 그리고 이들 새로운 행위자들 간의 법규범을 무엇이라고 부르느냐에 관해서도 의견이 분분하였다. 옛 로마법에서 말하던 유스 겐티움(jus gentium)을 비롯하여 국가 간의 법(jus inter potestas, jus inter gentes)으로 한때 호칭되었다. 그로티우스의 『전쟁과 법』은 이러한 탈중세 시대의 고민으로부터 나온 대작이었다. 그리고 같은 지역에서 시간의 흐름에 따라 상이한 문명들이 존재하여 왔는데 이를 길게 논증한 사람은 바로 토인비(A. Toynbee)였다.

다른 특징적인 예는 상이한 문명권에 속한 국제 사회들이 충돌하는 경우이다. 그리스·로마(Graeco-Roman) 문명이라고 일반적으로 특징짓고 있는 서유럽의 근대 국제 사회라는 독특한 유형이 유교 문명권의 사대질서라는 유형과 충돌할 때 무엇보다 위의 세 가지 요소들에 관한 기존 합의들이 흔들리기 시작하였다.

특정한 시간과 장소에 존재했던 문명권을 배경으로 나타난 국제 사회 안에도 중심과 주변이 존재하여 그 국제 사회에서 통용되었던 규범, 규칙에 대한 인식이나 현실적인 적용도 상이하게 나타난다. 사대질서 안에 있었던 일본이 청조(淸朝) 이래 사대질서 밖으로 밀려나 국제 사회 주변에 있었던 일은 두드러진 예일 것이다. 어떠한 국제 사회의 유형이건 간에 그 중심 세력들은 다른 지역에 대해 종속을 강요하여 왔고 그 주변 세력들은 독자적인 입장을 주장하여 왔다. 하여간 동양 3국 중 일본이 사대질서와 국제법 질서의 충돌을 잘 흡수하여 성공한 원인 중의 하나가 바로 일본의 주변성(周邊性)에 기인하는 것이었다. 이런 일본의 주변성은 기존 사대질서의 행위자들에 대한 기만과 사기에 입각한 것임을 주의해야 한다. 사대질서에서 통용된 신뢰 기준을 포기한 것이다. 이런 대표적인 예를 1876년 강화도 조약 교섭에서 찾아볼 수 있다.

2월 5일과 6일, 윤자승과 모리야마 시게루(森山茂)의 예비교섭이 강화부에서 있었다. 이 예비교섭부터 일본은 협박, 과장, 그리고 기만으로 일관하여 긴장이 시작되었다. 5일(음력 1월 11일)에 있었던 회담의 한 장면을 보자.

모리야마: 이번에 올 병졸이 4천 명인데(「일본외교문서」에는 3천 명) 수용하기가 어려울 것 같아서 4백 명만 데리고 왔다.

윤자승: 4백 명의 병졸도 적은 것은 아니다. 넓은 해사(廨舍)가 없으니 그 수를 줄이는 것이 좋겠다.

모리야마: 대신의 행차에는 예의가 있는 것이니 4백 명에서 더 감할 수는 없다. 뒤이어 올 병졸 2천 명에 대해서도 인천, 부평 등지에 주접처(住接處)를 미리 마련함이 좋겠다.

윤자승: 이번의 양국 대신의 접견은 구호(舊好)를 계속하는 뜻에서 나온 것이다. 어찌하여 많은 병졸이 필요한가? 왜관 설치의 구약(舊約)은 초량에 설치된 문밖의 출입은 금지되어 있다. 인천, 부평 등지에 하륙(下陸)한다 함은 이해할 수 없다.

신헌과 구로다 기요타카(黑田淸隆)는 1876년 2월 10일 첫 대면을 하였다. 이날 오후 3시 40분 구로다 일행은 신헌이 머물고 있던 곳에 도착하여 간단한 상호 간의 소개로 첫 인사는 끝났다.

그러나 다음 날인 2월 11일에는 본격적인 회담이 시작되었다. 강화부 연무대(練武臺)에서 오후 1시부터 5시까지 계속된 이날의 회의는 강화도 사건, 전권 문제, 그리고 서계 문제가 집중 거론되었다. 대화의 몇 장면을 보기로 한다.

신헌: 3백년간의 구호(舊好)를 지금에 다시 돈독하게 함은 성사(盛事)이다.

구로다: 이번 우리 대신들이 온 일은 지난번 히로즈의 별함(別函)에서 대충 제시한 바 있다. 우리 선박인 운요함(雲揚艦)이 작년 귀(貴) 경인(境人)의 포격을 입었으니 어찌 교린의 의(誼)가 있다고 하겠는가?

신헌: 경내에 들어오는 것이 금지된 것은 예경(禮經)에 실려 있는데 어떤 나라의 함정이 무슨 일로 오는지 몰랐고 방수처(防守處)에 직진하였으니 술병(戌兵)이 발포하였으며 이는 부득이한 일이다.

구로다: 운요함 세 돛대에 모두 국기를 세워 우리 나라임을 표지하였거늘 어찌 몰랐겠는가?

신헌: 그때의 선기(船旗)는 황색이어서 다른 선박으로 인정하였기 때문이다.

구로다: 우리 나라의 기호(旗號)를 이미 알렸거늘 어찌 각처에 관유(關由)하지 않았는가?

신헌: 그때에 영종진(永宗鎭)이 분탕(焚蕩)된 것도 교린의 후의(厚誼)가 아니다.

표류선도 후대하였거늘 어찌 귀국선을 굉격(轟擊)하겠는가?

구로다: 양국 대신이 만나서 정함에 있어서 귀 대신이 천단(擅斷)할 수 있는가?

신헌: 귀 대신은 전권직(全權職)이 있으나 우리나라에는 전권의 호(號)가 없다. 사건마다 품달(稟達)하여 처분을 기다려야 한다.

3. 서유럽 문명의 '폭력'과 신뢰

서유럽 열강이 세계로 팽창하기 시작한 19세기 이후 신뢰가 국제 사회의 가치 체계에서 중요성이 상실하게 된 것은 폭력이 기본가치가 되었기 때문이다.

유럽 문명권의 정신적인 본질을 '폭력'이라고 강조한 사람은 바로 다닐레프스키였다. 그는 왜 유럽 세계가 러시아에 대해 적대 관계를 갖지 않을 수 없는가를 규명하려고 하였기 때문에 유럽 문명권 본질의 핵심을 말할 수 있었다. 그의 구절을 보자.

> 로마 · 독일 타입의 모든 인민들에게 공통된 특징 중의 하나는 폭력(nacilstvennost)이다. 폭력 그 자체는 개성이나 개체에 대해 특별히 발전된 감정인데 이러한 감정을 소유하고 있는 사람은 자신의 사고방식과 이익을 최고로 간주하기 때문에 다른 모든 사고방식과 이익은 반드시 그에게 종속되어야 한다고 생각한다.

이와 같이 유럽 문명은 기독교의 전파, 식민지 개척, 그리고 무역 이익 쟁취를 위한 경쟁에 있어서 언제나 폭력을 사용해 온 것이 그 특징이라는 것이다. 이에 반하여 슬라브 문명은 그 근본 특징이 폭력과 불관용을 알지 못한다. 기독교의 수용과 전파, 농노의 해방, 그리고 식민 활동에 있어서도 분쟁이 동반되지 않았다. 또한 슬라브 문명은 자본주의의 탐욕과 무역 확장의 탐욕에도 물들지 않았다. 따라서 이제 유럽과의 최후의 투쟁에 있어서 슬라브 문명은 방대한 슬라브 공동체(slavyanstvo)를 건설하여야 된다는 것이다. 이 공동체는 콘스탄티노플을 수도(tsargrad)로 하는 실로 방대한 지역을 포괄하고 있는데 놀라운 일은 1945년

스탈린이 획득한 지역과 거의 유사하다는 점이다.

슈펭글러가 말하는 파우스트인이 여기에 해당될 것이다. 슈펭글러는 8개의 문화를 상정하고 이들 문화의 형태학(morphology)을 이론화하려고 하였다. 그러나 그는 이들 문화 전체에 관한 전문가는 아니었다. 그는 고대 문화, 아라비아 문화, 그리고 서구 문화, 세 문화의 역사 분석에 주력하였는데 이들 세 문화의 특징을 아폴로, 마기, 그리고 파우스트의 정신이라고 불렀다.

파우스트 정신의 특징은 무한한 발전, 그리고 목적을 향한 끊임없는 활동으로 표현되는 것으로 슈펭글러는 괴테의 「파우스트」에서 서구 문화의 특징적인 대명사를 빌렸다. 먼 거리를 정복하기 위해 파우스트는 우주에 대한 코페르니쿠스적 인식, 탐험가에 대한 신념, 그리고 더 많은 생산과 신속하게 여행할 수 있는 기계 발명에 관한 욕구로 충만되어 있다.

18세기는 파우스트 문화의 가을에 해당된다. 스타일과 형식이 완전히 실현되어 최종적이며 매우 정교하게 창조되었다. 외교 기술과 귀족 매너의 완성, 로코코 예술, 모차르트 음악, 칸트와 괴테의 저술로 대표된다. 고대 세계에 있어서 플라톤과 아리스토텔레스와 '동시대적'이다. 괴테는 이런 행복한 시대의 대표자이다.

19세기는 파우스트 문화의 겨울에 해당된다. 다시 말하자면 나폴레옹 전쟁을 거치면서 파우스트 문화는 이제 문명의 단계로 접어들었다. 900년간의 문화의 시기는 지나가고 따라서 창조성은 사라지고 또 스타일과 형식도 없어졌다. 그리하여 지배 계급이 된 중산 계층은 귀족적인 덕성을 혐오하게 되고 무절제한 자유를 열망하게 되었다. 물질주의와 회의주의가 만연되어 마치 고대 세계의 견유학파(犬儒學派, Cynics)와 에피쿠로스파(Epicurians)와 같게 되었다. 정치적인 형식도 무의미하게 되어 소위 의회주의라는 것도 금전의 승리를 호도(糊塗)하는 것이다. 민주주의, 입헌주의, 그리고 사회주의까지도 금융자본의 월급쟁이로 전락하였다. 이 불행한 19세기를 대변하는 것이 바로 니체(F. W. Nietzsche)이다.

20세기에 들어오면서 파우스트 문화는 새로운 측면을 나타내게 된다고 그는 예언한다. 자만과 본능의 세계인 '피'의 세계가 다가오고 있다. 제국주의의 시대, 대전쟁의 시대가 다가오고 있다는 것이다. '문명' 단계에 있어서 적어도 2백 년

동안을 차지하여 온 이런 단계는 나폴레옹 시대로부터 시작되었다. 그러나 강대국들이 전쟁을 함부로 발발시키지 못하였던 19세기의 독특한 환경 때문에 이 단계의 특징이 나타나지 않았었다. 그러나 제1차 세계대전의 발발로 영원한 전쟁의 시대가 시작되었다는 것이 분명해졌다. 그러나 다가오는 전쟁은 국민전쟁이 아니라 군사적 · 정치적 재능을 가진 시저들(Czers) 간의 전쟁이 된다. 이 시대에는 몇 개의 세계 도시—뉴욕, 베를린과 같은 대도시들(Megaloplis)— 들이 중요해지고 이들 도시의 사람들은 그 누구도 자신들의 즐거움을 만족시키는 지도자들에 복종한다. 그들의 삶은 저속하고 짐승과 같으며 순전히 기계적이다. 지적인 면에서도 기계적이고 실제적이며 냉정하고 단순히 '현명'할 뿐이다. 교육을 받은 사람들도 언어에 대한 감정을 상실하고 같은 언어—토인비가 말하는 'lingua franca'—만을 사용한다.

소로킨(P. A. Sorokin)의 말을 빌리면 슈펭글러가 말하는 19세기 유럽 문화는 '적극적인 감성의 문화'에 해당된다. 소로킨은 실로 특이한 학자였다. 먼저 그는 좁은 의미의 사회학자는 아니었다. '역사 철학자' 또는 '문화 형태학자'의 범주에 속할 것이다. 그는 당시 철학과 사회학의 주류에 대해 무자비한 비판을 가함으로써 이 두 '좁은' 학문 분야의 학자들로부터 소외당하였다. 사회학자들은 그의 저술들이 너무 '철학적'이라고 하여 무시하였으며, 철학계에서는 그의 업적이 주류의 철학이론을 모른다고 하여 주목하지도 않았다.

다음으로 그는 다닐레프스키, 슈펭글러, 토인비와 같은 일반적인 비교문명론자는 아니었다. 그는 몇 개의 자의적인 문명들을 상정하고 이들을 비교하는 이른바 문명비교론을 야유하였다. 이를 계기로 토인비와의 논쟁은 극한으로 치닫게 되었다. 끝으로 그는 특이한 삶과 지적인 배경을 갖고 있었다. 이러한 배경이 그로 하여금 서구 도시의 삶에 대해 회의를 갖게 하였고 이런 삶을 바탕으로 하는 서구의 학계에 대해 무자비한 공격을 가하였던 것이다. 그의 격렬한 공격 태도에 대하여 토인비는 "매너가 인간을 만든다"라는 말까지 할 정도였다.

소로킨은 냉전 시대가 도래하면서 진부하고 쓸모없는 사상가로 치부되어 왔다. 그러나 그의 천재적인 직관력에서 나온 몇 가지 통찰력은 21세기를 바라보는 국제 정치적인 조망에 크게 도움이 되리라 생각한다.

그는 실로 방대한 지적인 유산을 세상에 남겼다. 그리고 네 권으로 된 그의 주저도 상당한 분량에 달하고 있다. 그러나 그가 증명하려고 한 것은 매우 간단한 명제였다. "이 책의 분량이 상당한데도 불구하고 이 업적은 단 하나의 중심적인 문제, 즉 이념적(ideational) · 이상적(idealistic) 그리고 감성적(sensate)인 문화의 변화와 변동을 다루고 있다"고 그 자신이 명백히 말하고 있다. 그는 이들 문화의 유형을 ① 현실의 본질, ② 만족하려는 필요와 목적의 본질, ③ 이들 필요와 목적이 만족해야 할 범위, 그리고 ④ 만족과 필요의 방법 등 네 가지 기준에 따라 분류하고 있다. 그리고 ④의 기준에 따라 위의 세 가지 문화 유형을 다시 세분하고 있다.

현재 서유럽 사회의 문화 유형인 감성적인 문화의 특징은 오로지 감각 기관에 표현된 것만을 현실이라고 인식하는 태도이다. 감각적인 현실을 초월한 것은 아무것도 믿지 않는다. 추구하는 목적은 주로 물질적인 것이다. 이를 추구하는 수단은 인간의 내면생활의 변경에서 구하지 않고 외부 세계의 변경 또는 개발에 의해 추구하려고 한다. 이들 감성적인 문화 유형 중에서 적극적인 감성(active sensate) 문화는 외부 환경을 효과적으로 재조정 또는 변경함으로써 그 목적과 필요를 충족하는 문화 유형인데 위대한 정복자, 그리고 제국의 건설이 이들 문화 유형의 대표자들이다.

4. 폭력과 유럽 국제규범

폭력을 위주로 한 파우스트 정신과 적극적 감성 문화의 법적 표현이 바로 19세기 유럽 공법이었다. 유럽 공법은 17세기 초 '국제법 영웅시대'를 거쳐 발전되기 시작한 탈중세 시대의 산물이다. 이러한 공법이 19세기에 접어들면서 몇 가지 주요한 특징을 갖게 되었다. 실정법주의(positivism), 유럽 중심주의(eurocentrism), 팽창주의(expansionism), 그리고 형식주의(formalism)가 그것이다. 그러나 이들 요소들은 서로 얽혀 있어서 서로 분리되어 있는 것은 아니다. 이러한 요소들은 유럽 국제 사회의 이익을 보장하기 위한 법질서라고 하는 큰 전제에서 나오는 몇 가지 중요한 것들에 불과하다.

실정법주의는 법적인 합법성만을 인정하는 태도, 학설 또는 입장을 가리킨다. 여기에서 합법성이란 것은 곧 국가의 입법자 의사이기 때문에 이러한 태도가 국제법에 적용되는 경우, 그것은 국가의사 지상주의에 귀착된다. 이때에 국가는 유럽의 국가들을 말한다. 유럽 국가들의 명시적 · 묵시적 합의만이 중요시되었다. 그들 사이에 체결된 조약과 그들 간에 통용되어 온 관습만이 행동의 기준이었다.

19세기 유럽의 국제법이 본질적으로 유럽 중심주의에 입각하고 있음은 말할 필요도 없다. '국제법 영웅시대'에 이미 '유럽의 유스 겐티윰'이라는 용어가 사용되었으나 18세기 후반에 이르러 '유럽 공법'이라고 지칭하는 것이 크게 유행하였다. 이때부터 19세기 동안에는 국제법을 '유럽 공법'(droit public de l'Europe, European public law)이라고 즐겨 불렀다.

이러한 유럽 공법이 19세기 유럽 문명권의 세계관을 반영하고 있다. 그 법은 우선 '문명국 간의 법'으로 인식되었으며 유럽 이외의 국가들을 반(半)문명국, 야만국으로 간주하여 국제법의 주체가 아니라 기껏해야 제한된 의미의 주체로서만 간주되었다. 그러한 제한적인 인정도 특정한 경우에 국한되었다. 이와 같이 19세기 유럽의 공법은 세계의 모든 정치 집단을 위와 같이 세 가지로 구분하고 반문명 국가들에 대해서는 불평등조약으로 연결하여 정치적 · 경제적 착취를 자행하고 야만 국가들에 대해서는 침탈과 점령의 대상으로 여겼다. 이러한 인식이 유럽 공법 속에 제도화되었다.

다음으로 19세기 유럽 공법은 유럽 국가들의 세계 팽창을 합리화하고 부추기는 법적 도구였다. 이 성격이 실정법주의, 유럽 중심주의와 연결되어 있음은 물론이다. 팽창과 제국주의의 본질을 알기 위해서는 국가 승인의 창조적인 효과설과 무주지(無主地, terra nullius)를 언급하면 충분하다. 어떠한 정치 집단이 문명국이냐 아니냐를 판단하는 것이 기존 문명국가들, 즉 유럽 국가들의 권리라는 것은 팽창에 적합한 법적 도구였다. 토착민은 야만이며 따라서 재산권을 행사할 법적 능력이 없다는 무주지의 개념은 제국주의를 합리화시켜 주는 법 논리였다.

따라서 유럽 공법은 형식주의에 물든 법규범이었다. 실질은 가장 불평등하고 유럽 중심의 법규범인데도 불구하고 형식은 가장 평등하고 보편타당한 것으로 분식되어 있었다. 유럽 공법에서 말하던 국가 평등 원칙이라든가 타국 내정 불간섭 원칙은 현실의 정치 세계에서는 전혀 지켜지지 않던 원칙들이었다.

이렇게 볼 때 19세기 유럽 공법은 '지리적인 기초(그것은 유럽의 공법이고), 종교적 · 윤리적 영감(그것은 기독교 법이며), 경제적인 동기(그것은 중상주의 법이고), 그리고 정치적인 목적(그것은 제국주의적인 법이다)을 가진 일련의 규칙들'이라고 특징지을 수 있다.

5. 사대질서와 신뢰

사대질서라는 국제 사회의 유형은 국제적인 신뢰가 가장 잘 준수되는 사회였다. 사대질서는 공법 질서와 매우 대립적인 관념 체계였다. 공법 질서는 주권적이고 독립적인 이른바 '근대 국가'를 그 구성단위로 하고 그 단위를 넘어선 상위의 존재를 인정하고 있지 않다. 절대적인 존재라고 서로 인정하는 근대 국가들의 병렬(竝列)에 입각한 국제 정치 질서였다. 이런 점에서 그것은 유럽의 중세 질서와도 확연하게 구별되는 질서였다.

공법 질서가 병렬적인 것이었다면 사대질서는 천자(天子), 제후(諸侯), 배신(陪臣)으로 이어지는 서열적이고 수직적인 질서였다. 다시 말하자면 종주국과 조공국 간의 불평등 국제 정치 질서였다. 이러한 불평등 관계의 명분이 곧 사대자소(事大字小)의 예(禮)였으며, 제후 간의 관계는 교린(交隣)의 규칙으로 규율되었다.

이러한 사대교린의 규칙은 명 · 청의 여러 회전(會典)들에 자세히 규정되어 있으며 조선의 경우에도 『통문관지』(通文館志)나 『증정교린지』(增正交隣志) 등에 자세히 규정되어 있음은 다 아는 일이다. 그런데 사대질서의 관계는 조공 관계로 서로 연결되어 있었고 그 특징을 다음과 같이 요약할 수 있다.

① 조공국의 국왕은 중국에 의해 봉(封)해지고 조공국의 국왕이 변경되려면 중국의 인정이 전제되어야 한다. 조공국의 국왕들이 국왕으로서 자처할 수 있는 명분이 중국의 인정으로부터 나온다. 이것을 책봉(冊封)의 관계라고 한다.

② 조공국은 중국의 역법(曆法)을 받아 시행한다. 이것을 봉삭(奉朔)이라고 하였다.

③ 조공국은 정기적으로 중국에 조공을 행한다. 제후들의 국왕은 중국 황제에게 표(表)와 공(貢)을 바치며 황제는 이들 공사(貢使) 일행에게 답례한다. 이것을 조공회사(朝貢回賜)라고 부른다.

이러한 사대질서가 미치는 지역을 '천하'라고 불렀다. 그리고 그 밖의 지역은 이적(夷狄)의 세계로 간주하였다. 화이(華夷)의 구별이 엄격하였다. 서양의 오이코멘(oikoumene)이나 이슬람의 '이슬람의 영토', '전쟁의 영토' 구별이 여기에 해당된다. 중국의 고대 경전들은 사대질서가 미치는 '천하'의 지역을 문화의 수준에 따라, 그리고 중국의 중심인 왕기(王畿)로부터의 지리적인 원근(遠近)에 따라 여러 지역으로 구분하였다.

이렇게 구별된 여러 지역에 속하는 정치 집단 간에, 그리고 같은 지역에 속하는 정치 집단 간에는 일정한 행위규범이 존재하였다. 이를 '예'라고 고대로부터 불러왔다. '예'는 사람이 반드시 지켜야 할 행동규범이라는 좁은 의미로부터 시작하여 귀천이나 상하의 구별, 나라의 법제, 나라 사이의 관계, 모든 사물의 통일된 법칙 등을 지칭하는 매우 넓은 의미를 함축하고 있는 개념이다. 다시 말하자면 개인, 가(家), 제후(諸侯) 간의 관계, 주실(周室)과 제후 간의 관계를 규율하는 광범위한 규범이었다. 서양의 용어를 빌려 표현한다면 자연법(jus naturale)에 해당된다. '예'에 해당되는 여러 형식, 절차, 규범 등이 이미 선진(先秦) 시대에 형성되었다. 그리고 '예'의 법제들이 명 · 청 시대의 여러 회전들에 자세히 규정되어 있음은 다 아는 일이다. 이렇게 볼 때 '예'는 나라 간의 규범을 지칭하는 서양의 공법보다는 광범위한 개념이지만 국제 정치학의 입장에서 보면 서로 대칭(對稱)되는 용어로 사용할 수 있다.

6. 국제 사회 충돌의 주변지역: 단층지역과 신뢰

21세기 국제 사회 구조에서 신뢰가 가장 희박한 지역으로 단층지역을 들 수 있다. 분쟁과 단층지역 관계를 역설한 사람은 헌팅턴(S. Huntington)이었다. 그런데 헌팅턴의 저서에 관해서는 국내 학계에서도 찬반 양론의 토론이 있는데, 그 대부분이 문제의 핵심을 벗어나 있어서 이 문제를 잠시 검토할 필요가 있다. 그의 저서는 두 가지 문제로 집약될 수 있다.

하나는 국제 정치 문제를 문명적인 입장에세 접근하는 것이 20세기 말과 21세기 초의 세계에서는 유용하다는 점이다. 그가 말하는 문명적인 접근은 다음의 내용을 지닌 것이다.

① 통합의 세력들은 문명적인 의식들로부터 나온다.

② 세계는 서구와 그 밖의 지역으로 나누어져 있다.

③ 국민국가는 아직도 세계 문제의 주요 행위자이다.

④ 세계는 무정부 상태인데 가장 위험한 분쟁들은 상이한 문명들에 속하는 국가나 그룹들 간의 분쟁들이다.

그러나 이러한 문명적인 접근이 20세기 중반이나 21세기 중반에도 타당하거나 유용하다는 입장은 아니다. 그가 이러한 입장을 견지하게 된 근본 이유는 20세기 말과 21세기 초의 국제 분쟁들은 냉전 시대와는 달리 문명권들 간의 단층지역(斷層地域, Fault Line)에서 야기된다고 간주하고 있기 때문이다.

또 하나는 장차 미국과 서구의 안전에 가장 위험한 사태는 이슬람권과 중국권이 단결해 서방에 대항하는 경우라는 그의 정책 판단이다. 따라서 서방이 취할 외교 정책의 기본방향은 이러한 단결을 저지하는 데에 주력해야 한다는 것이다.

이러한 기본적인 구상과 더불어 그의 저서 전체의 내용을 볼 때 몇 가지 근본 문제가 제기된다. 첫째로 20세기 말과 21세기 초의 세계에서는 문화적인 요소가 중요하게 되었다는 것은 그의 개인적인 판단이기 때문에 이를 시비할 수는 없는 일이다. 그러나 탈냉전 이후 세계는 역사상 처음으로 다원적이면서 동시에 다문명적(multipolar *and* multicivilizational)이 되었다는 그의 주장은 비판되어야 할 것이다.

이런 주장은 탈냉전 시대 이전에는 하나의 문명권만이 세계를 지배해 왔다는 가정에 입각하고 있다. 따라서 이러한 관점은 유럽의 국가들이 비유럽 지역을 정복하고 식민지로 삼아 왔다는 전형적인 유럽 중심주의를 반영하고 있다. 그리고 세계 정치에 있어서 문화나 문명이 중요한 것은 20세기 말과 21세기 초의 세계에 국한된 것은 아니다. 문화나 문명이 국제 정치의 전면(前面)에서 잠시 사라진 것은 냉전 시대의 특징이었다. 냉전 시대 분쟁은 군사와 경제의 요인들이 주요 현안이었으나, 냉전이라는 기간은 긴 역사의 맥락에서 볼 때 매우 짧은 시간에 불과하다. 인간은 증오와 애정을 가지고 사색하는 동물이기 때문에 인간의 역사는 그 '정신 구조'의 분석에 입각해야 된다.

둘째로 지적할 것은 헌팅턴은 비교문명권에 관한 전문가가 아니라는 점이다. 그가 문명권을 7-8개로 상정하고 이들 문명권을 설명하는 데에 있어서 그는 멜코(M. Melko)의 우수한 연구에 크게 의존하였다고 생각한다. 그는 비교문명에 관해 연구하여 본 적이 없는 전형적인 '정치학' 교수이다. 한두 가지 증거를 들어 보자. 문명권을 얘기하면서 비교문명권에 관한 이론을 최초로 제시한 다닐레프스키를 논하지 않을 수 없다. 그러나 헌팅턴은 간접 자료를 재인용하여 단 한 번 다닐레프스키를 언급하고 있다. 사실 다닐레프스키를 미국이나 서방 학계에 본격적으로 소개한 사람은 소로킨이었다. 그런데 헌팅턴이 소로킨의 비교문명권에 관한 그 유명한 1952년 저술을 열거하지 않고 있는 것은 오히려 의아스러운 일이다. 또 '문명권의 충돌'이라는 제목을 가진 저서에서는 슈펭글러를 어느 정도 취급하지 않을 수 없다. 그런데 슈펭글러에 관한 연구로서는 휴즈(S. Hughes)의 업적(1962)이 최고의 수준이라는 것은 누구나 알고 있는 사실이다. 슈펭글러 누이동생의 딸이 보관하고 있던 슈펭글러의 유고를 모두 휴즈 교수에게 주어 슈펭글러를 재평가하도록 부탁하여 집필한 저술이었다. 그런데 헌팅턴은 휴즈의 연구를 인용조차 안 하고 있다. 따라서 그가 왜 일본을 독립적인 문명으로 간주했는가를 비판한다든가 불교문명권을 무슨 이유로 누락시켰는가를 따진다거나 문명과 문화를 혼동하고 그 개념 규정이 잘못되었다고 논하는 것은 헌팅턴에 대한 비판으로서는 방향을 잃고 아무런 의미가 없는 일이라고 생각한다.

셋째로 헌팅턴의 저서가 인용하고 있는 자료들을 보면 옥석이 구별되어 있지 않다. 일급 자료들과 함께 천박한 선전 자료들이 혼용되어 있어서 도리어 그의 저서를 격하시키고 있다. 그는 1994-1995년간 하버드 대학에서 탈냉전의 세계 문제에 관해 학생들과 세미나를 가진 바 있었는데 학생들의 보고문들을 주석(註釋)에 그대로 반영한 것이 아닌가 추측한다.

끝으로 헌팅턴이 제기한 미국과 서구의 정책적인 제안에 관해 논의를 한다는 것 자체가 무의미한 일이다. 이슬람권과 중국의 문화권이 결합하는 것을 저지해야 한다는 그의 정책적인 건의가 비록 소박하고 비현실적이라 하더라도 그것은 그 개인의 상황 인식에 근거하고 있어서 이 문제로 토론을 한다면 끝없는 비생산적 공론에 귀착될 것이다. 다만 그의 세계 인식이 반(反)이슬람 세계에 입각하고 있어서 이 점에 관해서는 시비가 제기될 수 있을 것이다. 반이슬람적인 태도는 그의 저서를 관통하고 있다.

그렇다면 헌팅턴의 공적은 과연 무엇일까? 탈냉전 시대에는 국제 분쟁의 유형이 다른 형태를 띠게 될 것이고 그러한 유형은 문화 · 문명에 입각한 분쟁이라는 점을 소박하고 천박한 '정치학'계에 소개한 점이다. 그러나 그의 소개 자체가 비교문명권에 관한 철저한 연구나 분석을 거쳐서 이루어진 것이 아니기 때문에 정치학 이외의 분야에서 이 문제를 연구하고 있는 전문가들의 눈에는 아희(兒戲)의 놀음으로 보일 것이다.

7. 외교 양식과 신뢰

유럽 문명권 외교사에 있어서 신뢰 문제는 18세기부터 대두된 '프랑스식 외교 형식'의 등장과 밀접히 관련되어 있다. 유럽 문명권의 외교 양식은 베니스의 외교 관례에 영향을 받은 비잔티움 외교 양식, 이탈리아 외교 양식, 그리고 프랑스 외교 양식으로 발전해 왔다. 외교사에 있어서 신뢰와 정직을 강조한 것은 프랑스 외교 양식에 이르러서였다.

모든 개념이나 용어는 장소적(topos)이고 역사적인 범주에 속한다. 외교라는 개념이나 그 용어의 사용도 어느 시대, 그리고 어느 곳에서 사용되었느냐에 따라 그 의미가 다르다. 여러 유형의 국제 사회 행위자들 간에 있었던 '교섭'이라고 하는 현상을 모두 '외교'라고 호칭하여 서술하는 것이 외교에 관한 연구들의 일반적인 경향이다. 다시 말하자면 고대 중국, 고대 인도, 비잔티움, 르네상스 시대, 근대 이후의 외교 등을 같은 차원에서 다루고 있다. 자주 열거되는 니콜슨(H. Nicolson), 매팅글리(G. Mattingly), 마갈량이스(J. C. de Magalhães), 해밀턴과 랭그혼(K. Hamilton and R. Langhorne), 앤더슨(M. S. Anderson), 무커지(G. K. Mookerjee), 콘스탄티너(C. M. Constantinou), 왓슨(A. Watson)의 연구들을 지적하면 충분할 것이다. 사토(E. Satow)의 고전적인 연구도 이 범주에 속한다. 문화와 외교를 서로 연계시켜 다룬 데리안(J. D. Derian)의 업적도 있으나 이 연구는 기본적으로 유대 · 기독교 문명권을 중심으로 서술되고 있다. 국제 정치학의 다른 용어들과 마찬가지로 '외교'도 문명권에 따라 그 의미나 목적이 매우 다르다.

유럽에서 나라 간의 교섭을 지칭하는 단어로 프랑스어 diplomatie가 나타난 것은 나폴레옹 전쟁 시기였다. 드 플라상(de Flassan)은 그의 『프랑스 외교의 일반적 및 체계적 역사』(*Histoire générale et raisonnée de la diplomatie française*, 1811)에서 "수년 전부터 diplomatie란 낱말이 대외 관계의 학문을 지칭하는 것으로 사용되어 오고 있다"라고 말하고 있는 것이 이런 사정을 잘 말하여 주고 있다. 옥스포드 어원사전도 diplomacy는 1796년부터 사용되었다고 지적하고 있다. 물론 이 이전에도 프랑스어 diplôme, diplomatique 또 여기에 해당되는 diploma, diplomatic의 영어 단어들이 있었으나 그것은 문서를 지칭하는 단어였다. 라이브니츠(G. W. von Leibnitz)의 저서명 『*Codex Juris Gentium Diplomaticus*』(1693)에서 보듯이 그 낱말은 공식문서나 조약집이라는 뜻으로 사용되었다. 나폴레옹 전쟁 이전 국제 사회의 행위자들 간의 교섭 행위를 지칭하는 용어는 négocier, negotiate였다. 1716년에 발간된 칼리에르(F. de Callières)의 그 유명한 저서의 명칭도 『*De la manière de négocier avec les souverains*』이었고 이 저서에서는 diplomatie, diplomate 같은 단어는 전혀 나오지 않고 있다.

이러한 용어의 변경은 중대한 의미를 갖고 있다. 그것이 행위자의 변경을 반영하고 있기 때문이다. 중세질서 행위자들 간의 교섭을 négotiation이라고 표현한 데 반하여 근대 질서의 행위자들 간의 그것을 diplomacy라고 불렀다는 의미이다. 중세 질서와 근대 질서의 분기점으로 대개 30년 전쟁을 마무리한 1648년

베스팔렌(Westphalen/Westpahalia)조약을 들고 있다. 그러나 이 조약으로 중세 질서가 송두리째 사라진 것은 물론 아니다. 두 질서가 서로 공존하는 시기가 상당히 진행되었다. 근대 질서의 행위자인 근대 국가가 어느 정도 보편화된 시점에서 이러한 새로운 현상을 지칭하는 새로운 용어가 필요하게 되었다. 사실이 먼저 나타나고 그러한 사실을 가리키는 개념이나 용어는 상당한 시간이 경과된 이후에야 나타난다.

나폴레옹 전쟁 시기에 diplomatie, diplomacy가 행위자들 간의 교섭을 지칭하게 된 시점이 바로 서양 공법에 있어서 실정법주의가 대두된 시간과 일치한 것은 우연한 일이 아니다. 외교는 유럽 공법의 한 제도이며 그 공법이 목적으로 하는 바를 실천에 옮기는 하나의 '술'(術, art)에 불과한 것으로 관념되기 시작하였다. 사토나 니콜슨의 예에서 보듯이 외교는 '교섭의 술'이라고 매우 형식적으로 규정되어 왔다. 먼저 외교는 외교 정책 자체와는 구별된다고 한다. 외교는 외교 정책의 목적을 달성하는 평화적인 수단 중 하나에 불과한 것이다. 평화적인 수단이라는 점에서 전쟁과 구별되며 이러한 점에서 아롱(R. Aron)이 국제 정치학을 대사(大使)와 병사(兵士) 간의 관계에 관한 학문이라고 말한 이유가 여기에 있다.

그러나 이렇게 형식적으로 규정된 '교섭의 술'로서의 유럽 외교가 지향하는 목적은 바로 그들의 팽창에 있었다는 것은 말할 필요도 없다. 그러한 정책적인 목적을 은폐하기 위해 교섭술이라는 중립적인 개념을 원용하였다. 또한 외교 정책과 절연(絕緣)되어 기술적(技術的)이고 형식적으로 정의(定義)된 외교의 개념 속에는 개인의 역할이 강조되고 있다. 칼리에르 이래로 외교관의 자질론(資質論)이 유럽 외교론의 핵심을 이루고 있는데 이 점이 유럽의 개인주의, 자유주의 전통에 입각하고 있음은 물론이다. 이러한 점에서 외교의 개념도 다른 정치학의 개념과 같이 정치적이라는 것은 말할 필요가 없다.

하여간 이러한 개념 규정 자체가 매우 유럽적인 것이다. 그리스 · 로마 문명(Graeco-Roman civilization)의 전통을 지닌 같은 문명권 안의 행위자들이 벌이는 교섭 행위를 규정하는 데에는 형식적이 되지 않을 수 없다. 그러나 그러한 교섭 행위가 다른 문명권의 행위자들에게 파급되는 경우에는 '교섭의 술'이라는 형식적인 범주에 머물지 않는다. 그러한 행위는 돌연 유럽 문명권의 본색을 나타내게 된다. 그것이 바로 유럽 공법의 특징이기도 하다. 그러한 특징을 자아낸 19세기 유럽 정신의 특징이 '파우스트 정신'(Faustian spirit)이다.

증오의 양성, 목적의 합리화, 자아(自我)의 몰두, 관능의 교육으로 대표되는 파우스트 정신으로 무장한 유럽은 19세기에 들어서면서 본격적으로 온 세계로 확장한다. 소로킨의 표현대로 '관능 문화'(sensate culture)의 정점에 섰던 유럽이 세계로 팽창하기 시작한 것이다. 문명권들의 단순한 충돌이 아니다. 그 문명권이 안고 있던 '정신 구조'의 충돌이 문제이다. 19세기 유럽의 외교는 이러한 파우스트 정신의 세계적인 확산을 위한 한 수단에 불과하다.

유럽의 팽창은 단순한 지리적인 확장을 의미하는 것이 아니다. 유럽적인 정신 구조의 확산과 더불어 비유럽적인 정신 구조와 충돌하는 것을 의미한다. '외교'라는 낱말도 예외는 아니다. 본래 사대질서 안에서도 외교(外交)라는 낱말이 있었다. 그것은 유럽 문명권에서 말하는 외교(diplomacy)와는 매우 다른 뜻을 가지고 있었다. 『예기』(禮記) 「교특생」(郊特牲)에 보면 "다른 사람의 신하된 사람은 외교를 할 수 없고 두 임금을 섬길 수 없다"(爲人臣者 無外交 不敢貳君)라는 말이 나온다. 한 제후의 신하는 그 제후의 승인을 받지 않고 비밀리에 다른 제후와 교제할 수 없다는 사대질서의 규범을 말한다. 이 경우 외교는 매우 나쁜 뜻으로 사용되어 있음을 알 수 있다.

이러한 뜻의 외교가 19세기 1870-1880년대에 diplomacy의 번역어로 다시 등장하게 되고 1880년대를 전후하여 중국 외교문서에서도 유럽식의 의미를 지닌 외교라는 낱말이 등장하게 된다. diplomatie를 '외교'로 번역한 것은 1876년에 마틴(W. A. P. Martin)이 마르텐즈(Ch. de Martens)의 *Le guide diplomatique*을 『성초지장』(星軺指掌)이라고 번역한 책에서 비롯된 것으로 여겨진다. 19세기 전반에는 교섭(交涉), 각국 교제(各國交際) 등의 용어들이 주로 사용되었었다.

이러한 사정은 제정러시아의 경우도 마찬가지였다. 1697-1698년 피터(Peter) 대제(大帝)가 이끈 '대사절단'이 유럽 각국을 순방한 이후 러시아는 유럽 문명을 적극적으로 수용하기 시작하였다. 그러나 이때부터 러시아의 발전 방향에 관해 유럽의 모델을 따르려는 서구주의자(zapadniki)와 러시아의 고유성을 강조하는 슬라브주의자(slavyanofil)들 간에 끊임없는 논쟁을 거치게 되고 이런 과정에서 슬라브적인 외교 형태가 나타나게 되었다. 피터 대제의 유럽 순방 시절부터 러시아는 서유럽의 조롱, 멸시, 그리고 천대를 받아 왔으며 그러한 천대의 정신적인 보상을 러시아는 아시아 지역에서 받으려고 하였다. 유럽의 천대는 나폴레옹 전쟁을 코사크(Cossack) 기병이 물리친 이후에도, 제2차 세계대전에서 붉은 군대가 결정적인 역할을 다한 이후에도 지속되고 있다. 하여간 1814-1815년 빈 회의에서 러시아가 잠시나마 유럽 외교계를 좌우하면서 전통적인 교섭 행위를 지칭하는 peregovor라는 낱말 대신에 diplomacy의 외래어인 diplomatiya를 사용하기 시작하였다.

이슬람권의 전통적인 세계관은 독특한 점이 있다. 온 세계를 신앙인(umma) 및 이들과 동맹을 체결한 자들(dhimmis)의 공동체인 '이슬람의 영토'(dar al-islam)와 비신앙인들의 지역인 '전쟁의 영토'(dar al-harb)로 구분하고 있어서 두 영토 간의 관계는 평등과 호혜에 입각할 수는 없었다. 이 관계는 '전쟁 상태'로 간주되었고 조약은 단지 '휴전'(hudna)에 불과하고 단기간의 효력을 가질 뿐이었다. '이슬람의 영토'를 확장하는 것은 신앙인의 의무이며 이것을 성전(聖戰, jihad)이라고 불렀다. 따라서 투쟁의 세계관을 반영하고 있다고 비판되지만 비신앙인들 세계에 대한 자세한 규범들이 있어서 이를 시야(siyar)라고 호칭하였다. 유럽 문명권과 이슬람 문명권의 오랜 충돌은 diplomacy와 siyar의 충돌이기도 하다.

8. 결론

현재 세계 학계 일각에서 논의되고 있는 이른바 신뢰 연구는 근본적으로 유럽 문명권의 정신 구조를 대변하고 있다. 따라서 이런 연구를 비교문명권의 시각에서 조망한다면 그들 연구의 한계성을 알 수 있다. 더구나 이들 연구의 결과를 국제 관계에 적용시키는 것은 매우 위험한 일이다.

국제 관계는 기본적으로 여러 문명권의 충돌을 전제로 하고 있다. 따라서 신뢰는 장소(topos)와 시간(tempo)에 따라 그 성격이 현저하게 다르다. 국제 관계에 있어서 신뢰는 실은 tempo와 topos의 신뢰'들'의 충돌을 어떻게 조화시키느냐 하는 문제에 귀착된다. 이런 충돌의 조화를 성취하는 일이 역사의 그 어느 시기보다 곤란한 21세기의 국제 정치학은 신뢰'들'의 역사적 성격을 규명하는 것이 중요한 학문적 과제일 것이다.

참고문헌

김용구. 2006. 『세계외교사』. 서울대 출판부.

______. 2002. 『외교사란 무엇인가』. 인천: 도서출판 원.

______. 2001. 『세계관 충돌과 한말 외교사』. 서울: 문학과지성사.

Anderson, Matthew S. 1993. *The Rise of Modern Diplomacy*. 1450-1919, London.

Bagby, Philip. 1959. *Culture and History. Prolegomena to the Comparative Study of Civilizations*. Berkeley.

Beneton, Philippe. 1975. *Histoire de mots-culture et civilisation*. Paris.

Braudel, Fernand. 1994. *A History of Civilization*. tr. by Richard Mayne, N. Y..

Callieres, F. de. 1716. *De la manière de négocier avec les souverains*, Paris.

Constantinou, Costas M. 1996. *On the Way to Diplomacy*. Minneapolis.

Costello, Paul. 1993. *World Historians and their Goals. Twentieth-Century Answers to Modernism*. DeKalb.

Danilevsky, Nikolai Ya. 1995. *Rossiya i Evropa, Vzglyad na kulturnye i politicheskie otnosheniya slavyanskogo k germano-romanskomu*. Izdanie shestoe, Sankt-Peterburg.

Derian, James D. 1987. *On Diplomacy. A Genealogy of Western Estrangement*. Oxford.

Galationov, A. A. 1995. "Organicheskaya teoriya kak metodologiya sotsiologicheskoi kontseptsii N. Ya. Danilevskogo v knige <Rossiya i Evropa>." *Rossiya i Evropa*. v-xx.

Galtung, Johan and S. Inayatullah. 1997. *Macrohistory and Macrohistorians. Perspectives on Individual, Social, and Civilizational Change*. Westport.

Gay, Peter. 1993. *Cultivation of Hatred. The Bourgeois Experiences, Victoria to Freud*. Vol. 3. N.Y..

Gray, John. 1998. "Global Utopias and Clashing Civilizations: Misunderstanding the Present." *International Affairs* 74-1: 149-64.

Hamilton, Keith & Langhorne, Richard. 1995. *The Practice of Diplomacy. Its Evolution, Theory and Administration*. London.

Harrison, Lawrence E. & Samuel P. Huntington, (eds.). 2000. *Culture Matters. How*

Values Shape Human Progress. N. Y..

Herman, Arthur. 1995. *The Idea of the Decline in Western History*. N. Y..

Huntington, Samuel. 1993. "The Clash of Civilizations?" *Foreign Affairs, Summer*. 22-49.

______. 1996. *The Clash of Civilizations and Remaking of World Order*. N. Y..

______. 1996. "The West: Unique, Not Universal." *Foreign Affairs*, Winter.

Joll, James. 1985. "Two Prophets of the Twentieth Century: Spengler and Toynbee." *Review of International Studies* 11: 91-104.

Kohn, Hans. 1953. *Pan-Slavism. Its History and Ideology*. Notre Dame.

______. 1967. "Dostoevsky and Danilevsky: Nationalis Messianism." Ernest J. Simmons, (ed.). *Continuity and Change in Russian and Soviet Thought*. 500-54, N. Y..

Kroeber, Alfred. 1944. *Configurations of Culture Growth*. Berkeley.

______. 1952. *The Nature of Culture*. Chicago.

______. 1957. *Style and Civilization*. Cornell.

______. 1963. *An Anthropologist Looks at History*. Berkeley.

Lewis, Martin & Wigen, Kären. 1997. *The Myth of Continents: A Critique of Metageography*. Berkeley.

Magalhaes, Jose C. de. 1988. *The Pure Concept of Diplomacy*. N. Y..

Mattingly, Garrett. 1955. *Renaissance Diplomacy*. Middlesex.

Mazlish, Bruce. 1998. "Crossing Boundaries; Ecumenical, World, and Global History." Philip Pomper et als (eds.). *World History. Ideologies, Structures, and Identities*. Oxford.

McNeill, William H. 1963. *The Rise of the West*. Chicago.

______. 1967. *A World History*. Oxford.

______. 1976. *Plagues and Peoples*. N. Y..

______. 1986. *Mythistory and Other Essays*. Chicago.

______. 1989. *Arnold J. Toynbee*. A Life. N. Y..

______. 1990. *Population and Politics*. London.

______. 1992. *The Global Condition. Conquerors, Catastrophes, & Community*. Princeton.

______. 1994. "The Fall of the Great Powers." *Review*, Spring: 123-43.

______. 1997. "Decline of the West?" *New York Review of Books* Jan. 9: 18-22.

______. 1998. "History and Scientific Worldview." *History and Theory* 37-1: 1-13.

______. 1998. "World History and the Rise and fall of the West." *Journal of World History* 9-2: 215-36.

Melko, Matthew. 1969. *The Nature of Civilizations.* Boston.

Mignolo, Walter D. 2000. *Local Histories/Global Design. Coloniality, Subaltern Knowledges, and Border Thinking.* Princeton University Press.

Mookerjee, Girija K. 1973. *Diplomacy. Theory and History.* New Delhi.

Nicolson, Harold. 1939. *Diplomacy.* Oxford.

Nötzel, K. 1920. *Russland und Europa.* Berlin.

Northrop, F. S. C. (ed.). 1949. *Ideological Differences and World Order. Studies in the Philosophy and Science of the World's Cultures.* New Haven.

Pfalzgraf, Konrad 1954. "Die Politisierung und Radikalsierung des Problems Russland und Europa bei Danilevskij." *Forschungen zur Osteuropaieschen Geschichte* 1. Berlin. 55-204.

Richardson, David. 1996. "Civilizational Worldview as an Aggregate of Intuitions." Joseph B. Ford et al (eds.). *Sorokin and Civilization.* London. 125-140.

Sahni, Kalpana. 1997. *Crucifying the Orient. Russian Orientalism and the Colonization of Caucasus and Central Asia.* Oslo.

Satow, Ernest. 1917. *A Guide to Diplomatic Practice.* London. 5th. (ed.). 1958. enlarged by K. Bourne. 1993.

Sorokin, Pitrim A. 1937-41. *Social and Cultural Dynamics.* 4 vols. N. Y..

______. 1941. *Crisis of Our Age.* N. Y..

______. 1952. *Social Philosophies of an Age of Crisis.* London.

Spengler, Oswald. 1928. *The Decline of the West,* 2 Vols. tr. by Charles F. Atkinson. N. Y..

Toynbee, Arnold. 1934. *A Study of History.* Vol. 1-3. London.

______. 1939. *A Study of History.* Vol. 4-6. London.

______. 1948. *Civilizations on Trial.* London.

______. 1953. *The World and the West.* London.

______. 1954. *A Study of History.* Vol. 7-10. London.

______. 1961. *A Study of History.* Vol. 12; Reconsiderations. London.

______. 1963. "Sorokin's Philosophy of History." Philip J. Allen, (ed.). *Pitrim J. Sorokin in Review.* 67-94.

Toynbee, Arnold and Jane Caplan. 1972. *A Study of History.* A New Edition. London.

Toynbee, Arnold and G. R. Urban. 1974. *Toynbee on Toynbee.* Oxford.

Voegelin, Eric. 1974. *Order and History. Vol. Four; The Ecumenic Age.* Baton Rouge and London.

Wallerstein, Immanuel. 1983. *Historical Capitalism and Capitalist Civilization.* London.

______. 1990. "World-System Analysis. The Second Phas." *Review.* Spring: pp.287-93.

______. 1998. *Utopistics. Or, Historical Choices of the Twenty-first Century.* N. Y..

Watson, Adam. 1982. *Diplomacy: The Dialogue between States.* London.

II. 한반도 평화협정: 북 · 미 간 및 남북 간 핵 문제 해결과 불신극복의 궁극적 틀*

이삼성**

1. 문제의 제기

탈냉전 후 15년이 넘도록 한반도의 냉전 상황을 지속시켜 온 북한 핵 문제는 한반도의 전쟁과 평화의 핵심적 위치에 있는 미국과 북한 사이의 신뢰 부재와 긴밀한 관계에 있다. 이 글은 핵 문제를 둘러싼 북 · 미 간 및 남북 간 긴장을 해소하고 평화적 공존, 나아가 남북 간 평화적 통일의 가능성을 열어 나가기 위한

* 이 글은 북한 핵 문제를 해결하고 한반도 평화체제를 구축하기 위해서는 남북한과 함께 미국과 중국이 정식 당사자로 참여하는 4자 간 한반도 평화협정이 필수적인 요소임을 밝히려 한 것이었다. 이 글의 발표 시기는 2005년 10월 7일 서울 기독교회관에서 평화통일연구소가 주최한 학술세미나에서였다. 당시는 한국정부가 4자가 함께 당사자로 참여하는 한반도평화협정이 아닌, 남북한이 주체가 되고 미국과 중국은 이 협정에 대한 보장자로 참여하면 된다는 이른바 '2+2'의 개념을 견지하고 있을 때이며 미국 역시 자신이 당사자로 참여하는 협정을 거론하기 이전이었다. 이후 미국은 2006년에 들어 남북한과 미국 및 중국이 정식 당사자로 참여하는 4자 간 한반도 평화협정을 거론하기 시작했으며, 한국정부는 2007년 2.13 합의 이후부터 비로소 2+2의 개념을 벗어나 4자 간 평화협정의 필요성을 공개적으로 인정하기 시작했다. 필자는 이 글을 2005년 발표 당시의 내용 그대로 여기에 싣는다.

** 한림대학교 정치행정학과 교수

궁극적 해결책은 한반도 평화협정이라는 포괄적인 정치 군사적 일괄타결의 틀을 통해서 가능하다는 것을 밝히려는 것이다.

이를 위해서는 그동안 그러한 포괄적 해결의 틀로서의 한반도 평화협정이 북 · 미 간 및 남북 간에 진지하게 논의되지 못했던 원인이 무엇이었는가를 이해하는 것이 필요하다. 이어서 그동안 북한 핵 문제 제기 이후 한반도에서 북 · 미 간 및 남북 간에 평화협정 문제가 어떻게 다루어졌는지 또는 다른 말로 해서 어떻게 회피되어 왔는지, 그 논쟁의 구조를 해체해 내지 않으면 안 된다.

이러한 논의를 바탕으로 이 글에서 필자는 그동안 북 · 미 간의 대화가 포함되는 남북 및 미국 · 중국 등 4국을 당사자로 포용하는 한반도 평화협정의 틀을 거부하는 핵심적 논리들을 추출하고, 그러한 주장들의 논리적 모순과 문제점을 지적해 낼 것이다. 끝으로 포괄적인 정치적 · 군사적 해결의 틀로서의 한반도 평화협정이 어떤 형식과 내용을 가질 수 있는지에 대한 원칙적인 논의로 나아갈 것이다.

2. 윤회(輪回): 그 굴레의 구조

한국 사회에서 안보 관련 전문가 집단, 그리고 언론과 정치인들은 북한이 미국을 포함하는 당사자들과 평화협정을 위한 협상 테이블에 앉게 되는 것은 실현될 수 없는 환상이라고 말해 왔다. 남북 당사자론이 예외 없이 내놓는 이유들에는 언제나 그러한 체념이 있었다. 그 체념은 한반도 안보 질서에 대한 냉철한 현실주의적 인식의 표출이기도 하다. 하지만 바로 이 점은 한반도에서 평화 체제 여부를 직접적이고 근원적으로 결정하는 힘의 한 축이 바로 미국이며, 이 미국과 북한 간의 관계 양식이 한반도의 운명을 결정해 오고 있다는 사실을 의식하고 인정하고 있음을 우회적으로 드러내는 것이다.

이 현실의식 앞에서 사람들은 둘로 나뉜다. 대부분의 사람은 그러므로 북한은 미국을 평화협정 협상에 직접 끌어들이는 것을 포기해야 한다고 말한다. 그렇지 않은 북한은 비이성적인 것으로 치부된다. 실현 가능성이 없는 목표는 공허하며 실효성도 물론 없는 것이다. 그러나 이러한 태도는 단순히 '미국이 참여하는 평화협정'이라는 비전으로부터 거리 두기로 끝나지 않는다. 한편으로는 북 · 미 간의 적대 관계 해소를 위한 양자 간의 결단을 기초로 하는 3자 간 또는 4자 간 평화협정 체제의 무의미성을 역설하는 논리로 나아가고, 또 다른 한편으로는 한반도 긴장의 모든 요인은 실질적으로 북한의 행태에서 말미암은 것이므로 평화 체제 구축의 결정적 요소는 북한의 태도 변화에 있을 뿐이라는 논리로 또한 연결된다.

이러한 논리들은 하나의 지배적인 사고 패턴으로 자리 잡으면서 우리 외교는 우리 자신과 함께 북한과 미국을 다 같이 평화협정의 테이블에 앉히기 위한 노력을 원천적으로 거부하거나 회피하는 경향을 갖는다. 북 · 미 양국이 남한과 함께 또는 남한 및 중국과 더불어 다 같이 당사자가 되는 평화협정 체제는 어차피 불가능한 것으로 만드는 현실의 구조는 그 결과로 더욱 강화된다. 우리 자신이 그 실현 불가능성이라는, 이를테면 하나의 '구성된 구조'의 기반으로서의 역할을 계속하는 것이다. 그럼으로써 우리 자신이 그 악순환 구조의 가장 중요한 일익을 담당하고 있는 것일 수 있다는 사실은 많은 경우 망각된다.

다만 북 · 미 관계가 위기로 치닫고 전쟁의 위기가 부활하고 그래서 코너에 몰린 북한이 위험한 선택을 할 때, 그래서 모두의 안보가 더 위험에 빠뜨려지면서 미국의 강압 외교가 실패했음이 분명해졌을 때, 그럼에도 전쟁을 선택하는 것은 남한에게도 미국에게도 너무 많은 손실을 가할 것이 분명하여 그것은 비이성적인 선택임이 재확인될 때, 미국 정부 안팎에서는 비로소 외교적 해결이 현실적 대안이라는 이야기가 흘러나온다. 북 · 미 간 고위급 접촉이 오가기 시작했다는 소문도 돌기 시작한다. 사람들은 다시 평화 체제를 거론하고 그 맥락에서 평화협정을 말하기 시작한다.

그러나 이때도 한국 사회는 여전히 다른 평화협정은 다 좋고 바람직하지만, 미국이 당사자가 되는 평화협정만은 도움이 안 된다는 말을 되뇌기 시작한다. 미국이 당사자가 되는 평화협정은 부지하세월이라고 말한다. 그러면서도 우리가 그런 종류의 평화협정을 외면하면서 북한에게 최대의 군사 위협이며, 그래서 북한에게 실질적으로 안전보장을 제공해야 할 당사자가 미국이므로 실효성 있는 평화협정은 미국이 포함되는 것이어야 한다는 북한의 주장을 일축하면서 지내온 긴 세월에 대해서는 아쉬워하거나 개탄하는 일이 없다. 그것을 허송세월이라고 결코 생각하지 않는다. 그러면서 새로운 국면이 가져다주는 이완과 안도와 평화에 관한 얘기들 밑으로 또 한 사이클의 악순환의 회로는 다시 시작되곤 한다.

우리는 이 패턴에 너무나 익숙해 있다. 그래서 그 패턴대로 파도타기를 너무나 잘하는 것은 우리가 그 패턴에 거부감을 갖고 있지 않기 때문이며, 우리의 관점에서 주된 책임은 북한의 벼랑 끝 전술에 있는 것이기 때문이다. 미국 역시 벼랑 끝 전술을 부리지만 그것은 강대국이 으레 하게 마련인 '당근과 채찍의 적절한 결합'일 따름이다. 그래서 미국은 면죄된다. 미국이 특별히 져야 할 책임과 의무는 없는 것이며, 미국에게 그런 것을 요구하는 것은 무모함에 다름 아닌 것이 된다. 그러나 한반도의 우리의 외교의 숙명적 과제의 한 본질적 요소는 강대국들과 씨름하기이며, 그것은 우리에게 무모함이 아니라 민족의 안전과 안보를 책임지는 자들의 일상적 의무 이행의 본모습일 수밖에 없다는 생각은 쉽게 잊어버린다.

1990년대 한국의 안보 관련 전문가 집단은 여전히 냉전의 사고에 갇혀 있었고, 북한 핵 문제로 인한 긴장은 그것을 더욱 심화시켰었다. 북 · 미 대화에 대해서는 말할 것도 없이 성찰 이전의 본능적인 거부감을 가졌고, 남북 대화에 대해서조차도 회의적이고 냉소적이기까지 했다. 남북 대화와 관련하여서 이 윤회의 굴레를 벗어던지기 시작한 것은 학자들의 선견지명이 아니라 김대중 정부라는 현실의 권력이었다. 그 초기에 안보 전문가 집단에서 햇볕 정책을 지지하는 목소리는 매우 작게 들렸다. 한국 사회 권력 관계의 변동이라는 현실에 이끌려 전문가들의 사고는 비로소 윤회의 굴레를 벗기 시작했다.

그러나 그 이후에도 미국의 문제에 관한 한은 현실의 권력도 전문가 집단도 그 굴레에서 자유롭지 못했다. 2000년대 들어서도 우리의 언론과 학계를 들여다보면, 미국을 한반도 평화의 책임 있는 일원으로 행동하게끔 이끌어 내는 일은 현실의 절박한 필요에 의해 현실의 권력이 앞서 나가고 전문가집단과 언론은 멀찍이서 그 뒤를 따라왔다고 생각된다. 이 패턴은 여전히 지속되고 있다.

이제 미국은 한국 및 중국과 함께 북한과 평화협정을 체결하는 일에 나설 준비가 되어 있다고 말한다. 그러면 우리 사회는 과연 미국이 책임 있는 당사자가 되는 평화협정에 얼마나 준비되어 있는가. 문제는 현실의 권력 못지않게 우리 사회 지식인 사회 전반의 편견의 구조에 있는 것처럼 보인다. 이번에는 과연 이 사회가 미국에 관하여도 그 윤회의 굴레에서 벗어날 수 있을까. 이 물음을 던지면서 한반도 평화협정에서 미국의 문제에 대한 우리 사회 내부의 뿌리 깊은 편견의 구조를 들여다보고 다음 네 가지의 문제를 거론하려고 한다.

그 첫째는 미국이 4자 회담 또는 6자 회담을 시도했던 시기의 역사적 맥락들을 살펴보는 일이다. 특히 먼저 1990년대 후반 클린턴 행정부의 4자 간 '평화회담'을 어떻게 평가할 것인가 하는 문제가 있다. 그 회담과 그 실패의 역사적 맥락을 살펴봄으로써 향후 한반도에서 의미 있는 평화회담에 유의할 일은 무엇인가를 이해할 수 있다. 이들 다자 회담은 북 · 미 관계의 부침과 긴밀한 관련을 맺고 있었다. 한편으로 미국은 북 · 미 관계의 진전을 회피하기 위해 다자 회담을 활용해 온 측면도 무시할 수 없었다. 이 점을 상기하는 이유는, 앞으로의 다자 회담 역시 미국이 북 · 미 관계의 진전을 회피하는 수단이 아니라 그것을 포함하고 촉진시키는 방향으로 진행되도록 한국 외교가 유의해야 함을 말하기 위해서이다. 이들 회담에 임할 때 한국 내 전문가 집단 안에 여전히 깊게 자리 잡고 있는, 북 · 미 협상 축을 남북 협상 축에 대립되는 것으로서 인식하고 그것을 경계하는 이분법적 사고를 돌이켜보기 위해서도 이는 필요하다. 우리는 그 둘을 상호 보완적인 관계에서 보아야 하고 한국 외교는 회담들을 그렇게 이끌어 나가도록 하는 역할을 해야 한다.

둘째, 한반도 평화협정에 미국 역시 책임 있는 당사자가 되어야 한다는 북한의 입장에 대한 남한의 전문가 집단 전반의 완고한 반대논리들이 협정의 실현 가능성, 실효성, 그리고 자주성 등 여러 차원에서 중요한 문제들을 안고 있다는 것을 지적하고자 한다. 여전히 지속되고 있는 남북 당사자론 및 그에 기초한 '2+2' 양식의 평화협정론을 비평함으로써, 남북한뿐 아니라 미국과 중국이 협정의 정식 당사자로서 참여하는 것이 왜 타당한지를 분명히 하려고 한다.

셋째, 평화협정이 담아야 할 기본적인 내용들을 파악한다. 이 점은 당사자 문제를 포함한 평화협정의 형식과 긴밀히 연관된다. 평화협정이 북한 핵 문제의 근본적 해결을 이끌어 내는 데 실효성 있는 문서가 되려면, 북한 핵 폐기의 마지막 단계에 가서 북한에 평화협정을 허락한다는 개념에서 벗어나야 한다. 북한 핵 해체의 과정을 미국과 한국의 대북한 안전보장의 군사적 · 외교적 조치들에 긴밀하게 연결하여 평화 체제를 구축해 나가는 동시에 행동의 체계로서 평화협정을 생각해야 한다. 이 글을 그러한 한반도 평화협정의 틀과 윤곽에 관한 이야기를 시작하는 기회로 삼고 싶다.

끝으로 한반도 평화의 제도화는 동북아 안보 질서의 긍정적인 변화의 틀과 긴밀한 상호 의존 관계에 있다. 따라서 한반도 평화협정의 형식과 내용이 동아시아 공동 안보 질서 구축에 기여하는 방향으로 나아갈 수 있게 하려면, 한반도 평화협정 체결 과정에서 그 내용과 형식과 관련해 우리가 유의해야 할 점들을 살펴보고자 한다.

3. 평화협정과 미국의 태도 변화

2005년 7월 22일 북한은 외무성 대변인 발표를 통해서 '한반도 평화 체제'를 구축하여 1953년 이후의 정전 체제를 대체할 것을 요구했다. 평화 체제 구축은 북 · 미 사이의 평화적 공존의 분위기를 조성하는 동시에 남북 간 평화통일의 성취에 기여할 것이라고 했다. 아울러 이 발표는 평화 체제 구축은 한반도의 비핵화라는 목표를 달성하기 위해서 북한과 미국이 다 같이 반드시 거쳐야 하는 과정이라고 강조하면서 공식적인 평화협정 체결은 자동적으로 한반도의 비핵화를 이루어 낼 것이라고 주장했다.[1]

미국을 향한 북한의 평화협정 체결 촉구는 한반도 정전 체제 해소의 주된 걸림돌은 북한에 대한 미국의 지속적인 적대 정책이었다는 주장과 함께 매우 유서 깊은 것이다. 다만 이번의 성명이 과거의 것들과 다른 것은 미국과 남한 정부의 반응이었다. 2005년 7월 하순에 시작된 제4차 6자 회담의 미국 측 대표인 크리

1. *Xinhua News Agency*, July 22, 2005.

스토퍼 힐(Christopher Hill) 국무부 동아태 차관보는 4차 6자 회담이 휴회에 들어가 있는 기간이었던 2005년 8월 중순 워싱턴의 '아시아소사이어티'(Asia Society)에서 행한 연설에서, 한반도의 정전협정을 적절한 평화협정으로 대체할 준비가 되어 있다고 밝혔다. 그는 또한 남북한과 미국과 중국 네 나라는 4차 회담 기간에, 그리고 그전에 이미 평화협정 문제를 논의했다고도 말했다. 북한이 원하면 미국은 평화협정에 관심이 있으며, 다만 6자 회담은 이 문제를 논의할 적당한 장소는 아니라고 했다.[2] 미국의 태도 변화 가능성, 그리고 제4차 6자 회담의 첫 회기였던 7월 말-8월 초의 시기에 미국이 다른 나라들과 함께 북한과의 평화협정 가능성을 거론했다는 이야기는 그전에 이미 한국과 미국의 언론에 보도되고 있었다. 한국 언론은 남북한과 중국, 그리고 미국이 평화를 제도화하기 위한 논의를 곧 시작할 것이라고 했다. 이 네 나라들은 이 문제를 논의할 별도의 4국 포럼을 구성하는 데 합의했다고 밝힌 것이다.[3]

미국의 태도 변화는 급작스러운 것은 아니었다. 미 국무부가 2004년 5월 정례 언론 브리핑을 통해 밝힌 바에 따르면, 제임스 켈리 미 국무차관보는 2004년 2월 베이징에서 열린 제2차 6자 회담에서 '핵 문제가 해결된 후 6자 회담은 한반도에서 정전협정을 항구적인 평화 체제로 대체하기 위해 같이 노력할 수 있을 것'이라고 제안했다.[4]

미국은 2003년 가을 북한에 일정한 안전보장을 약속할 용의가 있음을 밝혔는데 이것은 부시 행정부로서는 처음이었다. 물론 그것은 미국이 북한 핵 문제에

---

2. "U.S. willing to discuss peace treaty with N. Korea," *Chosunilbo*, August 19, 2005.
3. 최상연 · 서승욱, "정전협정을 평화협정으로 남북미중 공식 논의키로," 『중앙일보』, 2005년 8월 8일; Ryu Jin, "NK, U.S. to Discuss Peace Treaty," *The Korea Times*, August 8, 2005.
4. 2004년 5월 3일자 미 국무부 대변인실 자료에 따르면, "켈리 차관보가 지난 6자 회담에서 북한의 핵 프로그램 폐기를 조건으로 북한에 평화협정을 제안했는가?"라는 질문에 국무부 대변인은 다음과 같이 답변했다: "2004년 3월 2일 상원외교위원회 증언에서 제임스 켈리 국무부 동아태 차관보는 유럽에서와 같은 수많은 심층적인 대화는 아시아에는 존재하지 않지만, 북한 핵 문제가 해결되면 6자 회담이 동북아의 평화와 안보에 관한 더 폭넓은 문제들을 논의하는 데 이용될 수 있을 것이라고 지적했다. 이런 가능성의 맥락에서 베이징 6자 회담 2차 회의에서 켈리 차관보는 북한 핵 문제 해결이 동북아에서 지속적인 평화와 번영을 위한 기초를 놓게 될 것이라는 희망을 피력했으며, 이런 관점에서 켈리 차관보는 핵 문제 해결 후 6자가 같이 노력하여 한반도의 정전 체제를 영구적인 평화 체제로 대체할 수 있을 것이라고 시사했다." U.S. Department of State, Office of the Spokesman, "North Korea: Kelly Remarks," May 3, 2004.

관한 6자 회담에 참여하고 있었던 것과 무관하지 않았다. 그러나 이때에도 부시 대통령은 북한과 공식적인 불가침조약을 체결할 가능성을 분명하게 배제했었다. 또한 당시 미국은 북한과의 합의는 어떤 형태든 북 · 미 양자 간에는 있을 수 없으며 6자 틀에서 이루어질 것임을 분명히 하고 있었다. 다만 당시 콜린 파월 국무장관이 북한이 핵 프로그램 해체를 약속하면 북한에 안전보장 약속을 제공하는 방법에 대한 새로운 아이디어들을 모색하는 단계에 있다고 밝힌 것은 유의할 점이 있었다.[5]

2005년 7월 말의 제4차 6자 회담을 전후한 시기에 드러나고 있던 미국의 평화협정 관련 태도는 2005년 9월 한국 정부가 북한에 평화협정 체결을 공식적으로 제안하기에 이른 것과 무관하지 않은 것처럼 보였다. 이 무렵 한국 정부 관리들은 8월 초 제4차 6자 회담 첫 회기 때 중국 측이 마련한 합의문 초안에 한반도 평화에 관한 포럼을 구성하자는 제안이 담겨 있었다고 밝혔다.[6] 중국 역시 한반도 평화 체제 구축에 대한 적극적인 의지를 시사하는 것이기도 했다.

이러한 사태 전개는 결국 2005년 9월 13일에 속개된 제4차 6자 회담의 두 번째 회의 결과로 나온 '공동성명'(Joint Statement)으로 이어졌다. 이 공동성명은 북한이 핵무기 프로그램들을 폐기하고 조속히 핵무기 비확산조약과 국제원자력기구 안전협정 체제에 복귀하는 것을 약속하는 대신 미국은 북한의 주권을 존중할 것과 함께 평화협정 체제 구축에 나설 것을 약속하였다. 평화협정과 직접적으로 관련되는 공동성명 합의사항은 먼저 공동성명의 2항에서 시작된다. 2항은 "조선민주주의인민공화국과 미국은 상호 주권을 존중하고 평화적으로 공존하며 각자의 양자 정책들에 따라 관계를 정상화하는 조치들을 취한다"고 하였다. "6자는 동북아의 항구적인 평화와 안정을 위해 공동 노력한다"고 한 4항은 특히 '직접 당사국들'(the directly related parties)은 '적절한 별도의 포럼'(at an appropriate separate forum)에서 한반도에 '항구적인 평화 체제'(a permanent peace regime)를 협상할 것이라고 명시하였다. 또한 "6자는 동북아에서 안보 협

5. "Bush rules out peace treaty with Pyongyang," *Chinadaily*, October 20, 2003.
6. "South Korea proposes talks with North on peace treaty," *Agence France Presse*, September 12, 2005.

력을 촉진하기 위한 방법과 수단을 모색하는 데 합의하였다"고 하였다. 요컨대 남북한과 미국, 중국이 따로 1996년 4월 미국이 언명하고 시도한 바 있던 4자 회담 형식으로 한반도 평화협정을 논의할 수 있다는 구상을 말한 것으로 볼 수 있고 이를 러시아와 일본 역시 승인한 것이다. 또한 한반도 평화협정 체제 구축을 통해 동북아 다자안보 체제를 구성해 가는 계기로 삼는다는 점 역시 시사되어 있다.

북한 핵 문제의 해결을 추구하는 과정에서 미국과 한국을 포함한 핵심 당사국들이 북한의 평화협정 체결 주장을 더 이상 외면할 수 없다는 판단에 도달했음을 강력하게 시사한다. 한반도 평화협정 체제는 어떤 의미가 있는 것이고, 또한 그 구체적 모습은 어떤 것이 될 수 있는지를 분명히 해야 하는 시점이 되었다. 한반도 평화협정 체결이라는 문제가 제기하는 몇 가지 핵심적인 질문을 분별해 내고 그에 대한 답을 찾기 전에 우선 미국의 태도 변화의 배경을 이해하고, 그러한 변화의 맥락이 향후 가능한 한반도 평화협정 체결 문제에 던지는 함의가 무엇인가를 파악할 필요가 있다.

4. 미국의 태도 변화의 배경과 그 의미

부시 행정부 하에서 미국은 9.11 이후 이른바 대테러전쟁을 시작하면서 북한을 '악의 축'으로 규정한 바 있으며, 이후 북한을 협상의 대상자로 인정하지 않는 태도를 보였다. 미국은 특히 2002년 10월 이후 제임스 켈리 국무부 차관보의 북한 방문을 계기로 북한이 고농축우라늄 핵무기 개발을 위한 비밀 프로그램을 갖고 있다고 선언했다. 그리고 군사, 외교, 경제 전반에 걸친 압박을 통해 북한의 일방적 항복을 강요하는 정책을 취했다. 그러나 미국은 2003년 4월 중국 및 북한과 함께 3자 회담을 계기로 남한, 일본, 러시아를 포함한 6자 회담을 시도하기 시작했다. 그 결과 2003년 8월 첫 회의를 시작으로 일련의 6자 회담(2004년 2월, 2004년 6월, 그리고 2005년 7-9월)이 이루어졌다. 그러나 부시 행정부가 한반도 문제에 적용한 '다자 회담'의 애초 목적은 미 의회조사국의 한 보고서가 명백히 하고 있듯이 협상이 아닌 북한에 대한 고립과 압박 전략의 표현이었음은 매우 분명했다.

이 보고서에 따르면 부시 행정부의 대 북한 정책은 세 가지였다. 북한에 대한 일방적 양보 요구, 북한과의 직접협상 회피, 그리고 북한의 국제적 고립 강화가 그것이었다. 부시 행정부가 북한에 대해 이른바 리비아 모델에 따라 북한의 핵 프로그램들 역시 무조건적인 '완전하고 검증 가능하며 돌이킬 수 없는 해체'(complete, verifiable, irreversible dismantlement: CVID)를 요구한 것은 그 표현이었다.[7] 북한을 고립시킨다는 목표는 크게 두 가지 요소를 가졌다. 하나는 핵 문제에 대해 북한을 다른 국가들의 지지로부터 고립시켜 미국의 요구인 CVID를 북한에 요구하는 국가 블럭을 확대하는 것이었다. 다른 하나는 북한이 그 요구를 거부할 경우 북한에 대한 경제 제재에 동참할 국가들의 연합을 구성하는 것이었다. 의회조사국 보고서는 미국이 2003년 5월 이후 10여 개의 다른 나라들과 '확산 방지 구상'(Proliferation Security Initiative: PSI)을 구성한 것은 북한과 같은 확산 위험 국가들의 대외무역과 외화 획득 원천을 적극적으로 차단하여 경제 봉쇄를 실행하는 수단으로서, 그러한 정책의 구체적인 수단이었음을 지적하고 있다.[8]

미국이 2003년 봄 이후 6자 회담을 추구한 것 역시 적어도 초기에는 그러한 정책 목표들과 크게 다른 것이 아니었다. 우선 6자 회담은 미국이 북한과 양자 협상을 피하는 수단으로 활용되었다. 나중에는 6자 회담 안에서 양자 접촉을 시도하지만 2004년 6월에 열린 3차 6자 회담 이전까지는 6자 회담 안에서도 북한 대표단과의 직접 접촉을 피하고 있었다. 또한 부시 행정부의 전략에서 6자 회담은 미국이 한국, 중국, 러시아, 일본으로 하여금 미국의 대 북한 CVID 요구에 대한 지지를 확보해 내는 수단이었다. 미국 관리들이 6자 회담 안에서 북한을 고립시키는 5대 1의 상황(a five-versus-one situation in the six-party talks)을 만들어서

---

7. Larry A. Niksch, "Korea: U.S.-Korean Relations—Issues for Congress," CRS Issue Brief for Congress, Congressional Research Service, Updated June 16, 2005.
8. Niksch, "Korea: U.S.-Korean Relations," p.4. PSI가 북한에 대한 경제 봉쇄를 통해 핵 문제에 대한 '북한의 일방적 항복 또는 북한의 붕괴'를 촉진하려는 수단으로 그 주창자들이 의도하고 있는 점에 대해서는 특히 다음 자료 참조: Larry A. Niksch, "North Korea's Nuclear Weapons Program," Congressional Research Service, Updated May 6, 2005, p.4.

북한을 고립시키겠다는 이야기를 해 온 것은 정확하게 그러한 맥락에서였다.[9]

미국은 특히 6자 회담의 틀 속에서 중국을 북한에 대한 경제 봉쇄 연합에 동참시키는 데 초점을 맞추었다. 중국은 북한에 대해 식량의 40퍼센트와 원유의 90퍼센트를 제공하는 국가였기 때문이었다.[10]

결국 2003년 이후 미국은 6자 회담을 통한 북한 핵 문제 해결을 시도하였으나 북한과의 상호주의적 협상을 의도한 것이라기보다는 북한과의 양자협상의 산물인 1994년 제네바합의 틀을 부정하면서 다자 간 외교 압박을 통해 북한의 굴복을 얻어 내려는 '회피와 압박'의 전략의 표현이었다.

부시 행정부의 대 북한 정책의 이 같은 초기 역사에 비추어 볼 때, 미국이 2004년 2월 이후 북한과의 평화협정 체결을 가능한 선택으로 거론하기 시작하고 마침내 2005년 9월 4차 6자 회담의 결과로 나온 공동성명에서 한반도 평화협정 체제 논의를 약속한 것은 커다란 정책의 전환이라 할 수 있었다.

그럼 이 같은 태도 변화는 어디에서 연유한 것인가. 크게 두 가지로 볼 수 있다. 첫째, 북한의 핵무기 프로그램 폐기를 이끌어 내는 데에 미국의 일방주의는 점증하는 장애에 직면해 왔다. 9.11 이후 미국이 전개한 대테러전쟁은 중동과 남아시아에서 미국의 군사적 장악력을 높이고 미국의 헤게모니적 리더십 하에 세계를 하나로 묶는 효과를 가져온 것처럼 보였다. 하지만 이들 지역에서 고립된 몇 개 국가들에서 값비싼 전쟁을 치르면서 또한 유럽, 러시아, 중국으로부터 미국의 일방주의에 대한 경계는 높아졌다. 아프가니스탄과 이라크에서 전개한 전쟁의 끝이 보이지 않는 가운데 북한에 대한 미국의 군사 외교적 압박 위주의 전략은 명백한 한계에 부딪혔다. 중동에서와 달리 미국이 동아시아에서 북한 문제에 대해 군사적으로 해결하려는 시도는 한국은 물론이고 중국과 러시아 등 강력한 국제적 저항 세력이 존재하는 것은 그러한 문제를 동아시아 질서 차원에서 미국의 행동을 제약하는 요인이었다. 대 북한 군사 행동 가능성에 있어서 1994년 5월과 6월에 클린턴 행정부가 직면했던 동아시아 질서에서 직면했던 딜레마에서 2000년대의 부시 행정부 역시 벗어나기 어려웠다. 상호주의적 협상을 통한

9. Niksch, "Korea: U.S.-Korea Relations," p.4.
10. Niksch, "Korea: U.S.-Korea Relations," p.4.

외교적 해결책만이 대안일 수 있었다.

둘째, 한반도의 6자 회담 참여 국가들을 포함한 국제 사회에서 미국의 대북한 정보 평가와 정책은 신뢰성을 상실해 왔다. 이것은 미국의 강압 외교가 북한을 압박하는 국제적 조건을 형성하는 것을 갈수록 어렵게 만들었다. 부시 행정부는 2002년 10월 제임스 켈리 국무차관보의 방북을 계기로 1994년의 북 · 미 간 제네바합의를 파기하고 북한에 대해 일방적인 CVID를 요구하면서 북한에 대한 압박에 국제 사회의 동참을 요구하고 나섰다. 미국이 그것을 정당화한 근거는 북한이 제네바합의를 어기고 고농축우라늄 핵 프로그램을 비밀리에 추진한 증거를 확보했다는 것이었다. 그러나 미국의 북한 핵관련 정보 평가는 북한이 부인하는 우라늄 핵 프로그램의 존재에 대한 설득력 있는 근거를 제시하는 데 실패했다.[11] 미국의 대이라크전쟁의 명분이었던 후세인 정권의 핵무기 및 생화학무기 등 대량살상무기 프로그램의 존재에 대한 미국의 정보 평가의 실패,[12] 그리고 더 나아가 정보 왜곡을 통한 전쟁의 정당화 양상이 드러나면서 국제 사회 전반과 6자 회담에 참가하고 있는 한국과 중국 · 러시아 등으로부터 회의와 비판에 직면했다.

북한의 농축우라늄 비밀 핵 프로그램의 존재에 대한 미국의 정보 평가와 증거 제시가 중국 및 러시아를 설득하지 못하고 있었던 점은 2003년 7월 초 미국이 유엔 안전보장이사회에서 북한이 핵무기 위협을 제기하고 있다는 성명을 채택하고자 했으나, 중국과 러시아의 반대로 실패한 데에서도 드러나고 있었다.

11. 이삼성, "미국의 대북한 정보평가와 정책의 신뢰성 위기와 북핵 문제 해결방향: '한반도평화협정' 체제가 유일한 대안인 또 하나의 이유," 『현대북한연구』, 북한대학원대학교, 2004. 9. 30.

12. 미국이 북한의 우라늄 핵무기 비밀 프로그램의 존재를 주장하고 나선 2002년 10월은 미국이 또한 이라크에 대한 전쟁의 명분을 쌓기 위하여 이라크의 후세인 정권 역시 우라늄을 이용한 핵무기 비밀 프로그램을 추진하고 있다고 주장한 시기와 정확히 일치한다. 부시 행정부가 이들 두 '불량 국가들'의 우라늄 농축 핵무기 프로그램 존재의 증거로 제시한 것 역시 우라늄 농축에 필요한 원심분리기용 고강도 알루미늄 튜브에 관한 것이었다. 이라크에 대한 미국의 주장은 왜곡되고 잘못된 것임이 이미 판명되었다(이 점은 미국 CNN방송이 2005년 8월 20일과 그 후 몇 차례에 걸쳐 방영한 1시간 분량의 도큐멘터리 「Dead Wrong: Inside an Intelligence Meltdown」에 명확하게 정리되어 있다). 부시 행정부가 북한의 농축우라늄을 이용한 핵무기 프로그램의 증거에 관한 것이라고 내놓은 정보평가 역시 미국의 의회조사국의 한 보고서에 드러나듯 여러 가지 의문에 직면해 왔으며 국제 사회의 신뢰 획득에 실패한 것으로 평가할 수 있다. 이삼성(2004), 앞의 논문.

그러나 이것은 이후 북한의 고농축우라늄 핵무기 개발 의혹에 관한 미국의 지속적인 대중국 및 러시아 설득 외교의 실패의 첫 사례에 불과했다. 2004년 6월 9일 『뉴욕타임스』는 중국 외교부 부부장 주웬종이 북한의 우라늄 농축 프로그램의 존재에 대한 부시 행정부의 주장에 공개적인 의혹을 제기했다. 이 시기는 미국의 대 이라크 정책 및 대 북한 정책을 포함한 미국의 대외 정책 전반이 중국 등 동아시아 국가들에 의해서뿐만 아니라 유럽에서도 마찬가지로 신뢰성을 크게 상실하고 '지도력'을 상실한 시점이었다는 사실도 유의할 필요가 있다.[13]

6자 회담을 통해 애당초 미국이 의도한 대로 북한을 고립시키는 5대 1의 상황을 만들어 내는 것이 아니라 오히려 미일 동맹 대 다른 네 나라라는 4대 2의 상황으로 전환되고 말았다고 할 수 있고, 그것은 결국 북한 핵 문제에 대한 미국의 정보 평가와 정책의 신뢰성 상실이 상당 부분 자초한 것이었다고 말할 수 있게 된다.[14] 그 결과, 지난 몇 년간 부시 행정부가 지나온 길은 1990년대 1차 북한 핵 문제를 둘러싼 한반도 위기에 처하여 클린턴 행정부가 걸어간 길을 상기시킨다. 당시 미국은 북한 핵 문제를 미국 자신의 안보까지도 위협하는 국제 문제로 부각시키며 군사적 압박을 앞세우는 강압 외교(coercive diplomacy)를 전개한다. 리언 시걸은 부시 행정부 말 이후 클린턴 행정부 초기에 이르는 3년에 걸친 강

13. 2005년 6월 28일자 『뉴욕타임스』는 터키에서 열리는 북대서양조약기구(NATO) 정상회담 참석을 앞둔 부시 대통령이 유럽에서 직면한 외교적 상황을 한마디로 '미국 외교력의 추락'(diminished diplomatic strength)으로 요약하고 있었다. 부시는 유럽의 나토 동맹국들이 이라크에서 미국을 돕는 데 더 많은 역할을 할 것을 촉구하지만 독일 · 프랑스 · 일본 같은 전통적인 우방국과 미국이 주도해 온 국제기구들로부터도 저항을 받고 있으며, 이로 인해 미국은 "이라크의 안보 및 북한의 핵무기 프로그램 폐기를 위한 계획들을 재검토하게끔 만들었다"고 이 신문은 분석했다. 이와 함께 "우리가 목도하고 있는 것은 다른 나라들이 미국의 일방주의에 저항하는 데 합류함으로써 (미국으로부터) 더 많은 대가를 치르게 하고 있는 상황"이라고 한 분석가의 말을 인용해 보도했다. 보다 구체적으로 이 신문은 나토 안에서 집중적인 로비에도 불구하고 대통령 부시는 유럽의 동맹국들로부터 '군사 훈련단 같은 형식적인 형태 이외의 도움을 받아 내기 어려운 상황'이며, "북한에 대해서도 아시아 동맹국들의 압박에 의해 부시 행정부는 북한에 인센티브를 주지 않고 핵 프로그램 폐기를 얻어 내려는 강경책을 포기하게 되었다"고 했다. 또 "6자회담의 주최국인 중국이 그러한 변화를 촉구했으며, 한국과 일본이 그러한 입장에 동조하는 것을 막기 위해 애쓰지 않으면 안 되는 상황이었다"고 파악했다. Christopher Marquis, "As Bush Confers with NATO, U.S. Is Seen Losing Its Edge," *The New York Times*, June 28, 2004.

14. 필자는 2004년 가을에 발표한 앞의 논문 "미국의 대북한 정보평가와 정책의 신뢰성 위기와 북핵 문제 해결방향"에서 이 문제를 집중적으로 조명한 바 있다. 이어 『포린 어페어즈』 2005년 1/2월호는 셀리그 해리슨이 역시 같은 문제에 대한 미국의 주장에 의문을 제기한 논문을 실었다. Selig S. Harrison, "Did North Korea Cheat?," *Foreign Affairs*, January/February 2005.

압 외교가 실패한 후에야 미국은 '협력'을 선택했다고 평가한다.[15]

그것이 제네바 북 · 미합의였다. 군사적 위협을 앞세우는 외교는 북한을 굴복시키는 데 실패했었다. 미국이 강압 외교로 일관하는 사이 미국과 국제원자력기구가 인식하는 북한의 핵무장 위협은 더욱 커졌다. 그러나 그렇게 인식된 북한의 핵무장 위협을 군사 압박의 종점인 전쟁으로 해결하려는 순간 미국은 그것이 스스로 감당할 수 없는 수준의 대가와 비용을 초래할 것을 실감하였다.[16] 미국은 결국 북한과 협상 테이블에 임할 수밖에 없었다. 2002년 10월 제임스 켈리의 방북 사건 이후 전개된 2차 위기를 부시 행정부가 대처해 온 양상도 기본적으로 이와 같은 패턴을 반복하는 것이 아닌가 생각된다.

부시 행정부의 6자 회담이 북 · 미 협상 회피 수단으로 시작되었으나, 마침내 북 · 미협상 역시 포함하게 될 평화회담에 관한 합의를 이끌어 내기에 이른 또 하나의 이유는 한반도 평화협정 체결을 주장해 온 북한이 그 핵심내용으로 거론해 온 주한미군 철수 문제에 대해 북 · 미 간에 타협점이 가능하다는 인식이 형성된 점은 아닌가 생각된다. 북한 정부가 1974년 3월 25일 제5차 최고인민회의에서 채택한 북 · 미 평화협정 체결 제안은 미국 연방의회에 보내는 서한 형식을 띠고 있었다. 이 서한에서 북한이 제안한 평화협정은 첫째 북 · 미 양측이 상호 불가침을 약속할 것, 둘째 북 · 미 양측이 군비 확장을 중단하고 한국에 무기 등 전쟁물자 공급을 중단할 것, 셋째 한반도에 주둔한 외국 군대는 '유엔군'의 모자를 벗어버리고 모든 무기와 함께 조속한 시일 내에 철수할 것, 넷째 모든 외국 군대가 한국에서 철수한 후 한반도를 어떤 외세도 군사기지나 작전기지로 만들

15. Leon V. Sigal, Disarming Strangers: Nuclear Diplomacy with North Korea, Princeton: Princeton University Press, 1998, p.5.

16. 클린턴은 자신의 회고록에서 1994년 6월 초 지미 카터가 평양 방문을 자신에게 요청했을 때 처음에는 말렸으나, 곧 허락하게 된 과정을 설명하고 있다. 여기서 그는 카터의 북한 방문 요청을 승인하는 결정을 내리기 3주 전 한반도에서 전쟁이 일어나면 양측 모두 막대한 피해를 입을 것이라는 냉엄한 현실을 지적한 평가보고서를 받았었다고 말하였다. Bill Clinton, My Life, New York: Alfred A. Knopf, 2004, p.603. 당시 한반도 전쟁 위기가 카터의 방북으로 우연히 평화적 협상의 계기를 찾게 된 것이 아니라, 카터의 방북을 친히 승인한 클린턴의 행동은 이미 더 이상의 군사 압박은 현실성을 잃었으며 협상만이 남은 선택이라는 판단에 기초한 것이었다고 할 수 있다. 평양에서 CNN을 통해 긴급뉴스로 세계에 타전된 카터에 대한 김일성의 약속이라는 것은 북한이 주장해 온 일괄타결 원칙에 기초한 협상 방안의 재확인 그 이상도 그 이하도 아니었다.

지 않을 것 등 네 가지를 담고 있었다.[17]

이러한 요구사항을 담은 북한의 평화협정 체결 요구에 미국과 한국이 응할 가능성은 당시의 시대상황으로 불가능한 일이었다. 미국에 대한 북한의 평화협정 체결 요구는 이후에도 지속되었으며 특히 1994년 제네바 기본합의에 따라 북 · 미 관계 정상화의 가능성이 떠오른 이후 한반도 평화협정 체결논의는 새로운 국면에 들어설 수 있었다. 그러나 핵 문제를 국제적 문제로 부각시켜 협상 과정에서 북한에 대한 군사적 압박을 병행했던 미국의 군사력과 군사 정책을 북한은 경계할 수밖에 없었다. 이러한 북한의 인식에서 한반도 평화 체제란 곧 주한미군 철수의 청사진을 포함하는 것이었다. 1995년의 '나이리포트'로 확인된 미국의 동아시아 군사 전략 역시 기존의 수만 명의 주한미군을 포함한 10만의 전진 배치 병력을 동아시아에 유지하는 것을 핵심 내용으로 담고 있었다.[18] 역시 타협은 불가능한 것처럼 보였다.

북한은 탈냉전 체제의 실현의 핵심으로 주한미군 철수를 주요 문제로 거론하기를 멈추지 않았다. 미국은 동아시아에서 탈냉전 체제의 형성이 자신의 기존 군사 전략에 던지는 충격을 두려워하였다. 북한과 제네바합의에 임하면서도 북한의 붕괴가 임박하였다고 믿고 그로 촉발될 혼란 상황을 자신이 주도하여 효과적으로 관리해야 한다는 생각에서도 미국은 냉전 시대 군사 전략의 변경을 상상하지 않았다. 주한미군과 미국의 군사 전략에 대한 북 · 미 양측의 이 같은 인식 차이는 곧 평화협정의 실질적인 가능성을 크게 제약했다. 그 한가운데는 물론 주한미군의 지속이 한국 안보의 근본 조건이라는 생각에 기초하여, 북 · 미 간의 평화협상이 주한미군의 지위 변경을 내포할 경우 그 어떤 협상의 실질적 진전도 원하지 않았던 한국 정부의 태도가 있었다.

그러나 주한미군의 일정한 역할 변화를 전제로 평화 체제 하에서 주한미군의 존재를 받아들일 수 있다면 미국은 또한 동아시아에서 미군 전진 배치 전략의

17. Supreme People's Assembly of the Democratic People's Republic of Korea, "Letter to Congress of United States of America," March 25, 1974, KCNA.
18. Department of Defense, Office of International Security Affairs, *United States Security Strategy for the East Asian-Pacific Region*, February 1995.

개편을 통해 주일미군 중심의 동북아 미군사력 전진 배치 전략을 강화하면서 주한미군은 그 의미를 상대적으로 제한할 용의를 가진 것으로 해석할 수도 있다. 미국이 동아시아 군사 전략에서 한반도를 전진기지로서보다는 완충지역으로서, 그리고 주한미군은 그 완충지역의 관리자 역할로 조정함으로써 한반도 평화 체제 구축과 관련해 북한과 일정한 타협을 할 가능성이 있다고 생각해 볼 수 있다.[19] 주한미군에 대한 타협 가능성에 대해 미국과 북한은 동상이몽을 할 수도 있고 착각을 하고 있을 수도 있으나, 평화협정에 관한 협상 과정에서 두 나라는 상대방의 일정한 양보 가능성을 기대하고 있을지 모른다.

2000년 6월 남북 정상회담시에 김대중 대통령과 김정일 위원장이 나누었다는 주한미군 관련 대화는 그런 점에서 주한미군에 대한 북한의 진심이 무엇인지 혼란을 불러일으킨 점 부인할 수 없다. 김 위원장은 이 자리에서 주한미군의 '긍정적' 역할에 일부 동의한 것으로 알려졌다. 1990년대 말 이래 김대중 정부 하에서 햇볕 정책이 도입되고, 2000년대 노무현 정부 하에서도 그 기조가 이어지면서 주한미군의 의미에 대한 남한 사회 안에서의 인식이 의미 있는 변화를 보인 것도 유의할 점이다.

판문점 공동경비구역 책임의 한국 이관, 북한 장사정포에 대한 화력전 책임의 한국 이양 등, 휴전선 근접 지역의 직접적인 군사 역할에서 미국은 물러나고 있다. 육군부대들의 후방 이전이 추진되고 있다. 이러한 상황은 한편으로 북한에 대한 미국의 선제공격 우려를 불러일으키기도 한다. 동시에 이러한 주한미군의 구조조정은 전 세계적 차원에서 미 군사력 전진 배치 전략의 구조조정과 연계하여 미국과 북한 사이에 주한미군의 향후 존재 양식에 대한 일정한 타협의 가능성을 열어 준 것으로 해석될 수도 있을 것이다. 무엇보다도 북한은 주한미군 문제에 대해 힘의 관계상 어떤 선에서 타협할 수밖에 없다고 생각할 수도 있고, 미국은 미국대로 북한과 평화협정 체결에 응하면 주한미군 문제에 북한이

19. 다음의 논문은 김정일과 북한 정부가 평화협정을 맺는 대가로 주한미군의 역할의 중립화를 통해 그 주둔 지속의 합법화를 선택할 수 있다는 가능성을 시사했다고 주장하는 것으로 보인다. Kim Myong Chol, "Kim Jong-il's Peace Policy," Northeast Asia Peace and Security Network, Special Report Policy Forum Online #13, January 6, 1998.

타협하게 될 것을 기대하고 있는 것이라고 생각된다.

이 추이와 배경에 비추어 볼 때, 평화협정을 위한 4자 회담 안에서 북 · 미 양측이 동의할 수 있는 협정의 내용과 형태는 두 가지 면에서 중요한 함의를 갖는다. 첫째, 미국은 북한의 핵 비확산 목표를 이루기 위해 평화협정에 동의하기에 이른 만큼, 한반도 비핵화에 대한 북한의 공약과 이행을 확고히 강제하는 형식과 내용을 확보하려 할 것이다. 북한은 미국의 이 같은 비핵화 이행 요구에 상응할 만한 군사적 안전보장의 문제를 핵심으로 간주할 것이다. 둘째, 주한미군의 주둔 지속 여부와 그 수준에 대해 북 · 미 양측은 일정한 타협을 모색하려 할 것이다. 북한은 주한미군의 주둔 지속 자체는 용인하되 궁극적인 철수라는 명분과 함께 신무기 체계의 도입 중단 등을 포함한 군사적 조치들을 요구할 것이다. 주한미군의 평택 이전 과정에서 북한과뿐만 아니라 중국의 우려사항을 고려하여 후방으로 이전하는 주한미군의 규모와 역할 등에 대해 중국과 북한, 미국과 남한 사이에 일정한 조정이 모색될 것이다. 북한과 중국은 한반도 비핵화를 공약하고 이행하는 대가로 평택 시대 주한미군의 규모와 역할에 대한 미국의 양보를 최대한 얻어 내고자 노력할 것이다.

그러나 평화협정 체제 하의 한반도에서 주한미군의 주둔 지속 여부는 북 · 미 간의 타협 가능성과 별개로 한반도 평화 및 장차 한반도 평화통일 과정에서 외세의 개입 가능성을 최소화한다는 우리 자신의 전략적 목표에 비추어 판단되어야 할 것이다.

5. 1990년대 후반 4자 '평화회담'의 역사적 성격

1996년 4월 미국 클린턴 행정부는 한국의 김영삼 정부와 함께 북한과 중국을 향해 한반도에 '항구적 평화'를 구축하기 위한 4자 회담을 제안했다. 이후 북한이 1997년 6월 참여하겠다고 나서면서 1997년에서 1999년 8월에 이르기까지 여섯 차례의 4자 간 본회담이 열렸다. 그러나 이 일련의 회담들은 성과를 내지 못했다. 이 회담이 진전을 보지 못한 가장 중요한 이유를 통일부 북한자료센터 인터넷 홈페이지는 '미국만을 상대하려는 북한의 미온적인 태도'였다고 설명한다.

그러나 이 시기 미국이 제안하고 진행시킨 4자 회담의 성격과 그 운명을 이해하기 위해서는 두 가지 문제를 주목해야 한다. 우선 미국과 한국 정부가 4자 회담을 제안한 1996년 4월의 시점이 북 · 미 관계, 남북 관계라는 큰 맥락에서 어떤 시기였는가, 그리고 이후 북 · 미 관계의 부침 속에서 4자 회담은 어떤 운명을 겪게 되는가, 그리고 북한이 평화 체제의 근본 요소로 간주하는 것들에 미국은 진지하게 협상할 의사를 갖고 있었는가 하는 것이다.

(1) 북 · 미 관계의 부침과 4자 회담의 위치

1994년 10월 북 · 미 제네바합의로 북한은 핵동결에 들어갔고 그 한 달 후인 11월 28일 국제원자력기구(IAEA)는 북한이 합의 이전에 영변과 태천에 진행하고 있던 핵시설 건설이 이제 중단되었으며 이들 시설은 더 이상 가동되지 않고 있음을 공식 확인한다.[20] 1996년 4월은 북한이 합의 타결과 함께 그 이행에 들어간 지 1년 반이 되어 가는 시점이었다. 그런데 이와 동시에 의미 있는 진전을 보였어야 할 북 · 미 관계 정상화, 경제 제재 해제, 그리고 경수로 제공 등 미국 측 의무 이행은 이루어지지 않고 있었다. 이에 불만을 가졌던 북한은 1997년 2월 계속 진전이 없을 경우 제네바합의를 파기하겠다고 위협한다. 미국이 그 합의를 지키지 않는다면 북한 역시 그 합의에 구속되지 않을 것이라고 선언한 것이다. 미국 정보기관들은 또한 북한이 금창리에 비밀 핵시설을 갖고 있다는 의혹을 제기하기 시작한다. 그런 가운데 북 · 미 합의 이행에 진전이 없자, 북한은 1998년 4월 말 영변 원자로를 유지 관리 목적으로 재가동할 것이라고 위협했다. 그러나 실제 북한이 선택한 것은 제네바합의의 파기가 아니라 미사일 시험을 재개하겠다는 위협이었다. 1998년 6월의 일이었다. 북한이 내건 이유는 미국이 북한에 적대 정책을 버리지 않고 있다는 것이었다.[21] 이 위협은 곧 1998년 8월 31일의

20. Arms Control Association, "Chronology of U.S.–North Korean Nuclear and Missile Diplomacy," January 2003 (http://www.armscontrol.org/factsheets/).
21. Leon Sigal, "North Korea Is No Iraq: Pyongyang's Negotiating Strategy," *Arms Control Today*,

대포동 미사일 발사라는 행동으로 나타났다. 이 사건은 곧 윌리엄 페리 전 국방장관에 의한 대북 정책 재검토로 이어지지만, 4자 회담을 통해 북 · 미를 포함한 4국 간에 일련의 평화회담이 진행 중인 시기에 이러한 사태가 전개되고 있었다는 사실은 주목하지 않으면 안 된다.[22] 이 시기 내내 북한이 불만을 갖고 있었던 최대 이유는 물론 미국이 북 · 미 관계 정상화 노력을 하지 않고 있었다는 점인데, 그렇다면 미국이 한국 정부와 더불어 "한반도에 항구적 평화를 구축한다"는 명분으로 주도하고 있던 4자 회담은 어떠한 목적을 가진 것이었는가. 제네바합의에 따라 북한의 핵동결 대가로 미국이 진행할 의무가 있었던 대북한 외교 정상화, 즉 대북한 적대 정책 포기를 명분을 세워 지연시킬 수 있는 제도적 장치로서 4자 회담이 활용되고 있었다는 의문을 제기하지 않을 수 없다.

한미 두 나라가 4자 회담을 제안한 지 1년이 넘은 후인 1997년 6월에야 북한이 응하고 나선 것은 그러한 의문과 깊은 관계가 있었다. 물론 남한이 포함되는 4자 회담에 북한이 한동안 부정적일 수밖에 없었던 이유는 그것 말고도 없지 않았다. 1994년 7월 김일성 주석의 사망 이후 남한에서 전개된 '김일성 전범론'과 조문 논쟁 등으로 김영삼 정부 하 한국이 포함되는 회담 자체에 대한 거부감이 있었던 것이다. 그러나 북한은 결국 4자 회담에 나서게 되었다. 왜 응했을까. 제네바합의에 따른 북 · 미 관계 정상화와 경수로 제공 작업의 신속한 진행 등 북한의 희망은 제네바합의 타결 후 약 3년이 지나도록 진전이 없었다. 그렇다고 북한이 미국을 압박하여 제네바합의 이행을 관철할 수 있는 수단 또한 여의치 않았다. 북한이 원하는 관계 정상화는 제네바합의의 이행으로서가 아니라 4자 회담이라는 새로운 협상에 응해서 그것이 타결될 때에나 가능성이 있다고 미국과 한국 정부는 말하고 있는 것이었다. 그러므로 북한은 미국이 내세운 4자 회담에 참여해서 평화협정에 관한 논의에 응하는 도리밖에 없었을 것이다.

둘째, 1997–1999년 사이 진행된 4자 회담에서 무엇이 회담 진전의 진정한 장

December 2002.

22. 이 시기 북한의 행동들을 많은 분석가들은 북한이 미국으로부터 경제 원조를 포함해 많은 것을 얻어 내기 위해 벌인 협박행위였다고 말한다. 그러나 리언 시걸은 미국의 대북한 적대 정책을 중단시키기 위해 미국이 협력으로 나오면 협력하고 워싱턴이 협력을 중단하면 그에 대해 보복으로 대응하는 일종의 '되갚기'(tit-for-tat)의 전략적 행위였다고 파악한다. Sigal, "North Korea Is No Iraq," 앞의 글.

애물이었는가 하는 것이다. 이들 회담에서 무엇이 주요 논점이었는가는 예를 들어 1998년 3월에 열린 제2차 4자 회담이 무산된 것은 주한미군 철수에 대한 협상, 그리고 별도의 평화협정 체결 문제를 안건에 올릴 것을 북한이 고집했기 때문이라는 미국 공보국의 평가가 드러내 준다.[23] 이를 두고 북한이 진정으로 북·미 관계 정상화를 앞당기기를 원했다면 미국이 응하지 않을 것이 확실한 주장들을 고집하지 않았을 것이며, 결국 북한은 4자 회담 틀에 진정한 관심이 없었다는 분석이 많았다. 그러나 이 역시 해석하기 나름이다. 북한은 '평화 체제 구축'을 명분으로 한 4자 회담에 참여한 이상, 북·미 관계 정상화를 신속하게 이루어 낸다는 목적을 위해 유연성을 발휘하지 않은 것은 사실이다. 북·미 관계 정상화의 완성을 의미하게 될 평화협정이 북한의 관점에서 본질적으로 포함되어야 할 요소로서 주한미군 철수 문제를 회담의 안건에 올려야 한다는 원칙론을 북한은 포기하지 않았던 것이라고 볼 수 있다. 그래서 매 회담에서 북한과 한미 양국 사이에는 주한미군 문제에 대한 격렬한 논쟁이 있었다.[24]

제네바합의에 따라 미국이 응당 진행해야 할 대 북한 관계 정상화 의무 이행이 4자 회담의 성과에 연계되는 사태를 북한은 피하고 싶었을 것이다. 따라서 평화협정을 포함한 평화 체제 구축을 협의하는 자리인 4자 회담은 제네바합의 및 그 이행에 직접 관련되는 문제들과는 별도로 북한이 그간 평화협정이면 평화협정으로서 담아야 한다고 스스로 말해 온 원칙들을 주장하는 자리로 삼았던 것이다. 사실 마지막이었던 1999년 8월에 열린 6차 회담에서 북한은 미국이 평화협정에 응한다면 북한이 유연성을 발휘할 수 있음을 시사하기도 했었다.[25]

23. USIS Washington File, "Korea Four Party Talks Resume: Third Plenary Opens in Geneva," by Wendy Lubetkin (USIA European Correspondent), Ocbober 21, 1998.

24. Shi Min(Director of the Asia-Africa Development Research Institute of the Development Research Center Under the State Council, PRC), "The Basic Trends of Development on Korean Peninsula," 「Korean Peninsula: Enhancing Stability and International Dialogue」, 1-2 June, 2000, Roma.

25. 1999년 8월 7일자 『한겨레신문』은 이 회담의 기조연설에서 북한이 미국과의 평화조약과 주한미군 문제에 대한 입장을 재차 밝혔다고 보도하면서, 그러나 미국이 북한과 평화협정에 응한다면 유연성을 발휘할 것을 시사한 것으로 분석했다. 반면에 같은 날짜 『중앙일보』는 '북한이 정확하게 그렇게 말하지는 않았지만, 북한의 메시지는 결국 본회담의 안건은 북·미 사이의 평화협정에 국한되어야 한다는 것'이라고 말하고 그렇게 되면 '남한과 중국은 배제되는 것'이라고 분석했다. GlobalSecurity.org Newsletter, "North Korea Presses for a Normalization with the U.S."

그런데 더욱 중요한 것이 있다. 4자 회담이 1999년 8월 6번째 본회담을 끝으로 중단되는데, 그것은 북 · 미 관계가 어느 정도 복원된 것과 관련이 있어 보인다는 사실이다. 미국 사찰단이 북한 금창리를 방문하여 북한이 제네바합의를 위반한 증거를 찾지 못했다고 미 국무부가 발표한 것은 1999년 5월 말이었다. 1998년 11월에 클린턴 대통령에 의해 대북 정책 조정관으로 임명된 윌리엄 페리 전 국방장관이 미 대통령 특사 자격으로 평양을 방문해 북한이 미국의 안보 관심사를 존중할 용의가 있다면 북 · 미 양자 관계에 중요한 진전이 있을 것이라고 약속한 것은 바로 그 직후인 1999년 5월 25-28일의 일이었다.[26] 그해 9월 북 · 미 간 베를린회담에서 북한은 장거리 미사일 시험을 중단하고 미국은 북한에 대한 경제 제재를 일부 해제하기로 합의한다(실제 해제는 2000년 6월에야 시행된다).[27] '한반도에너지개발기구'(KEDO)가 금호에 두 개의 경수로 건설을 시작하기 위해 한국전력과 턴키계약에 마침내 서명한 것도 1999년 12월인데, 제네바합의가 있은 지 실로 5년이 넘은 후의 일이었다.

윌리엄 페리가 대북 정책 검토 보고서를 의회에 제출한 것은 1999년 9월 15일이었다. 이 보고서에서 페리는 '대북한 협상에 관한 새로운 포괄적이며 통합된 접근'을 제안한다. 그것은 '단계적이며 상호적인 방식'을 의미했으며, 잠재적인 유인책으로 외교 관계 정상화와 무역 제재 완화 등을 지적했다. 의회에 이러한 내용을 공식 제출하기 이전인 그해 5월에 평양을 방문하여 클린턴 대통령의 친서 형식으로 북한에 같은 내용을 전달한 것으로 보인다. 페리는 평양 방문에서 북한이 '제네바합의에 포함되지 않은 종류의 핵무기 관련 활동' 및 탄도미사일 개발과 확산에 대한 미국의 우려를 불식한다면, 미국이 북한에 대한 제재를 풀고 관계 정상화에 응하며 일정한 대 북한 안보 보장을 제공할 용의가 있다고 밝힌 것으로 알려졌다.[28]

26. Arms Control Association, "Chronology of U.S.-North Korean Nuclear and Missile Diplomacy," January 2003 (http://www.armscontrol.org/factsheets/).
27. Arms Control Association, "Chronology of U.S.-North Korean Nuclear and Missile Diplomacy," 위의 자료.
28. Arms Control Association, "Chronology of U.S.-North Korean Nuclear and Missile Diplomacy," January 2003 (http://www.armscontrol.org/factsheets/).

페리가 1999년 5월 말 평양에서 거론한 '제네바합의에 포함되지 않은 종류의 핵무기 관련 활동'이란 고농축우라늄을 이용한 핵무기 개발 의혹 내지는 금창리 의혹과 같이 기존의 국제원자력기구 사찰 목록에 들어 있지 않은 새로운 핵시설 가능성에 대한 미국의 의문을 지적한 것일 터이다. 아울러 페리가 그 시점에서 거론한 탄도미사일 개발과 확산에 관한 문제 역시 제네바합의에서 전혀 언급되지 않은 사항이었다. 미국이 주도하는 미사일 기술 통제 체제(Missile Technology Control Regime: MTCR)는 국가들의 자발적 참여에 기초한 규범에 지나지 않으므로, 거기에 참여하지 않고 있는 북한은 미사일 개발과 수출은 자국의 주권적 사항이라고 주장해 왔다. 다만 제네바합의 이후 미국이 새롭게 미사일 문제를 제기하며 관계 정상화 등 약속 이행을 미루자, 북한은 1996년 1월 미국과 미사일 확산 문제에 관한 북 · 미회담에 응하기로 한다. 그러나 같은 1996년 4월 21-22일 베를린에서 열린 제1차 북 · 미 미사일회담에서 북한은 미사일 문제에 대해 미국의 요구를 수용하기 위해서는 미사일 개발 수출을 포기함으로써 발생하는 손실에 대한 별도의 보상을 제공할 것을 요구한다. 미국은 별도의 보상을 거부했으며 이것은 제네바합의에도 불구하고 미국이 대북한 제제 해제와 관계 정상화를 거부하는 또 하나의 중요한 명분으로 기능했었다.

1999년 5월 페리의 평양 방문에도 불구하고 북한은 별도의 적절한 보상에 대한 요구를 포기하지 않는다. 이 요구는 남북 정상회담이 열린 후인 2000년 7월 12일 콸라룸푸르에서 열린 제5차 북 · 미 미사일회담에서도 계속되었다. 그러나 그 일주일 후인 2000년 7월 19일 김정일 위원장은 러시아 푸틴 대통령과의 회담에서 미국이 북한의 위성을 대신 발사해 준다면 별도의 보상 요구를 철회할 수 있다는 뜻을 밝히게 된다. 이것이 계기가 되어 북 · 미 외교가 활성화되었고 마침내 그해 가을 마들린 울브라이트 미 국무장관의 평양 방문 등의 극적인 변화가 일어난다. 클린턴 대통령이 방북 의사를 전달하는 차원으로까지 발전했던 이 같은 북 · 미 관계 진전이 좌절된 것은 2000년 11월 조지 부시 공화당 후보의 대통령 당선이었다는 사실은 주지하는 바이다. 그런데 2000년 7월 김정일 위원장이 미사일 문제에 관련해 미국에 주장해 오던 별도의 보상 요구를 접고 먼저 양보를 시사하기에 이른 것은 남북 정상회담 대가로 김대중 정권이 제공한 것으로 일반적으로 통하고 있는 수억 달러의 돈이, 당시 북 · 미 관계 진전을 가로막고 있던 북한의 미국에 대한 미사일 문제 관련 별도의 보상을 남한 정부가 대신 지불한 것으로서의 의미와 결과를 낳았다는 해석을 필자는 2004년의 한 글에서 밝힌 바 있다.[29]

여기서 재차 확인해 두고 싶은 것이 있다. 미사일 문제에 대해 북한이 미국에게 별도의 보상 요구를 철회하지 않은 상태였던 1999년 5월 페리의 평양 방문 시점은 어떻든 북 · 미 간의 고위급 관계가 복원된 것을 의미하였고, 이 이후의 북 · 미 관계의 일정한 진전이 4자 회담의 중단과 깊은 관계가 있어 보인다는 점이다. 이러한 사태 전개를 두고, 북한의 집요한 북 · 미 양자 관계 중심의 외교가 관철되는 과정이었다고 해석할 수도 있다. 그러나 다른 시각에서 보면, 미국이 북한과의 관계 개선에 소극적이고 부정적이었던 시기에 제네바합의 이행을 명분 있는 방식으로 회피하기 위하여 4자 회담이라는 외교적 수단을 활용했던 것이 아닌가라고 볼 수 있다.

4자 회담은 그처럼 제네바합의의 이행을 지연시키는 수단이었던 동시에 북한 핵 문제 해결 방식이 북 · 미 간 양자협정에 의해서 결말지어진 것으로 인해 높아진 한국 정부의 불만을 수렴하는 한 방편이기도 했다. 미국은 미국대로 제네바합의로 북 · 미 관계 정상화의 압력과 함께 장차 평화협정 체결의 요구에 직면하게 된 상황을 부담스러워하였을 것이다. 클린턴 행정부의 이 같은 고민은 1994년 11월 중간선거에서 뉴트 깅그리치가 이끄는 공화당 보수혁명으로 상하 양원을 보수적인 공화당이 장악하게 된 사태로 더욱 악화되어 있었다. 제네바합의 후 직면하게 된 이 같은 외교적 도전들을 미국은 4자 회담을 통해 완충하려는 의도를 갖고 있었다고 생각된다. 한국 정부는 북 · 미 간 제네바합의 이후 '남북 당사자주의 원칙'을 더욱 격렬하게 내세웠다. 한반도의 평화협정은 남북이 체결할 일이며, 미국과 중국은 그것을 보증하면 된다는, 당시 한국 정부 안팎의 '2+2 평화협정'론은 당시 미국의 필요와도 잘 맞아떨어졌던 것이다.

---

29. 이삼성(2004), "미국의 대북한 정보평가 및 정책의 신뢰성 위기와 북핵 문제 해결방향," 앞의 논문, 41–42면.

1994년 10월 북 · 미 합의가 이루어지자, 이로부터 소외되었다고 느낀 김영삼 정부와 함께 미국이 4자 회담을 제안하는 외교적 조치를 취한 것은, 남한 이승만 정권이 거부한 가운데 맺어진 북 · 미 · 중 간의 정전협정이 1953년 7월 맺어진지 1년여 후인 1954년 10월 1일 한미 상호방위조약이 체결된 것을 상기시킨다. 이것은 당시 한국의 김영삼 정부가 북 · 미 관계 진전에 대응한 방식과 깊은 관련이 있어 보인다. 김영삼 정부는 북 · 미 관계의 더 이상의 진전을 막기 위해 4자 회담 제안에 적극 나선 측면이 있으며, 이것은 당시 미국의 이해관계와도 부합하는 것이었다. 1999년 후반부 이후 일정하게 북 · 미 관계가 복원되어 가는 사태에 당시 한국의 김대중 정부가 대응한 방식은 그와 대조적이었다. 김대중 정부는 북 · 미 관계 복원을 남북 관계의 극적인 진전을 추구하는 전략으로 화답했다. 2000년 6월 남북 정상회담에서 절정에 이르렀던 당시의 남북 관계 진전은 다시 북 · 미 관계의 발전을 더 한층 뒷받침했다. 선순환의 동학이 가동되었던 것이다.

(2) 클린턴 행정부에게 4자 회담은 평화회담이었는가

제주회담에서 김영삼과 함께 북한에 4자 회담을 제안할 때, 클린턴 행정부는 북한과의 평화협정을 위해 주한미군 문제를 협상 테이블에 올릴 의사를 전혀 갖고 있지 않았다는 사실은 명백했다. 클린턴이 자신의 회고록에서 제주회담을 언급한 내용, 그리고 그 제주선언 이후 곧바로 이어진 미 · 일 정상회담에서 미국의 동아시아 군사 전략의 틀을 재확인하고 있는 태도에서 그 점은 분명했다. 제주선언과 관련해 클린턴은 말했다. “김영삼 대통령과 나는 한국전쟁을 끝낸 46년 된 정전협정의 다른 서명자들인 북한과 중국과 함께 4자 회담을 구성할 것을 제안했다. 그것은 북한과 남한이 회담을 하여 최종적인 평화협정(a final peace agreement)을 만들어 낼 수 있는 틀을 제공하기 위한 것이었다. 북한은 평화를 원한다고 말해 왔다. 나는 그들이 과연 진지한 것인지 알아내야 한다고 믿었다.”[30]

30. Bill Clinton, Ibid., p.707.

그러나 클린턴은 바로 이어서 일본을 방문해 가진 미 · 일 정상회담에 관하여 길게 언급하고 있다. 그 주요 내용은 일본, 한국, 그리고 여타 동아시아 지역에 총 10만 명의 미군을 계속 주둔시켜야 할 필요성을 강조하는 것이었다.[31] 당시 클린턴 대통령이 한반도 평화 체제를 위한 4자 회담 제안이라는 아이디어에 과연 진지한 관심을 갖고 있었는지 아니면 한국 정부에 대한 의전적 배려에 불과한 것이었는지 논란이 일었으며, 이러한 의문은 클린턴이 제주회담 직후 방문한 일본에서는 2박 3일에 걸친 본격적인 정상회담이었던 데 비하여 그가 제주도에 머문 시간은 불과 몇 시간에 불과했다는 상징적인 사실과 함께 거론되었다.[32]

지금도 한국 사회의 지배적인 인식은 '평화통일' 이후에도 주한미군은 계속 주둔해야 한다는 것이고, 이것은 현재 한국 정부의 공식 입장이기도 하다. 클린턴 행정부 하에서 4자 회담이 진행되던 1990년대 후반의 김영삼 정부는 말할 것도 없고 대북한 햇볕 정책을 내세운 김대중 정부 또한 한미 동맹과 주한미군의 통일 후 주둔 문제에 대한 주장은 확고한 것처럼 보였다. 4자 회담의 명색이 평화 체제 구축과 평화협정 체결에 관한 평화회담이라면 마땅히 주한미군 문제 역시 안건으로서 채택되어야 한다는 북한의 주장을 한국의 두 정부들은 모두 원천적으로 불가하다고 했고, 미국 역시 마찬가지였다. 북한의 주한미군 문제 안건 채택 주장은 북한이 이 회담에 관심이 없기 때문이라고 치부되었다.[33] 하지만 정전 체제를 평화 체제로 전환시키기 위한 평화회담이라면 응당 정전협정에서도 합의된 외국군 철수 문제가 적어도 '안건으로서 채택' 되어야 한다는 주장 자체를 거부한 한국과 미국의 입장이야말로 스스로 4자 회담을 평화회담으로서 간주하고 않고 있는 증거로 해석될 수 있었다.

31. Clinton, Ibid., p.708.
32. "A North Korean Perspective on the 4-Way Talks Proposal," *Northeast Asia Peace and Security Network Daily Report,* May 15, 1996.
33. 마지막 4자 회담이 진행되고 있던 1999년 8월 9일 『조선일보』에 실린 한 칼럼은 "북한의 미군철수주장은 북한이 4자 회담에 참여할 의사가 없다는 것을 뜻한다"고 못박았다. GlobalSecurity.org Newsletter, "The Way to Look at the North Korea Issue."

(3) 클린턴 행정부의 4자 회담과 부시 행정부의 6자 회담: 그 시작과 끝

클린턴 행정부는 그처럼 북 · 미 간 합의 이행을 명분 있게 거부할 명분으로서 4자 회담을 적절히 활용한 측면이 있었다. 미국 정부의 이 같은 지연 전략에 불만을 가진 북한은 1998년 8월 말 대포동 미사일을 발사했고, 이것은 미국이 페리 프로세스(Perry process)라는 절차를 통해 명분 있는 방식으로 북 · 미 관계를 복원시키는 과정을 출발시켰다. 이것은 앞에서 살펴본 바와 같다. 부시 행정부는 2002년 가을 이후 북한과의 협상을 거부하면서 북한에 대한 국제적 압박의 틀로서 6자 회담을 선택했다. 이후 2005년 9월 제4자 6자 회담이 만들어 낸 공동성명에 이르기까지의 북 · 미 관계 역시 비슷한 패턴을 밟아 왔다고 할 수 있다. 미국은 북한과의 대화를 거부하고 6자 회담 역시 공허하게 진행시키는 가운데 북한의 핵 보유 선언과 '핵 억지력' 확대라는 더욱 위험한 상황이 초래되었다. 그러면서 미국은 비로소 다시 북한과의 협상에 임하게 된 것처럼 보이고 있다. 다만 차이가 있다고 할 수 있는 것은, 1999년 클린턴 행정부가 북 · 미 관계 복원에 나서면서 4자 회담을 미련 없이 버린 것과는 달리, 부시 행정부는 6자 회담의 합의라는 형식을 통해 4자 간 평화협상의 틀을 향후 북 · 미 관계 복원의 명분으로 만들어냈다는 점이다.

클린턴 행정부는 북 · 미 합의에 임했다가 그 합의 이행을 지연시킬 합법적 명분으로 4자 회담을 활용했고, 그러한 지연 외교가 새로운 위기를 불러오자 4자 회담을 버리고 다시 북 · 미 관계 복원으로 돌아갔다. 임기 말인 2000년 클린턴 자신의 평양 방문까지 고려했던 것이므로 북 · 미 관계 정상화와 북 · 미 평화협정 또는 불가침조약 등의 가능성까지도 거론될 수 있는 것이었다. 부시는 처음부터 북 · 미 양자협상을 거부했고, 그 대신 가능한 광범한 대북한 국제 압력을 위해 6자 회담을 끌어들였다. 그러나 이러한 북 · 미 대화 회피와 대북한 강압 외교 전략은 현실적으로 더 위험한 국면을 초래하였다. 결국 부시 행정부는 강압 외교의 한계를 인식하면서 실질적으로 북한과의 대화와 협상의 필요성을 인정한 형태의 4자 평화회담 추진에 임할 용의를 공식화하기에 이른 것이다.

그렇다면 이제 미국이 한국과 함께 어떤 종류의 4자 회담을 추구할 것인가 하는 것이다. 클린턴 행정부가 그랬던 것처럼 북 · 미 대화를 회피하면서 새로운 형태의 강압 외교 전개를 보완하는 보조 수단으로 활용할 것인가. 아니면 북한의 대량살상 무기 위협의 문제를 근원적으로 해소하기 위해 스스로를 당사자로 포함하는 실질적인 다자간 평화협정 체결을 준비할 것인가. 만일 부시 행정부가 전자를 선택한다면 향후의 4자 회담에서도 1990년대 말 북 · 미 관계 복원 시작 이전에 클린턴 행정부가 그랬던 것처럼 평화협정 체결을 남북 간으로 미루고 주한미군의 지위 문제 등 북한이 핵심 안건으로 제기할 문제들에 대한 실질적인 북 · 미 대화를 회피할 것이다. 그러기 위해 과거 한국 정부가 동원했던 남북 당사자 논리에 동조할 것이다. 반면에 미국이 만일 후자를 선택하는 것이라면, 실질적인 북 · 미 대화를 포함하는 형식의 4자 평화회담을 의미하게 될 것이며, 이 회담에서 논의되는 평화협정의 틀은 미국 자신을 당사자로 포함하는 형태가 될 것이다.

6. 한반도 평화협정과 '남북 당사자주의', 그리고 '2+2'의 논리

(1) 평화협정과 미국의 문제에 대한 한국 사회의 인식 상황

한국의 언론 및 정부와 정치권에 이르기까지 한국 사회에서 한반도 평화협정을 거론하는 경우 남북한을 당사자로 하여야 한다는 관점이 "완전하게" 지배해 왔다. 이유가 무엇이든 북한이 많은 세월 미국과의 양자 간 평화협정 체결에 집착하여 온 것과 유사했다. 그러한 입장에 유동성이나 유연성의 징조가 있었다면 그것은 북한 쪽이었다. 남한 사회에서 미국을 직접 당사자로 상정하는 평화협정론은 거의 상상을 초월하는 쪽에 가까웠다.

학계에서의 연구 역시 마찬가지였다. 훌륭한 연구들이 나타났으나, 결론들은 미국이 협정 당사자로 되는 것은 현실적이지도 합리적이지도 바람직하지도 않다는 것이었다. 미국이 협정 당사자가 될 필요가 없다는 법적 · 논리적 근거를 제시하는 데 많은 정력이 투입되었다. 그러나 정전협정의 당사자의 하나였던 미국이 정전 체제를 평화 체제로 전환하는 데 당사자가 되는 것이 왜 바람직하지 않은지는 여전히 불분명하며 설득력이 부족한 채로 있다. 정전협정의 당사자가 반드시 평화협정의 당사자이어야 할 이유는 없다는 데 대해서는 많은 노력을 들여 설명하려 하면서도, 미국도 당사자가 되면 왜 안 되는지, 그리고 왜 바람직하지 않은지에 대한 설명은 언제나 부족했다.

그동안 한반도 평화협정에 관한 대표적인 연구자들의 판단을 일별해 볼 필요가 있다. 한반도 평화협정 또는 남북 간 평화협정 문제에 대한 포괄적인 검토와 논의로는 최철영의 최근 연구가 대표적이다.[34] 최철영은 북한은 1998년 10월 '평화 보장 체제는 북·미 간 평화협정이 체결되고 평화보장기구가 마련되어야 가능하다고 하였으며, 2000년 9월 남북한 국방장관 회담에서 한반도의 긴장 완화와 공고한 평화를 이루는 데는 북·미 간 정전협정을 평화협정으로 대체하고 이후 남북 간 군사 문제를 토의하는 것이 순서'라고 주장한 점을 주목하였다. 북·미 평화협정 주장에 대해 최철영은 남북 평화협정을 제안한다. 또한 남북 간 평화협정이 체결되면 미국 등 주변 강대국을 포함한 많은 나라들이 한반도 평화를 보장하는 다자간 안전보장 체제는 옥상옥일 뿐이라는 입장을 개진했다.[35] 결론적으로 최철영은 남북 간에 '평화 및 우호협력 증진 조약'의 체결로 족하며, 이러한 남북 간 평화협정의 체결 자체도 "평화 체제의 구축 과정에서 첫 단계가 아니라 마지막 단계임을 유의하여야 한다"고 밝히고 있다.

조민은 한반도 평화 체제 구축에서 평화협정에 큰 비중을 부여하지 않고 있다. 다만 '다자 안보협력'이 "한반도 평화 체제 구축에 긍정적인 측면이 있으며, 궁극적인 통일 과정의 유리한 환경 조성과 관련이 된다"고 말하고 있다. 6자 회담 등 동아시아 다자 간 안보 대화를 긍정적으로 보고 있으나, 그것이 곧 평화협정의 형식으로 나타나야 될 필요성을 뜻하는 것으로는 보지 않는다는 의미로 이해된다.[36] 비교적 오래 전인 1994년의 저서에서 김명기는 남북한을 당사자로 하

34. 최철영, "한반도 평화 체제 구축을 위한 법/제도적 과제와 정책대안," 민주평통 및 국제법학회 공동주최, 「한반도 평화 체제 구축방안 토론회」, 2003년 3월 28일
35. 최철영, 위의 논문, 53쪽.
36. 조민, 『평화통일의 이상과 현실』, 서울: 백산서당, 2004, 특히 136-139면.

고 16개 참전 국가들과 중국 및 러시아가 보장하는 방안이 가장 합리적이라고 논한 바 있다.[37]

문정인은 "4자 회담을 통해 남북이 맺은 평화협정을 미국과 중국이 보장한다"(a four-party talks where inter-Korean peace treaty can be guaranteed by China and the United States)는 개념을 제안했는데,[38] 이것은 1990년대 김영삼 정부 안팎에서 자주 거론되고 그 이후에도 남북 당사자주의와 함께 집요한 생명력을 유지하고 있는 '2+2 평화협정론'의 요체이기도 했다.

박명림은 그 개념을 보다 구체화하여 이른바 '한반도 평화협정'(안)을 제시하였다. 이 협정안은 모두 14장, 총 47조에 이르는 내용으로 구성되어 있는데, 이는 모두 남북한이 해야 할 행동과 의무에 대한 규정들로 일관하고 있다. 다만 제12장 "한반도 평화협정의 국제적 보장"이라는 제목 하에 제41조는 "(下記署名) 이상의 평화협정 합의에 대한 남과 북의 충실한 이행을 확인하고 국제적으로 보장하기 위하여 미국과 중국은 본 평화협정에 하기서명(postscript)한다"고 하였으며, 제42조는 "(하기 서명과 당사자성) 미국과 중국의 하기 서명이 두 나라로 하여금 남과 북이 갖는 한반도 평화협정 당사자성과 동등한 자격을 갖는다는 의미는 아니다"라고 하였다.[39] 말하자면 한반도에서 평화협정 체결의 당사자는 남북한에 국한하며 미국과 중국은 보장자로서만 이 협정에 관여한다는 점을 특히 강조하는 형식과 내용을 취하고 있다. 박명림은 이런 '2+2'의 협정 틀을 '남북평화협정'이라는 이름으로 2000년대 들어 본격적으로 거론했으며, 이는 한국 시민사회에 많은 반향을 불러일으키기도 했다.

이들 논의의 공통점은 남북한과 미국이든 남북한과 미국, 중국이든 미국이 협정 당사자로 참여하는 한반도 평화협정을 배제하고 있다는 점이다. 그런 방식

---

37. 김명기, 『한반도평화조약의 체결: 휴전협정의 평화조약으로의 대체를 위하여』, 서울: 국제법출판사, 1994, 특히 125-126면 참조.
38. Chung-in Moon, "Security Pragmatics for the Korean Peninsula," Partnership for Peace: Building Long-term Security Cooperation in Northeast Asia, The Second Collaborative Workshop on East Asia Regional Security Futures, 2001. http://www.nautilus.org/archives/nukepolicy/worshops/shanghai-01.
39. 박명림, "남북평화협정과 한반도평화," 한국인권재단 엮음, 『한반도 평화는 가능한가』, 아르케, 2004.

의 대표적인 것으로 현재에 이르기까지 가장 광범하게 회자되는 협정 개념이 "남북한이 직접 체결하고 미국과 중국은 보장자의 위치에 서면 된다"는 논리를 담은 '2+2'의 논리였다. 2000년대 들어 부시 행정부가 특히 초기에 북한과의 직접협상의 결과물인 제네바 북 · 미합의를 파기하고 그러한 북 · 미 직접 협상을 어떤 경우에도 받아들이지 않을 것이라고 거듭 천명하면서, 2+2의 논리는 한국 안팎에서 더욱 풍미했다. 북 · 미 협상이 항구적으로 불가능할 것처럼 보이는 환경에서 남북이 체결 당사자가 되고 미국과 중국을 그에 대한 보장자로서 이끌어 들이면 된다는 아이디어는 많은 사람들에게 언뜻 차선의 현실적인 해결책으로 비쳤던 것이라고 생각된다. 그러나 그것을 주창하는 사람들에게 그것은 결코 차선이 아닌 최선이었으며, 남북한이 체결 당사자가 되고 미국과 중국은 보조적 역할에 그치는 것이므로 이것이야말로 자주적인 방식이라는 정당화까지도 덧붙여지곤 하였다. 1990년대에 한국 정부가 북 · 미 평화협상에 거부감을 드러내면서 그에 대한 '자주적 대안'으로 내세우며 제시한 '당사자주의'라는 논리의 연장선에 있는 것이었다.

(2) 남한 당사자론에 대한 북한의 거부는 본질적인 것이었는가

당사자주의를 내세우는 주장들은 한반도에서 평화협정 체제 성립에 근본적인 걸림돌을 북한이 남한의 협정 참여를 반대하고 미국하고만의 협정 체결을 주장하기 때문이라고 하였다. 그러나 한반도에서 평화협정 체결에 대한 가장 커다란 반대자가 미국이었다는 사실은 간과하였다. 정전협정의 평화협정 체제로의 전환은 물론 정전협정이 규정한 바 있는 외국 군대의 철수라는 문제를 제기할 수밖에 없었고 실제 북한은 평화협정의 핵심 요건으로 주한미군 철수를 언제나 거론했다. 이러한 북한의 요구 때문에 평화협정에 응할 수 없다는 것이 미국과 한국 정부가 내놓는 가장 중요한 거부의 명분이었다. 그러나 평화협정 체제는 정전협정에서 다루어진 핵심 사안들의 더 한층 진전된 이행을 의미하는 것이라면 주한미군 문제에 대한 완전 철수가 아니라 하더라도 그 문제에 관한 일정한 정치적 타협점을 찾는 것일 수밖에 없었다. 따라서 미국이 과거에 북한이 요구해 온 평화협정 체제에 응하지 않은 것은 주한미군의 문제에 대해 북한과 협상할 의사가 없었기 때문임은 명백하였다.

평화협정 체결은 곧 미국과 북한 사이에 주권 국가 간의 외교 관계 정상화를 의미하는 것이다. 미국과 한국은 바로 이 점에서 그러한 정치적 선택을 감행할 준비가 되어 있지 않았다. 이것이 미국이 한반도에서 평화협정 체제 전환에 응하지 않았던 또 하나의 핵심 이유였다. 이것이 한반도에 평화협정 체결이 되지 않아 온 근본 이유의 하나였다. 그러므로 한반도 평화협정 성립에의 최대 장애물이 북한이 한국에게 정전협정 비서명을 이유로 협정 당사자 지위를 인정해 주지 않았기 때문이라는 주장은 타당하지 않다.

북한에게 있어 협정 체결의 당사자로서 한국이 포함되느냐 아니냐는 사실은 그렇게 중요한 것이 아니었다. 북한이 지난 반세기에 걸쳐 제안해 온 평화협정 체결의 양식이 변화를 보여 왔다는 사실은 그 점을 확인해 준다. 북한은 1960년대에는 남북 평화협정 체결을 제안한 바 있었다. 4.19 이후 분출된 남한 내부의 민족주의에 기초한 통일론의 발흥에 자극받은 것으로서, 남북한 자주적 노력에 의해 1950년대에 이루어진 중국군의 철수처럼 주한미군 역시 철수하는 상황을 이루어낼 수 있을 것이라는 희망에 기초했던 것이라 여겨진다. 이러한 북한의 희망은 1972년 7.4 남북 공동성명에 이르면서 더 높아졌을 것이다. 그러나 남한에서 10월 유신이 단행되고 반공 체제를 강화하며 남북의 체제가 서로 더욱 경직되면서 북한의 평화협정 주장은 체결 당사자를 남한이 아닌 미국으로 변경한다. 그러나 다시 1984년 북한은 한반도 평화 체제 구축의 틀로서 남북한과 미국 사이의 3자 회담을 제안한다. 남북 간에는 '불가침협정'을 체결하고 동시에 북 · 미 간에는 '평화협정'을 체결하자는 것이 그 내용이었다. 한편으로 보면 평화협정 체결 당사자로 북 · 미 양자만을 거론한 것은 1974년 이후 북 · 미 평화협정론의 연장으로 변화가 없어 보이지만, 다시 남한을 한반도 평화 체제 구축의 당사자로 포함시켜 거론했다는 점은 유의해야 한다. 1991년 12월 합의된 남북 기본합의서에서 남북이 상호 불가침에 합의하고 정전 상태를 평화 상태로 전환하기 위해 남북이 공동으로 노력할 것을 규정한 것 또한 평화 체제 구축의 당사자들로서 남북한이 서로를 인정한 것을 말한다. 따라서 미래의 평화협정을 포함한 평화 체제 구축에서 남한의 참여를 북한이 수용하는 것은 실질적으로 이미 내포되어 있었다. 북한은 또한 남북 정상회담을 통해서 남북 관계가 역사적인 분수령을 넘어선 후 이루어진 북 · 미 고위급 접촉의 결과였던 2000년 10월 12일의 북 · 미 공동성명에서 한국을 포함하는 4자 회담에 동의했었다. 또한 부시 행정부 출범 이후 미국이 북한과의 대화를 배제하고 있던 2003년 7월 초 『아사히신문』의 보도에 따르면, 북한은 미국 및 중국과 함께 한국을 포함하는 4자 회담을 제안한 것으로 알려지고 있었다.[40]

당사자주의를 내세우는 사람들은 북한의 그러한 변화를 변덕이나 비일관성으로 치부한다. 그러나 그 반대로 해석하는 것이 타당하다. 북한에게 한반도 평화협정은 주한미군 문제를 비롯하여 한반도에서 북한에 대한 미국의 군사적 위협을 제거할 수 있는 효과를 가져오는 한 당사자의 문제는 근본적인 요소가 아니었다. 이미 지적한 바에서 드러나듯이 7.4 남북공동성명, 1992년 남북 기본합의 등은 북한이 한반도 평화 체제 구축의 핵심 당사자로서 남북한 공동의 자격을 인정한 역사적이고 분명한 예들이다. 따라서 2004년 5월 주유엔 부대사 한성렬이 『유에스에이투데이』와의 인터뷰를 통해 남북한과 미국이 정식 당사자로 참여하는 한반도 평화협정 체결을 촉구한 것은 그렇게 놀라운 일은 아니었던 것이다.

(3) 한반도 평화협정이 4자 간 협정으로 가닥이 잡힐 수 있는 이유

과거에 한국 정부 안팎에서 '당사자주의'가 남북 평화협정 또는 2+2 형식의 남북 평화협정의 형식을 통해 미국의 직접적인 협정 참여 거부를 정당화해 온 것과 마찬가지로 미국의 보수 진영 일부에서는 북한은 미국이 아닌 유엔과 평화협정을 체결해야 한다는 주장으로 미국의 직접적인 협정 참여와 그에 따르는 국제법적 의무 부담 회피를 정당화하는 경우도 있었다. 미국 헤리티지재단의 래리

40. 『아사히신문』 보도에 따르면 미국은 북한의 이 같은 제안을 거부했는데, 그 이유는 남한과 일본을 포함하는 5자 회담을 열어야 한다는 것이었다. *Dong-A Ilbo*, July 3, 2003. Asian Human Rights Commission (http://korea.ahrchk.net) posted on 2003-07-04.

워철(Larry Wortzel)은 이 재단이 2001년 5월에 펴낸 한 정책보고서에서 한국전쟁을 끝낸 정전협정에 서명한 미 육군대장 마크 클라크(Mark W. Clark)는 미군 사령관이 아닌 유엔군 사령관의 자격으로 한 것이므로 미국은 북한과 평화협정을 체결할 필요가 없고, 해야 한다면 유엔 대표가 해야 한다는 주장이었다.[41]

그러나 결론적으로 말한다면, 한국전쟁에 참여한 19개 국가들 중에서 남북한과 미국, 중국을 평화협정 체결의 주요 당사자들로 설정할 수 있다는 것이 광범하게 받아들여지는 합의다. 한국전쟁 자체에 대한 군사적 개입의 수준, 그리고 휴전 이후 반세기에 걸쳐 한반도 정전 체제에 지속적인 개입의 수준에 기초하여 그 같은 판단을 제시하는 것이며,[42] 이것이 가장 합리적인 정리라고 생각된다.

미국은 한반도 평화협정에 직접적인 당사자로 참여하는 것을 거부해 왔으나, 북한의 관점에서 북한에 대한 군사적 위협 해소의 근본적 당사자가 미국이기 때문에 미국의 참여를 고집해 왔다. 반면 중국의 참여를 북한이 거론한 적은 없다. 중국군 사령관 팽덕회가 서명했으나, 현재 북한에 중국군이 주둔하지 않으며 북한의 군사 주권은 중국이 아닌 완전한 북한의 것이라는 의식이 그 배경에 있을 것이다. 그러나 중국은 한반도 평화협정 체제 구축이 북 · 미 양자 간의 협상, 또는 남북한 및 미국 간의 3자 협상으로 좁혀지는 것을 원하지 않는다. 중국은 남북한이 4자 회담의 과정 속에서 정전협정을 대체하는 평화협정을 타결해 내기를 원한다고 밝혔다.[43] 중국은 한반도 질서에 대해 미국 못지않게 영향력을 행사하고 싶어한다는 점이 우선 그 전반적인 배경이겠고, 보다 구체적으로는 정전 체제의 평화 체제로의 전환이 불가피하게 내포하는 한반도 내 미국 군사력과 한미 동맹의 미사일 방어망 체제 구축과 같은 군사 전략의 향배에 일정한 발언권

41. Arthur Bright, "A Formal End to the Korean War?: U.S., China, and both Koreas Agree to Launch Talks for a Peace Treaty to Replace 52-year Cease-fire," *The Christian Science Monitor*, August 9, 2005.
42. 한 예로, "A Comprehensive Resolution of the Korean War," Special Report 106, United States Institute of Peace, http://www.usip.org.
43. Su Hao, "The Unification Process on the Korean Peninsula and Regionalism in East Asia," in *The South-North Joint Declaration and Prospects for Peace in Northeast Asia*, International Symposium by Korea Institute for National Unification, Korea Press Foundation, and Korean Information Service, November 2, 2000, pp.76-77. Quoted from Choon Heum Choi, "China and the Korean Peace Process," Friedrich-Ebert Stiftung, June 2001.

을 행사하고 싶어할 것이기 때문이다. 미국도 북한에 대한 안전보장 제공이 협정의 핵심 부분일 것이므로 그 대신 북한의 대량살상무기 비확산에 대한 약속과 이행을 보장하는 데 중국의 직접적인 의무와 역할을 원할 것이다. 따라서 미국 역시 한반도 평화협정에 자신이 직접 참여하는 한 중국 역시 직접 참여하는 구성을 원할 것이다. 중국의 참여는 한편으로 미국이 한국에 미사일 방어망 구축 등의 노력에 제약을 가할 수 있는 요인이므로 미국이 경계할 부분이 있다. 그러나 중국의 참여를 배제하지는 않을 것이다. 한국의 입장에서는 중국과 미국의 참여를 모두 수용하고 유도함으로써 오히려 한반도를 미국과 중국 모두에 군사적으로 무해한 지역으로 전환하는 데 적절히 활용하는 지혜를 발휘하는 것이 우리에게는 필요하다.

한국과 미국이 1996년 제주선언에서 한반도 평화협정 체제를 위해 남북한과 미국 · 중국 사이의 4자 회담을 제안하고 또 진행된 전례가 있으므로, 2005년 9월 6자 회담 공동성명에서 거론한 '적절한 별도의 포럼'이란 남북한과 중국 · 미국 등 4자로 구성된 회담으로 가닥이 잡혀진 것으로 볼 수 있다. 그리고 이 공동성명의 취지와 2004년 2월 제2차 6자 회담에서 미국이 북한에 시사하기 시작한 한반도 평화협정 체결의 틀은 미국이 직접적인 당사자로 참여하는 형태를 말한 것으로 보아야 한다. 여전히 한반도 평화협정 당사자 자격을 둘러싼 논란이 진행될 수 있으나, 이로써 남북 간이든 북 · 미 간이든 양자적인 틀 또는 2+2의 형식과 같은 의사(擬似) 양자 틀을 주장하는 것은 불필요한 논쟁이 될 수 있다. 대체로 4자 회담을 통해서, 그리고 그 4국이 모두 직접적인 협상 당사자로서 참여하는 평화협정이 유일하게 의미 있는 대안으로 정리되고 있다고 말할 수 있게 될 것이다.

미국이 남북한 및 중국과 더불어 북한과 평화협정을 체결할 용의를 밝힌 것은, 그것 자체가 한국 정부와 그 주변에서 제시해 온 '2+2'의 논리에 종지부를 찍는 것이어야 마땅하다. 2+2의 형식과 그 논리는 애당초 논리적 모순을 내포하고 있기 때문이다. 한반도에서 평화협정이 갖는 근본 의의에 비추어 볼 때, 미국이 3자 간이든 4자 간이든 어떤 형태로든지 진지한 자세로 평화협정 체결에 임한다고 할 경우 미국도 단순히 남북협정에 대한 보장자로서가 아니라 협

정의 한 당사자로서 참여하는 것일 수밖에 없다는 것은 당연히 예상될 수 있는 것이었다.[44]

그러나 향후 미국이 북한과의 평화협정에 당사자로서 참여할 준비가 되어 있는가는 북한의 핵 폐기를 관철하는 일과 그에 대한 동시 행동의 틀로서 평화협정을 어떻게 연결지을 것인가와 불가분하게 연결되어 논란이 전개될 것이다. 미국은 북한이 먼저 핵 폐기의 의지를 가시적으로 보여 주는 것을 전제로 해서만이 평화협정에 당사자로 참여할 것이라는 태도를 보일 것이며, 한국 정부 역시 이러한 미국의 입장을 뒷받침하려 노력할 것이다. 평화협정에 앞서 6자 회담의 합의로서 북한의 핵 폐기를 먼저 일정하게 관철하고자 하는 미국과 한국 정부의 목표는 평화협정의 성격과 그 당사자 문제를 둘러싼 오래된 논란을 되풀이하는 양상을 언제라도 보여 줄 것이다. 반면에 북한은 당연히 자신의 핵무기 폐기의 전제, 또는 그를 위한 미국의 동시 행동의 요체로서 미국의 대북한 적대 정책의 포기를 요구하고 있으며, 그 구체적인 내용으로 북한은 평화협정을 통한 외교관계의 완전한 정상화와 1994년 제네바합의에 의한 북한 핵 동결의 대가로 미국이 약속한 경수로 건설 이행을 내세우는 태도를 쉽게 포기하지 않을 것이다.

북한의 핵 폐기와 미국의 대북한 적대 정책의 폐기를 '행동 대 행동'으로 어떻게 연계시킬 것인가는 미국과 북한 및 남한 사이에 많은 논의와 함께 상당 기간 긴장을 지속시킬 수 있을 것이다. 긴장 국면에서마다 미국은 평화협정 체결에 소극적인 태도를 보일 것이며, 또한 그런 때일수록 남한 정부는 한반도 평화협정은 남북 당사자 간의 문제라는 오래된 주장을 다시 꺼내서 미국의 입장을 측면 지원하는 행태를 되풀이하게 될 것이다.[45]

---

44. 이삼성(2004), "미국의 대북한 정보평가 및 정책의 신뢰성 위기와 북핵 문제 해결방향: '한반도 평화협정' 체제가 유일한 대안인 또 하나의 이유," 앞의 논문, 특히 58-68면 참조.

45. 6자 회담 한국 측 수석대표를 맡은 외교통상부 차관보 송민순이 2005년 10월 20일 "한반도평화협정은 남북이 주체가 되어야 한다"고 주장했다. 미국과 중국에 관해서는 그들이 휴전협정의 당사자였기 때문에 참여하지 않을 수는 없지만 "제한적으로 참여하여야 한다"고 했다. 송민순의 이 같은 남북 당사자주의 재론은 같은 날 미국 측 수석대표인 크리스토퍼 힐 국무부 차관보가 제4차 6자 회담이 끝난 직후부터 거론해 오던 북한 방문을 포기한다고 발표한 것과 깊은 관련이 있어 보인다. 평화협정과 경수로 제공에 앞서 북한의 선 핵 폐기를 관철하려는 미국의 노력을 한국은 '남북 당사자주의'라는 오래된 무기로 지원사격하는 셈이었다.

(4) 여전히 계속되는 2+2의 논의

미국이 자신의 대북한 적대 정책과 북한의 대량살상 무기 개발을 동시에 해소하는 정치 외교적 타협으로서 평화협정을 선택한다면, 미국이 그 협정의 당사자가 되어야 한다는 것은 지극히 당연하고 자연스러운 일이다. 그러나 미국이 북한과 평화협정을 체결할 용의를 밝힌 이후에도 한국의 정치권 일부와 학자들 사이에서는 남북 당사자주의와 함께 그 변형인 "남북이 평화협정의 직접 체결 당사자가 되고 미국과 중국은 그것을 보장한다"는 2+2의 논리가 여전히 걷히지 않고 있다.[46]

이러한 지적 풍토는 향후 전개될 수 있는 평화협정 협상 국면에서 한국 내 인식의 혼란을 지속시키면서 협정 실현을 지연시키는 요인으로 작용할 가능성이 여전한 것처럼 보인다. 열린우리당 인터넷 홈페이지에 2005년 8월 18일 의원 칼럼난에 올려진 임종석 의원의 "2+2 평화협정 논의를 제안한다"는 글은 1990년대뿐 아니라 오늘에 이르기까지도, 한반도에서 가능하고 바람직한 평화협정의 틀에 관해 그 논리가 가진 현실적 호소력과 함께 그에 대한 한국 지식인 사회의 무비판적 수용이 얼마나 광범한 것인가를 상기시켜 준다. 임종석은 "한반도 평화협정은 남북한의 주도성과 국제적 여건을 종합적으로 고려한 결과, 남과 북이 협정을 체결하고 미국과 중국이 보증하는 '2+2 평화협정'이 실현 가능성과 효과의 면에서 선택 가능한 유일한 방안이다"라고 그 이유를 밝히고 있다. 이 논리의 근본적인 결함은 "남과 북이 협정을 체결하고 미국과 중국이 보증한다"는 것이 구체적으로, 그리고 국제법적으로 어떤 논리적인 현실적인 결과를 낳게 되는가에 대해 깊이 고려하지 않고 있다는 점이다. 실현 가능성과 효과라는 두 가지 측면 모두에서 2+2의 틀이 왜 타당하지 않은지 여기서 다시 거론하는 이유는

46. 임종석, "2+2 평화협정 논의를 제안한다," 열린우리당 홈페이지 의원 칼럼, 2005년 8월 18일. 미국이 북한의 평화협정 체결 요구에 긍정적으로 나서겠다고 밝힌 이후에도 계속되고 있는 '남북 당사자 및 미중 보장자' 형태의 주장의 또 한 예는, 박명림, "'돌이킬 수 없는 평화' 굳히려면," 『한겨레신문』, 2005년 9월 21일. 박명림은 이 글에서 '남북이 직접 체결하고 국제 사회가 보장하는 한반도 평화협정'을 재론했다. 박명림은 또한 북한은 여전히 '미국 유일 보장'을 요구하고 있다고 말하고 있다. 북한이 보이고 있는 입장의 유연성을 간과하고 있는 주장으로 생각된다.

이 논리가 지난 10여 년간 한국 정부와 한국 안보 관련 전문가 집단이 주창하고 또한 미국이 음양으로 동조하는 가운데, 미국을 협정의 한 직접 당사자로 포함하는 협정 틀을 거부하는 태도가 아직도 여전히 뿌리 깊다는 사실을 통감하기 때문이다.

(5) 실현 가능성과 실효성 있는 협정 틀, 그리고 '보장자'가 아닌 '협정 당사자'로서의 미국

어떤 협정 틀이 실현 가능하고 실효성 있는 것인가라는 질문에 대한 답은 북한이 한반도 평화협정을 요구하고 있는 이유가 무엇이고 또 미국이 부득이 이에 응하게 된 이유의 핵심이 무엇인가를 이해하는 데서 찾아야 한다. 북한은 체제 안전의 마지막 보루로 핵무기 프로그램과 미사일 등 대량살상 무기 개발에 의지하고 있는 것처럼 보인다는 사실은 누구나 인정하고 있다. 동시에 북한은 그것을 포기하는 조건으로 평화협정을 통한 평화 체제 보장을 내걸고 있다는 것 또한 분명하다. 이것이 한반도 평화협정의 의의와 그 실효성 문제를 판단하는 핵심 포인트이다. 국제법적 규범력을 갖는 평화협정 틀에 의하여 북한에 대한 군사적 위협이 해소되는 평화 체제 안에서만이 북한은 대량살상무기 개발에의 의존을 포기하는 조치들을 실질적으로 취해 나갈 수 있다는 사실, 이 사실을 북한은 지속적으로 주장해 왔다. 그리고 만일 2005년 7-9월의 현 시점에서 미국이 북한이 요구하는 평화협정 체결 제안을 긍정적으로 고려하고 있는 것이 진지한 것이라면 미국은 바로 그 같은 현실을 인정하고 받아들이기에 이르렀음을 뜻하는 것이다.

이 점이 왜 '실현 가능한 평화협정 틀'의 성격에 중대한 함의를 갖는가. 북한이 자신의 체제 안전의 최후의 보루로 인식하는 대량살상 무기 체제 개발을 포기할 만큼 북한에 평화보장의 규범력을 갖는 평화협정은 그 틀이 3자가 되든 4자가 되든 미국이 북한에 대한 평화 보장에 관해 이행할 의무들을 구체적으로 규정하는 형식과 내용을 갖춘 협정이다. 특히 미국이 북한의 핵 문제를 국제적인 사법적 문제로 부각시키면서 북한에 대한 군사적 압박을 강화하고 지속해 온 1990년대 초 이후 부시 행정부 하의 오늘에 이르기까지 북한이 인식하는 군사적 위협의 실체는 남한이 아닌 미국이다. 한반도 안과 밖에 존재하는 미국의 군사력과 군사 전략이다. 북한이 '미국의 대 북한 적대 정책'이라고 하는 미국의 대외 정책 자체이다. 이것은 물론 주한미군의 규모와 역할 및 지위에 대한 미국 자신의 전략과 정책과도 직결되어 있는 문제임은 말할 나위 없다. 이러한 미국으로부터 북한이 적대 정책 해소를 약속받고 그 보장을 받는다는 것은 "남북이 협정을 체결하고 미국과 중국이 보증한다"는 틀로서는 가능한 것이 아니다. 북한과 미국이 다 같이 서로에 대해 이행해야 할 행동과 의무에 대해 구체적으로 명시하는 협정 양식이 아니면 불가능하다. 따라서 미국이 북한 및 남한과 함께 직접적인 협정의 당사자가 되는 것은 논리적으로 지극히 자연스러운 것이다.

실현 가능한 협정 틀이란 곧 미국에게도 북한에게도 각각 안보 위협 해소와 군사적 안전보장에 실효성을 가진 것으로 판단되는 것이어야 함을 말한다. 미국과 한국이 동의할 수 있는 것이어야 하는 동시에 북한이 자신의 체제 안전보장을 충족시킬 수 있는 것으로 동의할 수 있는 것이어야 한다. 그것은 불가피하게 남북한 상호 간의 의무와 북한의 미국에 대한 의무 이행을 규정할 뿐 아니라 미국이 한반도에서 북한에 대해 이행해야 할 의무들을 또한 구체적으로 규정하는 협정이어야 함을 말한다. 이 점을 충족시키지 못할 때 북한을 이 협정 틀에 끌어들여 대량살상 무기 유혹을 완전히 해소하는 것 자체가 어려워진다. 결국 북한에 최대 군사 위협의 실체로서 미국의 책임이 구체적으로 명시되지 않은 평화협정은 북한의 안보 관심사를 해소할 수 없으므로 공허한 것으로 간주될 수밖에 없고 실효성이 없는 것이고, 따라서 북한은 그런 종류의 평화협정을 거부하게 되며, 그런 만큼 실현 가능성 자체도 없게 되는 것이다.

북한의 진정한 참여를 이끌어 내기 어려운 형식과 내용의 협정 방식에 집착하는 회담은 겉돌지 않을 수 없고, 그만큼 현실성도 떨어지는 것이다. 미국 역시 북한의 대량살상무기 문제를 평화협정 체결을 통해 근본적으로 해소하고자 나섰을 때에는 이미 북한에 대해 안전보장을 제공하는 대가로 북한의 위협을 확실하게 제거하기 위한 조치들을 북한에게 구체적으로 요구하기를 원할 것이며, 이 경우 남한을 통해 간접적으로 대 북한 요구를 하는 형이 되는 2+2의 형식으로는 그러한 내용을 충분히 담아내기 어렵다. 그래서 그 틀은 미국으로서도 적절한 방식이 못된다. 미국이 북한의 평화협정 체결 요구에 응해 어떤 형태로든 평화협정 체결에 진지한 자세로 나선다고 하는 것은 2+2의 형식이 아닌 북 · 미 간의 직접적인 상호 책임과 의무 이행의 문서를 포함하는 것으로서 남 · 북 · 미 내지는 남 · 북 · 미 · 중 등 다자 간 평화협정이 될 것이다.[47]

남북만이 당사자가 되는 그런 평화협정을 꼭 맺어 보는 것이 소원이라면, 그것 자체를 반드시 나쁘다고만은 할 수 없다. 단 북 · 미 간에 별도의 평화협정이 이루어지는 것을 반대하지 않고 그것을 촉진하는 것으로서 기능할 때에만 긍정적인 것일 수 있다. 이 점을 인정하고 전제하는 것으로서의 남북 평화협정론은 기존의 남북 당사자론들과 그 근본 취지가 다르다. 평화협정은 남북한 사이에서만 맺어져야 한다는 주장이나 또는 남북이 체결하고 미국과 중국은 보장만 하면 된다는 2+2의 주장과는 전혀 다른 논의가 된다.

그러나 이런 대안적인 의미에서의 남북 평화협정은 사실상 남북 기본합의서의 국회 비준 등의 조치들을 통해 그 실효성을 살리는 것이 나을 수도 있다. 미국이 제기하는 군사 위협 문제를 추가적으로 적절하게 해소하는 데는 도움이 안 되는 남북 간 협정들을 자꾸 되풀이 맺을 이유는 없는 것이다.

또한 남북 평화협정과 북 · 미 간 평화협정(또는 북 · 미 간 불가침협정)을 따로

47. 필자는 1997년의 글에서 한반도 핵무기 등 대량살상무기 문제의 근본적 해결을 포함한 한반도 평화 체제 구축의 3단계 개념을 제시하면서 그 첫 단계로 남북한과 미국 3자 간의 평화협정 또는 남북한과 미국 및 중국 사이의 4자 회담 체제, 즉 4국 간의 평화협정을 거론하였다. 그것이 3자 회담인가 아니면 중국을 포함하는 4자 회담 체제여야 하는가는 남북한과 미국 3자 사이의 협의에 의해 결정할 문제라고 지적한 바 있다. 이삼성, "한반도평화 체제의 비전과 요건: 3단계 평화 과정의 개념," 곽태환 외 지음, 『한반도 평화 체제의 모색』 경남대학교 극동문제연구소, 1997, 특히 131–133면.
필자는 그에 앞서 1995년의 글에서 '2+2' 라는 표현을 사용한 바 있다. 그러나 이때 필자가 말한 '2+2' 는 한반도의 민족 당사자들로서의 남북한, 그리고 한반도의 전쟁과 평화에 개입해 온 외세 측 당사자들로서 책임과 의무를 분담해야 할 미국과 중국 두 나라, 이들을 하나로 묶되 이들 모두를 정식 당사자로 하는 4자 평화협정을 체결해야 한다는 내용이었다. 필자가 사용한 의미에서의 '2+2' 는 또한, 협정 당사자로서 북한이 표면상 배제해 온 남한, 그리고 남한이 제외시켜 온 미국을 다 같이 포함시키는 것이 타당하다는 점을 강조한 표현이기도 했다. 따라서 정부 안팎과 학계 일부에서 거론하는 "당사자는 남북한으로 제한하고 미국과 중국은 보장만 한다"는 주장과는 전혀 다른 것이었다. 그러나 이후 '남북 당사자, 미 · 중 보장론' 을 의미하는 것으로 일반화된 '2+2' 의 논리와 혼동될 여지가 많아 이후의 글에서 필자는 '2+2' 라는 표현을 사용하지 않았음을 밝혀 둔다. 이삼성, 『미래의 역사에서 미국은 희망인가』, 서울: 당대, 323, 363–364면 참조.

맺는다고 하면, 왜 반드시 그렇게 분리해서 맺어야 하는지 납득하기 어렵기는 마찬가지다. 남북한과 미국이 함께 과거를 정리하고 한반도 평화 체제를 구축하기 위해 모두 함께 당사자로 나서서 하나의 평화협정을 맺는 것을 왜 굳이 피해야만 하는 것인지 도대체 이해할 만한 설명들이 없는 것이다. 더구나 "협정 체결 당사자는 남북만이 되고 미국과 중국은 보장만 한다"는 2+2의 주장은 아예 모든 것을 남북 간 협정으로 사실상 끝내자는 이야기이므로 남북이 힘을 합하여 미국을 한반도 평화협정의 당사자로 참여시켜 한반도 군사적 긴장의 한 축으로서가 아니라 평화 지향의 책임을 가진 행위자로 나서게 만드는 노력을 원천봉쇄하는 논리이다. 그러므로 더욱 이해하기 힘든 부정적인 함의를 갖게 되는 것은 말할 나위가 없다.

미국을 한반도 평화 체제의 책임 있는 일원으로 이끌어 들이는 노력은 차치하고 남북 간 합의인 기본합의서마저 제대로 이행하지 못하고 있다면, 남북 간 공동선언, 남북 평화선언, 남북 평화협정 등등 끝없는 '남북 간 무슨무슨 선언'이 무슨 도움이 될 것인가. 남북 평화협정이 응당 한반도 군비 통제와 군축을 지향하는 원칙과 기본적인 행동강령을 포함하는 것이 된다고 할 때, 미국에 의한 군사적 위협을 제거하는 법적 · 제도적 장치는 없이 남북 간의 군축이라는 것이 북한의 시각에서 성립할 수 있다고 보는가. 미국의 대북 군사 전략의 부침과 요동에 언제나 뒤따라가기만 했던 한국이 북한에 대한 미국의 군사적 위협의 제거를 미국을 대신해 보장할 수 있다고 보는가. 북한이 그것을 믿고 이른바 '남북 평화협정'에 만족하면서 대량살상 무기 폐기에 전면적으로 협력할 것이라고 보는가. 실현가능성과 실효성이 없는 것은 미국도 당사자가 되는 협정이 아니라, 여전히 한국 사회와 정치권 및 외교관들의 담론을 지배하고 있는 미국을 배제한 남북 당사자론, 그 안일한 주장의 되풀이인 것이다.

(6) 미국과 중국을 '보장자'로 하는 협정 틀의 위험성과 시대 착오성

2+2의 형식의 협정 양식에 따른다면 미국과 중국은 그처럼 이행해야 할 구체적인 행동과 의무들은 없는 가운데 남북이 상호 약속한 내용들을 이행하도록 보

장하는 보장자의 위치에 서게 된다. 앞서 언급한 바 있는 박명림이 제시한 '한반도 평화협정(안)'의 경우 그러한 양식을 대표하고 있다.

이런 경우 미국과 중국은 남북한에 대한 감독자와 그 이행 강제자의 위치에 서게 된다. 북한의 입장에서 보면 그것은 미국의 의무 이행 규정들이 없음으로서 공허한 문서에 불과할 뿐 아니라 미국과 중국을 남북한에 대한 합법적 감독자의 위치에 올려놓음으로써, 미국에 대해서든 중국에 대해서든 '자주'의 원칙에 선 한반도 평화와 통일이라는 개념과도 근원적으로 배치된다.

한반도에서의 평화협정은 남북한과 미국 중국이 다같이 적어도 개념적으로 동등한 주권 국가들 간의 권리와 의무를 규정하는 것으로서 주권 평등주의 원칙에 기초한 문서이지 않으면 안 된다. 그런 점에서 2+2 협정 틀이라는 논리는 19세기와 20세기 전반까지 국제 질서를 지배했던 국제 관계개념을 무의식적으로 수용하면서 그것을 21세기 한반도 평화 체제의 관건의 하나가 될 문서에 투영하는 우를 범하는 것이다.

남북이 체결하고 미 · 중이 보장한다고 할 때, 그 보장의 역할이란 무엇인가. 보장이란 한마디로 말해서 '위반자에 대한 제재'이다. 미 · 중 두 나라가 남북한의 협정 위반을 '제재'하는 방식은 두 가지 내용을 포함하게 될 것이다. 미국은 남한의 행태를 감독하고 필요하면 제재를 가하며, 중국은 북한에 대해서 그렇게 하는 것이다. 다른 하나는 북한이 위반했을 때 미국이 북한에 대해 징벌을 가하고 남한이 위반했을 때 중국이 그것을 징계하는 것이다. 어떻게 제재하고 징벌하는가. 필요하다면 군사 압박, 수술적 공습도, 나아가 전쟁도 할 수 있다는 것인가. 설사 그런 제재 권한을 주어야 한다고 하더라도 어떤 조건에서 어떤 절차를 거쳐 미중이 그런 보장을 강제하는 행동을 할 수 있다는 데 대한 규정은 있어야 하지 않겠는가. 박명림의 협정문안 모델은 미국과 중국은 협정의 내용들을 '보장' 한다고만 하고 있고 다른 유사한 논의들 역시 마찬가지의 막연한 '미 · 중 보장론'이므로 같은 문제를 갖고 있다. 이것은 남북한 어느 쪽의 위반시에 미 · 중 두 나라가 이를 어떻게 제재하여 보장할 것인가에 대한 구체적인 언급이 없으므로 막연한 백지수표를 주는 것과 같다. 이런 경우의 막연함이란 공허한 것인 동시에 위험한 것이기도 하다. 주권 국가들 사이의 협정이라고는 할 수 없게 된다.

만일 보장의 내용을 구체적으로 명시한다고 하면 그 수단과 절차에 대한 규정을 해야 하는데, 그렇게 되면 그것은 더 이상 2+2의 양식이 아니라 미국과 중국 자신들이 협정의 체결 당사자로 되는 실질적인 4자 협정이 된다. 다만 내용상으로 이들 두 강대국들은 한반도 평화에 대해 구체적으로 이행해야 할 행동과 의무의 내용은 없고 "위반자에 대한 제재를 통한 감독과 보장의 권한만을 가진" 19세기적 불평등조약의 성격을 여전히 내포한다는 의미에서, 그래서 남북한과 미 · 중 두 나라의 위상과 책임의 내용이 위험한 불평등성을 갖는다는 의미에서, '불평등이 보장된 내면적 2+2'의 틀이 되고 말 것이다.

(7) 미국이 '보장자로 서명'한다는 개념의 비정상성

미국이 어떤 평화조약에 당사자로 참여하지 않으면서도 그 협정에 '보장자'로서 서명하는 일은 없다. 당사자로 참여하여 서명하고 상원의 비준을 받아서 국제법적 책임을 지든지, 그렇지 않은 다른 당사자들의 협정에 미국이 막연한 '보장자'로 서명하는 일은 없는 것이다. 미국은 자신이 어떤 전쟁의 교전 당사국이었던 경우 그 전쟁을 완전 종결시키기 위한 평화협정에는 자신이 응당 당사자로 참여해 서명했다.[48] 그런가 하면 미국이 어떤 분쟁의 교전 당사국도 아니고 미군이 주둔한 지역도 아니지만 미국이 막강한 영향력을 행사하고 있는 지역의 분쟁일 때, 미국은 중재자로서 역할을 할 수 있고 또 경우에 따라서는 '증인'으로서 서명하는 일은 있다. 그러나 당사자들이 서명한 협정의 마지막에 "이것을 보장한다"는 막연한 한 줄의 문장과 함께 '보장자로서 서명'하는 일은 없다.

예를 들어 1993년 8월 20일 노르웨이 오슬로에서 최종 합의되고 같은 해 9월 13일 워싱턴 디시에서 이스라엘과 팔레스타인해방기구 사이에 서명된 '오슬로 협정'(Oslo Accords)은 미국 역시 중재자 역할을 하였다. 그러나 미 국무장관 워

48. 베트남에서 미국이 제국주의전쟁을 끝내고 물러나기 직전인 1973년 1월 27일 서명된 '파리평화협정'(Paris Peace Accords)의 정식 당사자로서 서명한 것은 미국(윌리엄 로저스 국무장관), 남베트남인 베트남공화국(외무장관 트란 반 람), 북베트남인 베트남민주공화국(외무장관 구엔 두이 트린), 그리고 보통 베트콩으로 불렸던 남베트남 혁명 세력인 '남베트남 공화국 잠정혁명정부'(외무장관 구엔 티 빈) 등 넷이었다.

렌 크리스토퍼는 러시아 외상 안드레이 코지레프와 함께 '증인'으로 서명했을 뿐, 그 협정에 '보장자로 서명'하지는 않았다.

1994년 10월 26일 이스라엘과 요르단 사이에 체결된 평화협정(The Jordan-Israeli Peace Treaty)에는 요르단 왕국 수상 압둘 살람, 이스라엘 수상 이츠하크 라빈과 함께 미국 대통령 빌 클린턴이 '증인'으로 서명하였다(Witnessed by William J. Clinton). 1978년 9월 17일 이집트 대통령 안와르 사다트와 이스라엘 수상 메나헴 베긴 사이에 체결된 '캠프 데이비드협정'(Camp David Accords) 역시 미국 대통령 지미 카터는 '증인'으로 서명했다.

그러나 이처럼 미국이 '증인'으로 서명을 하는 것은 미국이 그 협정들에 대한 '보장자로서 서명'한다는 것과는 근본적으로 다르다. 한반도 평화협정에 관해 우리 사회 인구에 회자되는 2+2 개념에서의 미국의 역할은, 중국과 함께 그 협정의 이행을 '보장'한다는 것이다. 또한 이들 나라의 보장자로서의 자격을 협정 내용에 명시하여 놓는다는 개념이다. 그러므로 이때 '보장'한다는 것은 단순한 협정 체결의 증인의 역할을 하는 데 그치는 것일 수 없다. 보장자로서 서명한다는 것은 협정 당사자들이 체결 후 협정을 위반하는 사태가 벌어졌을 때, 그에 대한 제재를 통해 그 협정의 이행을 강제하는 법적 책임을 갖는다는 것이 된다. 그러나 미국은 남들의 협정에 '증인으로 서명'하는 일은 있어도 자신이 당사자가 아닌 협정에 미국이 그러한 막연한 채로 명확히 정의되지 아니한 '보장'의 책임을 지면서 '보장자'의 자격으로 서명하는 형식은 존재할 수 없다.

미국이 남들의 협정에 증인으로 서명할 때, 그것은 증인의 역할로 끝난다. 위에 예시한 미국이 증인으로 서명한 협정들의 내용에는 미국이 이행할 책임과 의무에 대한 내용은 단 하나도 없으며, '미국'이라는 단어 자체가 전혀 들어 있지 않는 것은 말할 것도 없다. 따라서 미국 의회가 이런 협정을 비준하는 절차는 취하지 않는다. 즉 미국은 그 협정에 대해 어떤 법적 책임도 지지 않는 것이다. 예컨대 요르단과 이스라엘 어느 쪽이든 양자 간의 평화협정을 위반할 때 미국이 그 위반을 제재하기 위한 어떤 보장의 역할을 할 법적 의무는 존재하지 않는 것이다. 따라서 이 협정에 대해 미 의회가 비준을 하는 절차 역시 이루어지지 않았다. 그것은 이스라엘과 요르단이 체결하고 미국이 '보장'을 한 협정이 아니기 때문이다. 그처럼 다른 나라들이 체결한 협정에 단순히 증인으로 서명한다는 것이 아니고 미국이 "이 협정의 이행을 보장한다"면서 증인 아닌 보장자로 서명하는 일은 존재할 수 없다. 또한 그런 종류의 협정 양식을 미 의회는 이해할 수 없을 것이며, 따라서 그것은 성립할 수 없는 협정 양식이다.

한반도에서도 미국이 어떤 협정에 서명한다고 하면 당사자로서 서명을 하는 것이지, 남들의 협정에 '보장자'로 서명하는 일은 현실적으로도 벌어지지 않을 것이다. 미 의회는 그런 형식의 한반도 협정에서 미국이 어떻게 보장하고 어떤 책임을 진다는 뜻으로 비준을 하겠는가. 한국전쟁의 교전 당사국의 하나이며, 한반도에 군사력을 주둔시키고 있는 미국이 당사국으로 행동하든지 안하든지 둘 중에 하나를 선택하는 것이지 '보장자'로서 협정에 참여하고 그렇게 행동한다는 것은 그 형식도 내용도 가당치 않은 이상한 문서가 되고 마는 것이다.

(8) 캠프 데이비드협정, 그리고 '중재자'와 '증인'으로서의 미국

한반도 평화협정을 말할 때 국내의 일부 학자들은 미국을 단지 '중재자'로 옆으로 비켜서게 하면서 동시에 그 협정의 '보장성'을 높일 수 있는 방식으로 캠프 데이비드협정을 예로 드는 경우가 있었다.[49] 앞서 언급한 바와 같이 캠프 데이비드 협정은 1973년 전쟁 이후 시나이 반도를 사이에 두고 긴장 상태를 유지하고 있던 이스라엘과 이집트 사이에 1978년 협정이었다. 이것이 성사되는 데에 미국은 중재자로서 행동했으며, 증인으로 서명했다. 미국은 1967년 전쟁에서도, 1973년 전쟁에서도 교전 당사국이 아니었다. 또한 이후 군대를 주둔시키지도 않았다. 이런 경우 미국은 왜 중재했으며, 또한 증인으로 서명했는가. 과연 이것이 한반도 평화협정에 한 모델이 될 수 있는가.

캠프 데이비드협정은 1979년 이스라엘과 이집트가 정식으로 평화협정을 체결하기 1년 전에 맺어진 것이었다. 두 나라를 당사자로 하는 평화협정 체결에

49. 문정인, "국제 질서의 개편과 한반도 통일: 갈등관리론의 시각에서," 한국정치경제학회 주최 학술발표회 「세계화시대의 통일한국구상」, 1994년 12월 12일.

앞선 '기본합의'였던 셈이다. 그 기본합의를 미국이 중재하고 증인으로 서명한 핵심적 이유는 수에즈 운하와 붙어 있는 시나이 반도에서 미국 자신의 전략적 이익을 확보하기 위해서였다.

이 지역에서 이집트와 이스라엘 양국의 군사적 대치 상황과 동시에 향후 두 나라의 군사적 행동을 제한함으로써 수에즈 운하를 둘러싸고 있는 극도의 전략적 중요성을 가진 이 지역에서 미국의 주도적 역할을 확립하고자 했다. 중요한 것은 그렇게 하면서도 미국은 그 협정에 당사자는 아니었기 때문에, 그 협정과 관련해 미국은 어떤 의무도 지지 않을 수 있었고 따라서 자신은 어떤 행동 제약의 책임도 갖지 않는다는 사실이었다.

수에즈 운하가 있는 이 지역을 지배했던 구제국들인 영국 · 프랑스 그리고 소련과 미국이 이 지역을 둘러싸고 1950년대에 벌인 긴장 상태를 기억한다면, 수에즈 운하와 시나이 반도의 운명과 직결된 문서인 캠프 데이비드협정의 중재자가 미국이었다는 사실은 국제 정치사에 하나의 이정표 같은 것이었다고 할 만하다. 미국은 이 지역 질서의 공식적 주재자(主宰者)임을 자임하고 또한 그것을 국제 사회에 선언하는 의미가 있었다. 이 같은 과정을 거쳐 타결된 이집트 · 이스라엘 평화협정을 당시 소련 공산당서기장 브레즈네프는 '불법적인 협정'이라고 강하게 비판하면서 이 협정을 뒷받침하기 위한 유엔의 군사력 사용을 강력히 저지할 것이라고 선언했다.[50] 이 협정이 가진 국제 정치적 의미를 드러내는 한 단면이었다.

보다 구체적으로 미국은 캠프 데이비드협정 체결 과정에서 시나이 반도를 둘러싸고 이집트의 군사적 행동을 제약하기 위해 노력했지만, 동시에 미국은 이스라엘이 웨스트 뱅크 및 가자 지구 같은 팔레스타인 거주지역들에 관한 입장에서 이집트로부터 양보를 얻어 내기 위해 시나이 반도에 관련해 이집트에 지나치게 양보를 하게 될까 봐 매우 우려하였다. 시나이 반도를 사이에 둔 이집트와 이스라엘의 안보와 평화의 문제는 응당 주권 국가들인 두 나라들 사이의 문제였지만, 미국은 두 나라 사이의 평화 과정이 양자 간 협상으로 흐르는 것을 지극히

50. Jimmy Carter, Keeping Faith: Memoirs of a President, Toronto: Bantam Books, 1982, p.255.

경계하였다. 이것이 미국이 캠프 데이비드협정을 중재하고 증인으로 서명한 진정한 이유였다.[51]

그러므로 만일 남북 당사자론자들이 미국이 중재하고 증인으로 서명하는 방식을 한반도에 적용할 수 있다고 주장한다면, 그것은 두 가지 의미에서 부정적이다. 첫째, '남북이 주체'가 되어야 한다면서 왜 미국을 중간에 개입시키며 중재를 의뢰하는가? 남북 당사자론이 전면에 내세우는 명분과 취지에 근본적으로 위배된다. 둘째, 중재 및 증인서명이란 형식으로 미국이 한반도 협정에 참여하는 것은 이 글에서 누누이 강조한 바와 같이 정전 상태의 평화 체제로의 전환에서 미국이 져야 할 책임과 행동의 의무는 전혀 명시되지 아니한다. 그렇게 함으로써 미국은 협정 체결 이후에도 그 이전처럼 자신의 군사 전략적 행동의 자유는 전혀 구속되지 아니하는 행위자로 남는다. 동시에 미국은 북한과 남한에 대해서는 자신의 관점과 이익을 담은 조항들을 권고하고 강요할 수 있는 위치에 서게 된다. 따라서 미국이 당사자임을 피하고 '중재'만 하는 평화 과정은 미국 자신이 져야 할 책임은 없고 자신의 행동의 자유는 최대한 보장하면서 이른바 '남북 당사자들'에 대해 미국이 요구할 것은 최대한 요구하는 과정으로 되고 마는 것이다.[52]

미국은 단지 중재만 하면 된다고 하는 주장은 그런 형태의 미국의 위치를 앞장서서 보장해 주자고 하는 것에 다름 아니다. 그것을 진정 원하는 것인가. 그것을 두고 '남북 주체'라는 말을 계속할 수 있을 것인가. 미국은 중재자가 아닌 당사자로서 균등한 책임을 져야 하며 증인으로서가 아닌 당사자로서 서명함으로써 남북한과 함께 의무 이행의 당사자로 행위를 해야 하는 것이다. 미국이 당사자로 되는 협정이야말로 '남북이 주체'가 되는 내용을 갖게 되는 이유가 여기에 있는 것이다.

---

51. Kenneth W. Stein, Heroic Diplomacy: Sadat, Kissinger, Carter, Begin, and the Quest for Arab-Israeli Peace, New York: Routledge, 1999, 특히 p.232 참조.

52. 중동의 예를 들어 미국을 중재자로 하는 평화협정이 한반도에도 적절하다는 주장에 대해 필자는 1995년의 글에서 비판을 제기한 바 있다. 이삼성, "미래의 역사에서 미국은 희망인가," 앞의 책, 36-365면 참조.

(9) '로카르노조약'은 2+2와 같은 강대국 보장형인가: 비유의 허구성

한반도 평화협정의 한 가능한 양식으로서 남북이 체결하고 강대국이 보장하는 국제조약의 한 예로 로카르노조약(Locarno Treaty)이 거론되는 것을 볼 수 있다.[53] 정부 일각의 인식이 또한 그런 것 같다. 통일부의 북한자료센터가 운영하는 인터넷 홈페이지는 이렇게 말하고 있다: "평화협정의 당사자 문제는 첨예한 정치적 이해가 걸려 있는 문제이다. 북한은 정전협정의 서명 당사자 논리에 따라 북한과 미국이 주체가 되는 양자 간 평화협정을 주장한다. 반면 우리는 남북한이 평화협정의 당사자가 되어야 한다는 입장을 견지하고 있다. 실질적 당사자인 한국이 배제된 평화협정은 그 실효성을 담보할 수 없기 때문에 남북한이 당사자가 되어야 한다는 것은 당연하다."[54] 이어서 평화협정의 보장 방법으로 네 가지를 드는 가운데 그 첫 번째로 '보장 조약형'을 거론한다. '분쟁 당사국에 대해 영향력을 가진 강대국 혹은 관련 강대국들이 보장하는 방식'이라고 소개한다. 그 사례로 이 통일부 홍보 사이트는 "영국과 이탈리아가 독일 · 벨기에, 독일 · 프랑스 간의 불가침을 보장하기 위해 체결한 로카르노조약을 들 수 있다"고 말한다. 또한 '한반도 평화 체제 구축 과정과 외국의 사례'를 거론하면서, 중동의 평화 체제 구축 사례를 제시한다. 이집트와 이스라엘이 1973년 10월 전쟁을 끝낸 후 1979년 캠프 데이비드협정을 통해 평화 체제를 구축한 것을 지적하면서 미국의 중재 노력을 통한 당사자들의 평화협정 체결이 성공적인 결과를 가져왔다는 논리를 전개하고 있다. 이것은 그간 한국 정부의 공식 입장인 남북 당사자주의의 관점에서 전개되고 있는 논리임을 알 수 있다. 평화협정은 분쟁 당사자들이 체결하는 것이며, 강대국은 '보장' 또는 '중재'의 역할만 맡으면 된다는 주장을 담고 있는 것이다.

이 당사자주의 논리는 한국전쟁에서 분쟁 당사자로서의 미국의 역할과 의미

---

53. 예를 들면 통일부의 북한자료센터에는 "통일문답"에서 평화협정의 보장방법을 거론하면서 강대국에 의한 '보장조약형'으로 독일 · 벨기에, 독일 · 프랑스 간의 불가침을 영국과 이탈리아가 보장하는 '로카르노조약'을 들고 있다. 아울러 '유엔 보장형', 그리고 '다자간 지역안전 보장형'을 거론하고 있다. http://unibook.unikorea.go.kr.
54. http://unibook.unikorea.go.kr(2005년 9월 27일 현재).

를 배제하는 문제를 안고 있다. 냉전과 탈냉전에서 오늘에 이르기까지 한반도에서 전쟁과 평화의 결정력, 특히 1990년대 이후 미국이 고립된 약소국들에 전개해 온 첨단전쟁과 핵 공격을 포함한 선제공격 전략의 위협 속에서 북한이 미국을 자신에 대한 군사적 위협의 실체로서 인식해 왔다는 사실을 거의 전적으로 무시하는 논리이다. 그러기에 공허하고 비현실적이다.

로카르노조약을 들여다보자. 로카르노조약은 분쟁 당사국들이 협정을 체결하고 이를 주변 강대국들이 보장하는 형식이라고 말했다. 과연 그러한가. 1925년 스위스 로카르노에서 체결된 이 조약은 독일, 프랑스, 벨기에, 영국, 이탈리아, 폴란드, 체코슬로바키아 등 모두 7개 나라들 사이에 체결된 일련의 협정들을 가리킨다. 그중에서도 핵심은 독일이 인접한 프랑스와 벨기에 두 나라와 불가침을 약속하고, 영국과 이탈리아는 유사시 침략을 당한 나라를 돕기로 하는 '보장자'(guarantors)로 행동할 것을 약속한 것으로서 1925년 10월 체결된 '독일, 벨기에, 프랑스, 영국, 및 이탈리아 사이의 상호 보장 조약'이라고 불리는 것이다.[55]

이 조약은 두 가지 점에서 한반도 평화협정을 남북이 체결하고 미중은 보장하는 역할로서 '하기 서명' 만 하면 된다는 2+2의 협정 틀을 주장하는 사람들의 논리와 다른 종류의 것이다. 첫째, 이 협정의 양식은 독일, 프랑스, 벨기에가 체결하고 영국과 이탈리아는 보장자로서 서명만 하는 그런 내용이 아니다. 우선 체결자가 독일, 프랑스, 벨기에, 영국, 이탈리아 모두 공동의 협정 체결자(contracting parties)로 규정되고 있다. 협정의 내용은 결국 독일과 벨기에, 독일과 프랑스 사이의 국경의 상호 불가침을 보장하기 위한 행동들을 규정한 것이지만, 최초의 공격자에 대하여 공동 행동을 취한다는 내용을 포함하여 협정문안 전체가 그 5개 협정 체결국 모두에 해당하는 내용들이라는 성격을 갖고 있

55. "Treaty of Mutual Guarantee between Germany, Belgium, France, Great Britain and Italy" (October 16, 1925; The Locarno Pact), The Avalon Project at Yale Law School, http://www.yale. edu/lawweb/avalon. 프랑스는 폴란드와 체코슬로바키아와 각각 별도의 협정을 맺어 독일에 공격을 당할 경우 상호 원조하기로 하는 조약을 맺었다. 이 역시 로카르노협정의 일환으로 간주된다. 이 일련의 로카르노협정들은 독일 주변의 나라들이 독일의 위협으로부터 공동방위 체제를 구축하고 이를 영국과 이탈리아가 유럽의 세력 균형 파괴 방지를 위해 뒷받침할 것을 약속한 것이었다.

으며, 5개국 모두 동일한 자격으로 이 협정에 참여하고 있는 것이다. 내용 자체는 3+2의 성격을 갖고 있지만, 직접 체결자와 보장자를 협정의 양식에서 구분하지 않고 있는 것이다. 따라서 한반도 평화협정을 남북이 체결하고 미중이 보장하는 의미의 2+2의 형식을 주창하면서 그 선례로서 로카르노조약을 거론하는 것은 타당한 비유가 아니다.

둘째, 로카르노협정이 그 내용에 있어 3+2의 성격을 갖고 있다고 하더라도 그것을 한반도 평화협정에 투영하여 2+2의 양식으로 하고자 한다면, 로카르노의 경우 체결 당사자가 독일이라는 잠재적 최강국과 상대적 약자로 인식되고 있던 벨기에와 프랑스였으므로, 그 논리를 한반도 평화협정에 적용한다면 2+2에서 직접 체결 당사자는 상대적인 약자인 북한 그리고 북한이 선제공격 위협을 느끼는 상대인 미국이어야 한다. 로카르노협정에서 보장자 역할을 했던 영국과 이탈리아는 한반도의 경우에는 남한과 중국이 되는 꼴이 된다.

이러한 논리적 비평을 하는 이유는 북 · 미협정 체결에 남한과 중국이 보장을 하는 형식의 2+2의 틀을 취하자는 제안을 하기 위해서는 물론 아니다. 한반도 평화협정이 남북이 주체가 되어 체결하고 미중은 보장자로서 서명만 하면 된다는 논리를 뒷받침하기 위해 로카르노조약을 끌어들이고, 그 조약이 마치 약소국 분쟁 당사자들이 체결하고 주변 강대국들은 그것을 보장하는 것이었다고 주장함으로써 한반도 평화협정이 2+2의 양식을 취해야 할 것처럼 주장하는 것의 비논리성을 지적하고자 한 것이다.

한편 로카르노조약은 독일과 벨기에, 그리고 독일과 프랑스 간의 상호 불가침을 영국과 이탈리아라는 주변 국가들이 보장한 조약이라는 점에 착안하여 한반도 평화협정 역시 남북이 체결하고 미중이 보장한다 해도 불평등조약이라 볼 수 없다는 논리를 펴는 사람이 있을 수 있다. 그러나 그런 주장은 큰 오해이다. 영국과 이탈리아는 불가침 의무 이행의 당사자들인 독일, 벨기에, 프랑스 어느 나라에게도 잠재적 공격자로 간주되지 않았다. 만일 영국과 이탈리아가 그 어느 한 나라에게라도 잠재적 공격자로 간주되는 상황에서 이 조약이 맺어졌다면 영국도 이탈리아도 불가침 조항의 당사자로 되는 것이며 더 이상 보장자의 위치는 아니게 되었을 것이다. 한반도 평화협정이 북한에 의해 집요하게 촉구되고 미국이 응할 수밖에 없게 된 데에는 미국이 북한과 상호 불가침 의무 이행의 당사자일 수밖에 없기 때문이다. 미국 역시 북한의 안보 우려를 해소하여 북한을 비확산 체제로 복귀시키기 위해서는 그 점을 인정할 수밖에 없음을 뜻한다. 다른 나라들 사이의 불가침 공약의 보장자가 아니라, 미국 스스로 한반도에서 북한에 대한 불가침 의무의 당사자의 위치에 서야 하는 것이기 때문이다.

(10) 전시 작전통제권 환수와 평화협정 당사자

일부 남북 당사자론은 한국이 미국으로부터 전시작전통제권을 환수하게 되면 평화협정 체결의 당사자를 남북한에 국한하는 것은 더욱 충분하게 된다고 말한다. 과연 그럴까. 이 질문은 곧 북한에 대한 미국의 잠재적 공격 위협이 한국 군대에 대한 전시작전권에 의존하는 것이었는가라는 것으로 된다. 결론을 말한다면, 한국군에 대한 전시작전권은 북한에 대한 미국의 군사 행동의 유리한 한 조건일 뿐 그것의 전체는 아니다. 첫째, 한미 동맹이 유지되는 한 미국은 유사시 북한에 대한 군사 행동에 한국군을 활용하는 데 전시작전권 상실이 큰 장애가 되지 않을 것이다. 북한은 더 더욱 그렇게 믿을 것이다. 북한의 대량살상 무기 비밀 프로그램 여부에 대한 정보 평가력 또는 경우에 따라서는 그 왜곡을 통해 미국이 한반도에서 '유사시'를 규정할 때 한미연합작전 체제를 구축하여 한국 군대를 미국이 주도하는 전시 상태로 이끌어 들이는 것은 전시작전통제권 상실 여부와는 또 다른 차원에서 얼마든지 가능한 것이다.

둘째, 미국이 북한의 군사 위협을 부각시키고 그것이 미국의 핵심 동맹인 일본을 포함한 한반도 주변 및 동아시아, 나아가 세계 안보나 비확산 체제에 대한 중대한 도전이라고 규정하고 미 · 일 군사동맹을 전시 체제로 돌입시킬 때, 한국이 어떤 선택을 할 것이라고 북한은 생각할 것인가. 전시작전권환수는 응당 필요하고 중요하지만, 그것으로서 한반도 평화협정에서 북한에 대한 불가침 의무 이행 당사자로서의 미국의 위치가 종결되는 것은 아닌 것이다.

셋째, 1990-1991년의 걸프전쟁과 1998년 코소보전쟁으로 확고해진 미국의 첨단 전쟁 능력의 절실한 인식, 그리고 특히 2001년 이후 미국의 대 테러전쟁

시리즈 이후 미국의 이른바 '정권 교체'(regime change)를 위한 선제공격과 핵무기의 적극적 활용 정책으로 북한이 인식하는 미국으로부터의 잠재적 군사 위협은 더욱 실질적이고 가시적인 것으로 되어 있는 상황이다. 또한 미국의 이 같은 군사 행동 능력은 불량 국가로 지목된 나라의 이웃 국가들과의 동맹을 통해 그들의 군사 협력을 확보해 내는 능력에 큰 도움을 받는 것이 사실이이만, 그 동맹국들의 군사 협력을 확보해 내는 미국의 능력은 그 동맹국 군대에 대한 전시작전권 없이도 충분히 가능했다. 그만큼 북한이 미국을 불가침 의무 이행 당사자로 간주하는 상황은 한국군에 대한 미국의 전시작전권 환수 여부에 좌우되는 것이 아니다.

(11) 평화협정과 민족 자주의 문제

한반도 평화협정이 남 · 북 · 미 3자 간이든 남 · 북 · 미 · 중 4자 간이든 미국을 실질 당사자로 포함해야 하고 또 실현 가능한 동시에 실효성 있는 평화협정은 그럴 수밖에 없다. 이 사실을 인정하는 것은 매우 중요하다. 그것은 평화협정의 체결 과정에서 그동안 핵 문제 협상이나 미사일협상 등에서와 마찬가지로 북 · 미 협상이 기축이 되는 4국 협상의 내용을 가질 수밖에 없었다는 사실과도 깊은 연관성을 갖는다. 한반도 평화협정은 어차피 북 · 미 간의 문제일 수밖에 없다는 말이 아니다. 두 가지 의미를 갖는다. 첫째, 북한이 자신의 대량살상무기 개발을 포기하는 대가로 체제 안전의 행동 의무를 받아 내고자 하는 대상은 다름 아닌 미국이기 때문이다. 이 문제가 향후 한반도 평화협정의 본질이기 때문에 남한의 입장에서도 협상의 초점은 어떻게 하면 미국으로 하여금 북한에게 실질적인 안전보장을 약속하고 이행하게 함으로써 북한의 대량살상 무기 위협과 그로 인한 긴장 지속과 전쟁의 가능성을 원천 차단해 낼 것인가에 놓이게 된다. 따라서 협상의 내면의 핵심에는 북한과 미국 간의 평화협상을 어떻게 촉진하고 어떻게 실질적인 것으로 만들어 낼 것인가가 근본 숙제다. 그래서 한반도 평화협정은 그 기축이 북 · 미 협상의 문제이며, 한국과 중국의 역할은 그것을 촉진하고 바람직한 방향으로 추동해 내는 일이라고 말할 수 있게 된다. 또한 그 더 깊은 내면에는 남북한의 대화 축을 바탕으로 한반도 평화에 대한 미국의 실질적인 책임과 의무의 국제 규범화를 추구한다는 의의가 담겨 있다.

둘째, 언뜻 보면 평화협정도 남북 협상이 기축이 되어야 자주적인 것처럼 많은 사람들이 착각에 빠져있다. 바로 그렇기 때문에 미국을 협정 당사자가 아닌 '보장자' 의 위치로 비켜서게 하는 2+2의 논리가 문제의 본질을 깊게 들여다보지 않는 많은 사람들에게 호소력을 갖고 문제의 본질을 호도할 수 있었던 이유다. 남북이 협상의 기축을 이루고 미국과 중국은 그 결과를 보장하는 역할을 하기면 하면 된다는 사고방식은 은연중 또는 분명하게 '자주성'을 표방한다. 그러나 이 논리는 한반도의 전쟁과 평화를 결정하고 그 긴장 구조의 당사자의 위치로부터 미국을 비켜설 수 있게 만드는 담론적 효과를 낳는다. 이 논리에 따르면, 미국은 한반도 긴장 구조의 한 축이 아니라 그 구조의 밖에 위치해 있는 것으로 된다. 그럼으로써 한반도의 평화를 위협하는 전쟁 위기의 본질에 관한 진실의 절반을 은폐하는 이데올로기적 효과를 낳는다. 진정한 민족의 입장에서, 그리고 자주의 입장에서 보더라도, 한반도 평화협정의 문제는 당연히 남북 협상의 문제인 동시에 그 못지않게 미국으로 하여금 한반도의 불안정과 긴장의 구조에 책임있는 당사자로서 향후 평화 구조 구축에 구체적인 행동의 의무를 지는 일원으로 만들어 내는 노력이 없이는 불가능하다. 미국을 몇 걸음 물러서 감독하는 '보장자' 의 위치에 머물러 있게 내버려 두는 것은 결코 자주가 아니다. 미국 역시 남북한과 함께 구체적인 의무 이행 당사자의 위치에 서 있어야 하고 또 그렇게 만들어 내는 것이 바로 한반도 평화협정에 대한 '자주' 의 진실한 의미이다.

"다자 간 협상에 의한 한반도 평화 체제 구축은 통일 과정에서 외세 개입의 가능성의 선례를 남길 수 있다"는 주장이 제기되기도 한다.[56] 그래서 평화협정을 체결한다면 '남북 당사자들'이 맺을 일이며 그 외의 다자 간 협상은 득보다 실이 많다는 주장이 뒤따른다. 일리가 있는 말일 수 있다. 그러나 전쟁의 교전 당사자였으며 한반도 군사 안보에 결정적 이해관계를 주장해 왔고 한반도 주변

56. 조은석 외, "남북한 평화공존과 남북한 연합추진을 위한 법제정비방안연구," 통일연구원, 2001, 49쪽; 최철영, 앞의 글, 53쪽. 최철영도 이 의견에 동의하고 있는 것으로 보인다.

의 안보질서에 기득권 세력이라고 할 미국을 한반도 평화협정의 당사자로 끌어들이는 것을 '평화 구축에 외세를 끌어들이는 것'이라는 논리로 배척한다면, 그것은 중대한 오류이며 진실을 왜곡하는 것이다. 북한과의 분쟁에 사사건건 한미동맹을 앞세우고 일본을 끌어들이며 심지어 북한의 우방이었던 중국과 러시아의 협력까지도 동원한 국제 공조를 내세우곤 하는 한국이 과거 교전 당사국들 간의 적대 관계를 해소하고 평화 체제로 바꾸고자 하는 협정에 평화 이행의 의무를 지게 할 당사자로서 미국을 참여시키는 것은 왜 '외세 개입'이 되는 것인지 이해하기 어려운 논리이다.

외세라 하더라도 한반도 질서에 영향을 미치고 있는 관련 당사국이라 할 때, 그들을 평화협정 체제에 참여시키는 것은 그들을 한반도의 전쟁과 평화에 '관련 없던 존재'로부터 이제는 '개입하는 존재'로 바꾸는 것을 의미하지 않는다. 그들로 하여금 남북한 어느 한쪽에 '적대함으로써 긴장 구조를 유지하는 쪽으로 개입해 온 세력'으로부터 '적대 관계를 해소하고 평화 촉진의 행동을 이행하는 세력'으로 전환시키기 위한 노력이다. 즉 이미 존재하고 지속되어 온 그들의 한반도 개입의 양태와 성격을 변화시키려는 노력인 것이다. 그것은 자주외교의 불가결한 한 요소이다.

2005년 10월 하순 6자 회담의 미국 측 수석대표인 크리스토퍼 힐 국무차관보가 북한 방문을 취소한다는 발표를 통해 북한에 대한 외교적 압박을 강화하자, 한국 측 수석대표인 외통부 차관보 송민순은 "평화협정은 남북이 주체가 되어야 한다"는 남북 당사자주의 논리를 재론하면서 북한을 압박하는 미국과의 외교 공조 행태를 되풀이했다. 내용은 대북한 압박을 위한 미국과의 외교 공조인데, 내세우는 논리는 '남북 주체'인 것이다. 군비강화와 군사 전략, 그리고 대 북한 군사 훈련 등에서 언제나 한미 동맹과 미국과의 공조를 내세우는 외세 의존의 자세를 취하면서도 평화협정 문제에서만은 유독 '주체'사상의 신봉자로 변신하는 것은 한국 외교가 아직 벗어나지 못한 구태의연한 위선의 표상이다.

북한이 대량살상무기 개발을 참으로 포기하고 한반도 평화 체제 구축에 나서기를 남한이 진정으로 원한다면, 미국의 적대적 정책과 군사 위협에 대한 북한의 안보 우려를 남한 측이 진지하게 받아들이고 그러한 북한의 우려를 불식할 수 있게끔 미국 역시 평화협정의 책임 있는 당사자로 나서도록 설득하는 남북 간 외교 공조 역시 불가결한 것이다. '남북 당사자주의'라는 것이 진정으로 '주체적' 인 것이 되려고 한다면, 한반도의 평화에 생사와 존폐가 달린 당사자들인 남북한 어느 한쪽에 안보 위협을 제기할 수 있는 외세를 남북 간 공동 노력을 통해 평화 지향적 세력으로 전환시키는 외교적 원칙이어야 한다. 그 외교는 응당 한반도 정전 체제의 평화 체제 전환의 제도적 매개가 될 평화협정에 미국을 책임 있는 당사자로 이끌어 들이기 위한 남북 공동의 노력을 포함하는 것일 수밖에 없다.

(12) 한국의 정관언학(政官言學)은 왜 미국을 협정 체결의 당사자로 생각하지 못하는가

평화협정 문제에 대해 한국 정부 안팎에서 미국이 직접 당사자가 되는 평화협정을 논외로 치부하고 미국은 협정의 직접 이행 의무자가 아닌, 몇 걸음 물러서 있는 '보장자'로서 간접적으로만 참여해야 한다는 생각이 한국 사회에서 집요하게 정당화되어 온 이유는 세 가지라고 생각된다. 첫째, 미국이 직접 당사자가 되는 협정은 어떤 형태로든 주한미군 지위와 한미 동맹 체제에 불가피하게 중요한 변화를 수반할 것으로 인식되는 것은 자연스러웠다. 그래서 한국 사회는 북 · 미 간 직접 협상을 내포할 수밖에 없는 평화협정 형태를 경계해 왔다. 주한미군과 한미 동맹의 현상(status quo)을 결코 침범해서는 안 될 성역으로 간주해 온 것이다. 그 오랜 세월의 무게가 은연중 평화협정에 대한 한국의 정관언학의 인식에 짙고 광범한 그림자를 드리워왔던 것이다.

둘째, 한국 정부 안팎에서는 북한과 평화 협정을 맺는 일은 초강대국 미국이 받아들일 가능성은 현실적으로 존재하지 않는다는 인식이 지배해 왔다. 미국을 평화협정의 직접적인 당사자로 이끌어 들이는 것은 불가능해서 비현실적이라는 체념이 자리 잡고 있었다. 2000년대 들어 부시 행정부가 북한과의 직접적인 협상을 철저하게 거부하면서 그 같은 체념은 한국인들의 마음속에서 더욱 고착되었다. 어떻게든 미국을 평화 협정의 당사자로 끌어들일 때 북한 핵 문제를 포함하여 한반도 평화 체제문제를 근본적으로 해결할 수 있다는 사실에 대한 적극적인 긍정은 그런 환경 속에서 의식적 무의식적으로 터부로 남겨져 왔던 것이다.

마지막으로 우리 지식인 사회를 의식적 · 무의식적으로 지배하고 있는 '북한과 거리 두기'의 사고 패턴이다. 평화와 통일의 문제에 대해서 북한의 주장과 동일한 것으로 인식되는 논리에 대한 원천적인 회피의식이다. 이러한 경향은 냉전시대에는 냉전 시대였기 때문에 그러했다면, 1990년대 이후는 한국의 민주화 이후 상대적으로 더욱 부각되어 온 북한의 인권 실상에 대한 비판적 의식으로 북한 체제에 대한 근본적인 회의와 비판이 확산되어 온 것과 관련이 깊다. 북한에 대한 평가에 있어 객관성을 유지한다는 것은 어떤 경우든 북한의 주장과 동일한 것은 피하는 것이 기본이라는 등식이 성립해있다.

평화협정의 체결이란 곧 한반도에 새로운 질서, 남북한 관계와 북 · 미 관계, 그리고 한미 관계의 양상에도 결정적인 변화를 가져오는 아킬레스건과 같은 문제이다. 그런 만큼 이것을 어떻게 이룰 것인가에 대한 평가는 북한에 대한 인식의 핵심 요소이다. 성역이요, 터부였으며 또한 북한과 '거리 두기'는 모든 객관성의 기본조건이라는 팽만한 시대정신의 압박 속에서 우리의 지식인 사회 역시 북한과 '거리 좁히기'의 결정체일 수밖에 없을 평화협정의 문제까지도 그 본질을 정면으로 응시하는 것을 어렵게 만들어 왔다고 생각한다.

7. 한반도 평화협정의 성격과 내용

(1) 한반도 평화협정은 어떤 내용을 담아야 할 것인가

'한반도 평화협정'이 어떤 내용을 담을 수 있을 것인가, 또는 담아야 하는가 하는 문제는 이 평화협정을 통해 협정 당사자들이 얻고자 하는 효과가 무엇인가에 의해 결정되는 것이다. 일반적으로 한반도 정전 체제를 종식시킨다는 과거 정리의 의미와 평화 체제 구축이라는 미래 지향의 의미를 분리하지만 실질적으로 그 구분의 의미는 없다. 긴밀히 상호 연관된 것에 다름 아니다. 전쟁의 종식은 곧 해결되지 않은 영토 문제에 대한 정리, 예컨대 서해상의 북방 한계선에 대한 문제가 휴전협정에서 정리되지 않았으므로 평화협정은 이에 대한 정리를 필요로 한다. 그래서 그것은 과거의 정리라는 의미도 있지만, 미래 평화 체제는 또한 그 영토 문제에 대한 정리 없이는 미완의 것이므로 그 문제의 정리는 미래적 의미도 갖는 것이다. 주한미군의 문제 역시 미군의 주둔이 전쟁의 결과이므로 전쟁의 최종적 매듭은 주한미군의 의미와 역할에 대한 일정한 정치적 타결을 요구한다. 그래서 이 역시 단순히 미래 한반도 군사 질서의 문제일 뿐만 아니라 과거 전쟁의 정리라는 의미도 갖는다. 미국은 또한 한반도 비핵화에 지대한 관심을 갖고 있으며 한반도 평화협정을 한반도 비핵화, 그리고 1990년대 후반에서 오늘에 이르기까지 핵 문제와 함께 미국의 주요 관심사로 되어 온 북한의 미사일 개발 확산 억지를 더욱 제도화하는 장치로 만들고자 할 것이므로 이 문제 또한 중대한 요소로 다루어질 수밖에 없다.

평화협정은 전시 체제를 평화 체제로 전환할 때 필요한 것이므로, 한반도의 경우 전쟁이 실질적으로 끝난 지 이미 오래되었고 여러 가지 평화 체제의 요건들이 어느 정도 형성되어 있으므로 당시 전쟁 당사국들 사이에 굳이 평화협정을 맺어야 할 필요는 없다는 주장도 있다. 또한 역사적으로 평화협정의 역할은 그런 경우에 한정되었다는 것이다.[57] 그러나 평화협정은 단순히 전쟁을 정식으로 끝낸다는 의미만 있는 것이 아니다. 전쟁을 끝냄과 동시에, 또는 지속적으로 군사적 긴장이 유발되고 있는 상황에서 평화에 장애가 되는 분쟁 문제들을 합리적으로 해소하면서 상호적인 안전보장을 확보하기 위한 조치들을 합의하는 문서가 평화협정이다. 실제로 1978년의 캠프 데이비드협정, 1979년의 이집트 · 이스라엘 평화협정, 1993년의 이스라엘과 팔레스타인해방기구 사이의 오슬로협정, 그리고 1994년 이스라엘 · 요르단 간의 평화협정 등이 모두 그러한 목적과 내용을 갖춘 것들이었다. 앞서 언급한 바 있는 로카르노조약 역시 제1차 세계대전으로 인한 독일과 유럽의 다른 나라들 사이의 전시 적대 관계를 1918년 베르사유

57. 최철영(2003), 앞의 논문.

평화협정을 통해 이미 해소한 상태에 있던 1925년 독일과 주변 나라들 사이의 불가침 약속의 재확인을 통해 평화를 더 확고히 하자는 목적에서 맺어진 협정이었다.

한반도의 경우 미국을 포함한 전쟁의 당사국들이 오랜 시간이 흐르도록 상대방에 대해 평화협정을 맺는 데 합의에 이르지 못할 정도로 여전히 적대적 관계를 유지하고 있다는 사실은 평화협정이 갖게 될 의미를 오히려 더욱 강조해 주는 것이라고 말할 수도 있다. 그만큼 분쟁의 각 요인들에 대한 합리적 해결책을 모색하고 합의함으로써 전시 체제를 평화 체제로 확고히 전환하면서 동시에 현존하는 근본적인 분쟁 요인들을 해소하여 서로 안보 위협을 해소하는 장치로서 평화협정의 의의는 더욱 간과할 수 없는 것이다.

평화협정이 갖는 의미를 그렇게 볼 때, 한반도 평화협정의 경우는 북한이 그것의 절실한 필요성을 제기하고 또 미국이 이에 응할 용의를 갖게 된 시점과 맥락이 무엇인지가 결국 협정의 본질적인 내용을 구성하게 될 것이다. 이 점에 관해 중대한 시사점이 될 수 있는 것은 2005년 8월 한국 정부 관계자가 익명으로 언론에 밝힌 다음과 같은 언급이다: "평화 체제 전환에 대한 해당 국가들의 논의는 북한 핵 문제 해결을 전제로 시작되는 게 아니라 핵 문제 해결 과정에서 논의한다는 게 6자 회담 과정에서 만들어진 결론이다."[58] 그 관계자는 아울러 '북핵 문제 해결을 위한 6자 회담이 타결되면 남북한과 미국이 참여하는 3자 평화 체제 회담이나 남북한과 미 · 중이 공동 참여하는 4자 평화 체제 회담이 가시화될 것' 이라고 했으며, '미국과 관련 국가들이 평화 체제와 관련된 논의를 시작하겠다고 나선 것은 6자 회담을 통해 북핵 문제 해결만 아니라 북한의 요구를 장기적 관점에서 수용하면서 동시에 동북아의 평화, 안보 체제를 구축한다는 목표 때문' 이라고 밝혔다.

이렇게 한국 정부와 미국이 도달한 것으로 보도된 인식은 향후 남 · 북 · 미 · 중 사이에 진행될 수 있는 평화협정 체제의 내용의 핵심을 시사하는 것일 뿐 아니라, 북한의 대량살상 무기 개발을 원천적으로 해소하는 길은 평화협정 체제로

58. 이삼성(2004), 앞의 논문.

미국의 군사적 위협에 대한 북한의 두려움과 경계심을 제거하는 길밖에 없다는 사실을 마침내 미국 역시 받아들이지 않을 수 없었던 것으로서 당연한 귀결로 생각한다.[59] 장차 성립 가능한 평화협정의 내용을 이해하기 위해서는 현재 진행 중인 6자 회담과의 관계를 짚어둘 필요가 있다. 이 부분은 4차 6자 회담을 통해 미국을 비롯한 참가국들이 인식을 같이 한 것으로 한국 측 관계자가 밝힌 대로 "평화 체제논의는 북한 핵 문제 해결을 전제로 시작되는 것이 아니라" 그것을 '핵 문제 해결 과정'으로서 본다는 점이다. 그리고 이것은 4차 6자 회담의 공동 성명이 "공약에는 공약으로, 행동에는 행동으로"(commitment for commitment, action for action)라는 원칙에 합의한 것과 일맥상통하는 것이다. 이것은 물론 북한이 일관되게 주장해 온 동시 행동의 원칙을 일정하게 수용한 것으로 볼 수 있다. 그렇다면 북한의 핵 해체의 과정은 어떤 형태로든 평화협정을 포함하는 평화 체제 구축과 관련한 미국의 상호주의적 행동과 연계되어야 함을 뜻한다. 6자 회담을 평화 체제 구축과 북한의 핵 폐기에 대한 '공약 대 공약'의 약속, 그리고 평화협정 체결을 포함한 평화 체제 구축을 통한 북한 핵 해체와 그에 상응하는 한미 양국의 대북한 군사 위협 해소를 본격화하기 전의 신뢰 구축 차원의 행동 계획에 대한 합의를 명문화하는 것으로 한정될 수 있으며, 그 이상의 역할을 하기는 어렵다. 구체적으로 남북한과 미국이 상호 주권 존중의 원칙을 전제로 북한이 핵 폐기를 실행에 옮기고 그에 대한 철저한 지속적 검증 체제를 보장하는 것은 북한에 대한 미국의 안전보장의 행동—북 · 미 관계의 정상화와 경제 제재 해제 및 경수로 제공 진행 등을 포함하는—의 진행과 주한미군을 포함하는 한반도에서의 미국의 군사 정책의 위협적 요소들을 제거하는 행동들을 규정하는 평화협정의 체결과 함께 진행되어야 하고 또 그럴 수밖에 없다는 것을 뜻한다. 결국 한반도 평화협정에 남북한 및 미중 네 나라가 진지하게 임한다고 할 때, 그 핵심적인 내용이 될 문제는 크게 두 가지로 생각된다. 첫째, 북한의 핵 문제 등 대량살상무기 폐기와 미국과 한국의 대북한 군사 위협 해소를 어떠한 방식으로 연결시킬 것인가 하는 것이다. 둘째, 남북한 양측의 동맹 관계 및 외국군

59. 최상연, 서승욱, 앞의 기사.

주둔 문제를 어떻게 해결할 것인가 하는 것이다.

(2) 북한 핵 문제 해결과 평화협정을 연관짓는 두 가지 방법

북한 핵 문제 해결과 평화협정을 연결짓는 방법은 크게 두 가지로 나눌 수 있다. 하나는 북한이 대량살상 무기 폐기를 완료하는 단계에서 그 대가로 평화협정을 제공한다는 개념이다. 이처럼 단계적 접근에 기초해 평화협정을 최종 단계에 위치시키는 것이 그간 미국 정부와 한국 정부 안팎에서 거론되어 온 방안들의 거의 전부였다. 다른 하나는 북한의 핵무기 등 대량살상 무기 유혹을 근원적으로 해결하기 위해 북한 측의 대량살상 무기 폐기와 남북한 군축, 그리고 미국의 대북한 외교적 · 경제적 관계 정상화 및 안전보장 조치, 그리고 외국군 주둔 문제 해결을 포괄하는 청사진으로서 한반도 평화협정을 사고하는 방안이다.

첫 번째 방안은 한미 두 나라가 선호하는 것이다. 그러나 북한이 핵무기 관련 활동을 포함한 모든 핵 의혹 해소를 완료하는 시점에 평화협정을 체결하는 것으로서 북한은 받아들이기 어려워한다. 이 방안은 또한 북한이 핵무기 폐기를 완료하기까지 평화협정 체결을 미루는 동안 그 공백을 주로 경제 지원으로 메우며, 아울러 갖가지 형태의 잠정적인 대 북한 안전보장을 공약하는 조치들로 대신한다. 이처럼 사실상 평화협정을 북한 핵 폐기가 진행된 이후 그에 대한 선물로서 위치지우는 개념에서 한반도 평화협정을 논의한 가장 최근의 대표적인 연구를 일별할 필요가 있어 보인다.

(3) 북한 핵 폐기 이행에 대한 반대급부로서의 평화협정 개념

2004년 12월 통일연구원의 한 연구보고서는 북핵 문제 전개 유형을 '점진적 해결 유형'과 '긴장 고조 유형'으로 분류하고 각 시나리오별 대응책을 상정하고 있다.[60] 4차 6자 회담 개최 준비를 하는 단계 이후를 3단계로 나누었다. 돌파구

60. 박종철 · 박영호 · 박형중 · 이석, "북핵 문제 해결 단계별 남북 관계 발전방안," 통일부 학술용역과제 연구보고서, 통일연구원, 2004. 12.

마련 단계인 1단계에서는 북한의 핵 폐기 의사 표명과 이에 북한 체제 안전보장 의사 표명을 주고받는다. 핵 폐기 이행 단계에서는 핵 폐기와 북한 체제 잠정보장을 주고받는 단계다. 3단계는 핵 폐기 완료 단계로서 핵 폐기 완료와 관계 정상화를 주고받는 단계다. 이 시나리오에 따르면, "북한의 플루토늄 및 농축우라늄의 폐기, 모든 핵 관련 시설의 폐기가 완료"되는 '핵 폐기 완료 단계'에서 북한 체제에 대한 항구적 안전보장안이 채택될 것이라고 한다. 더 구체적으로는 '한미 군사안보 관계 재조정과 더불어 남북 간 평화협정을 체결하고, 미 · 북 간에는 불가침협정을 체결'하도록 한다고 요약하고 있다. 그리고 평화협정 체제는 한미 동맹 관계의 유지와 함께 중국과는 안보군사 협력 관계를 발전시킴으로써 중국의 우려를 불식시킨다는 구상을 제시했다.

2005년 9월에 이루어진 제4차 6자 회담의 합의 내용은 이 연구에서 제시한 1단계로서 북한의 핵 폐기 의사 표명과 북한 체제 안전보장 의사 표명을 주고받은 것으로 볼 수 있다. 다만 평화협정 체결을 위한 별도의 회의 개최에 합의한 것은 이 연구보고서가 제시한 '북한 체제 안전보장 의사 표명'보다 더 적극적이고 구체적인 것이라고 할 수 있겠다. 문제는 핵 폐기의 2단계와 3단계의 구분, 그리고 평화협정 체결을 2단계와 3단계 중 어느 단계에 연결할 것인가 하는 점이다.

이 보고서는 핵 폐기 이행 단계와 핵 폐기 완료 단계를 다음과 같이 구분하고 있다. 이행 단계는 '3개월 또는 6개월의 핵 동결 기간 동안 북한이 농축우라늄을 포함한 모든 핵 프로그램의 중단, 핵시설 및 핵물질의 봉인, 핵무기 · 재료 · 원심분리기의 폐기를 위한 공개 조치' 를 이행하는 단계다. 그 공개조치의 구체적 방안으로는 "북한이 국제원자력기구(IAEA)의 핵안전조치협정의 추가의정서 채택에 의한 의심 지역에 대한 전면 사찰에 반대하는 점을 감안하여 국제원자력기구의 일반 사찰과 병행하여 5개국 사찰단이 대북 사찰을 실시하도록 한다"는 것이다. 반면 핵 폐기 완료 단계는 '북한의 플루토늄 및 농축우라늄의 폐기, 모든 핵 관련 시설의 폐기가 완료'되고 '이미 추출된 핵물질의 처리방안도 강구'되는 단계로 정의하고 있다. 이와 함께 '북한의 미사일 개발, 생화학무기, 인권 문제 등 기타 문제들도 본격적으로 논의될 것'이라고 상정하였다.

결국 이 연구보고서의 핵심 내용은 실제 핵 폐기 과정을 그렇게 두 단계로 나누고, 북한에 대한 안전보장 제공 과정 역시 단계별로 각각 '북한 체제 잠정 보장'과 '남북 간 평화협정 및 북·미 간 불가침협정'으로 나누어 제공한다고 하는 데에 있다고 생각된다. 말하자면 단계적 접근(step-by-step approach)의 원칙을 적용하고 있는 것이다. 그리고 평화협정은 그 과정의 마지막에 위치한다.

이러한 개념의 단계적 접근은 다음과 같은 한계와 문제를 안고 있다고 생각된다. 첫째, 1994년 10월 제네바 기본합의에서 그 합의 형태는 일괄타결이었다. 그러나 북한의 핵 동결과 북·미 관계 정상화와 경제 제재 해제 등 미국 쪽 이행을 구체적으로 연계하지 않은 것이었다. 다만 경수로의 핵심부품을 북한에 넘길 때 북한에 대한 특별 사찰 실시를 연계했을 뿐이었다. 그 결과 북한의 핵 동결에도 불구하고 미국의 관계 정상화 의무 이행은 여러 가지 구실로 지연되었으며, 경수로 제공 작업 역시 지연되었다. 북한은 이 점이 북한의 관점에서 제네바합의가 안고 있었던 중대한 문제였다고 파악할 것이다. 그 전철을 밟지 않겠다는 각오가 있을 것이다. 그렇다면 북한은 자신이 가진 협상 지렛대의 핵심인 이른바 '핵 억지력'의 존재 방식과 그 공개 조치라는 행동을 '북한 체제 잠정 보장'에 맞추어, 그리고 불가침협정 또는 평화협정을 폐기 완료시 체결할 것이라는 '약속'에 기초해 취하려 하지 않을 것이다. 북한이 발전용 핵 시설이 아닌 핵무기 시설들을 그러한 잠정 보장, 또는 약속에 연계해 사찰단에 공개하고 '봉인'하는 행동을 하지는 않을 것이다. 북한은 자신이 이해하는 바대로 자신의 핵 동결 이행에도 불구하고 약 10년에 걸친 지연 끝에 미국의 일방적 조치로 합의 자체마저 파탄되고 만 제네바의 경험을 되풀이하려 하지 않을 것이기 때문이다.

둘째, 북한 체제 '잠정 보장'이란 개념은 그 구체적 내용이 제공하겠다는 측에 있어서나 제공을 받을 상대에게 있어서나 구체성을 결여한 공허한 개념이기 쉽다. 통일연구원 보고서가 제시하는 '잠정 보장'이란 '단계적으로 다자 방식 및 미·북 양자 방식의 대북 안전보장을 제공'하는 것으로서, 보다 구체적으로는 ① 6자 회담에서 '북한 체제 보장 공동합의문' 채택; ② 미 대통령의 북한 체제 보장서한, 미 의회의 북한 체제 보장 결의문 채택; ③ 북·미 수교시 '북·미

우호협력조약'을 채택하고 이 가운데 북한 체제 보장 내용을 포함시킨다는 방안들을 열거하고 있다. 그런데 이 연구보고서는 북 · 미 국교 정상화를 핵 폐기 완료 단계에서 추진하는 것으로 상정하고 있으므로 '북 · 미우호협력조약'이란 이 잠정 보장 단계에서는 하나의 약속에 불과한 것으로 남는다. 4차 6자 회담의 공동성명은 "공약에는 공약으로 행동에는 행동으로"라는 상호주의 원칙을 명시했다. 이 원칙과 어긋난다는 북한의 불만을 피할 수 없을 것이다.

미 의회의 대 북한 체제보장 결의문은 북한 인권법을 압도적인 표로 통과시킨 미 의회에서 북한 핵 폐기 이행이 완료되지 않은 시점에서나 그 이후에서나, 그것이 설혹 통과될 수 있을지라도, 매우 분열적인 논란 과정을 초래하게 될 것이다. 더 근본적인 문제는 이것들은 보장합의문 · 보장서한 · 보장결의문 등 모두 보장을 '선언'하는 것들인데, 북한의 실질적인 핵무기 관련 활동과 시설의 공개와 사찰이 일정하게 무리 없이 진행되는 대가로 이러한 선언들을 제공하는 것은 전혀 무효하다고는 할 수 없으나 북한의 안보 관심사를 실질적으로 충족시키기는 어려울 것이며, 그만큼 대량살상무기 비확산 체제에 대한 북한의 진정한 협력을 이끌어 내는 데 큰 한계가 있을 것이다.

(4) 한반도 평화 과정의 헌장으로서의 평화협정

평화협정에 응하는 문제를 북한 핵 폐기의 실질적 진전을 전제로 해 그에 대한 반대급부 또는 선물로서 제공한다는 개념에서는 평화협정 체결 이전 단계에서의 북 · 미 양국간 상호주의적 보상 행동은 경제적 차원에 집중하는 것이며, 그래서 비대칭적인 성격을 갖는다. 군사적 안전보장은 행동(action)이 아닌 다양한 공약(commitment)으로 메우는 잠정적 수준의 것에 머무르게 된다. 그러나 북한에게 미국의 선제공격, 핵 사용 옵션 등 군사적 위협으로부터 안전보장을 확보하는 것은 경제 회복이라는 목표에 우선하는 절대명제이다. 미국의 군사 위협에 대응하는 군사적 억지력을 해체하는 과정에는 응당 미국과 한국 역시 군사적 안전보장 조치들이 동시 행동의 방식으로 진행되어야 한다고 고집할 수밖에 없다. 이와 달리 '평화 과정의 포괄적 헌장' 그 자체로서 평화협정의 개념을 설정하면, 그것이 평화 체제의 구축 로드맵으로서, 북한의 핵 폐기의 진행과 함께 남북한 군축과 주한미군 문제에 대한 미국의 정책수정 등 구체적인 행위들이 상호주의적으로 진행되는 것을 의미하게 된다. 즉 북한의 핵 폐기의 실질적 진전을 북한에 대한 한미 양국의 군사 위협의 해소로 보상하는 '대칭적 상호주의'를 취하는 것이다. 이것이 북한을 진정한 비확산 체제로 이끌어 내는 데 필요한 평화협정 양식이 될 것이라고 생각한다.

따라서 평화협정은 북한의 핵 폐기 최종 단계에서 제공되는 공약의 완성이 아니라, 북한의 핵 폐기와 미국과 한국 등에 의한 대 북한 안전보장을 긴밀하게 연결시키며 한반도에 평화 체제를 상호주의적으로 구축하는 행동들에 관한 청사진으로서의 의미와 내용을 갖는 것이 바람직하다. 북한의 대량살상무기 개발 유혹을 근원적으로 해소하는 것이 한반도 평화 체제의 핵심적 목표라면 평화협정은 그 목표를 위해 관련 4개국이 취해야 할 행동과 방법에 대한 가급적 구체적인 합의를 담는 것이 옳다.

이때 평화협정 협상 시작 이전과 이후의 6자 회담은 두 가지 사명을 갖는다. 첫째는 북한의 핵무기 비확산 체제(NPT) 복귀 시점과 그 조건에 대한 합의를 도출해 내는 일이다. 그 합의는 제네바합의에서 핵 동결의 대상이었던 북한의 핵 시설들에 대한 제한적인 국제원자력기구의 사찰을 북한이 수용하고 또 스스로 진행해 온 것으로 공언한 핵무기 관련 활동 들을 현 수준에서 동결할 것을 '공약'하는 대신 미국은 북한에 대한 경제 제재 조치들을 해제하고 연락사무소 수준의 북 · 미 외교 관계 개선, 그리고 미국의 대북한 무력 불사용에 대한 미국 정부의 문서화된 공약을 제공하도록 한다. 아울러 남북한과 미국 및 중국이 '북한의 핵무기 관련 시설 및 활동의 완전 해체와 평화 체제 구축을 긴밀히 연결시키는 내용의 평화협정'을 체결하기 위한 협상을 시작할 것을 정한다.

둘째, 6자 회담은 그 후에도 해체하지 아니하고, 한반도 평화협정을 4자 회담의 진행과 연계하여 한반도 평화 체제와 긴밀한 상호 의존성을 갖는 동아시아 안전보장 문제들을 논의하는 포럼으로 전환하는 일이다. 구체적으로는 '동북아 비핵지대화'(Northeast Asian Nuclear Weapons-Free Zone)를 한반도 비핵화 일정에 적절하게 조응하여 구축하기 위한 논의를 진행하도록 하는 것이 필요하다고

본다.[61]

6자 회담과 평화협정회담의 관계를 이렇게 설정하면, 북한이 제네바합의 수준의 핵 동결과 사찰 수용, 그리고 이에 덧붙여 핵무기 관련 활동의 동결이라는 '공약'과 이에 상응하는 미국과 한국의 외교적, 경제적 행동은 6자 회담의 합의문에서 정하지만, 북한의 핵무기 관련 시설과 활동의 동결에 대한 '공약'을 넘어서서 그것을 공개하고 해체하는 과정과 그에 상응해 북한에 대한 주변 국가들의 안보 위협을 해소하는 데 필요한 조치들, 즉 평화 체제 구축의 방법과 일정은 평화협정에서 논의되고 확정되게 된다.

이 역시 단계적 접근의 개념을 함유하고 있으나, 북한의 핵무기 관련 시설의 해체 작업을 단계적으로 구분하고 그 해체 작업의 최종 단계에 평화협정을 제공하는 것과는 다른 것이다. 북한의 핵무기 및 장거리 미사일 등 대량살상무기 위협의 해소를 '공약'의 차원을 넘어 '공개하는 것을 포함하여 그 해체를 행동으로 옮기는 문제' 자체를 평화협정의 내용으로 다룬다는 개념이기 때문이다. 이때의 평화협정은 북한 핵 폐기에 대한 반대급부가 아니라 북한 핵 폐기를 유도하기 위해 그에 필요한 주요한 상호주의적 군사적 · 외교적 · 경제적 조치들을 규정하는 '한반도 평화 과정의 헌장'으로 되는 셈이다.

그렇게 해야만 북한을 대량살상 무기 개발과 보유의 유혹으로부터 진정으로 이끌어 낼 수 있다고 생각하는 근본적인 이유는 북한이 자신의 안보의 최후의 보루처럼 여기고 있는 핵무기와 그 관련 시설들을 '공개'하고 해체하는 작업을 시작하고 진행하는 것은 한번 행동에 옮기면 돌이킬 수 없이 노출되어 언제라도 자신의 치명적인 전략적 약점으로 될 수 있는 반면에, 미국이 북한에 대한 안전보장 조치로서 제공하는 협정과 그에 따라 진행하는 일정한 외교적 · 군사적 조치들은 상대방의 위반시에 자동적으로 무효화하고 되돌릴 수 있으며 협정 자체가 자동적으로, 그리고 정당하게 폐기될 수 있는 성격을 갖기 때문이다.

1993년의 오슬로협정, 그리고 1994년 10월 이스라엘과 요르단 왕국 사이에 서명된 '요르단 · 이스라엘 평화협정' 등은 모두 관련 당사국들 간의 상호 간 안보

61. 이삼성, 우메바야시 히로미치 외, 『동북아시아 비핵지대』, 서울: 살림출판사, 2005.

위협을 해소하는 방법과 절차에 대해 관련된 모든 문제들에 대해 자세한 합의들을 담고 있다. 평화 과정을 진행시키는 원칙과 방법들을 정리한 헌장이었다.

통일연구원의 연구보고서가 평화협정을 북핵 해결 과정의 최후의 일부로 위치지운 데 반하여, 평화 과정 헌장으로서의 평화협정은 북핵 해결 과정을 한반도 평화 체제 구축 과정 속에 융합하는 행동과 조치들의 전체상을 4국이 합의 · 규정하는 문서임을 말한다.

이 경우 보다 구체적으로 한반도 평화협정이 담아내게 될 내용은 다음과 같이 개략해 볼 수 있다: ① 한반도의 비핵화(denuclearization)를 진척시키고 그것을 관철하고 지속하는 엄정한 검증 체제를 구축하는 방법과 일정을 정한다; ② 북 · 미 관계 정상화의 일정을 확정한다. 북한에 대한 비핵화 검증 체제 적용 시기와 강도를 북 · 미 관계 정상화의 일정과 적절하게 조응시키되, 가급적 외교관계 정상화 일정을 앞당긴다; ③ 남북한 군축의 논의와 실행 장치를 정한다; ④서해 5도 등 정전협정에서 해결하지 못한 영토 문제를 해소한다;[62] ⑤ 주한미군의 단계적 철군 일정을 정한다; ⑥ 북한의 미사일 기술 통제 체제(MTCR) 가입 일정을 논의하고 여기에 미국의 미사일 방어 체제 한반도 도입 중단을 연계한다; ⑦ 평화 체제 구축 진행 일정에서 적절한 지점에 북한의 국제인권협약 가입을 권고할 수 있도록 한다.

물론 이들 내용 전부를 한반도 평화협정이 모두 담아야 하는 것은 아니다. 안건에 따라서는 그 안건과 직접 관계된 당사국들 간에 국한된 별도의 의정서 형태로 합의도출을 시도할 수 있다. 위에서 예로 든 오슬로협정 역시 관련 이슈들에 대한 여러 가지 별도의 의정서들로 보완되면서 하나의 전체적인 평화협정을 구성하는 예로 볼 수 있겠다. 한반도 평화협정의 경우에도, 예를 들면 북한의 장거리 미사일 개발 및 수출 문제와 그것을 미국의 미사일 방어 체제 한반도 편입 제한과 결부시키는 등의 문제들은 남 · 북 · 미 3국 간에 또는 북 · 미 간의 미사일협상을 통한 의정서 도출로 대체할 수도 있을 것이다. 주한미군의 단계적 철

62. 서해 5도를 둘러싼 서해상 남북 간 군사분계선을 정전협정이 해결하지 못한 채 한미 양국이 일방적인 북방한계선을 설치하여 서해 해상 군사 분쟁의 원인으로 남게 된 사실에 대해서는, 리영희, "'북방한계선'은 합법적 군사분계선인가?," 『통일시론』, 1999년 여름, 통권 제3호.

군 일정을 정하는 문제 역시 남 · 북 · 미 3국이 동의하는 별도의 회담 양식으로 별도의 의정서 형식을 취할 수 있다. 또한 북한의 국제인권협약 가입 권고 또는 그 일정의 문제는 한반도 군사 안보와 직결되는 안건은 아니므로 다른 형태와 채널의 외교적 노력을 통해 병행할 수 있는 문제이다. 중요한 것은 북한의 대량 살상무기 문제 해소와 주변국들의 대북한 안보 위협의 해소를 상호 연결하여 행동에 옮기는 일정에 관한 평화협정 협상이 그러한 통합적인 또는 다중적인 외교적 노력의 한 중심에 있어야 한다는 점이며, 그 협정이 다른 안건들에 대한 토의와 협상을 동시에 이끌어가거나 또는 그것들에 선행하는 외교적 노력으로서의 위상을 갖는다는 점이다.

(5) 한반도 평화통일 과정에서 외세 개입 방지 장치로서의 평화협정

남북한과 함께 한반도에 직접적인 안보 이익을 주장하면서 유사시 군사 개입 잠재력을 가장 강하게 갖고 있는 미국과 중국이 직접 당사자로 참여하는 만큼, 한반도 평화협정은 위의 논의 주제들과 아울러 한반도 평화 체제 구축 과정과 평화통일 과정에 이들 외세의 군사적 개입을 배제하는 장치를 규정하는 기회로 삼도록 노력해야 한다.

또한 한반도에 비상한 상황이 발생하여 미국과 중국의 한반도 군사 개입이 진행될 우려가 있는 상황에서도 유엔 안전보장이사회가 결의한 방식과 절차에 의하지 아니하고는 미국과 중국 모두 한반도에 군사 개입을 하지 않도록 하는 규정을 한반도 평화협정은 명시하여 담을 필요가 있다. 평화 체제 정착 이후에도 남북한이 각각 미국 및 중국과 맺고 있는 상호방위조약이 존속되는 경우, 양자 간 방위조약들보다 유엔 안전보장이사회의 논의와 결정을 우선하도록 하는 규정이 필요할 것이다.

한미 상호방위조약의 경우 한반도 유사시 미국의 군사 개입은 자동 개입이 아니라 미국의 헌법적 절차를 밟도록 되어 있으므로, 유엔의 논의와 결의를 우선하는 규정이 미 의회가 비준할 한반도 평화협정에 담겨지면, 평화협정의 그 같은 규정이 한미 상호방위조약에 우선할 수 있게 될 것이다.

미국은 자국의 군사 행동 여부를 국제기구에 맡기는 것에 커다란 거부감을 갖고 있다. 그러므로 이러한 내용을 담는 것은 무척 어려울 것이다. 불가능에 가까울지도 모른다. 그러나 미국 역시 한반도에서 유사시 원하지 않는 시점에 원하지 않는 방식으로 중국과 무력 충돌하는 상황에 처하는 것을 회피하는 것이 국익이라고 판단할 수 있다. 이 점에 관해 창의적인 방안을 모색할 가치가 있어 보인다.

(6) 주한미군 철수 문제와 상호방위조약을 어떻게 할 것인가

평화협정에서는 북한의 핵무기 폐기가 완성되고 장거리 미사일 위협이 제거되는 시점과 연계하여 주한미군의 실질적인 철군이 진행되도록 하는 것이 바람직할 것이라고 본다.

이유는 크게 세 가지로 본다. 첫째, 북한의 핵무기 폐기 노력의 진정성을 확보하는 데 미국이 북한에 보여 줄 수 있는 가장 가시적인 군사 위협 해소의 요건이다.

둘째, 북한 대량살상 무기의 대남한 및 대 미국 위협이 제거되는 한반도 평화 체제 완성 단계에서는 미군의 주둔 정당성 자체가 더욱 약해진다.

셋째, 평화 체제 구축 이후에까지 남한에 미 군사력이 주둔해 있는 경우, 북한의 유사시 전시작전권 반환에도 불구하고 사실상 미국이 유사시 판단과 전쟁 결정을 주도하는 가운데 미군과 한국군의 전시 체제 돌입이 발생하기 쉽다. 이 경우 중국의 한반도 군사 개입 가능성은 매우 높아지며, 이후 전개되는 한반도의 군사적 혼란과 그 결과는 최악의 시나리오들을 포함하여 상상을 불허할 수 있다. 이것은 평화 체제 정착 이후에도 남북한의 어느 한쪽에 외국 군사력이 주둔해 있는 상황에서는 얼마든지 벌어질 수 있는 상황이 된다. 이러한 사태를 방지하기 위해 유엔의 논의와 결정에 의하지 아니하고는 외국 군사력의 한반도 재개입을 방지하는 규정을 평화협정에 담는 것이 필요함은 위에서 지적한 바와 같다. 그러기 위해서는 평화 체제 구축 이후 한반도에서 일단 외국 군대의 실질적인 철군이 이루어져야 한다.

물론 남한에 미군이 계속 주둔을 하더라도 평화 정착 이후 한반도에서 유사시 미군을 포함하여 어떤 군사 행동도 유엔이 결의한 방식과 절차에 의하지 아니하고는 금지한다는 규정을 평화협정에 두는 것은 이론적으로는 가능하다. 그러나 그 시점에서 미군이 남한에 이미 주둔하고 있는 상황에서는 주한미군 역시 한반도 유사시에 직접 위협을 받는 당사자를 자처할 수 있으므로 유엔이 한반도에서 주한미군의 행동을 구속하기 어렵다. 또한 미 대통령이 미군을 분쟁지역에 군대를 파견하는 데에는 헌법상 전쟁 선포 권한을 가진 의회의 역할로 인해 중요한 제약이 따른다.[63] 반면에 주한미군이 이미 계속 주둔해 있는 상황에서 미군의 한반도 유사시 군사 개입은 그렇지 않을 경우에 비해 훨씬 쉬우며 그만큼 자동적이 되기 쉽다.[64] 그런 만큼 중국은 중국대로 유사시 주한미군이 주도하는 대북한 군사 개입에 신속하게 대응한다는 명분으로 일찍 행동에 나서면서 외세의 군사 개입 에스컬레이션의 가능성은 한층 높아진다.

그럼 상호방위조약들은 어떻게 할 것인가. 방안은 크게 두 가지다. 주한미군

63. 1973년 11월, 당시 닉슨 대통령의 거부권 행사에 의한 행정부의 반대를 뒤엎고 미 의회 상하 양원에서 3분의 2 이상, 특히 상원의 경우 75대 18이라는 압도적인 표차로 '전쟁권한결의안'(War Powers Resolution)이 통과되었다. 이에 따르면, 의회가 전쟁을 선포하지 않은 상태에서 대통령이 미국 전투부대를 파견할 경우, ① 24시간 이내에 하원 의장과 상원 부의장에게 서면으로 그 비상사태 발생 지역의 상황, 파견의 법적 근거, 파견 규모를 보고해야 한다. ② 군대 파견 후 의회가 전쟁을 선포하거나 해당 지역에 대한 군대 파견을 허가하거나, 또는 해당 군대 파견에 의회가 법으로 60일 이상으로 파견 허용 기간을 연장해 주거나, 또는 미국 본토가 무력공격을 당해 의회의 소집이 불가능하거나, 이 세 가지 중 어느 하나에도 해당하지 않을 경우, 대통령은 파견한 군대를 60일 이내에 철수시켜야 한다. 이 세 가지 경우에 해당하지 않아 대통령이 파견부대의 신속한 철수를 추진하는 과정에서 미군의 안전을 보장하기 위하여 필요하다고 대통령이 결정하고 그 사유를 의회에 서면으로 보고하면 기간을 연장할 수 있되, 그 연장 기간은 30일을 초과할 수 없다. 또한 의회가 전쟁 선포를 하거나 구체적인 법으로 허가하지 않은 상태에서 미군이 해외 교전 지역에 개입되어 있는 경우 의회가 어느 때든지 '동의 결의'(concurrent resolution)에 의하여 미국 군대의 철수를 결정하면 대통령은 위에서 정한 60일 기간 이전이라도 즉시 미군을 철수시켜야 한다(이 부분의 "동의 결의에 의한 의회의 미군 철수 결정 권한"은 합헌성 논란에 휘말려 왔다는 점은 유의할 필요가 있다). Public Law 93-148, 93rd Congress, H. J. Res.542, November 7, 1973; 이삼성, "현대미국외교와 국제 정치," 서울: 한길사, 1993, 161-167쪽.
1973년의 전쟁권한 결의안은 미 대통령의 군사 행동을 일정하게 제약하는 요소로 작용하지만 실제 대통령의 해외 군사 개입 여부를 결정하고 제약하여 왔다고 말하기 어렵다는 평가가 가능하다. 미 행정부는 이 결의안을 전적으로 무시하지 않으면서도 원칙적으로는 대통령의 안보 관련 행위를 부당하게 간섭하는 위헌적인 결의안으로 간주하는 태도를 유지해 오고 있다. 결의안 통과 후 2000년대에 이르기까지 이 결의안을 둘러싼 의회 안팎의 논란과 미국 군사 개입의 관계에 대한 검토는, "The War Powers Resolution: After Thirty Years," CRS Report for Congress, Library of Congress, March 11, 2004.
64. 김명기, "한반도평화조약의 체결," 앞의 책, 149-150쪽 참조.

의 궁극적인 철군을 전제로 남북한 모두 미국과 중국과의 상호방위조약들을 유지하는 방안과 남북한 모두 조약을 해소하는 방안이다. 이 두 방안 중 어느 쪽을 선택할 것인가, 그리고 그 선택을 평화협정에 명시할 것인가 여부는 평화협정 회담 가운데에서 남북한 간 대화를 통해서 결정하는 것이 바람직할 것이다.

또한 주한미군 없이 남북한이 각각 한미 동맹과 조 · 중 동맹을 유지하기로 결정하더라도, 최철영의 주장과 같이 미래 유사시 한국의 요구가 있을 때에만 미국이 개입할 수 있도록 하는 방향으로 한미 상호방위조약의 개정 역시 필요할 것이다.

8. 맺음말

남북한과 함께 미국과 중국이 함께 당사자로 참여하는 평화협정을 맺기만 하면 한반도 평화 체제는 이룩된다고 말할 사람은 없다. 그렇지 않다는 것을 모르고 평화협정을 이야기하는 사람은 없을 것이다. 필자 역시 마찬가지다. 그러나 평화협정이 그처럼 힘들고 도달하기 어려운 도전이라면, 힘겨운 만큼 의미가 있고 공허하지 않은 어떤 역할이 있을 수 있다고 생각한다. 북한의 안보 관심사, 미국의 안보 관심사, 우리의 안보 관심사를 포괄적으로 해소하는 데 도움이 될 만한 한반도 평화 과정의 기본문서가 될 수 있도록 평화협정에 대한 우리의 비전을 폭넓게 모색하는 태도는 그래서 필요하다고 생각한다.

그러기 위해서는 평화협정을 북한의 '적절한 행동'에 대해 주는 선물 정도로 생각하는 우리의 그동안의 관성적 사고에 머물러서는 안 된다. 북한과 미국을 다같이 '적절한 행동 양식'으로 이끌어 낼 수 있는 계기로 만들어 보는 것은 시도할 가치가 있다고 생각한다. 외교와 협정문서가 단순한 종이에 지나지 않는 것이 아니라 때로는 역사의 방향을 결정하는 데 결정적인 역할도 할 수 있다는 믿음을 송두리째 버리지 않는다면, 이 협정의 가능한 양태와 잠재적인 역할을 여러 각도에서 모색해 보아야 한다고 생각한다. 협정에 올바른 자세로 진지하게 임하는 외교적 노력 그 자체가 이미 평화 체제 구축에 불가결한 첫걸음이기 때문이기도 하다.

이런 관점에서 필자는 한반도 평화협정을 남북한뿐 아니라 미국과 중국이 같이 당사자로 참여하는 개념을 제시하고자 했으며, 그 협정의 실질적인 내용과 역할 또한 폭넓은 것으로 구상해 보았다. 또 구체적으로 북한 핵 문제 해결과 미국과 한국의 대북한 군사 위협의 문제를 연결해 해결하기 위해서 평화협정을 북한 핵 폐기의 최종 단계에 조응시키는 단계적 접근을 피하고, '평화 과정의 헌장'으로서의 평화협정 개념을 모색해 보았다. 이 두 개념들은 '북한 핵 폐기'의 시작과 끝을 둘로 구분하는 것은 결국 마찬가지지만, 그 내용에 중요한 차이가 있다. 일반적인 단계적 접근에서는 시작 단계에서 북한 핵 억지력의 공개와 함께 일정한 해체 작업이 진행되는 것을 말한다. 종결 단계는 곧 그 핵무기에 관련된 모든 시설과 물질의 폐기를 완료하는 것이 된다. 이 종결 단계의 내용은 필자가 말하는 핵 폐기 최종 단계와 동일하다. 다른 점은 핵 폐기 과정의 시작을 제네바합의 수준의 핵동결 대상 시설들에 대한 국제원자력기구의 일반사찰 재개를 통해 '핵무기 폐기의 신뢰 구축' 단계로 설정한다는 점이다. 이 개념에서는 미국의 대북한 군사 위협에 대한 대응이라고 북한이 공언하고 있는 '핵 억지력'의 공개에서 완전 해체에 이르기까지의 전 과정을 평화협정 자체의 내용으로 규정하는 것이 된다.

이것만이 평화협정이 가야 할 유일한 길이라고 할 수는 없다. 다만 우리가 평화협정을 통해 평화 체제를 구축하기 위해 북한과의 협상에 임할 때, 그러한 수준의 폭과 유연성을 우리 외교가 담을 수 있어야 하고, 미국 역시 그러한 준비를 갖출 수 있도록 노력할 필요가 있다고 생각하는 것이다.

평화협정이라는 것은 더 이상 서로를 적으로 규정하지 않는다는 공약이며 이를 증명하기 위한 행동의 일정을 문서화하는 것이다. 그렇다면 평화협정은 북한의 핵 억지력의 해체라는 행동이 시작에서 완성 단계에 이르기까지 진지하게 진행되기 위한 선행조건이다. 그 과정의 마지막에 주어지는 선물이라면, 그때 평화협정은 북한에게 어떤 내용을 가진 것이 되겠는가. 북한의 입장에서는 그 점을 공허한 것으로 생각할 수 있다.

물론 평화협정의 체결은 상당한 기일이 필요하므로, 협정 체결 이전에 북한이 보유하고 있다고 주장하는 '핵 억지력'의 공개와 해체를 포함하여 북한의 핵 폐기 작업이 조속하게 진행되는 것이 바람직한 것이라고 주장할 수 있다. 그러나 북한이 '핵 억지력'을 선언하고 확대하도록 미국은 몇 년을 허송세월해 왔다. 그래서 이제 불가피하게 외교적 협상을 통해 북한이 기꺼이 진정한 핵 억지력 해소에 나설 수 있도록 이끌어 내기 위해서는 다소 시일이 걸리더라도 북한의 진정한 협력을 확보해 낼 수 있는 방식과 내용의 평화협정을 만들어 내는 것이 필요하다. 이러한 외교적 자세로 임하지 않고는 북한의 '핵 억지력' 해소에 실질적인 진전을 가져오지 못한 채 평화회담을 지루한 또 하나의 외교적 분쟁무대 또는 결국 실패로 끝날 수 있는 또 다른 시리즈의 강압 외교와 협상의 널뛰기 무대로 만들면서 허송세월할 수 있기 때문이다.

평화협정은 북한에 대해 국제법적인 구속력을, 그리고 미국에 대해서는 미 의회 상원의 비준을 거치게 되는 것이므로 국제법적이고 국내법적인 구속력을 갖는다. 북한이 미국으로부터 군사적 안전보장을 받아 내기 위해 평화협정에 집착하는 것은 그런 효과를 중시할 수밖에 없기 때문이기도 하다. 물론 평화협정을 포함한 모든 국제규범은 언제라도 강대국들의 필요에 따라 권력정치에 유린될 수 있다. 그럼에도 불구하고 동아시아에서 미중 사이에 일정한 세력 균형이 형성되어 있는 오늘날의 조건에서 남북한과 미중이 함께 참여하여 합의해 내는 한반도 평화협정은 일정하게 힘의 균형에 의하여 뒷받침되는 국제 규범으로서의 구속력을 갖게 될 것으로 희망할 수 있다. 그런 만큼 그 평화협정이 한반도 평화 체제 구축과 평화통일에 가장 이상적으로 기여할 수 있는 형식과 내용을 갖추도록 설계하고 관철해 내는 외교적 비전과 노력은 소중한 의미와 실효성을 가질 수 있다고 믿는다.

III. 한일 관계와 신뢰/불신: 한일 FTA 협상을 중심으로*

양기웅**

1. 서론: 문제 제기

1998년 9월 16일 오구라 가즈오(小倉和夫) 당시 주한 일본대사에 의해 그 필요성이 제기된 이후, 한일 간의 FTA(Free Trade Agreement) 체결에 관한 논의는 동년 10월의 김대중 대통령 방일과 함께 발표된 '21세기 새로운 한일 파트너십 행동계획'으로 근거를 마련하여 11월 김종필 총리와 오부치 총리 사이에 한일 FTA 공동연구회 발족 합의가 이루어졌다. 이후 8차에 걸친 양국 공동연구회의가 진행되었고, 마침내 2003년 12월 22일에 양국 정부의 실무진이 참여하는 제1차 한일 FTA 협상이 개최되었다. 하지만 한일 FTA 협상은 2004년 11월 3일, 제6차 협상 이후 정체 상태에 빠져 있다.

---

* 이 논문에 도움을 주신 모든 분들, 특히 자료 수집 · 정리에 많은 도움을 준 김준동 석사에게 감사드린다.

** 한림대학교 정치행정학과 교수

양국 정상이 합의하고 비교적 빨리 쟁점이 정리되었음에도 불구하고 한일 FTA 협상은 왜 타결되지 못하고 있는가? 국제 협상에 대한 전통적인 설명 방식에는 크게 국제 체제 차원과 국내 정치 차원의 설명이 있는데 국내 정치 차원에서는 이익집단 변수, 제도 변수 등을 주로 고려해 왔다(최태욱 2001). 하지만 한일 관계는 그 역사적 특수성으로 말미암아 이 같은 '합리적 접근'만으로는 한일 협상의 동태성을 충분하게 설명하지 못한다. 이 글에서는 한일 FTA 협상을 살펴보면서 양국간의 '신뢰'가 협상 타결에 크게 영향을 미친다는 '신뢰 변수'의 중요성을 논의하고자 한다.

2. 한일 FTA 협상의 전개

(1) 협상 배경

일본은 1990년대 후반까지 한국을 비롯한 이웃 국가들과의 쌍무적 자유무역 활성화 방안에 대해서 소극적으로 대응해 왔다. 하지만 일본은 자신의 대외 통상 정책 기조가 크게 변화함으로써 한국 등과의 FTA 체결에 적극적인 자세로 전환하게 된다. 일본의 통상 정책은 그동안 꺼려 왔던 동아시아 지역주의를 이제는 적극 수용하는 쪽으로 변화되었던 것이다(김양희 2000). 일본 통상 정책 기조 변화에 대한 설명은 크게 세 가지로 정리된다(이홍배 2000; 김호섭 2001, 2003).

첫 번째는 동아시아 외환위기의 발생이었다. 외환위기 이후, 동아시아 국가들은 자유무역협정 체결에 높은 관심을 보였다. 2000년 말 중국이 아세안(ASEAN)과의 FTA를 제안한 이후, 이를 검토하기 위한 양 지역의 공식 채널이 활발하게 가동되었다. 일본은 2002년 1월 싱가포르와의 FTA를 체결하였고, 아세안과의 FTA 검토를 위한 '일본 · 아세안 FTA 연구회'를 구성하였다. 또한 한국과 일본 간 FTA 논의도 민간 연구기관 차원에서 정부 차원으로 격상되었고 지역주의의 움직임이 동아시아에서 활발하게 전개되고 있다. 동아시아의 외환위기가 지속될 경우 일본의 수출 감소는 물론 투자된 금융자본의 회수도 어렵게 되는 등 일본은 경제적으로 엄청난 손실을 입게 될 것이라는 우려가 팽배했다. 이에 일본은 이러한 위기를 극복하기 위해서는 동아시아 국가와의 경제 협력 강화의 필요성을 절감하게 되었다(최태욱 2001).

두 번째는 동아시아의 경제적 성장이다. 일본 상품의 수출시장으로서 동아시아가 차지하는 상대적 비중은 꾸준히 증가하여 1990년대에 와서는 미국을 제치게 된다. 그리고 그 격차는 계속 확대되어 갔다. 이것은 두 가지 면에서 일본 통상 정책의 변화에 기여했다. 하나는 역외국에 대한 무역 의존도가 낮아짐으로써 지역주의에의 유인이 강해졌다는 것이며, 다른 하나는 특히 대미 의존도가 낮아짐으로써 일본 정부의 통상 정책 수립의 자율성이 강화되었다는 것이다. 역외 의존도가 낮아지지 않았더라면 일본은 고작해야 APEC 수준의 '약한 지역주의'(weak regionalism)로 만족하려 했을 것이며, 특히 대미 의존도가 계속 높은 상태였더라면 미국이 반대하는 동아시아만의 지역 경제 통합에 적극성을 가질 수 없었을 것이기 때문이다(배긍찬 2000).

세 번째는 역외국들의 지역주의 경향을 들 수 있을 것이다. 특히 EU와 NAFTA의 등장은 미주 지역에 대한 일본의 수출에 제동을 걸게 되었고, 해외 의존도가 높은 경제 구조를 가진 일본은 수출시장의 위축을 우려하게 되었으며, 그 대안으로 역내 국가와의 FTA를 추진하게 되었다는 것이다.

한편 한국이 FTA 협상을 추진하게 된 배경에는 당시 불어닥친 외환위기 극복과 전 세계적으로 확산되고 있던 자유무역협정에 대한 대응이 요구되고 있던 국내외적 상황이 작용했다고 볼 수 있다. 특히 일본은 미국에 이어 제2위의 수출입 대상국이면서 지리적으로도 가장 가까워 FTA 협상의 우선 대상 국가로 고려되었다. 일본은 1990년대 중반 이후 싱가포르, ASEAN 국가들과의 FTA 협상을 활발히 전개하고 있었다. 지역주의 정책을 적극적으로 추진하지 않으면 고립으로 인한 엄청난 기회비용의 발생이 예측되는 상황이 바로 한국으로 하여금 일본과의 FTA 협상에 나서도록 만든 배경인 것이다(김양희 2000, 76).

자유무역협정의 체결은 안정적인 수출시장을 확보하고 한국 기업의 취약성을 극복하며 소비자 후생을 향상시키는 데에 도움이 된다. 한국 기업은 첨단 기술보다는 제조 기술의 비교우위에 근거한 생산 체제를 유지하여 온 반면, 선진

기업들은 고도의 과학 기술을 바탕으로 후발 개도국들은 저임금에 기초한 가격 경쟁력을 바탕으로 기존 한국의 수출시장을 잠식하고 있다. 이러한 상황에서 FTA 체결은 외국 선진 기업의 첨단 기술과 한국 기업의 생산 기술, 마케팅 능력을 결합하여 생산구조를 고도화하고 수출 능력을 배양하는 중대한 계기를 제공한다. 또한 주요국과의 FTA 체결은 선진 기업들과의 제휴, 외국인 직접 투자의 유치, 해외 거점 지역을 확보하는 데도 도움이 된다. 아울러 FTA 체결은 투자 보장이 강화됨으로써 한국 기업의 안정적인 투자 활동이 이루어질 수 있는 환경을 제공한다(정인교 2004).

(2) 협상 과정

한일 FTA 체결 논의는 1998년 9월 16일 전국경제인연합회 주최 월례조찬에 참석한 오구라 가즈오 당시 주한 일본대사가 세계화 추세에 능동적으로 대응하기 위해 양국이 반덤핑규정, 쌀 시장의 추가 개방과 같은 국제 규범을 형성하고, 양국의 경제적 연관성에 기초한 기업 간 제휴를 확대할 필요성 등을 언급하면서 양국이 EU, NAFTA와 같은 지역 협력체를 추진할 필요가 있음을 공식적으로 언급하였다(정인교 2004). 이후 1998년 10월 김대중 대통령과 오부치 일본 총리는 '21세기 새로운 한일 파트너십 행동계획'을 발표함으로써 미래 지향적 협력을 위한 토대를 마련하였다.

한일 FTA가 공식적으로 제안된 것은 1998년 11월 말에 콸라룸푸르에서 열렸던 APEC 정상회의 이후 개최된 각료간담회에서 요사노 가오루 APEC 일본 통산산업성대신이 한국의 한덕수 통상교섭본부장에게 장기적 관점에서 자유무역협정 체결을 위해 양국 간 공동 연구를 시작하자고 하면서부터였다. 이어 11월 28-29일 일본 가고시마에서 열린 한일 각료간담회에 참석한 김종필 총리는 오부치 총리와의 회담에서 한일 FTA 창설에 대한 양국의 공동 연구를 시작하기로 합의했다. 이후 양국 정부는 한국의 대외경제정책연구원(KIEP)과 일본의 무역진흥회 산하 아시아경제연구소(IDE)를 공공 연구기관으로 선정하여 한일 FTA 산관학 공동연구회(Korea-Japan FTA Joint Study Group)를 발족시킴으로써 본격적인 논의를 시작하였다. 이후 양국은 2000년 5월 발표된 양국 연구기관의 연구결과를 토대로 양국의 시장 통합 효과를 극대화 할 수 있는 포괄적 경제 협력의 내용을 가지는 한일 FTA 체결의 필요성에 동의하게 되었다.[1]

〈표 1〉 한일 FTA 논의의 전개 과정

1998. 10	한일 양국은 정상회담에서 '21세기 새로운 한일 파트너십' 발표
1998. 11	양국 통상장관 회담시 양국 간 FTA 추진에 관한 민간 연구를 추진키로 합의
1999. 3	오부치 총리 방한 중 '한일 경제 협력 의제 21' 을 통해 기존의 경제 협력 틀을 넘는 양국 간 관계강화를 표명, 이에 따라 IDE와 KIEP 공동 연구 발족
2000. 5. 22	IDE-KIEP 1차 공동 연구결과 발표
2000. 9. 1	민간 교류단체인 한일 포럼에서 양국의 FTA 체결 희망 의사를 표명
2000. 9. 24	김대중 대통령 방일 중 '한일 FTA 비즈니스 포럼' 발족 합의
2000. 9. 28	IDE-KIEP 2차 공동 연구결과 발표
2001. 5.	'한일 FTA 비즈니스 포럼' 구성
2001. 9.	1차 한일 FTA 비즈니스 포럼 개최(서울)
2002. 1. 25	2차 한일 FTA 비즈니스 포럼(도쿄)에서 양국 FTA 체결을 위한 정부 간 협상을 촉구하는 공동선언문 채택
2002. 3.	고이즈미 일본 총리 방한시 한일 FTA 산관학 공동연구회 발족을 제의
2002. 7. 9-10	한일 FTA 산관학 공동연구회 제1차 공동회의 개최(서울)
2002. 10. 1-2	한일 FTA 산관학 공동연구회 제2차 공동회의 개최(도쿄)
2002. 12. 2	한일 투자 협정 외교공한 교환
2002. 12. 4-5	한일 FTA 산관학 공동연구회 제3차 공동회의 개최(부산)
2003. 1. 1	한일 BIT 발효
2003. 2. 6-7	한일 FTA 산관학 공동연구회 제4차 공동회의 개최(도쿄)
2003. 4. 14-15	한일 FTA 산관학 공동연구회 제5차 공동회의 개최(서울)
2003. 5. 7.	한일 비관세조치 협의회 제1차 회의(서울)
2003. 7. 11-12	한일 FTA 산관학 공동연구회 제6차 공동회의 개최(후쿠오카)
2003년 9. 1-3	한일 FTA 산관학 공동연구회 제7차 공동회의 개최(서울) 한일 비관세조치 협의회 제2차 회의(9. 1) 개최

1. 산관학 공동연구회의 기능은 여전히 정부 간 공식 협상이 아니라, 양국 간 FTA의 가능성을 타진하고 협상 이슈를 사전 점검하는 작업에 국한되었다.

2003년 10. 2	한일 FTA 산관학 공동 연구회 제8차 공동 회의 개최(서울)
2003. 10. 20	제11차 APEC 정상회의 기간에 양국 정상은 2005년 FTA 타결을 목표로 연내 정부간 협상 개시에 합의
2003. 12. 22	한일 FTA 제1차 협상 개최(서울)
2004. 2. 23-25	한일 FTA 제2차 협상 개최(도쿄)
2004. 4. 26-28	한일 FTA 제3차 협상 개최(서울)
2004. 6. 23-25	한일 FTA 제4차 협상 개최(도쿄)
2004. 8. 23-25	한일 FTA 제5차 협상 개최(경주)
2004. 9. 1-4	한일 FTA, 중소기업 지방 설명회(광주, 대전)
2004. 11. 1-3	한일 FTA 제6차 협상 개최(도쿄)

출처: KIEP, http://www.fta.go.kr/(외교통상부 자유무역협정) 06/05/24 검색

〈표 2〉 한일 FTA 산관학 공동연구회의 주요 논의

	논의내용
기본원칙 (포괄적 FTA, 실질적 자유화, WTO 규범과의 일치)	○ 농업 등 특정 분야를 제외하지 않고 모든 분야에서 자유화 추진 ○ 관세 및 비관세장벽 철폐, 서비스 자유화, 투자, 정부조달, MRA, 지적재산권,무역규범 등을 포함하고 무역투자증진, 경쟁, 과학기술, 운송, 방송, 환경 등 제반 분야의 상호 협력의 진흥을 위한 방법 모색 ○ 단기적으로 일부 산업에 부정적인 영향이 발생할지라도 모든 분야에서 실질적인 자유화 추진, 관세 철폐 이행 기간은 가급적 단축
관세 (Tariffs)	○ 특정 분야를 일괄 제외하지 않되, 민감 분야에 대해서는 점진적인 관세 철폐를 통해 상호 개방의 충격을 완화한다는 기본원칙에 동의하였음. 한국의 가중평균 수입관세율(2001년 기준)은 7.9%, 일본은 2.5% 수준을 확인하고 한일 양국은 농산물에서 상대적으로 높은 관세율을 유지하고 있으며, 특히 일본은 농산물과 신발류 및 섬유에 종량세 유지 확인 ○ 일본은 한국으로부터의 수입품 중 57.3%가 무관세이며, 나머지 품목이 비록 민감하지만 협상 대상으로 하겠다는 견해 제시 ○ 한국은 양국의 관세율 차이를 고려할 때 한일 FTA는 한국 산업에 심대한 영향을 미칠 것이라는 견해 제시 ○ 이러한 문제점을 극복하기 위해 이행기간의 설정 및 세이프가드의 확립을 통해 대응하는 데 동의

비관세조치	○ 양측은 상호 시장 접근 증진을 위해 비관세조치(NTMs: Non-Tariff Measures) 철폐 및 개선이 매우 중요하다는 데 동의
원산지 규정 (Rules of Origin)	○ 원산지 규정의 판정 기준으로는 완전 생산 기준 및 실질적 변형 기준(세 번 변경, 부가가치 또는 주요 공정 기준)을 활용하되, 세 번 변경 기준을 원칙으로 하는 것에 합의 ○ 원산지 규정은 단순하고 사용자 편의를 도모할 수 있도록 정해져야 하며, 불필요하게 복합한 규정은 지양
서비스	○ WTO 서비스 협정보다 자유화 범위를 확대하여 광범위하게 서비스 자유화를 추진할 필요가 있다는 데 동의하고, 한일 FTA가 체결된 이후에도 서비스 부문의 추가적인 개방이 필요하다는 데 의견 일치 ○ 한국은 일본 은퇴 기술자의 한국 내 재취업, 간병 인력의 대일 진출 인력 이동 사례를 제시하고, 이의 활성화를 위해 다각적인 비자 면제 방안의 검토가 필요함을 지적[특히 의료 전문가의 자격에 대한 상호 인증(MRA)의 필요성을 지적] ○ 일본은 일본에서 의료 서비스를 제공하기 위해서는 일본 자격증이 필요하다는 점을 들면서 현재 시점에서 자격의 상호 인증을 확립하기는 어렵다는 입장 개진
투자	○ 한국은 향후 한일 FTA에서 이미 발효된 한일 투자 협정(BIT) 유보 분야의 추가 자유화와 투자 촉진을 골자로 하는 BIT의 개정 필요성에 대한 논의를 희망하였고, 아울러 BIT의 홍보 및 일본의 대한투자 증대 방안과 이를 위한 일본의 협력 필요성 등을 피력하였음 ○ 반면 일본은 현 단계에서 BIT의 개정 필요성에 대해서는 회의적인 입장을 밝히는 한편 한국에의 투자 증대에 대한 일본 정부의 역할의 한계 등을 지적하였고, 또한 노사문제 · 지적재산권 · 합작투자 파트너 간의 경영 방식 차이 등 일본 기업이 한국에 투자 시 겪는 애로사항의 개선에 관심을 표명
무역 원활화	○ 한국은 통관절차 입국 시스템(CUPES) 도입을 통해 수출입 통관뿐 아니라 모든 통관절차가 전산화될 수 있다고 설명하는 한편, 일본에서는 단일 창구 시스템(Single Window System) 촉진을 위해 노력하고 있다고 설명 ○ 한국은 서류 없는 수출입 통관 시스템, 전산관세 지불 시스템 및 광범위한 수송위험관리 시스템 같은 조치들에 관해 설명하고,

무역 원활화	또한 단일 창구 시스템, 웹(web)에 기반한 통관 절차 시스템, 해양 및 항공 수송 시스템 및 현지 적하 방출 시스템 등 진행 중인 프로그램에 관해서도 소개 ○ 일본은 KTNET과 같은 지방전자시스템의 상호 연결 분야에서 양국간 다양한 협력 프로그램에 관해 설명 ○ 한국은 자국의 통관 및 유통은 KTNET으로 단일화되어 있는 반면, 일본은 여러 표준에 기인하고 있다고 지적하고 아울러 전자상거래도 오프라인(off-line) 거래와 같은 수준의 보호를 받아야 한다고 지적 ○ 한편 공동 연구회는 공동 원산지 증명서(e-C/Os)의 중요성을 인지하고, 이를 서류 없는 무역과 같은 전자 방식으로 다룰 수 있는 가능성에 대해 논의함과 동시에 실행에 있어 협력의 필요성을 역설
기술장벽 (상호 인증)	○ 한국과 일본은 전기제품, 전자통신 설비, 전압 컨테이너, 의학/약물장비, 일본산업표준(JIS) 및 한국산업표준(KS)의 여섯 분야에서 상호 인증에 관한 가능성 연구를 위해 9차례 미팅
위생 및 검역조치	○ 공동 연구회는 SPS 조치가 한일 FTA에서 과학적 원칙에 기반하여 필요한 정도까지만 적용되어야 한다는 데 합의
자연인의 이동	○ 한국은 양자 간 비자면제협정의 중요성을 강조하고, 최근 한국은 여권사진의 정보교환을 위해 관련 기관들 간에 네트워크(Network)를 형성, 이민 통제 강화 등의 조치를 통해 한국 여권이 조작되는 것을 줄이고자 노력 중이라고 언급. 또한 사업가들의 비자면제 및 다국적자와 관련한 조치 개선 등 잠정조치의 마련을 제안하고, 양국 간 사업가들의 교류를 촉진하기 위해 증명서의 상호 인증을 제안 ○ 일본은 비자 관련 이슈들을 논의하기에 앞서 한국인들의 일본 불법입국 및 거주를 개선하기 위한 노력 강화를 요청

출처: 박순찬(2004)

제1차 한일 FTA 협상은 서로의 입장을 확인하는 선에서 이루어졌다. 논의는 상대방의 상품무역에서의 관세, 비관세장벽의 철폐뿐만 아니라 서비스 무역의 자유화, 투자 확대, 정부 조달, 지적재산권, 경쟁 정책, 무역 투자 협력, 중소기업 협력, 과학 기술 협력 등의 경제 협력 사업까지 포괄하는 광범위한 분야에 걸쳐 진행되었다. 제2차 협상에서 양국은 상품 무역, 비관세조치(Non-tariff Measures), 투자 및 서비스 무역, 기타 무역규범(정부 조달 · 경쟁 정책 · 지적재산권), 협력 등 5개 협상분과와 상호 인정 협정(MRA; Mutual Recognition Agreement)에 대한 협의를 통해 분야별 주요 쟁점을 협의하였다.[2]

제3차 협상에서 양측은 포괄적이고 수준 높은 FTA를 체결한다는 기본원칙을 재확인하고, 각 협상 분야별로 쟁점사항에 대한 양측의 기본입장과 협정문안, 향후 작업 계획 등에 대해 논의하였다. 또한 3차 협상을 바탕으로 차기 협상에서는 협정문안에 대한 축조심의(逐條審議)를 하면서 분야별로 통합 협정문안(consolidated text)을 만드는 작업을 진행할 계획이라고 발표하였다(외교통상부 자유무역협정 보도자료 04/04/28).

한편 제3차 협상에 앞서 양측은 4월 16일에 한일 FTA 협정문 초안을 상호 교환하였으며 한국 측은 여기서 양국 간 FTA가 포괄적인 분야에서 높은 수준의 자유화와 협력을 목표로 하여야 한다는 취지 하에서 검사검역(SPS), 정부 조달, 상호 인정, 비관세 조치 등에서 우리 측의 입장을 반영하는 규정을 다수 포함하였다.

제4차 협상에서 양측은 포괄적이고 수준 높은 FTA를 체결한다는 기본원칙을 재확인하고 상품 및 서비스 무역 자유화 등 6개 협상 분과별로(분쟁 해결 분과는 미개최) FTA 협상의 주요 쟁점에 대해 협정문을 기초로 논의를 진행하였다. 특히 제4차 협상에서 한국 측은 비관세 조치 · 상호 인정 · 정부 조달 등의 문제를 적극 제기하였으며, 일본 측은 지적재산권 분야에 대해 많은 관심을 보였다. 아울러 양국은 상품 양허안 교환 시기 및 양허안의 수준에 대해 일반적 의견을 나

2. 분야별 주요 논의 내용으로는 첫째, 양국 간 무역 및 투자 증대를 위하여 농업을 포함하는 상품, 서비스의 포괄적 자유화 원칙을 재확인하였다. 둘째, 우회 수입 방지를 위한 원산지 규정, 통관 절차 간소화 등 분야에서 FTA 체결의 이익을 최대화 할 수 있는 방안을 모색하기로 합의하였다. 셋째, FTA 체결의 이익을 극대화하기 위하여 가급적 많은 무역 규범 분야에서 수준 높은 FTA를 추구하는 것이 바람직하다는 데 인식을 같이하였다. 넷째, 비관세 조치 분야에 있어서는 협의회를 계속 유지키로 하고 앞으로 구체적인 사례를 바탕으로 논의를 진행하기로 합의하였다. 다섯째, 양국간 경제 통합을 실질적으로 실현하고, FTA 효과를 극대화하기 위하여 무역 투자 협력, 기술 협력 등 각종 협력 사업을 발굴, 추진키로 합의하였다. 여섯째, 양국 간 기술 규격을 상호 인정하기 위하여 상호 인정(Mutual Recognition) 분과를 설치하기로 합의하였다. 일곱째, 차기 협상에서는 양측이 협정문안 초안을 준비하여, 이를 바탕으로 보다 구체적인 논의를 진행하기로 합의하였다(외교통상부 자유무역협정 보도자료 04/02/25).

누었다(외교통상부 자유무역협정 보도자료 04/06/25).

제5차 협상에서 양국은 상품 및 서비스 무역 자유화 등 7개 협상 분과별로 FTA 협상의 주요 쟁점에 대해 협정문 초안을 기초로 논의를 진행하였다(외교통상부 자유무역협정 보도자료 04/08/25).[3] 한국 측은 비관세 조치 · 정부 조달 등 우리 측 관심 분야에서 다양한 의제를 발굴 · 적극 제기하였고, 양국은 상품 양허안 및 서비스 · 투자 유보안 교환과 관련하여 일반적인 의견을 교환하였다.

제6차 협상에서도 제5차 협상과 같은 의제가 등장하였는데, 특히 FTA의 핵심인 상품 양허안에 관한 문제에서도 계속 협의해 나가기로 합의하였다(외교통상

〈표 3〉 한일 FTA 협상 쟁점과 양측 주장

	FTA 협상 쟁점과 양측 주장
상품양허안	○ 일본은 높은 수준의 양허안이 교환될 수 있도록 양허안의 교환에 앞서 먼저 요청안(request list)을 가급적 조기에 교환하는 방안을 선호한다는 견해를 제시하였으나, 높은 수준의 양허안이 기대될 경우 요청안 없이 양허안을 교환하자는 한국의 입장을 수용할 수 있다는 입장 ○ 다만 일본은 양허안 교환 시기나 방식보다는 비공식 협의 등을 통해 먼저 상호 만족할 만한 양허안 수준에 대해 공감대의 형성이 우선되어야 한다는 것을 강조 ○ 이에 대해 한국은 일본이 공산품의 양허안을 먼저 교환하자는 제안은 포괄적 FTA 체결을 지향하는 협상의 목표에 맞지 않으며, 높은 수준의 양허안 제시를 요구하기에 앞서 먼저 일본이 농업을 포함하는 포괄적인 양허안을 제시할 것이라는 확신을 줄 필요가 있다는 점을 강조 ○ 교환 시기와 관련, 가급적 교환 시기를 미리 정하는 것이 양허안 준비를 위하여 바람직하며, 모든 품목에 대해 동시에 양허안을 교환할 것을 제안 ○ 양허안 교환은 10월 비공식회의에서 논의
원산지 규정 (Rules of Origin)	○ 한국은 일본이 제시한 선박/가공선(vessels/factory ships)의 정의에서 세 가지 조건, 즉 내국인 지분 최저소유비중(50%), 선장

3. 7개 분과는 상품무역, 서비스 · 투자, 비관세조치, 상호 인정, 기타 무역규범(정부 조달 · 경쟁 · 지적재산권), 협력, 분쟁 해결 분과 등이다.

원산지 규정 (Rules of Origin)		과 주요 선원(항해사 · 4기관사 등) 자국 국적 요건, 일반 선원 75% 이상의 자국 국적 요건이 국제적인 기준에 부합하지 않는다고 지적 ○ 한국은 한일 FTA는 개발도상국이 아닌 선진국 사이의 FTA이며, 동 조항은 국제기준에 배치되므로 삭제해야 한다고 주장
서비스		○ 주요 쟁점사항인 내국민 대우 · 시장접근 · 최혜국 대우 및 유보 관련사항에 대해 의견을 교환하였으며, 양측 협정문의 기술적인 차이점에 대한 논의도 함께 진행 ○ 유보리스트 작성 방법은 한 · 칠레 FTA와 유사한 형태를 따르기로 양측이 합의하였으며, 일본은 유보리스트에 부기되는 산업분류 기준을 GATS에서 사용된 CPC 분류로 하기보다는 양국의 국내산업 분류기준을 따르도록 하자고 제의 ○ 이에 한국은 양국 간 국내산업 분류기준에 대한 명확한 정보를 주고받은 뒤 관계부처 협의를 거쳐 긍정적으로 검토하겠다는 입장을 제시하고 관련 정보를 교환하기로 함 ○ 양측은 구체적인 유보 관련 사항 논의시기에 관하여 상품분과 등 기타 분과의 논의 진전 상황을 지켜보면서 늦어도 2004년 말까지 유보리스트를 교환하고 협의해 나가기로 함
협력	정보통신 분야	○ 전자서명 상호 인정, IT 기술자 시험의 상호 인정에 대해 일본은 한국의 제안 내용에 대해 방향성이 일치한다는 적극적인 의견을 제시 ○ 이와 함께 일본은 개인정보 보호, 제4세대 이동통신 시스템 개발 표준화 및 브로드밴드(broadband) 관련 정보교환 등의 분야에 대한 협력을 제안 ○ 이에 대해 한국은 해당 의제별 상세 자료를 제시할 경우 관련 부처의 검토 후 한국의 입장을 전달키로 하였음
	과학기술 분야	○ 고급과학기술인력 확대 프로그램 등 총 6개의 세부협력 의제에 대해 일본은 기본적으로 한국의 제안을 성실히 검토하기로 약속
	환경분야	○ 환경라벨링 상호 인정 협력 및 FTA 환경성과 평가기법 개발에 대해 일본은 한국의 제안 내용에 대해 긍정적인 입장을 피력
	인적자원 개발협력	○ 한일 대학간 학점 교류를 위한 민간협의체간 공동연구 추진과 관련하여, 한국의 제안에 대한 세부설명과 양국 학점인정의 불균형에 대한 논의

출처: 박순찬(2004)

부 자유무역협정 보도자료 04/11/03). 하지만 6차 협상 이후 수산물 자유화에 대한 논란 이후 한일 FTA 협상 재개는 아직까지 이루어지지 않고 있다.

(3) 협상의 교착

한일 FTA 협상이 교착된 것은 경제적인 원인과 정치 사회적인 원인, 즉 한일 관계의 악화에서 기인한다. 첫 번째로 경제적 측면에서 살펴보면 한일 FTA의 타결은 한국보다는 상대적으로 일본에게 더 큰 이익이 예상된다. 한일 FTA가 체결되면 인구 규모로는 1억 8천 명, GDP 규모로는 4조 6천억 달러에 달해 세계 무역의 약 10%를 차지하는 거대 단일시장의 출현이라는 연구보고도 있다(오가와 유헤이 2004). 관세 · 비관세 장벽 폐지와 급속한 무역량의 확대는 경쟁력 있는 기업들에게 더 많은 이익 창출의 기회를 제공할 것이고 이 과정에서 일본의 기업들은 경쟁 우위를 가질 수 있다. 게다가 한일 무역 수지 불균형이 한일 FTA의 심각한 장애가 되고 있다. 1999년 6월 '수입선 다변화' 정책이 완전히 폐지된 이후 큰 폭으로 증가하고 있는 한국의 대일 무역 적자는 심각한 수준이다. 한일 간의 관세율 차이(일본 2.9%, 한국 9.19%)를 고려한다면 관세 철폐는 대일 수입의 급증과 무역 불균형의 심화를 초래할 충분한 위험이 있다. 특히 자동차, 전자, 기계 부품, 선박 등의 주력 산업에 미치는 영향이 클 것으로 예상된다. 이런 우려를 반영하여 지금까지 한일 FTA의 체결을 한 목소리로 요구하던 전국경제인연합회와 한국무역협회에서도 최근에는 신중론이 대두하고 있는 것으로 전해졌다(동양경제일보 04/02/20, 오가와 유헤이 2004에서 재인용).

두 번째로 정치 · 사회적 측면에서 볼 때 고이즈미와 노무현 정부 들어 급속히 냉각되고 있는 양국 관계를 들 수 있다. 제6차 협상이 종료되고 45일 후인 2004년 12월 18일에 가고시마(鹿兒島)에서 열린 한일 정상회담에서 노무현 대통령은 자신의 임기 중에는 과거사 문제를 거론하지 않겠다고 밝혔다. 그러나 일본 시네마현의 독도 조례안 통과, 우익 교과서 검정 통과, 고이즈미 총리의 야스쿠니 신사 참배 등, 역사 문제, 독도 · 영해 분쟁은 2005년 연내 타결을 목표로 하고 진행되던 한일 FTA 협상이 정체하게 되는 결정적 계기로 작용하였다. 결국

〈표 4〉 한국의 대일 무역 수지

(단위: 100만 달러)

	대일 수출	대일 수입	대일 무역 수지
1996	15,766.8	31,448.6	-15,681.8
1997	14,771.2	27,907.1	-13,135.9
1998	12,237.6	16,840.4	-4,602.8
1999	15,862.4	24,142.0	-8,279.6
2000	20,466.0	31,827.9	-11,361.9
2001	16,505.8	26,633.4	-10,127.6
2002	15,143.2	29,856.2	-14,713.0
2003	17,276.1	36,313.1	-19,037.0
합 계	128,029.1	224,968.7	-96,939.6

출처: 〈한국통관통계〉에 의함. 오가와 유헤이(2004)에서 재인용

노무현 정부는 초강경 대일 독트린을 발표하기에 이르렀다(윤덕민 2005). 2004년 11월 이후의 한일 FTA 정체의 표면적 원인은 수산물 자유화 부문에서 노정된 이견이었지만, 실질적 원인은 위에서 언급한 한일 경제 관계의 구조적 문제 그리고 일본의 역사 인식 문제에서 비롯된 양국 관계의 악화였다.

3. 결론

국제 협상을 설명하는 변수 중에는 첫째, 국제 체제 변수가 있다. 국제 체제 변수는 국익의 극대화를 추구하는 각 국가들의 전략적 상호 작용의 결과인 통상과 무역정책이 어떠한 국제 체제 조건 하에서 작동하고 있는지를 강조한다. 여기서 다원적이고 차별적 분석이 요구되는 국내적 조건은 상수(常數)로 치부된다. 둘째, 이익 집단 변수가 있다. 이것은 이견을 가진 이익 집단들 중에서 어느 이익 집단의 선호가 정책에 반영되는지, 분열 상태에서 등장한 승리 연합이 정부의 정책에 관해 어떤 선호를 보이는지를 중요시한다. 이 경우 각 정당이 어떤 집단을 대변하고 있는지, 그 집단의 영향력은 어느 정도인지가 중요한 분석 대상이 된다. 셋째, 제도 변수가 있다. 이것은 동일한 이익 집단 혹은 승리 연합이

라도 해당 국가의 정치제도에 따라 그들의 정치적 역량이 달라지고 그들의 선호가 정책에 반영되는 비율도 달라진다는 것이다. 즉 제도에 관한 고려 없이 이익집단들의 특성과 경쟁 형태만으로는 정책의 결과를 설명할 수 없다는 것으로서 여기서는 해당 국가의 민주화 여부, 특히 선거제도 · 정당제도와 같은 정치제도가 중요한 분석 대상이 된다(김호섭 2004; 최태욱 2001).

하지만 한일 FTA 협상 사례는 이 세 가지 변수만으로는 왜 협상이 정체되고 있는지를 충분하게 설명하지 못한다. 한일 FTA 협상의 출범과 정체 · 교착을 국제 체제 변수, 이익 집단 변수, 제도 변수로 설명하는 것은 대단히 합리적이고 의미 있는 작업이다. 하지만 한일 FTA 협상 출범에는 김대중 · 오부치의 공동선언이 있었고 협상의 정체 · 교착의 배경에는 노무현 · 고이즈미 사이의 악화된 한일 관계가 중대한 영향을 미치고 있는 것으로 평가된다.

3가지 변수를 중심으로 한 '합리적 접근 방법'만으로 현재의 협상 교착을 설명하는 데는 한계가 있다. 세계 무역 체제 속에서 생존하기 위한 지역 협정의 중요성에 대한 유인, 한일 FTA의 필요성에 대한 양국 정부, 여당의 인식 공유, 비교적 민주화되어 있는 양국의 정치 체제에도 불구하고 협상이 교착 상태에 있는 원인은 결국 한일 간 '신뢰'의 결핍에서 찾아야 한다. 프란시스 후쿠야마(F. Fukuyama)는 '사회적 자본으로서의 신뢰는 어떤 공동체 내에서 그 공동체의 다른 구성원들이 보편적인 규범에 기초하여 규칙적이고 정직하며 협동적인 행동을 할 것이라는 기대'라고 말했다. 한편 다른 사람들이 규칙적으로 동료를 속일 것이라고 기대하는 경우에는 신뢰의 결핍으로 나타난다고 주장하였다(Fukuyama 1996). 그는 '사회적 자본'으로서의 신뢰를 논의하고 있지만 '신뢰'는 한일 관계에서 '국제적 자본'으로서 유효성을 가진다.

본 논문에서는 한일 간의 이러한 상황을 설명하기 위해 '신뢰' 변수가 중요하게 다루어져야 한다고 제안한다. 이미 양국은 2002-2003년에 8차에 걸친 한일 FTA 산관학 공동 연구회의에서 높은 수준의 FTA 체결이 바람직하다는 결론을 내리고 관련된 '규범'에 관한 논의를 축적했던 경험이 있다. 하지만 역사 문제, 독도 문제 등에 의한 한일 갈등은 한일 간의 '신뢰 결핍'을 초래했다. 이 같은 신뢰 결핍은 한국 사회 내부에서 '일본이 경제 관계에서 보편적인 규범에 기초하여 규칙적이고 정직하며 협동적인 행동을 할 것'이라는 기대감을 낮추는 기능을 했고, 단기적으로는 대일 무역 적자가 확대되더라도 중장기적으로는 반드시 양국 모두에게 큰 이익을 가져올 것이라는 기대감을 축소시켰다. 이것이 한일 FTA 교착의 주된 원인이다.

협상 타결을 위해서는 한일 양국 사이에 국제적 자본으로서의 신뢰가 불가결하고 이를 위해서는 일본은 역사에 대한 책임을 직시하고 과거의 전쟁과 식민지배에 관련된 국가 차원의 사죄와 개인 보상을 명확하게 해야 한다. 건전한 역사의식에 바탕을 둔 신뢰야말로 미래 지향적인 한일 관계와 아시아 공동체를 만들기 위한 기초이며, 무엇보다 일본 자신을 위한 가장 소중한 자산이 될 것이다.

참고문헌

김양희. 2000. "일본-싱가포르 자유무역협정(FTA)체결과 한국에의 시사점." 『세계경제』 제3권 11호.

김호섭. 2001. "아시아 경제위기 이후의 일본의 지역주의: 한일자유무역협정 논의의 전개를 중심으로." 『한국정치학회보』 제35권 1호.

김호섭. 2004. "일본의 FTA 정책과 국내정치." 현대일본학회. 『일본연구논총』 제19호.

박순찬. 2004. "한 · 일 FTA 추진경과 및 협상 진행사항." KIEP 내부 자료.

박영환. 2006. "한일 FTA의 최대장애: 늘어만 가는 한국의 대일무역적자." KOTRA 나고야 무역관 동향보고서. 2월 28일.

배긍찬. 1999. 『동아시아 지역협력 추진 전망』. 외교안보연구원 정책연구시리즈.

오가와 유헤이. 2004. "지역판 자유무역협정 제창." 『국제통상연구』 제9권 제2호. 한국국제통상학회.

외교통상부. 자유무역협정 보도자료 04/02/25.

______. 자유무역협정 보도자료 04/04/28.

______. 자유무역협정 보도자료 04/06/25.

______. 자유무역협정 보도자료 04/08/25.

______. 자유무역협정 보도자료 04/11/03.

윤덕민. 2005. "한일 관계, 어떻게 풀어야 하는가." 『한국논단』 8월호.

이홍배. 2000. "일본의 대외교역변화와 향후 전망." KIEP. 『세계경제』 제3권 5호.

정인교. 2004. "한일 FTA의 경제적 영향과 협상에 대한 시사점." 서울: 대외경제정책연구원.

최태욱. 2001. "대외통상정책의 국제 정치와 국내정치: 한일 FTA를 중심으로." 한국정치학회. 『한국정치학회보』 제35권 3호.

Baldwin, R. E. and A. J. Venables. 1995. "Regional economic integration." In *Handbook of International Economics*, Vol. III, edited by G. M. Grossman and K. Rogoff. Amsterdam: North-Holland/Elsevier.

Francois, J. F., B. McDonald, and H. Nordström. 1997. "Capital Accumulation in Applied Trade Models." In *Applied Methods for Trade Policy Analysis—A Handbook*. London: Cambridge University Press.

Fukugawa, Y. 2000. "Japan-Korea FTA as a New Initiative in East Asia: Beyond Bitterness." Global Communications Platform from Japan. May.

Fukuyama, Francis. 1996. *Trust: The Social Virtues and The Creation of Prosperity*. Free Press.

Grossman, G. M. and E. Helpman. 1991. *Innovation and Growth in the Global Economy*. Cambridge, MA: MIT Press.

Hertel, T. etc. (ed.). 1998. *GTAP Database*. Version 4. Purdue University.

KIEP-IDE. 2000. "Toward a Korea-Japan FTA: Assessment and Prospects." Presented at an international seminar Towards Closer Korea-Japan Economic Relations: Proposal for Formulating a 21st Century Partnership. Seoul: Shilla Hotel.

PECC. 2000. *Non-tariff measures in goods and services trade*. Singapore: PECC.

Suzanami, Yoko, Shujiro Urata and Hiroki Kawai. 1995. *Measuring the Costs of Protection in Japan*. Washington D. C.: Institute for International Economy.

Yamazawa, Ippei. March 2001. "Assessing a Japan-Korea Free Trade Agreement." *The Developing Economies*, Volume XXXIX. Number 1: 3-48.

東京大學 社會科學研究所 編. 1991.『現代日本政治』. 5『構造』. 東京: 東京大學 出版會.

アジア經濟研究所・韓國對外經濟政策研究院 主催 日韓共同シンポジウム. 2000. 9. 28.「21世紀の日韓經濟關係緊密化に向けて―議事録」. 東京.

有賀貞. 1989.『講座國際政治 4 : 日本の外交』. 東京: 東京大學出版會.

神谷万丈. 1997.「アジア太平洋における重層的安全保障構造に向かって」. 日本國際政治學會編.『國際政治』(115).

NHK 世論調査部 편. 1991.『現代日本人の意識構造』. 東京: 日本放送出版協會.

山口二郎. 1993.『政治改革』. 東京: 岩波書店.

桶渡展洋. 1995. "55年體制の'終焉'と戰後國家." レウアイアサン 16. 東京: 木鐸社.

IV. 남북 관계와 신뢰/불신, 그리고 미래: 신뢰 구축을 중심으로

안승국*

1. 신뢰와 남북 관계

지난 50년 이상 지속되어 온 분단으로 인해 남북한에는 상이한 정치, 사회, 경제 체제가 고착되었다. 이러한 체제 간 상이성은 적대감과 갈등을 심화시켜 왔으며 나아가 통일에도 장애가 되고 있다. 특히 남북한은 한국전쟁으로 인해 상호 간 불신이 뿌리 깊게 형성되어 있다. 이러한 적대적 불신은 냉전체제의 해체에도 불구하고 지속되고 있는 것이 현실이다.

남북한 간의 상호 불신은 쌍방에 불이익을 초래하고 최악의 경우 무력분쟁까지 초래할 수 있는 위험성이 있다. 불신이 존재하는 상황에서 남북한은 각기 군비증강을 통해 안보를 추구할 수밖에 없다. 그러나 이와 같은 군사력을 통한 억지는 군비 경쟁에 따른 안보 딜레마를 발생시키고 국방예산의 과도한 지출을 초

* 비교민주주의연구센터 부소장

래하게 된다. 또한 역설적으로 상호불신에 따른 군비경쟁은 무력분쟁의 가능성을 증대시켜 결과적으로 안보를 위협하게 되는 것이다. 이와 같이 상호불신은 남북 관계를 개선하고 화해 · 협력을 추구하는 데 방해가 된다.

2000년 6월 13일 역사적인 남북정상의 만남을 계기로 분단 반세기 동안 대결을 지속해 온 남북한은 화해와 협력의 시대로 들어섰다. 정상회담을 통해 남과 북의 최고지도자는 '6.15 공동선언'에 합의하고 서명하였다. 6.15 공동선언을 계기로 남북한 간의 화해 · 협력이 상당히 진전되었지만, 양자 간의 불신은 완전히 제거되지 못하고 있는 상황에 놓여 있다.

따라서 외교적 고립과 경제적 위기에 직면해 있는 북한과의 무력분쟁 가능성을 억제하고 평화 공존의 기틀을 마련하기 위해 남북 간의 신뢰 구축은 필수불가결하다고 볼 수 있다. 남북한은 신뢰 구축을 통해 적대적 관계를 화해와 협력의 관계로 전환시켜 평화를 한반도에 정착시켜야 하는 것이다. 이와 같이 남북한 간의 신뢰 구축은 한반도 안정에 필요할 뿐만 아니라 평화체제 수립에 있어서 필수적인 조건이다. 남북한은 신뢰를 기반으로 정전체제를 평화 체제로 전환시켜 나감으로써 군사적 대립을 지양할 수 있다. 또한 경제협력을 효율적으로 추진하기 위해서도 상호 신뢰 구축은 중요하다. 남북한은 신뢰를 기반으로 철도 및 도로 연결 사업, 개성 공단 사업 등 협력 사업의 구체적인 성과를 도출하고 경제 협력의 범위를 확대시켜야 하는 것이다.

2. 신뢰와 사회적 자본에 대한 이론적 논의

지금까지 사회적 자본은 다음의 세 가지 차원에서 논의되어 왔다. 첫 번째 관점은 사회적 자본을 사회구성원들의 가치와 규범으로 구성되는 주관적 현상으로 간주한다.[1] 즉 사회적 자본은 사회 구성원들 간에 서로 영향을 미치는 가치와

1. 이에 관해서는 P. Kollock, "The emergence of exchange structure: An Experimental study of uncertainy, commitment, and trust." *American Journal of Sociology*, 100(1994), pp.313-345; Francis Fukuyama, *Trust: The social virtues and the creation of properity* (New York: Free

태도와 구성되는 주관적인 요소로 파악될 수 있다는 것이다. 콜만(J. Coleman)에 따르면 사회적 자본은 특정 행위를 촉진시키는 사회적 가치나 규범을 의미한다. 사회 규범은 공식적이고 법적인 제재와는 다른 비공식적인 통제를 통해 사회적 맥락에서 예측 가능하고 수용되는 행위를 촉진시키게 된다. 콜만과 퍼트남(R. Putnam)에 따르면 사회적 자본의 수준이 높으면 범죄율이 낮기 때문에 강제적 통제의 필요성이 감소된다. 이와는 달리 사회적 자본의 수준이 낮으면 강력한 규제가 있어야만 사회구성원들 간의 협력이 가능하기 때문에 법적 강제의 필요성이 증대되어 사회적 비용이 상승하게 된다는 것이다.

따라서 사회 규범은 사회친화적 행위를 고취시키고 반사회적 행위를 억제하는 효과를 갖게 된다는 것이다. 즉 사회적 자본으로서 사회 규범은 배타적 이익의 추구를 제한하여 사회 구성원들이 공공재 생산에 기여하도록 하는 것이다. 이러한 맥락에서 후쿠야마도 사회적 자본을 서로 협력하는 개인들 간의 가치나 규범이라고 정의하고 있다. 그에 따르면 모든 사회에는 나름대로 일정한 사회적 자본이 존재하며 그 차이는 '신뢰의 범위'로 구분된다. 따라서 신뢰가 어느 범위까지 확대될 수 있는가 하는 것이 중요한 문제가 되는 것이다.

따라서 신뢰와 같은 사회적 자본은 사회 구성원들이 규범과 가치를 공유하게 함으로써 개인의 이익을 사회적 이익으로 전환시킬 수 있다. 공유된 사회적 가치를 기반으로 신뢰가 형성되면 사회 구성원들은 다른 사회 구성원들이 보편적인 규범에 기초하여 협력적인 행동을 할 것이라는 기대를 갖게 된다. 따라서 사회적 자본은 사회 전체 또는 특정 사회 부문에 신뢰가 형성되었을 때 생산되는 것이다.

이러한 측면에서 신뢰는 다른 사람이 예측한 대로 행동하며 상호이익이 되는 방식으로 행동할 것이라는 믿음에 기초한 사회적 맥락에서 나타난다. 후쿠야마에 따르면 신뢰는 공유된 규범에 기초해서 규칙적이고 정직하며 협력적인 행태를 특징으로 하는 공동체 내에서 발생되는 기대이다.[2] 또한 신뢰는 다른 사람의 의도된 행위의 결과가 자신의 관점에서 적합할 것이라는 신념으로 정의될 수 있

Press, 1995) 참조.

2. Fukuyama(1995), p.26.

다. 그러므로 사회적 자본은 사회를 질서 있게 유지시켜 주는 규범과 가치, 신뢰, 집단적으로 공유하는 사고의 집합으로 정의될 수 있는 것이다.[3]

이와 관련하여 특히 중요한 것은 정치적 · 사회적 안정과 협력에 필수적인 신뢰와 관련되는 가치이다. 선행연구들은 사회 구성원들이 서로 신뢰하고 협력하도록 하는 사회적 가치에 초점을 맞추고 있다. 따라서 사회적 자본은 배타적 이익을 추구하는 개인을 사회 구성원으로서 상호 의무와 이익의 공유, 공동선의 추구를 가능하도록 전환시킬 수 있다는 데 중요한 의미가 있다는 것이다.

둘째, 일부 연구에서는 사회적 자본의 주요 구성요소 중 하나로서 개인 간, 집단 간의 사회적 연결망(network)에 초점을 맞추고 있다.[4] 사회적 연결망은 목표의 성취에 필요한 동원을 가능하게 함으로써 효율적인 정치적 · 경제적 · 사회적 기능에 중요하기 때문이다.[5] 사회적 자본에 대한 선구적 연구를 수행한 부르디외(P. Bourdieu)는 상호 관계의 제도적 형태를 지속적 연결망으로 규정하고 이러한 연결망의 소유 정도와 관련된 잠재적 또는 실재적 결합체를 사회적 자본으로 정의하였다. 특히 네오 베버리안(neo-Weberian)의 관점에서는 사회적 연결망이 관료적 기능의 토대로 간주되고 있다.

이러한 관점에 따르면 사회 구성원들 간의 관계는 사회적 자본의 기본요소이며 그 관계의 특성은 개인이나 집단에 영향을 미치게 되는 것이다. 즉 개인은 연결망을 통해서 취업, 승진, 사회적 지위 상승의 기회를 얻을 수 있다. 사회적 연결망은 특정 집단에 한정되지 않고 사회 전체까지 확대될 수 있다. 이러한 맥락

3. 사회적 자본은 갈등과 대립의 상태를 자발적 집단 행위를 고취하는 협력의 상태로 전환시킬 수 있기 때문에 안정적인 정치 · 사회질서의 기반을 구축하는 데 기여한다. 즉 사회적 자본의 영향이 긍정적이면 상이한 목표를 추구하는 사회 구성원들로 하여금 공공선을 추구할 수 있도록 하며 부정적이면 부정부패가 만연되는 것이다. Lucian W. Pye, "Civility, Social Capital, and Civil Society: Three Powerful Concept for Explaining Asia," *Journal of Interdiciplinary History,* 24: 4(1999), pp.763–782.
4. Elinor Ostrom, *Governing the commons: The evolution of institution for collective action* (New York: Cambridge University Press, 1990); Robert Putnam, *Making Democracy Work* (Princeton: Princeton University Press, 1993) 참조.
5. 이에 관해서는 Mark Granovetter, "Economic Action and Social Structure: The Problem of Embeddedness," *American Journal of Sociology* 91(1985), pp.481–510; Alejandro Portes, "Social Capital: Its Origins and Applications in Modern Sociology," *Annual Review of Sociology,* 24(1998), pp.1–24; Evans, Peter. "Government action, social capital and development: reviewing the evidence on synergy," *World Development,* 24: 6(1996) 참조.

에서 퍼트남은 사회적 연결망과 시민 참여 간의 상관성을 분석하였다. 그에 따르면 사회적 연결망은 시민 참여를 증진시켜 사회적 부와 같은 집합적 자본의 생산에 기여한다는 것이다. 즉 퍼트남은 시민들의 자발적 참여 자체를 사회적 자본의 요소로 간주하고 있다. 따라서 이러한 관점의 연구들은 시민결사체의 참여와 정치적 · 사회 경제적 성과 간의 상관성 여부에 초점을 맞추고 있다. 즉 시민들의 자발적 결사체나 사회 집단에의 참여는 범죄율이나 사망률의 감소, 지역사회 발전, 정치참여의 증가를 초래한다는 것이다.[6]

이러한 맥락에서 사회적 자본은 집단들을 구분시키는 문화적 기제 또는 신뢰와 같은 도덕적 원천으로 간주되기도 한다. 사회적 연결망은 신뢰와 밀접하게 연계되어 있지만 개념적으로 구분되기 때문에 사회적 자본의 성격을 이해하는 데 있어서 다음과 같은 문제가 제기될 수 있다. 즉 사회적 연결망이 신뢰를 형성시키는 것인가 아니면 신뢰가 사회적 연결망의 발전을 가능하게 하는가이다.

셋째, 또 다른 연구에서는 사회적 자본을 기능이나 산출이라는 맥락에서 접근하고 있다.[7] 즉 사회적 자본도 다른 형태의 자본과 마찬가지로 특정 목표의 성취를 가능하게 한다는 점에서 생산적이라고 할 수 있다는 것이다.[8] 퍼트남은 사회적 자본의 개념을 신뢰, 규범, 연결망과 같은 사회 조직의 특성으로 정의하고 이러한 요소들은 사회 구성원들이 공동의 목표를 효과적으로 추구하도록 한다는 것이다.[9] 이러한 개념은 개인 또는 집단들 간의 밀접한 연결망을 전제하고 있다. 퍼트남에 따르면 효율적인 민주주의는 조직화된 시민사회를 필요로 한다. 즉 사회적 연결망이 신뢰를 형성시켜 민주주의의 안정과 민주주의에 대한 지지를 초래한다는 것이다. 이러한 맥락에서 퍼트남은 민주적 의식과 행태를 형성시키는 자발적 결사체들의 역할을 강조했다.

특히 퍼트남은 이탈리아 남부 지역과 북부 지역 간 비교연구에서 시민 결사

---

6. 이에 관해서는 Woolcock, Michael. "Social Capital and Economic Development: Toward a Theoretical Synthesis and Policy Framework," *Theory and Society*, 27: 2(1998), pp.151-208 참조.
7. James Coleman, "Social Capital in the Creation of Human Capital," *American Journal of Sociology*, 94: S(1988), pp.95-120; Robert Putnam, *Making Democracy Work* (Princeton: Princeton University Press, 1993).
8. Coleman(1988), p.98.
9. Putnam(1993), p.167.

체 구축의 차이가 사회 프로그램의 진전과 성과에 영향을 미쳤음을 강조하였다. 따라서 연결망으로서 사회적 자본은 상호 이익의 조정, 상호 협력을 촉진시키는 사회적 조직체의 특성을 의미하게 된다. 이러한 관점에서 사회적 자본은 사적 이익을 추구하는 고립된 개인에 의해 창출될 수 없기 때문에 자발적으로 결사를 조직할 수 있는 사회 구성원들의 능력이 중시된다. 퍼트남에 따르면 민주정부의 효율성은 사회적 자본의 수준에 영향을 받는다. 즉 사회적 자본이 부족하면 민주적 자치정부의 운영에 실패하게 되고 결국 부패와 무능이 초래된다는 것이다. 이와는 달리 사회적 자본이 풍부하면 협동, 참여, 효율이 성취될 수 있다.

3. 남북 대화의 전개와 신뢰 구축

그동안의 남북 대화는 기대만큼의 성과를 거두지는 못했지만 남북한 간 신뢰 구축의 최소조건을 마련하는 데 기여했다고 평가할 수 있다. 1970년대의 남북 대화는 남북 적십자회담을 계기로 시작되었고 남북 조절위원회로 이어졌다. 남북대화는 1970년대의 데탕트와 이에 따른 미국과 중국 간의 외교적 접근이 배경으로 작용하였다.[10] 미국은 동북아에서 군사적 긴장을 완화시키기 위해 남북대화를 촉구하였던 것이다. 초기의 남북대화는 이산가족 문제를 해결하기 위한 적십자회담과 포괄적인 남북 관계를 다루기 위한 남북 조절위원회가 동시에 진행되었다.[11]

적십자회담은 인도주의 원칙에 따라 이산가족의 상봉을 위해 개최되었지만, 북한은 적십자회담을 정치적으로 활용함으로써 기본적 논의 수준에서 종결되었다. 이후 7차에 걸친 후속 대표회의와 25차에 걸친 실무회의에서도 실질적인 합의를 이끌어 내지 못했다.

10. 홍용표, "남북한 차원의 평화 체제 정착: 기본합의서 이행방안," 김학성 외, 『한반도 평화전략』(서울: 통일연구원, 2001), p.112.

11. 1971년 8월 12일 대한적십자사 최두선 총재의 회담 제의로 시작되어 5차에 걸친 실무자 접촉과 25차에 걸친 예비회담이 추진되었다. 본회담은 1972년 8월부터 1973년 7월까지 평양과 서울에서 7회 개최되었다.

포괄적인 문제를 다루기 위해 추진된 고위급 회담은 1971년 11월 20일부터 총 11차례에 걸쳐 개최되었다. 고위급 회담에서 상호신뢰를 확인한 후 1972년 5월 이후락 중앙정보부장이 평양을 방문하여 김일성 수상과 회담하였다. 이어 1972년 5월 북한 제1부수상 박성철이 서울을 방문하여 박정희 대통령과 회담하였다. 이러한 일련의 회담을 바탕으로 자주, 평화, 민족 대단결의 3원칙에 합의하여 7.4 남북 공동성명이 발표되었으며 남북 조절위원회가 구성되었다.

남북 조절위원회는 1972년 3차례의 공동위원장 회의를 거쳐 서울과 평양에서 총 3회에 걸쳐 개최되었다. 조절위원회 본회의는 북한 측의 7.4 남북 공동성명에 대한 일방적인 해석과 정치적 활용으로 효율적으로 진행되지 못했으며, 결국 1973년 8월 28일 북한은 남북 대화 중단을 선언하였다. 이후 열 차례의 회의가 지속되었으나 1975년부터 실질적으로 중단되었다. 1979년 남측 조절위원회와 북측 조국전선 간에 세 차례의 대표 접촉이 있었으나 조절위원회는 재개되지 못했다.

1980년대에 들어와 한국은 1981년 1월 12일 남북한 최고책임자 상호방문 및 정상회담을 제의하였으나 성사되지 못했다. 북한은 1983년 아웅산 사태에 따른 국제적 비난으로부터 벗어나고 남북 간 긴장 완화를 위해 체육회담을 제의하였다. 이를 계기로 1985년 1970년대 중단되었던 남북 적십자 본회담이 서울과 평양에서 세 차례에 걸쳐 개최되었다. 특히 제8차 본회담의 합의에 따른 실무 대표 접촉을 통해 분단 후 최초로 남북 이산가족 상호 방문과 예술단 교환이 이루어졌다. 이와 동시에 경제 교류와 협력을 위한 경제회담이 판문점에서 다섯 차례에 걸쳐 개최되었다. 북한은 남한과의 경제 교류를 모색하려고 회담에 응하였으나 합의를 도출하지 못하고 중단되었다.

1980년대 말에는 남북한 간에 고위급 회담, 적십자회담, 체육회담 등이 연이어 재개되었다. 고위급 회담은 1988년 남북 문제를 포괄적으로 협의하기 위해 남한 측에서 제의하였으며 분단 후 최초로 양측 총리를 대표로 여덟 차례에 걸친 예비회담과 본회담이 서울과 평양에서 개최되었다.[12] 특히 남북 고위급 회담

12. 1990 통일백서(서울: 통일원, 1990), p.128.

에서는 북한 측이 적극적으로 추진하여 사상 최초로 남북 간 정부 대표가 서명하는 기본합의서를 채택하였다. 기본합의서에 따라 분야별 분과위원회 및 공동위원회가 소집됨으로써 사상 최대 규모의 남북 대화가 추진되었다.

기본합의서 및 부속합의서는 상호 무력 사용 금지, 분쟁의 평화적 해결 및 우발적 무력 충돌 방지, 불가침 경계선 획정, 최고 군사 당국자 간 직통전화 설치 등을 내용으로 하여 남북한 신뢰 구축을 위한 최소한의 조건을 조성하였다.[13] 기본합의서 및 부속합의서에 따라 1992년부터 정치분과위원회와 군사분과위원회도 각기 여덟 차례에 걸쳐 개최되었다. 그러나 각 분과 공동위원회는 분야별 부속합의서 및 공동위원회 구성운영 등을 논의하였으나 북한 핵개발 문제가 발생되면서 남북 대화가 중단되었다.

북핵 문제가 발생한 이후 남측은 중단된 남북 고위급 회담의 재개와 북핵 문제를 포함한 남북 기본합의서 이행을 제의하였다. 남측은 북한 측의 제의를 수용하여 남북 특사 교환을 위한 실무 대표 접촉 등이 이루어졌으나, 북한의 핵사찰이 쟁점화되면서 남북 대화는 다시 교착 상태에 빠졌다.

1994년 분단 후 최초로 남북 정상이 만나게 될 회담의 추진을 위해 판문점에서 부총리급 예비접촉을 갖고 이어 정상회담 개최에 따른 실무 절차 협의를 위한 대표 접촉과 통신 및 경호 실무자 접촉을 각각 개최하였다. 그러나 김일성 주석의 사망과 조문 파동을 둘러싸고 조성된 남북 간 대립으로 모든 대화가 중단되었다.

1998년 김대중 정부 출범 이후 북한에 대한 비료 지원 문제를 논의하기 위하여 최초의 남북 차관급 회담이 북경에서 개최되었다. 전체 회의와 수석대표 회담에서 대북 비료 지원과 이산가족 문제 해결 사이의 상호주의 원칙 적용을 둘러싼 견해 차이로 결렬되고 말았다. 1999년 남북한은 다시 북경에서 비료 지원을 위한 차관급 회담을 재개하였으나 서해 교전의 발생으로 성과 없이 중단되었다.

2000년 3월 9일 김대중 대통령은 정부 차원에서 남북 교류협력을 추진하기 위해 베를린 선언을 통해 남북 대화를 제의하였다. 베를린 선언 이후 남북 특사

13. 박영호, 『남북한 평화공존과 대북정책』(서울: 통일연구원, 2001), p.25.

접촉을 통해 남북 정상회담 개최가 합의되었다. 이에 따라 2000년 6월 13일 김대중 대통령이 평양을 방문하여 김정일 국방위원장과 정상회담을 개최하였다. 남북 정상회담은 한반도에서의 긴장 완화와 냉전체제를 완화시키는 데 기여했다. 또한 남북한이 평화체제 구축과 관련하여 직접 논의할 수 있는 계기를 마련하였다. 남북 정상회담은 남북한 최고지도자가 사상 최초로 직접 대면함으로써 신뢰 구축에 기여하여 6.15 공동선언과 같은 평화 공존의 조건을 조성하였다.[14]

6.15 공동선언은 다음과 같은 내용을 규정함으로써 남북한 간 신뢰 구축에 긍정적인 역할을 했다고 평가할 수 있다.[15] 첫째, 남북한은 통일 문제의 자주적 해결 원칙을 확인했다. 둘째, 상호 통일 방안의 공통성을 인정했다. 셋째, 남북 간 인도적 문제의 해결을 합의하였다. 넷째, 남북 교류와 협력의 활성화를 위해 신뢰와 의지를 천명했다. 다섯째, 남북한 당국 간 대화를 제도화했다.

4. 남북 공동선언 이후의 남북한 신뢰구축

6.15 공동선언 이후 남북 간 신뢰를 증대시키기 위해 2000년 9월 15일부터 18일까지 제5차 장관급 회담이 개최되어 5개항에 합의하였다.[16] 이어 2001년 11월 9일부터 14일까지 제6차 남북 장관급 회담이 열렸으나 9.11 테러 사태와 관련된 한국의 비상경계 태세에 대한 견해 차이로 합의사항을 채택하지 못했다. 제7차 남북 장관급 회담은 9.11 테러로 인한 국내외 정세 및 서해 교전 사태 등으로 중단되었다가 2002년 8월 12부터 14일까지 서울에서 개최되었다. 7차 남북 장관

14. 박형중, 『정상회담 이후 남북 관계의 안정과 지속을 위한 전략구상』(서울: 통일연구원, 2000), pp.31–32.
15. 남북 정상회담의 성과에 관해서는 박형중, "남북정상회담의 성과," 『남북정상회담의 성과와 남북 관계의 전망』(통일연구원 제37차 국내 학술회의 발표논문, 2000. 6.); 이종석, "남북정상회담의 성과와 북한의 대남정책변화," 『계간 사상』 2000년 가을호(서울: 사회과학원) 참조.
16. 제4차 이산가족 방문단 교환, 경의선 철도 · 도로 연결 공사 곧 착수, 개성공단 건설 실무 접촉 개최, 육로관광 등 금강산 관광 활성화 문제 협의를 위한 당국 간 회담, 남 · 북 · 러 철도 연결 협력 및 가스관 연결사업 검토, 민간 선박의 상호 영해 통과 허용을 위한 실무접촉, 경협 관련 4개 합의서 조속한 발효 동해 공동 어로 문제 협의 실무 접촉, 제2차 경제협력추진위원회 및 실무협의회 개최, 태권도 시범단 교환, 제6차 장관급 회담 개최 등이었다.

급 회담에서는 경의선 및 동해선 철도와 도로 동시 착공, 제5차 이산가족 상봉 실시, 부산 아시안 게임 북한 참가, 경제 시찰단 남측 방문 등에 합의하였다. 8차 남북 장관급 회담은 북핵 문제가 발생한 상황에서 2002년 10월 19일부터 23일까지 평양에서 개최되어 북핵 문제의 평화적 해결, 개성공단 내 남측 사무소 설치 계획, 해운합의서 채택을 위한 실무 접촉 등 8개항에 합의하였다. 9차 남북 장관급 회담은 북핵 문제가 급변하는 상황에서 2003년 1월 21일부터 24일까지 서울에서 개최되어 6.15 공동선언의 지속적 이행, 진행 중인 교류 협력 사업의 지속적 추진, 핵 문제의 평화적 해결을 위한 협력 등에 합의하였다. 제10차 남북 장관급 회담은 2003년 4월 27일부터 29일까지 평양에서 개최되어 제7차 이산가족 상봉과 경제 협력 추진위원회 개최 등에 합의하였다.

6.15 공동선언 이후 남북 대화는 지속되었음에도 불구하고 북핵 문제로 인해 사실상 교착 상태에 놓여 있었다. 그러나 2005년 6월 17일 노무현 대통령 특사의 김정일 국방위원장에 대한 방문으로 남북 관계 전환의 계기를 마련하였다. 특사 방문은 6월 21일부터 24일까지 서울에서 진행된 15차 장관급 회담 개최로 이어졌다. 남북한 당국은 15차 장관급 회담에서 8.15 남북 공동행사 당국 대표단 파견, 핵 문제의 평화적 해결, 이산가족 상봉 및 금강산면회소 건설 착공, 이산가족 화상 상봉 시범 개시, 제3차 남북 장성급 군사회담 개최, 남북 수산실무협의회 및 남북 농업협력위원회' 구성, 북측에 인도적 식량 제공, 남북 경제협력추진위원회 제10차 회의 개최, 16차 장관급 회담 개최 등에 합의하였다.

2005년 7월 9일부터 12일까지 서울에서 개최된 남북 경제협력추진위원회 10차 회의에서 남북 당국은 6.15 공동선언의 기본정신에 따라 경제 협력 사업을 더욱 확대 발전시켜 경제의 균형적 발전과 공동 번영을 이룩해 나가기 위한 문제들을 논의하고 12개의 협력사항에 합의하였다

특히 10차 회의에서 남북 당국은 2006년부터 경공업과 광공업 분야를 중심으로 한 경제 협력 사업의 추진과 아울러 경의·동해선 시험 운행 및 개통식, 수산실무협의회 개성 개최, 경협사무소 개설, 개성공단 사업 가속화, 8월 15일 북측 민간 선박들의 제주해협 통과, 9개 경협 합의서 발효, 경제시찰단 교환, 남북 과학기술실무협의회의 구성·운영, 북측에 쌀 50만 톤 지원, 11차 남북 경제협력

추진위원회 평양 개최, 8월 하순 임진강 수해 방지 공동조사 진행 등에 합의하였다. 이에 따라 남북 경제협력이 진전되었고 사업 규모도 크게 확대되었다.

북한과의 경제 협력은 남북 간 경제적 상호 의존을 심화시켜 한국 경제에 긍정적 효과를 초래할 수 있다. 11차 경제협력추진위원회에서 북측이 제안한 협력사업의 규모는 8천여 억 원으로 추산된다. 이러한 규모의 경제 협력이 확대되면 한국의 시장과 자원을 안정적으로 확보할 수 있게 되어 지속적 경제성장의 계기를 마련할 수 있다.

2005년 9월 16일 개최된 16차 장관급 회담에서는 남북관계에 있어서 실용주의적 조치, 한반도 평화 보장 노력, 군사적 긴장 완화, 남북 경제 협력 추진, 인도주의적 사업 추진, 『겨레말큰사전』 공동 편찬 사업 지원, 17차 장관급 회담 제주도 개최 등에 합의하였다. 이어 12월 13일부터 16일까지 제주에서 진행된 17차 남북 장관급 회담에서는 상호 사상과 체제 인정, 6자 회담 공동성명의 조속히 이행, 군사적 긴장 완화와 평화 보장을 위한 실천적 노력 및 군사 당국자 회담 개최, 남북 경제 협력의 확대 발전, 인도주의 사업 추진, 2006년 3월 18차 남북 장관급 회담 평양 개최 등을 논의하였다.

남북 간 신뢰구축에 가장 큰 영향을 미칠 수 있는 것이 남북 정상회담이다. 9.19 공동성명 발표 이후 노무현 정부는 대통령 임기 내 2차 정상회담 추진을 적극적으로 추진해 왔다. 그러나 지난 한미 정상회담에서 부시 대통령은 북핵 문제를 명분으로 남북 정상회담에 제동을 걸자 정상회담 추진 자체가 백지화되었다.

그러나 2006년에 들어와 정상회담 개최가 다시 부각되었고 2007년 10월 노무현 대통령의 방북이 이루어졌다. 2007년의 남북 정상회담은 6.15선언을 기반으로 상호존중과 신뢰구축을 지향함으로써 경제협력 및 사회문화교류를 확대시킬 수 있는 계기를 마련했다.

통일방안은 현재의 남북 간 신뢰수준을 고려할 때 연방제 방식이 현실적이다. 북한은 연방제 통일방안을 오래 전부터 제의해 왔기 때문에 통일방안에 대해 합의를 이루기 위해서는 한국 정부의 정치적 결단이 필요하다. 통일방안에 대한 합의가 이루어진다면 남북한은 통일을 위한 첫 단계로 진입할 수 있게 되며 추후에 연방정부의 대표를 선출하고 통일헌법의 제정을 추진할 수 있게 되는 것이다. 이와 같이 남북 관계는 신뢰 수준에 따라 다양한 방향으로 전개될 수 있는 것이다.

5. 남북한 신뢰구축 추진방안

남북한 간의 신뢰구축은 다양한 분야의 교류와 협력을 통해서 상호 이해를 증진시킴으로써 가능하다. 즉 남북이 상호 체제를 인정하고 대화와 협력을 통해 상호 이익을 추구함으로써 신뢰구축을 모색해야 하는 것이다.[17] 남북한이 신뢰구축을 추구하기 위해서는 불신에 따른 손실에 대한 대칭적 인식이 존재해야 한다. 둘째 군사적으로 침략할 의도와 적대감이 존재하지 않아야 한다. 셋째 체제 또는 영토에 대해 보장이 있어야 한다. 남북한은 신뢰 구축의 필요성을 인정하고 있기 때문에 신뢰 구축의 목표와 수단에 있어서 합의를 도출할 수 있다. 또한 남북한은 모두 신뢰를 통해서 긴장을 완화시키고 점진적 통일의 기반이 될 수 있다는 점을 인정하고 있다.

이러한 맥락에서 남북한 기본합의서와 부속합의서 등 신뢰구축을 위한 조치가 도입되었으나 북핵 문제가 발생하여 조치의 시행이 중단되거나 지연되고 있다. 따라서 일단 신뢰구축의 출발점은 이미 합의된 조치들을 신속하게 이행하는 것이다. 남북한은 신뢰구축을 통해 군사적 긴장을 완화시켜 한반도 안정을 유지할 수 있을 뿐만 아니라 쌍방간 사회 경제적 격차도 감소시킬 수 있다.

정치적 신뢰구축의 목표는 한반도에서의 안정을 정착시키고 평화 체제를 구축하는 것이다.[18] 이를 위해서는 상호체제 인정을 전제로 기본합의서 및 부속합의서에 따라 정례회담을 개최하는 것이 필요하다. 즉 정례적인 고위급 회담이나 공동위원회에서 정전협정을 평화협정으로 대체하는 문제 등을 논의해야 하는

17. 남북한은 신뢰구축을 위해서 상대에 대한 고립화 정책을 추구하지 않아야 한다. 북한은 핵 문제를 비롯해서 평화체제로의 전환 문제에 대해 한국을 배제하고 미국과 직접 협의를 추구해 왔다. 이러한 상황에서 한국은 대북 강경책을 선택할 가능성이 높아지므로 결과적으로 한반도의 긴장을 고조시키게 된다.

18. 민주평화통일자문회의, 『통일논총』 1996, pp.81-82.

것이다.

정치적 신뢰구축은 남북 정상회담을 계기로 진행되었다. 이산가족 상봉과 장관급 회담은 신뢰 구축의 첫 단계로 간주될 수 있다.[19] 정치적 신뢰 구축을 위해서 남북한은 평화체제가 정착될 때까지 현재의 정전협정을 준수하고 군사정전위원회담을 남북한 군사당국자 간의 공식적인 대화 채널로 활용해야 한다.[20]

정치적 신뢰구축 단계는 군사적 신뢰구축의 조건을 형성하는 목표로 한다. 따라서 정치적 신뢰구축은 궁극적으로 군비축소를 지향하는 것이다. 이러한 측면에서 군사적 신뢰구축의 핵심은 남북한 간 군사적 의도와 능력에 대한 투명성을 확보함으로써 쌍방 간에 존재하는 군사적 위협을 제거하는 것이다.[21] 이러한 맥락에서 군사적 긴장을 완화시킬 수 있는 실질적 조치가 요청되는 것이다. 즉 군사적 신뢰구축은 군비통제와 군축을 통해서 분쟁을 방지하고자 하는 것이다.[22]

군사적 신뢰구축은 다음과 같은 단계를 거쳐 구축될 수 있다. 첫째, 상호 간의 공격 가능성을 방지할 수 있는 제도적 조치를 마련한다. 둘째, 군사부문의 인적 교류와 정보 교환을 통해 상호 간의 투명성을 제고한다. 셋째, 궁극적으로 남북한이 불가침협정 또는 평화협정을 체결한다. 경의선 복원과 도로 건설은 전방부대의 재배치와 지뢰 제거가 필요하므로 군사적 신뢰를 조성하는 데 상당한 효과가 있었다. 경의선 복원공사를 위해서는 전방 군사시설을 개방해야 하기 때문에 신뢰가 전제되어야 하는 것이다.

북핵 문제의 해결은 북한의 핵 보유를 허용하지 않는다는 전제에서 북한과의 대화를 통해 평화적으로 해결해야 한다. 일단 북한에 핵 문제로 인한 안보 위기가 한반도와 경제 전반에 미치는 부정적 영향을 인식시켜 북한이 핵 문제를 신속하게 처리하도록 하고 해결 단계에 따라 대북 지원 및 경제 협력조치가 단행

---

19. 남북 국방장관회담에서는 경의선 복원 및 도로공사 등을 논의하였으며 한국은 북측에 장관회담과 별도로 군사위원회를 운영할 것을 제의하였다.
20. 군사정전위 대표가 한국군 장성으로 교체된 이후 정례적인 군사정전위회담은 북한이 한국을 교전 당사국으로 인정한다는 의미를 가지므로 신뢰구축에 기여할 수 있다.
21. 문정인, "남북한 신뢰구축: 그 가능성과 한계," 경남대 극동문제연구소 편, 『남북한 군비경쟁과 군축』(서울: 경남대 극동문제연구소, 1992), pp.189-190.
22. 서기준, "남북한 평화정착 접근에 관한 고찰," 『북한연구학회보』 제6권 제2호(2002), 북한연구학회, p.52.

〈표 1〉 신뢰구축을 통한 평화체제 수립

1단계: 남북한 신뢰구축
· 남북 장관급 회담 및 군사회담 정례화 · 남북 정상회담의 개최 · 북핵 문제의 평화적 해결
2단계: 남북 협력의 심화
· 남북 간 인적 및 물적 교류 확대 · 다양한 부문에서 남북 간 실질 협력의 확대 · 남북 이산가족의 연락 및 접촉 확대 · 남북 평화협정 체결과 주변 4강의 승인
3단계: 남북 평화협정 체결과 국가연합의 수립
· 남북 군비 축소의 단계적 추진 · 남북 국가연합의 점진적 추진

되어야 하는 것이다.

특히 남북한이 정전 내지는 휴전[23] 상황에 놓여 있음을 고려하면 신뢰구축을 통해 현 상황으로부터 평화 국면으로의 전환이 요청되는 것이다. 실제로 남북한은 정전기간 중의 현 상황을 전시 내지는 준전시 상황으로 간주하고 있다. 북한은 현재 전시 상황에 놓여 있기 때문에 미국과의 평화협정 체결을 추구하고 있으며 한국도 안보적인 측면에서 현 상황을 평시로 인식하고 있지 않다. 이와 같이 일시적으로 중단된 전시 상태를 종결하기 위해서는 평화협정의 체결이 요청되는 것이다. 즉 남북한은 상호 간 적대적 군사행위의 의사가 없음을 명확히 하여 군사적 신뢰를 구축함으로써 평화체제로 전환해야 한다.

북한은 군사력이나 핵을 체제 유지의 수단으로 활용하지 않는 확고한 인식의 전환을 필요로 하며 한국도 구체적인 신뢰 조치를 마련해야 한다. 남북한은 정상회담을 계기로 기본적인 군사적 신뢰 구축을 위한 노력을 하고 있다.[24] 군사

23. 정전(Truce)은 적대 행위의 일시적 중단을 의미하며 휴전(Armistice)은 교전 당사자 간의 합의에 의한 군사작전의 일부 또는 전부의 정지를 의미한다.
24. 군사적 신뢰구축을 위한 한국의 제안에 관해서는 송대성, "한반도 군축 타당성에 대한 검토," 『국제정

적 신뢰구축에서 가장 중요한 것은 투명성을 높이는 일이다. 이를 위해 남북한은 병력과 무기 보유 현황에 대한 자료를 교환하고 정례적인 회담을 통해 신뢰 회복의 수준을 높여 가야 할 것이다. 군사적 신뢰구축에 대한 북한의 적극적인 호응을 유도해야 되기 때문에 북한이 남북 경협에 따른 군사적 긴장 완화에 관심을 갖도록 유도하는 것이 바람직하다.

한국에서 평화통일정책은 1970년대 국내외의 환경 변화에 따라 제시되었다. 1972년 분단 이후 최초의 남북한 당국자 간 합의에 의해 '7.4 남북공동성명'이 발표되었으며 자주, 평화, 민족적 대단결의 조국통일 3대 원칙과 상호 비방 중지 및 불의의 군사 충돌 방지를 위한 조치, 다방면의 남북 교류 실시, 적십자회담 성취를 위한 협조, 서울 · 평양 간 직통전화 개설, 남북 조절위원회 구성 등에 합의하였다.

1982년에는 '민족화합 민주통일 방안'이 제시되었다. 이 방안은 통일헌법의 제정에서 총선을 통한 단일 주권 국가의 완성까지의 과정을 체계적으로 제시하였다. 이에 따르면 남북한 당국의 최고책임자 회담을 통해 기본 관계협정을 체결하고 남북 대표가 민족통일협의회의를 구성하여 단일 국가를 수립한다는 것이었다. 1989년에는 이른바 '한민족 공동체 통일 방안'이 제시되었다. 이 방안의 주요 내용은 다음과 같다. 첫째 남북한은 대화를 통해 신뢰를 회복하고, 둘째 남북 정상회담에서 통일시까지 남북 관계를 규정하는 '민족 공동체 헌장'을 채택하며, 셋째 남북 연합을 구성하고, 넷째 민주통일 국가를 수립한다는 것이었다. 또한 남북한 당국은 1991-1992년의 '남북 기본합의서'와 부속합의서를 발표하여 남북한이 각기 한반도에 두 체제가 존재한다는 현실을 인정하고 화해와 통일의 길을 모색하는 기본 틀을 마련하였다.

1994년에는 '민족 공동체 통일 방안'이 제시되었다. 이 방안은 단일민족공동체의 건설이 점진적으로 이루어져야 한다는 기조에서 통일에 이르는 과정을 세 개의 단계로 설정하였다. 첫째 남북한이 적대와 불신, 대립 관계를 청산하고 상호 신뢰를 바탕으로 긴장 완화와 화해를 통한 평화 공존을 추구하는 화해 · 협력

치논총』 제29집 1호(1989); 하영선, "한반도의 군비축소 방안," 『한반도의 전쟁과 평화』(서울: 청계연구소, 1989) 참조.

단계, 둘째 남북 간의 합의에 따라 법적 · 제도적 장치를 체계화하고 남북연합기구들이 창설 운영되는 남북 연합 단계, 셋째 남북연합단계에서 구축된 공동의 법과 제도를 바탕으로 남북 두 체제를 완전히 통합하여 1민족, 1국가, 1 체제 1정부의 단일국가를 완성하는 통일국가 완성 단계로 설정하였다.

김대중 정부는 '평화와 화해 · 협력을 통한 남북 관계 개선을 대북 정책의 목표로 설정하고 무력도발 불용, 흡수통일 배제, 화해 · 협력의 적극 추진이라는 세 개의 원칙을 제시하였다. 김대중 정부는 통일을 장기적인 목표로 설정하고 남북한 평화 공존을 추구하였다. 또한 김대중 정부의 대북정책 목표는 평화 · 화해 · 협력을 실현하여 남북 관계를 개선하는 것이다. 대북정책의 목표는 통일을 추구하기보다는 평화정착을 통하여 남북 간 평화공존을 실현함으로써 평화통일로 가는 기반을 조성한다는 것이다.

대북정책의 세 가지 원칙으로 첫째, 평화를 파괴하는 일체의 무력도발을 허용하지 않는다. 전쟁억지를 위한 확고한 안보태세를 유지하면서 무력도발에 대해서는 상응한 대응조치를 하겠다는 것이다. 즉 한반도에서의 공고한 평화체제 구축과 긴장 완화를 위한 노력을 지속적으로 경주해 나감으로써 무력도발 자체가 불가능한 상황을 조성해 나간다는 것이다.

둘째, 흡수통일의 배제로 북한을 해치거나 흡수할 의사가 없다는 것이다. 다시 말해 북한의 붕괴를 촉진하기보다 남북 간 평화공존을 통해 남북연합을 실현할 수 있는 여건 조성에 초점을 두어 단계적 평화통일을 추진한다는 것이다.

셋째, 화해 · 협력의 적극적 추진을 제시하였다. 분단 이후 누적되어 온 남북 간의 적대감을 해소하고 상호 이해의 기초를 마련하기 위해서는 우선 가능한 분야부터 대북 화해 · 협력을 추진해 나가면서 중단된 남북 기본합의서 체제를 복원한다. 이와 아울러 북한이 스스로 변화할 수 있도록 지원하면서 남북 간에 동질성을 회복하고 민족 전체의 복리가 증진될 수 있도록 남북 간 화해 · 협력을 적극적으로 추진하는 것이다.[25]

---

25. 김대중 정부의 대북정책에 관해서는 아태평화재단, 『남북정상회담의 길잡이』(서울: 아태평화재단, 2000) 참조.

한국의 통일 방안은 '3단계 통일 방안'으로 1단계에서는 현 체제(2국가 2정부 2체제)를 인정하면서 남북의 정부대표자회의를 상시적으로 운영한다. 2단계에서는 남북연합의 중앙정부에 외교 및 국방권을 위임하고 내정은 지역정부가 담당하는 연합제가 유지된다. 3단계에서는 단일국가로의 통일을 완성한다는 것이다.

북한의 통일방안은 남북이 현 체제를 유지하면서 외교권과 국방권을 행사하는 연방중앙정부를 구성한다는 것이다. 그러나 북한은 1990년대에 들어와 연방제 통일 방안의 유연화를 추구해 왔다. 즉 과거 연방제안이 중앙정부에 외교와 국방의 권한을 부여하는 높은 수준이었다면 이른바 낮은 단계의 연방제안은 지역 자치정부에 그러한 권한을 부여할 수 있다는 것이다. 이와 같이 북한의 통일에 대한 접근 방안은 과거 1국가론의 연방제안에서 2국가론의 연합제적 연방제로 전환되었다고 할 수 있다. 따라서 남북한은 장기적인 평화 공존을 통해 점진적이고 단계적인 통일을 지향해야 한다. 즉 국가연합 또는 낮은 단계의 연방을 통해서 통일의 계기를 마련하고자 하는 것이다.

통일에 대한 자주적 원칙은 당사자인 남북한이 서로 협력하여 합의를 도출한다는 것으로 한반도 통일과정에서 남과 북의 단합을 강조하는 민족적 접근의 중요성을 강조하는 것이다. 즉 남과 북은 서로를 배제하지 않으면서 당사자 해결원칙으로 통일 문제에 접근하는 것이다. 이러한 접근은 한국이 대북 봉쇄정책을 폐기하고 북한 역시 통미봉남정책을 폐기해야 하는 것을 의미한다. 남북 정상회담을 계기로 한반도의 주요 현안들이 부분적으로 남북 당사자 간의 문제가 되었다.[26]

그러나 한반도문제는 주변국과의 협조 없이 해결하기 힘든 것이 사실이다. 즉 정전체제의 평화체제로의 이행은 남북한 간의 합의만으로는 달성될 수 없으며 휴전협정 당사자와 주변국의 협조를 필요로 하는 것이다. 다시 말해서 남북 불가침과 무력사용 포기를 포함하는 정전협정의 이행은 남북한이 관련되는 내

26. 남북 정상회담은 한반도 문제 해결에 있어서 남북한의 주도권을 강화시켰다. 따라서 남북 간 상호 무력 사용의 포기와 무력충돌의 방지는 남북 간의 합의만으로 가능할 수 있게 되었다.

부 문제이지만, 휴전체제의 평화체제로의 전환은 주한미군 및 유엔사령부 문제 등이 관련되는 국제적 문제가 되는 것이다. 따라서 한반도 통일과정에서의 국제적 쟁점을 인정하고 주변국으로부터 이해와 협력을 구하는 접근이 필요하다. 그러나 어떠한 경우에도 한반도 문제가 주변국의 이해관계에 의해 좌우되어서는 안 될 것이다.

통일에 대한 현실적인 접근방안은 분단의 현실을 수용하고 남북한이 상호 체제를 인정하는 것이다. 즉 남과 북이 상대를 협의 대상으로 인정하고 통일 문제를 해결하기 위해 대화에 나서야 한다. 통일을 달성하기 위해 현 시점에서 가장 필요한 것은 분단의 현실을 인정하고 남북한의 공존방안을 모색하는 것이다. 이것은 남북의 제도와 이념의 차이를 실질적으로 인정하는 것이다.

냉전 시기에는 남과 북이 서로 상대의 체제를 인정하지 않았고 상호 신뢰가 구축되지 않았다. 따라서 정상회담을 계기로 상호체제를 인정하고 대화를 통해 남북한의 현안을 논의하기로 한 것은 의미 있는 진전이다. 남북한은 상호체제의 인정과 긴장 완화를 통해서 적대적 대결 관계를 청산하고 상호신뢰를 형성시켜야 한다. 이러한 신뢰를 통해 남북한에게 실질적으로 이익이 되는 관계를 구축해야 하는 것이다.

현실적인 방안은 영토적 통합을 추구하기보다는 군사적 긴장과 갈등을 해소하고 2체제 2정부의 평화공존을 정착시키는 것이다. 국가연합은 즉각적으로 수립될 수 있는 것이 아니기 때문에 평화공존의 토대를 우선적으로 구축하는 것이 과제이다. 평화체제의 수립을 위해서는 한국은 북한을 흡수통일하지 않으며 북한은 대남 적화통일을 하지 않겠다는 인식이 필요하다. 한반도의 긴장 완화와 평화정착의 문제는 북한의 핵, 미사일 문제, 군사동맹, 주한미군 문제와 관련되어 있다. 한반도에서 냉전 구조의 해체가 진행되고 평화 정착에 대한 논의가 본격화되면 북한의 핵 및 미사일 개발은 명분을 상실하게 되며 북한의 핵과 미사일 개발을 저지하려는 노력은 더욱 설득력을 갖게 될 것이다.

6. 남북 관계에 대한 평가와 전망

지난 수십 년에 걸쳐 남북 대화가 개최되었으나 7.4 공동성명 발표, 남북 기본합의서 채택 및 1차 고향 방문단 · 예술단, 축구팀 상호 교환 방문, 탁구 및 청소년축구 단일팀 구성, 그리고 인도적 차원의 대북 식량지원 등에서만 합의가 이루어졌다. 양측 정부 간 최초로 합의한 남북 기본합의서는 실질적 효력을 발휘하지 못하고 있고 구성된 각종 위원회들도 가동되지 못하고 있다. 남북 간 합의사항들도 크게 진전되지 못하고 있다. 이러한 결과는 그동안 남북대화가 신뢰를 기반으로 하지 못하고 경쟁의 논리가 지속됨으로써 대립에 대한 평화적인 해결 방안을 모색하지 못했기 때문이다. 이제 남북한은 실질적인 대화를 통해 상호신뢰를 모색하고 화해와 협력을 추구해야 할 시점이다.

아울러 남북 간의 신뢰구축은 다양한 분야에서 추진되어야 한다. 정부차원에서뿐만 아니라 민간 차원에서도 신뢰 구축을 위한 교류와 협력이 확대되어야 한다. 남북 이산가족을 위한 대화와 교류뿐만 아니라 경제, 문화, 예술, 스포츠 등 다양한 분야에서 교류를 시도한다. 이러한 측면에서 6.15 남북공동선언은 남북 교류와 협력의 계기를 마련했다고 할 수 있다.

북한과 신뢰구축을 추구하는 데 있어서 국민적 지지와 합의를 바탕으로 교류와 협력을 일관되게 추진해 나가는 것이 필요하다. 남북 간의 신뢰구축은 상호이익이라는 점을 고려하여 각 분야에서의 교류와 협력이 다각도로 추진되어야 할 것이다. 또한 정부는 단기적 성과에 중점을 두지 말고 실질적인 민간 교류도 추구할 필요가 있다. 민간 교류가 많아짐에 따라 북한 사회의 변화를 초래할 수 있다. 사회 문화 교류라고 할 수 있는 분야는 매우 저조하다. 즉 남북 협력의 중심을 이루는 경제 분야는 활성화되었지만 사회 문화 교류는 상대적으로 저조했음을 의미한다.

사회 문화 교류는 남북 간의 정치적 관계에 영향을 받고 있다. 1990년대 초반 남북 관계가 완화되었을 때 사회 문화 교류도 확대되었다. 특히 문화예술 분야에서 '범민족통일음악회'와 '90년 송년 통일전통음악회'가 1990년에 각각 평양과 서울에서 개최되었고 제3국에서도 문화예술인의 교류가 활발히 진행되었다.

그러나 북한 핵 문제 발생 이후 문화예술 분야의 교류도 사실상 중단 상태에 놓여 있다.

신뢰 구축을 위한 남북 교류가 정부 중심으로만 추진될 필요는 없다. 정부 차원의 교류와 협력이 전개되더라도 민간부문의 교류가 축소되어서는 안 된다. 특히 농업, 의료, 환경 등의 분야에서는 민간이 주도하는 것이 바람직할 것이다. 정부는 남북 교류협력기금 지원 방식을 민간단체의 모금액과 비례해 일정 비율의 금액을 지원하는 것이 필요하다. 정부의 과도한 개입이 민간 교류에 부정적인 영향을 미칠 수 있기 때문에 정부가 대북지원사업에 있어서 명확한 원칙과 기준을 세우고 기본적으로 민간부문에 위임하는 것이 바람직하다. 민간 차원의 남북 교류는 정부 간 회담이 단절된 상황에서도 남북 대화를 지속시키는 역할을 했다. 따라서 민간차원의 남북교류는 정부차원의 남북 회담을 촉진시킬 수 있다.

따라서 남북한 신뢰구축을 위해서는 정부차원의 회담뿐만 아니라 민간차원의 교류를 중심으로 실효성 있는 조치를 도입하고 지속적인 협의를 통해서 양자 간의 입장 차이를 축소시켜 나가야 한다. 신뢰구축을 위한 조치들이 신뢰 증진을 자동적으로 보장하지는 않기 때문에 남북 양측의 상호 양보와 타협이 요청되는 것이다.

다시 말해서 남북한은 신뢰구축을 통해서 화해 · 협력을 모색하는 것에서 평화 공존의 제도화로 진전될 수 있도록 해야 하는 것이다. 이러한 목표를 위해서는 남북 정상회담 및 부처별 장관급 회담의 정례화를 통해 남북 간 신뢰구축의 기반을 조성해야 할 것이다. 또한 장기적으로는 남북한 간 상설 협의기구를 집행기구로 전환시켜 국가연합의 형성을 추구해야 한다. 특히 정기적인 군사 부문 당국자 회담을 통해 군사적 긴장완화를 추구하고 이를 바탕으로 평화체제의 수립을 적극 추진해야 하는 것이다.

참고문헌

민주평화통일자문회의. 1996. 통일논총. 서울: 민주평화통일자문회의.

민주평화통일자문회의. 2000. 7.『남북정상회담 이후 통일문제의 이해 관점』. 서울: 민주평화통일자문회의 사무처.

문정인. 1992. "남북한 신뢰 구축: 그 가능성과 한계." 경남대 극동문제연구소 편.『남북한 군비경쟁과 군축』.

박영호. 2001.『남북한 평화공존과 대북정책』. 서울: 통일연구원.

박형중. 2000. "남북정상회담의 성과와 남북 관계의 전망." 통일연구원 제37차 국내학술회의 발표논문. 2000. 6.

______. 2000.『정상회담 이후 남북 관계의 안정과 지속을 위한 전략구상』. 서울: 통일연구원.

서기준. 2002. "남북한 평화정착 접근에 관한 고찰."『북한연구학회보』제6권 제2호. 북한연구학회.

송대성. 1989. "한반도 군축 타당성에 대한 검토."『국제정치논총』제29집 1호. 한국국제정치학회.

아태평화재단. 2000.『남북정상회담의 길잡이』. 서울: 아태평화재단.

이종석. 2000. "남북정상회담의 성과와 북한의 대남정책변화."『계간 사상』2000년 가을호. 서울: 사회과학원.

통일원. 1990. 1990 통일백서. 서울: 통일원.

하영선. 1989. "한반도의 군비축소 방안."『한반도의 전쟁과 평화』. 서울: 청계연구소.

홍용표. 2001. "남북한 차원의 평화 체제 정착: 기본합의서 이행방안." 김학성 외.『한반도 평화전략』. 서울: 통일연구원.

Coleman, James. 1988. "Social Capital in the Creation of Human Capital." *American Journal of Sociology* 94: S95-120.

Evans, Peter. 1996. "Government action, social capital and development: reviewing the evidence on synergy." *World Development*, 24: 6.

Fukuyama, Francis. 1995. *Trust: The social virtues and the creation of properity*. New York: Free Press.

Granovetter, Mark. 1985. "Economic Action and Social Structure: The Problem of

Embeddedness." *American Journal of Sociology* 91: 481-510.

Kolankiewicz, G. 1994. "Elites in search of a political formula." *Daedalus*, 143-157.

Kollock, p.1994. "The emergence of exchange structure: An Experimental study of uncertainy, commitment, and trust." *American Journal of Sociology* 100: 313-345.

Ostrom, Elinor. 1990. *Governing the commons: The evolution of institution for collective action.* New York: Cambridge University Press.

Portes, Alejandro. 1998. "Social Capital: Its Origins and Applications in Modern Sociology." *Annual Review of Sociology* 24: 1-24.

Putnam, Robert. 1993. *Making Democracy Work.* Princeton: Princeton University Press.

______. 1995. "Bowling Alone: America's Declining Social Capital." *Journal of Democracy*, 6: 1, 65-78.

Pye, Lucian W. 1999. "Civility, Social Capital, and Civil Society: Three Powerful Concept for Explaining Asia." *Journal of Interdiciplinary History* 24: 4, 763-782.

제3부
Trust, Democracy and Peace in Northeast Asia

I. Trust in US-North Korea Relations: Sources of North Korean Mistrust of the United States

Dae-Sook Suh*

1. Introduction

Trust is perhaps, one of the most inappropriate words to describe the US-North Korea relations. The idea of trust presupposes the political system to be democratic, and the democratic political system expects and encourages active participation of the civil societies, but the North Korean political system is one of the tyrannous and most undemocratic systems where operation of the civil societies is practically non-existent. North Korea may indeed be one of the "outposts of tyranny" in our time. In contrast, the US is a high trust society, and the idea of trust has never entered into the minds of negotiators in the US-North Korea relations. Rather, American relations with North Korea or even Korea in the past century or more have been firmly rooted in American

* Emeritus Professor, Department of Political Science, University of Hawaii at Manoa

national interest. North Korea on the other hand, has limited its relations with the US to a minimum during the past sixty years, and it maintained confrontational relationship ever since it proclaimed a separate government in the North in 1948. The two countries have not yet established a diplomatic relations, and the mutual "distrust" rather than the "trust" characterizes the relationship.

North Korea considers the US as one of the most untrustworthy and imperialistic states in the world, and the US, particularly after the advent of Bush administration and the 911 terrorist attacks in New York and Washington D.C., identified North Korea as one of the rogue states that promotes state sponsored terrorism. President Bush in his State of the Union address in January 2002 condemned North Korea a member of the "axis of evil," along with Iran and Iraq. It is interesting to note that it has been the "prerogatives" of the weak Eastern states in the past to resort to moral condemnation of the aggressive and imperialistic Western states during the Western encroachment of the "morally correct" Far Eastern countries in the 18th and the 19th centuries. However, in the 21st century, it is the US, the most powerful in the world with "questionable morals," is condemning a small and helpless Far Eastern state such as North Korea on a moral ground, calling it 'evil.'

When the Western encroachment to Far Eastern countries was in full swing in the 19th century, Korea' s immediate reaction to the West was to identify the intruding Westerners as morally corrupt and "evil" people. Scholars of the time such as Yi Hang-no and Ki Chong-jin in the Korean court advocated what was known as "Choksaron," the idea to reject "evil,"[1] advocating the isolationist policy to the throne. Even when the Eastern intellectuals acknowledged the technological advancement of the West by recognizing the magic of a boat going upstream without a sail, they accepted the technological advancement of

1. For the discussion of (Ch' oksaron see Ch' oe Ch' ang-gyu "Wijong ch' oksa sasanggwa chaju uisik" in *Han' guk minjok sasangsa taegye* [History of the Korean National Thought], vol. 4 (Seoul: Yongsol ch' ulp' ansa, 1978), pp.269-308.

the West but firmly upheld the moral ways of the East, and advocated the idea of "Tongdo sogi," meaning protect the Eastern ways but learn the Western technologies. At the time of the Regent Taewon' gun of the Choson dynasty, the western powers including the American imperialists were the forces of evil, and it was the state policy to reject "evil."[2] Today, it is ironic that the descendants of the "Western barbarians" are checking and condemning the Eastern despots and tyrants, like Kim Jong Il, an "evil."

In addition, President Bush said that he "loathed" the North Korean leader, Kim Jong Il, the so-called the "dear leader" of 22 million people. Bush called Kim Jong Il a "Pygmy," referring to his short stature, but he never called former Secretary of State M. Albright a Pygmy. She was even shorter than Kim Jong Il when she visited him and stood next to him in Pyongyang. North Korean pronouncements in the world do not get as much attention as what President Bush proclaims, but North Koreans do counter the verbal attacks more vigorously than what the President Bush and his new Secretary of State accuse them to be.

Sources of US distrust of North Korea are clear, and the US presented the sources with ample evidence and justification. From the days when it was a satellite state of the Soviet Union, North Korea was proud to act as a "shock troop" of the Communist camp, and it launched an unprovoked attack on the South, thus starting the Korean War. It manufactures the weapons of mass destruction while their economy is in ruins and their children are starving to death. North Korean violations of basic human rights have reached the level that the international community can no longer tolerate the abuse. While the political concentration camps are increasing, alarming number of the people defect the regime in search of food and security. The reasons for the distrust of the North Korean regime are widely known, and the documentation of their

2. Historical account of the Korean Kings and intellectuals to resist the Western encroachment, see James B. Palais, *Politics and Policy in Traditional Korea* (Cambridge: Harvard University Press, 1975).

non-observance of minimum standards of the world community is self-evident.

It is not the purpose of this brief inquiry to document the "mistrust" of North Korea by the US or the lack of "trust" in US dealings with North Korea. Rather this is an effort to document the sources of North Korean mistrust of the US Those who study North Korea know that the North Koreans are vociferous and derogatory in their criticism of the untrustworthy US, and North Korean condemnation of American "imperialism" is as carping as any rhetoric the Communist countries make to condemn the capitalists. What are the sources of North Korean mistrust in its relations with the United States? At times North Korea makes outlandish claims to condemn the record of what they call "US imperialism" in the Korean peninsula, but many of the accusations are emanating from subjective opinions and inaccurate assessments, and they are in general not credible. At the same time, the past US record in the Korean peninsula that contributed to the basic perception of US in North Korea may not be as innocent or altruistic as the US assumed it to be. It is important to scrutinize the North Korean claims of what constitutes their mistrust of the US. This inquiry may not help establish "trust" between the two, but this may help the US to be more introspective in its dealings with the "evil" of North Korea.

2. Early Encounters

Among the western countries that came to East Asia in the 19th century, seeking friendship, commerce, and missionary work, the US was the first country that concluded a treaty of amity and commerce with the Korean kingdom in May 1882.[3] One hundred years after the conclusion of the treaty,

3. The treaty was known asThe Treaty of Peace, Amity, *Commerce, and Navigation between the United States and the Kingdom of Korea*. R. W. Shufeldt, Commodore USN and US Envoy to Korea and Korean ministers, Sin Hon and Kim Hong-jip signed the Treaty on May 22, 1882. See the text of the treaty in Youngnok Koo and Dae-Sook Suh eds., *Korea and the United States: Century of Cooperation* (Honolulu: University of Hawaii Press, 1984), pp.373-380.

the United States and South Korea commemorated the centennial of the treaty, marking the beginning of the US-Korea relations in 1982. Reputable institutions of higher learning and research organizations in both the US and South Korea convened international conferences in the US and South Korea to commemorate the event, calling it a century of cooperation.[4] For South Korea, this was the time when a new military leader Chon Tu-hwan took over the reign of the government without popular election after the assassination of President Pak Chong-hui. President Chon needed showing of strong political ties with the United States, and the newly elected President Reagan welcomed him to the White House as one of the first foreign heads-of-the-state to visit him.

The celebration of the centennial lasted nearly a year, but there were important problems with the centennial. Representatives of the US and the Kingdom of Korea concluded The Treaty of Peace, Amity, Commerce, and Navigation for the people of the two countries, meaning the people of the entire Korean peninsula including the people who resided in the northern half of Korea. In addition, the Korean Kingdom expired when Japan along with representatives from Russia, Great Britain and the US urged the Korean King to conclude the Protectorate Treaty with Japan. The treaty with Japan deprived the sovereignty and placed Korea under the Japanese empire in the pretense of protecting the Korean Kingdom from Western powers. Thus, the Treaty of Peace, Amity, and Navigation with the US had expired in 1905, and it was in force only 23 years, not one hundred years. If the Centennial was to celebrate one hundred years of relationship, not specifically the treaty between Korea

4. Many bilateral conferences had the participation of noted scholars from the US and South Korea. Many institutions of higher learning such as Seoul National University, Korea University, University of California at Berkeley, University of Hawaii at Manoa, and reputable research centers including the Woodrow Wilson International Center for Scholars were involved in the commemoration. Korea and the United States published several books. Robert A. Scalapino and Han Sung-joo, eds., *United States and Korea Relations* (Berkeley: University of California, Institute of East Asian Studies, 1986) Han'guk wiwonhoe, ed., *Hanmi sugyo Paengnyonsa* [Centennial History of Korea-US Treaty Relations](Seoul: Han'guk wiwonhoe, 1982).

and the US, liaison between the Korean independence movement and the US during the Japanese occupation of Korea from 1910 to 1945 was infrequent at best. After the division of Korea in 1945, US relationship was only with the South Korean government and its people. It is not the purpose here to recount the US-Korean relationship in detail.[5] It is indeed difficult to visualize one hundred years of cooperation.

North Korea, on the other hand, did not participate in the centennial celebration. On the contrary, North Korea published several books to condemn US imperialism in the Korean peninsula, revealing how untrustworthy the US was during the period. North Korean historian, Kim Hui-il, published a *History of Aggression on Korea by US Imperialism.* The History Research Center of the Social Science Institute of the Academy of Sciences published a book entitled *History of Aggression on Korea by the Crime Filled US Imperialism*, and the same research center published a two-volume work condemning the collusion and conspiracy of Japanese and American imperialism in the Korean peninsula.[6] What is clear from all these North Korean studies is that the US-Korea relations began not with the treaty but with an incident involving the American merchant schooner General Sherman in August 1866, some 16 years earlier than the Treaty of 1882.

The General Sherman incident involved an American merchant schooner that sailed upstream on the River Taedong, the river that flows through current North Korean capital Pyongyang, in defiance of the official warning by the

5. This is to point out only that there were many fundamental problems with the Centennial celebration.

6. Kim Hui-il, *Mijeguk chuuiui choson Ch'imyaksa* [History of Aggression on Korea by American Imperialism] (Pyongyang: Choson nodongdang ch'ulp'ansa, 1964). This book was translated into Japanese and published by Chosen seinensha in Tokyo. The Social Science Research Institute published *Choeake ch'an mijeui choson Ch'imyaksa* [History of Aggression on Korea by Crime Filled US Imperialism](Sahoe kwahagwon ch'ulp'ansa, 1974). Another study by the Social Science Research Institute is *Miil cheguk chuui kongmo kyolt'ake uihan choson Ch'imyaksa* [History of Aggression on Korea by Conspiracy and Collusion of US and Japanese Imperialism] in two volumes (Pyongyang: Sahoe kwahakwon ch'ulp'ansa, 1974).

Korean authorities. Enraged Koreans burned the ship to the ground and killed its crew. The US Rear Admiral John Rogers in collusion with French "imperialists" attacked the port of Kanghwa in the mid-western part of the Korean peninsula to retaliate the General Sherman incident. For the next 15 years from the time of the General Sherman Incident to the conclusion of the Treaty of Amity and Commerce in 1882, the US made several unsuccessful efforts to negotiate with Korea. The US dispatched American Consul in Shanghai, George F. Seward to Korea in 1868, and two years later Washington instructed American Minister to China, Frederick F. Low, to negotiate a commercial treaty with Korea, but both efforts failed. It was not until Commodore Robert W. Shufeldt received assistance from the Chinese minister Li Hung-chang who persuaded the Korean King and the court officials to negotiate the Treaty of Amity and Commerce, that the US was able to conclude the Treaty. The Korean court trusted the Chinese official Li Hung-chang but not the US diplomats and negotiators.

Korean historians, in general, do not give favorable impression of the US in the General Sherman incident, but more importantly the sources of North Korean mistrust of the US and the aggressive nature of US policy toward Korea emanate from the General Sherman incident and subsequent US behavior under the Treaty of Amity and Commerce. The Korean King had acquiesced to conclude the treaty with the US, primarily for the security of Korea. Article 1 of the Treaty stipulated that

There shall be perpetual peace and friendship between…. the citizens and subjects of their respective Governments.

If other Powers deal unjustly or oppressively with either Government, the other will exert their good offices, on being informed of the case, to bring about an amicable arrangement, thus showing their friendly feelings.[7]

7. See the text of the Treaty in Korea and the United States: A Century of Cooperation, pp.373-380.

However, the primary purpose of the US in concluding the Treaty was for commerce and Christian missionary work.

When the Sino-Japanese War broke out for the control of the Korean peninsula, the US refused to take sides and remained neutral. The US also declined a British proposal in 1894 to join other powers to guaranteeing Korean independence, and rejected the repeated request from the Korean monarch in 1899 to take initiative in obtaining from the powers a guarantee of Korean integrity. North Korean historians accuse the US of collusion with the Japanese militarists in the Sino-Japanese War in 1894-1895,[8] but there are ample documents to vindicate American neutrality in the conflict. The US may not have provided a good office to prevent the Sino-Japanese War as the Article 1 had stipulated, but it did not collaborate with Japan against China.

Japan fought two wars to takeover Korea, one Sino-Japanese War and the Russo-Japanese War of 1904. By the time of the Russo-Japanese War, it was obvious that the US has lost interest in Korea in favor of Japan, and was not keeping the neutral position. North Korean historians accuse the US of collusion and conspiracy with Japan in the War. For example, President Theodore Roosevelt took the diplomatic initiative to host the Treaty of Portsmouth that ended the War that recognized the "paramount interests" of Japan in Korea. Even when Korean King made repeated requests, at times sending even an American Homer B. Hulbert to the US for assistance based on the Article 1 of the Treaty of Amity and Commerce, the US did not help. President Theodore Roosevelt instructed his Secretary of State John Hay that the US could not interfere on behalf of the Koreans against Japan.

North Koreans reaffirmed their perceptions of trustworthiness of the US when the United States signed the Taft-Katsura Memorandum. In July 1905, US

8 *Miil cheguk chuui kongmo kyolt'ake uihan choson ch'imyaksa* [History of Aggression on Korea by Conspiracy and Collusion of US and Japanese Imperialism], vol. 1, pp.129-179 For the American documentation, Department of State, United States Policy Regarding Korea, 1834-*1950*(Ch'unch'on: Institute of Asian Culture Studies, 1987).

Secretary of War William Howard Taft traveled to Tokyo and made an agreement with Japanese Prime Minister Katsura Taro that the US recognizes the Japanese special interest in Korea and the US will not interfere with Japanese plans for Korea. Japan, in return, disclaimed any aggressive designs on the Philippine islands. Soon thereafter, the US withdrew its mission from Korea and handled the Korean affairs from its office in Tokyo, terminating the Treaty. An American diplomat, D. W. Stevens, who served as an advisor to the Korean King and employed by the Korean court made an astonishing speech justifying the Japanese protection of Korea and ultimate takeover of the Kingdom by Japan. Utterly disappointed, a Korean-American patriot, Chon Myong-un, shot him to death at San Francisco harbor when he returned to the US in March 1908. Of course, Japan soon annexed Korea in 1910 and made Korea its colony. These events constitute sources of North Korean people's mistrust of the US

3. The Independence Movement and the Liberation

All during the Japanese occupation of Korea from 1910 to 1945, the US did not maintain any liaison with the Korean independence movement. After the World War I, the Korean people rose up against the Japanese colonialism in search for Korean independence on March 1, 1919, following the principle of national self-determination declared by the US President Woodrow Wilson. The Korean revolutionaries even established a Korean Provisional Government in Shanghai. Japan, a victorious nation in the World War I, brutally suppressed the March First Uprising, but the US offered no assistance. Enraged Koreans flocked to the Soviet Union to get help in their fight against the Japanese, and a large Korean delegation, larger than any Far Eastern delegation, attended the First Congress of the Toilers of the Far East held in Moscow in 1922.

When Japan finally became the enemy of the US during the World War II, the Korean Provisional Government in China wanted the US to recognize the Provisional Government as a legitimate revolutionary government of Korea in exile. The US in consultation with Great Britain refused to grant the recognition of the Government. When the Chinese government offered to recognize the Korean Provisional Government, the US persuaded the Chinese to refrain from offering the recognition. The US had based its refusal on the allegation that the Korean revolutionary groups lacked the unity among themselves and the Korean groups outside of Korea had little association with the people within Korea.[9] North Korean historians concentrate more on the revolutionary armed struggles of Kim Il Sung in the plains of Manchuria than the role played by the Korean Provisional Government, and Kim Il Sung and his guerrillas were operating with Chinese Communist guerrillas in Northeast China and had no contact with the United States in its war efforts against Japan. The US image during the period of Korean independence struggles was negative to say the least, and the US made little, if any, effort to build trust in its relations with Korea.

After the defeat of Japan in August 1945, the Korean people welcomed the US and USSR forces in North and South Korea to disarm the retreating Japanese soldiers. Immediately after the Soviet and American troops occupied Korea, Gen. Ivan Chistiakov of the Soviet Union and General Douglas MacArthur of the United States each issued orders to establish their occupation in their respective areas. It is interesting to compare the two declarations of the occupation authorities. Gen. Chistiakov of the Soviet Union stated that the Korean people were free and the future happiness was in their own hands, and he assured that the Soviet authorities would assist the people of Korea. In contrast, Gen. MacArthur proclaimed that he would exercise all powers of the government over the territory and the people in the South.[10] Kim Il Sung

9. *United States Policy Regarding Korea, 1834–1950*, pp.55–130.

10. For the Korean text of Chistiakov's statement, see *Choson chungang Yon'gam, 1949* [Korea Central Yearbook 1949](Pyongyang: Choson chungang t'ongsinsa, 1949), pp.57–58. The

compared the two declarations in his report to the Second Congress of the Workers' Party of Korea, lamenting the trustworthiness of the American occupation of the southern half of Korea.[11]

During the subsequent negotiation between the Soviet Union and the United States to establish a new government for the liberated Korean people, the US always took the conservative stance that earned little or no trust from the Korean people. For example, the US advocated 30 to 50 years of trusteeship when the Soviet Union wanted only 5 years and the Korean people wanted no trusteeship at all. After the Moscow Conference of December 1945, the US-USSR Joint Commission entered into earnest negotiations to solve the problems of the division, but the work of the Commission was broken off, and the US had to take the Korean problems to the United Nations as early as September 1947 that ultimately established the Republic of Korea in the South. North Korea considered the unilateral establishment of a government in the southern half of Korea contributed to permanent division of Korea into two. Subsequently North Korea also established the Democratic People's Republic of Korea in the North, but some national leaders in the former Korean Provisional Government opposed the establishment of two disparate governments in the Korean peninsula. When the North Korean people established a separate government, one of the first agenda for the North was to request Soviet and US troops to withdraw from the Korean peninsula. The Soviet Union withdrew its troops almost immediately after the request in December 1948, but the US did not withdraw its troops until after a UN resolution asking the US to withdraw its troops from Korea in June 1949. Exactly one year after the US withdrew its troops from the Korean peninsula, North Korea launched an attack on South Korea to reunify the country.

---

original Russian text is also available. For MacArthur's declaration, see the text in *Documents in Korean-American Relations*, 1943-197, pp.28-29.

11. See the Report by Kim Il Sung to the Second Congress of the Workers' Party of Korea in March 1948. Kim Il Sung sonjip 2: 38-39.

4. During the Cold War

In an effort to contain the expansion of communism in Asia, the United States mobilized its forces in the name of the United Nations to protect the southern half of Korea. When the UN forces entered into North Korea, the Chinese People's Volunteers helped North Korea to prevent the collapse of the regime. It was a fratricidal war started by the Communist aggression against the South Korean people. Some called it the civil war of Korea, and others referred to it as an international war. It was a limited-purpose war to repel North Korean aggression, and the War ended without the victor or the vanquished. When the fighting has ended and both sides restored the status quo ante bellum, North Korea made untenable accusations that the US had started the War, and the North Korean people fought what it claimed to be the *Just Fatherland Liberation War.*[12] The Communist countries often advance the concept of "Just War" to justify the class war. However, in the North Korean case the purpose was for the reunification of the divided fatherland by liberating the people of the South from American imperialism than the class struggle of the Korean people. North Korea claimed that it might have accomplished its purpose had the US not interfered with the Korean people's effort to reunify the country in June 1950.

The Korean War in reality was a war between Communist China and the United States. Chinese general Peng Dehuai who commanded the Chinese People's Volunteers in Korea once claimed that it was his war against Gen. MacArthur, and asked Kim Il Sung to step aside. The truce, however, was the

12. For North Korean account of the Korean War, see a representative work, *History of the Just Fatherland Liberation War of the Korean People* (Pyongyang: Foreign Languages Publishing House, 1961). See the latest studies on the Korean War in North Korea in *Widaehan suryong Kim Il Sung tongjikkeso yongdo hasin Choson inmin ui chonguiui choguk haebang chonjaengsa*[History of the Just Fatherland Liberation War of the Korean People Led by the Great Supreme Leader, Comrade Kim Il Sung] in 3 volumes(Pyongyang: Kwahak paekkwa sajon chonghap ch'ulp'ansa, 1993).

first time the US in the name of the UN directly negotiated an agreement with the North Korean government. However, except for brief, often quarrelsome encounters in the truce village, Panmunjom, by their military representatives, the US and North Korea seldom created an opportunity to build trust between them in nearly two decades. Encounters were infrequent, but at times violent, and they were confrontational in nature and contributed to the hostilities between North Korea and the United States.

In order to assure security of South Korea against another North Korean aggression, the US concluded a Mutual Defense Treaty with the Republic of Korea in October 1953. The first serious encounter with North Korea occurred 15 years later when North Korea seized US intelligence vessel Pueblo on January 23, 1968. The United States had to admit that it had violated the territorial waters of North Korea and apologized on December 23, 11 months after the seizure, in order to free 83 crew and officers of the *Pueblo*.[13]

The following year in April 1969, North Korea shot down an American Navy spy plane, EC 121 in the East Sea. These encounters further aggravated hostilities between the North and the US In an effort to strengthen the American ties with South Korea against the North, the US and South Korea started joint military exercises, such as "Focus Retina," "Freedom Vault," and the "Team Spirit." In the spirit of rapprochement between the US and the People's Republic of China in the early 1970s, then Secretary of State Henry Kissinger proposed a four-power conference (China, North Korea, South Korea, and the US) to discuss the Korean questions (cross recognition, simultaneous entry into the UN, etc.) in July 1976. However, China and North Korea rejected the proposal outright. Instead, in August 1976, some 30 axe wielding North Korean guards in the Joint Security Areas at Panmunjom brutally hacked to death two American security officers over cutting of outgrown trees in the area. Mutual

13. For North Korean account of the *Pueblo* incident, Yoks *sajon*, I [Dictionary of History, vol. 1](Pyongyang: Choson sahoe kwahak ch'ulp'ansa, 1971), p.833. See also Dae-Sook Suh *Kim Il Sung: The North Korean Leader* (New York: Columbia University Press, 1988), pp.231-234.

distrust was the order of the day during the Cold War years.

North and South Korean representatives met for the first time since the division of Korea and issued a joint communique on July 4, 1972, but both sides reinforced their own systems without coming any closer to reconciliation. South Korea instituted the October Revitalization Reform in October 1972 and reinforced its anti-Communist stance and North Korea amended its Constitution in December 1972 to consolidate further its socialist system. All through the 1970s and the l980s, North Korea seldom engaged the United States into discussion of any realistic, confidence building relationship. It was only when the Socialist regime of the Soviet Union was about to collapse, North Korea was interested in engaging the South, not the US, for conciliatory talks. North Korea and South Korea concluded the *Agreement on Reconciliation, Non-aggression, and Exchanges and Cooperation between North and South Korea* in December 1991. These were important developments, but still the US and North Korea had not entered into direct contact or bilateral negotiations with each other. The tone of North Korea mellowed somewhat without fraternal Socialist countries in Eastern Europe and the Soviet Union, but no trust or trustworthy relationships were developing between the US and North Korea.

5. Nuclear Weapons and the Agreed Framework

It was not until after the collapse of the Soviet Union when the US and North Korea began to deal directly with each other. Larger question was how the Socialist North Korea could safely land in the new community of nations without the usual support from the Soviet Union and other fraternal Socialist countries of Eastern Europe. The immediate problem at hand was the question of nuclear weapons and the North Korean production of the weapons of mass destruction. North Korea had joined the Treaty on the Non-Proliferation of Nuclear Weapons in 1985 and subsequently signed the Nuclear Safeguard

Agreement that brought inspectors from the International Atomic Energy Agency(IAEA) to inspect periodically all nuclear facilities in North Korea. The IAEA has always suspected that North Korea was less than candid and untrustworthy, because it was not completely open to the inspection. North Korea also felt that the IAEA inspection at times over stepped the boundary of inspecting nuclear facilities and attempted to inspect conventional weapons to the great detriment to their national security programs. It withdrew from the Treaty on the Non-Proliferation of Nuclear Weapons in March 1993.

Speculations were abound about the North Korean nuclear program, alleging that North Korea has already manufactured one or two nuclear devices North Korea insisted that its nuclear program was for peaceful purposes, but no country trusted its claim. On the other hand, the US was determined to stop the spread of nuclear weapons, and tried to dissuade North Korea from its nuclear ambitions. The US offered both carrots and sticks to persuade. The US used various tactics and strategies from the offer of complete acceptance to the community of nations by establishing diplomatic relations between the US and North Korea to secret multi-stage military operational plans such as Operations 5027 and 5030 to launch preemptive attack and remove the North Korean regime.

For reasons of their own needs and national interests, the US and the Democratic People's Republic of Korea (DPRK) entered into a bilateral agreement in October 1994, known as the Agreed Framework.[14] Since the North Koreans established a separate regime, this was the first conciliatory step that the two countries took to resolve their differences, but it was the needs, not the trust for each other, that compelled them to the agreement. North Korea needed the help of the US more than the US needed what North Korea could offer. For North Korea, this was the time of national mourning for the

14. For the text of the agreement, see Yonhap News Agency, North Korea Handbook (Armonk, N.Y.: M.E. Sharpe, 2003), pp.1034–1036.

death of its supreme leader, Kim Il Sung, and also it was the time North Korea needed to insure their survival in the new world dominated by the capitalists. North Korea economy was in ruins and fraternal Socialist countries have disappeared along with the Soviet Union. The American need was to stop the proliferation of nuclear weapons, particularly among rogue states like North Korea. The US did not even call it an agreement or a treaty, because it might obligate the US to observe the provisions of international agreement or treaty when the US was not able to trust North Korea to observe the same.

Under the Agreed Framework, North Korea cancelled its withdrawal from the Non-Proliferation Treaty and both sides agreed to cooperate to replace North Korea' s graphite-moderated reactor facilities with light-water reactor (LWR) power plants. The two sides agreed to move toward full normalization of political and economic relations including reduction of barriers to trade and investment. They also agreed to open a liaison office in Washington and Pyongyang after resolution of consular and other technical issues. The two sides pledged to work together for peace and security on a nuclear-free Korean peninsula and strengthen the international regime of nuclear non-proliferation. The US in cooperation with South Korea and Japan agreed to build two LWR within 10 years by 2003 and provide interim annual supply of 3.3 million barrels of heavy fuel oil.[15]

The Agreed Framework ushered in new phase of US-North Korea relations, but some old perceptions of mutual distrust did not fade away. For example, the US suspected that North Korea was operating clandestine underground nuclear facilities in Kumch' angni, P' yongan-pukto in August 1998, and the suspicion lingered on and the US was satisfied only after multiple site inspections in 1999 and 2000. The US held a series of talks on international terrorism in March, August, and October 2000 and issued a Joint Statement on

15. For negotiations between the US and North Korea, see Leon V. *Sigal, Disarming Strangers: Nuclear Diplomacy with North Korea* (Princeton: Princeton University Press, 1998.

International Terrorism, but in May 2001, Bush administration again listed North Korea as a state that sponsored terrorism. The US contributed large amount of food aid to North Korea through the World Food Program of the UN, at times controlled its contribution by linking it with inspection of North Korean suspected nuclear facility sites.

The Agreed Framework had also facilitated the exchange of high-level government officials. The First Vice-Chairman of the National Defense Commission, Cho Myong-nok, came to visit the United States in October 2000, and he came to the US as a special envoy of Kim Jong Il, Chairman of the ruling Workers' Party of Korea, carrying Kim's personal letter to President Clinton. He met with President Clinton to pave the way for normalization of relations between the United States and North Korea. The two countries issued a joint communiqué, and Secretary of State Madelein Albright, reciprocated and visited Kim Jong Il in Pyongyang in late October 2000, hoping to arrange President Clinton's visit to North Korea before the end of his term. When President Clinton decided not to visit North Korea, the US was in serious non-compliance of the terms of the Agreed Framework. For example, the US seemed to have never been serious about its commitment to build two LWR. The Korean Peninsula Energy Development Organization (KEDO), the organization authorized to build the LWR, prepared the foundation for the reactors only in 2002, one year before the completion date in 2003.

However, the Bush administration issued a sweeping review of the US policy, and it analyzed every North Korean policy related to security, such as the missile programs, with considerable hostility and suspicion.[16] Whatever the hope or trust it may have had in normalizing relations with the US and contributing to the nuclear free Korean Peninsula was dashed. By the time

16. For the change in US policy from Clinton to Bush administration, see Gavan McCormack, *Target North Korea: Pushing North Korea to the Brink of Nuclear Catastrophe* (New York: Nation Books, 2004). Charles K. Armstrong, "US-North Korean Relations," Asian perspective vol. 28. no.4, 2004), 13-37.

Assistant Secretary of State for Far Eastern Affairs, James Kelley visited Pyongyang in October 2002 to discuss the policy of Bush administration, and whatever the amount of "trust" North Korea might have had at the time of the conclusion of the Agreed Framework in 1994 was lost. In retrospect, it seemed that Kelley was in North Korea not to negotiate the provisions of the Agreed Framework but to make demands on North Korean government. Upon his return to the US, Kelley testified to the US Congress that when he confronted his North Korean counterpart, Vice-Foreign Minister Kang Sok-chu, with the evidence that North Korea had engaged in secret program of enriching uranium for developing nuclear weapons, Kelley claimed that Kang "confessed" and "admitted" Kelly' s allegations. For those who have long observed the behaviors of North Korean officials over the years such revelation by Kelley is hardly credible, but the allegation ended the first agreement between North Korea and the US

What do the North Koreans say about the Kelley' s visit and his revelation? The official spokesperson of the Foreign Ministry issued a statement on the subject on October 18, 2003. He said that the essence of the Agreed Framework was for the US to build two LWR for freeze of North Korean nuclear program. He claimed that North Korea has fully complied with requirements of the freeze, and he accused the US that it failed to fulfill its obligation of supplying the heavy fuel oil and delayed the construction of the LWR. He said that the Bush administration had pressured our government by labeling us a member of the "axis of evil" and openly advocating "regime change." As to the Kelley revelation, the spokesperson said that Kelley was an arrogant and impolite person who accused us that we were secretly enriching uranium to develop nuclear weapons, and unless we stop the secret enriching uranium program, there will be no US-North Korea, Japan-North Korea, or North-South Korean talks. The spokesperson clearly stated that North Korea had not acquiesced, let alone admitted or confessed, to Kelley' s accusation. Rather, North Korean representatives made it clear to Kelley that as an independent sovereign state North Korea enjoys the same privilege as any sovereign state to make nuclear weapons and even more powerful weapons than the nuclear weapons.[17]

The Kelley revelations contributed to North Korean distrust of the US North Korean adverse reaction to Kelley's conduct in North Korea was the source of negative perception of the US North Koreans claimed that Kelley's agenda in North Korea was not confined to the nuclear weapons problem but also missile development and export agenda, the conventional armed forces, the human rights in North Korea, and humanitarian problems. North Koreans said that Kelley and his agenda showed remarkable similarity to an arrogant and self-righteous colonial overlord and his affairs of the colonies. Subsequently North Korea withdrew once again from the Treaty of Nuclear Non-Proliferation, expelled the IAEA inspectors, and proceeded with its nuclear weapons program.

The US and North Korea met in Beijing at the Three-Party Talks, using the good offices of the government of China in April 2003. No progress was made, and at the insistence of the United States for Six-Party Talks including Japan, Russia, China, North and South Korea, and the US, the representatives of six nations met three times in Beijing in August 2003, and February and June 2004. In these multi-lateral settings, trust was more difficult to find. North Korea often walked out of these talks because five states at the meeting seem to pressure North Korea to yield to American pressure. In February 2005, North Korea finally announced that it had manufactured nuclear weapons for self-defense.[18] The trust between the two countries has eroded so much that even when North Korea openly admitted the production of nuclear weapons and made public announcement the US expressed its reservation in the truthfulness

17. For the text of Foreign Ministry spokesperson, see *Nodong Sinmu*, October 19, 2003.
18. For the North Korean announcement, see the declaration by the Ministry of Foreign Affairs of the DPRK on February 10, 2005. *Nodong sinmun* February 11, 2005.

of the announcement.

6. Observations

Sources of North Korean distrust of the United States go back to the early encounters of the US with Korea. North Koreans identify the US imperialism in the merchant schooner General Sherman. As to the termination of the first Treaty of Amity and Commerce, they accuse the US of betraying the Korean Kingdom in favor of Japanese aggression of the Korean Peninsula. Indeed, the US conspired with Japan in terminating the Treaty of Amity and Commerce in 1905. The US gave no assistance to the Korean independence movement and Korean people' s fight against Japan during the inter-war years. The US did help the South Korean people, and fought and contained communist expansion in Korea, but the North Koreans claim that the Korean War was their war of national liberation, and the US prevented the Korean people' s just war for national reunification.

The US developed a strong military alliance with South Korea and enjoyed trust of the two-thirds of the Korean people, but one-third of the people who reside in the northern half of Korea do not trust the US There are ample sources for their mistrust. The Kelley revelation, for example, is an unfortunate incident. The allegations of admission and confession seem suspect. Whatever the trust that entered into the Agreed Framework was lost. It seemed that Kelley went to North Korea to put an end to the Agreed Framework and to sever the existing ties with North Korea.

If the US wanted to promote non-proliferation of the weapons of mass destruction in the Korean Peninsula, the measures taken by the Bush administration seem counter productive. The first agreement between the US and North Korea, the Agreed Framework, ended just like the first Treaty of Amity and Commerce one hundred years earlier in 1905. North Korea cannot help but consider these betrayals "untrustworthy." The US should not pressure North Korea to abandon nuclear weapons or missiles and contemplate on making "regime change," but rather deal with them in good faith and help build democratic civil societies where "trust" can grow.

II. US-ROK Relations: The Alliance and the Decline of Trust

Patrick M. Morgan*

The United States and the Republic of Korea have had a very close association for over 50 years—politically, economically, militarily, and—to a degree—culturally. In recent years that relationship has been experiencing considerable stress and strain. As a result many analysts and observers now express great concern about its future. One facet of this is the decline in trust between the allies, the topic of this paper.

1. Initial Reflections on Alliances

Alliances are typically created for offensive/expansionist purposes, or for defensive purposes, or both. Defensive alliances are probably the most

* Tierney Chair Professor, Department of Political Science, University of California at Irvine

common and they have been the most common in US experience. The US-ROK alliance was designed to be defensive, protecting the ROK from an attack and thereby providing deterrence to prevent an attack. But over time it evolved into an alliance that was expected—in another war after a North Korean attack—to invade the North and eliminate the regime there, a highly offensive objective. In recent years the US has become more interested in having an offensive orientation in its alliances, reflecting the decline in serious threats to many of its allies and a rising tendency to take action to suppress perceived threats to the US. The US has also taken to seeking to convert its alliances into security management resources for regional systems, a function historically associated less with alliances than with international organizations.

Normally alliances are not particularly long lasting and theoretical speculations from a realist theoretical perspective suggest why this is so. Relevant studies start with the fact that alliance commitments involve some loss in freedom of action for the parties. In addition, the steps needed to maintain an alliance after it has been created frequently involve additional constraints on the parties' freedom of action. Willingness to accept the restraints reflects the parties' judgment that they have certain common, overlapping, or parallel interests which an alliance can further.[1] But the parties never see eye-to-eye on all the details. For instance they will disagree as to the distribution of power in the alliance, not just in general but with respect to many specific decisions and actions. Inevitably they find that, when it comes to the interests that led them to construct the alliance, they are sometimes required to compromise, to settle for less than what they regard as the most desirable steps. Or for the sake of the

1. "Common" interests refers to the parties having the same interest in play—such as when the parties want to preserve the status quo in some situation or relationship. "Overlapping" interests would be when the parties have different interests at stake but those interests have something of importance in common—as when two governments will fight to keep a third government in power, one because it is a major trading partner, the other because it is a democracy. "Parallel" interests are quite different but lead to taking the same action—as when in 1956 Israel wanted to destroy Egypt's new Soviet weapons while Britain and France wanted to take back the Suez Canal when they jointed together to initiate a war on Egypt.

alliance they are required to settle for less than the best with regard to some other interests (for example, trade may be skewed by an alliance in ways that help keep the alliance healthy but are not ideal for one or both parties). Therefore, alliance cooperation is rarely complete and never without costs, burdens, and complaints. When those overlapping interests no longer sufficiently intersect, or become far less salient, alliances dissolve or fade away.

While they exist, therefore, alliances involve uneasy relationships. First, there are fears of *entrapment*, which is straightforward and needs no discussion. A related fear these days is concern about *mission creep*—pressure by one or more members to shift or enlarge the purposes or responsibilities of the alliance, particularly once it is in action. This can occur during a war or on the eve of one; on the other hand, it may also arise because the alliance has little to do. Yielding to the pressure means accepting responsibilities, risks and burdens not anticipated and spelled out when the alliance was established—things the allies had literally not bargained for.

Allies are also prone to fears that their partners are engaged in *free riding* to reduce their shares of the costs, risks, dangers, and other consequences below what they should be. This arouses resentment over alleged unfair behavior, but a more important concern is that through free riding the security the alliance is supposed to supply will be underprovided. In turn, this is but one aspect of allies' worries that their partners will be *irresponsible*; for instance, they may be concerned that an alliance partner will be reckless or intransigent in dealing with third parties and make a war more likely, or that it will be corrupt, or otherwise ineffective in the alliance.

The opposite of fearing entrapment is fear of *abandonment*, which can come in various forms. Most obvious and disturbing is abandonment after being attacked or on the eve of being attacked. The formal language in almost all alliances is of little comfort here; it is always vague as to the steps to be taken when the alliance is activated and leaves loopholes for pulling out under various circumstances, loopholes through which many an ally has slipped. The fact that more precise language is not used in alliance documents is part and parcel of the deep concern governments can have about both entrapment and abandonment—they resist very detailed commitments out of fear of being trapped in military actions they would rather avoid, thereby encouraging fear of abandonment.

Related to fears about free riding and abandonment is frequent concern about normal *burden sharing*. Allies invariably suspect their partners of trying to shift much of the burden of the alliance onto someone else instead, particularly if the prospective burden (an oncoming war, for example) looks like it will be very substantial. Burden sharing disputes can go on indefinitely in the politics of alliances.

Another common concern among allies is that the partner(s) will engage in excessive meddling in their domestic decision making and other affairs. Meddling is a very strong temptation given what is at stake in an alliance, and because an alliance partner is often in such a good position to meddle. Some meddling is expected, understandable, and tolerated. Too much is annoying, even threatening. Normally, concern about it is highest in the weaker partner.

A final source of uneasiness in alliances is that allies are quite often politically militarily and culturally quite different. These differences cause endless frictions and divisions because while alliances require cooperation, sometimes on a very extensive basis, the parties may be ill suited for working together in an elaborate fashion. (For example, in their World War II alliance the US and Britain got along rather well, and neither was comfortable with the Soviet Union which was clearly very wary of them.) Examples of what can be troubling are different concepts of authority, or differences over what is suitable in civil-military relations, legal systems, and decision making.

Hence trust in an alliance can be difficult to achieve and then to maintain at a high level on a consistent basis. It is likely to be fragile—easy to damage or lose if not effectively cultivated. There are several dimensions to trust in an alliance. One is the impact of common or strongly overlapping interests. That makes trust less difficult to maintain, but that is at least in part because trust is less necessary or important. Lack of trust is not apt to be much of a problem when one or more of the following are present:

The partner has obvious common, overlapping, or parallel national interests at stake in the alliance;

The partner has obvious interests in maintaining its image and credibility at stake in upholding the alliance;

The partner has strong domestic political forces favoring the alliance and upholding it in a challenge;

The partner can uphold the alliance at very little cost or effort to itself.

In effect, the parties count on each other to do what it is in their interest to do, making trust less important as well as less fragile.[2]

It is also important to have common perspectives on the key matters of concern to the alliance — particularly a common threat perspective. The combination of a common threat perspective and converging interests leads to higher confidence in the allies about how each will behave. This is a situation that reduces fears of abandonment and entrapment.

The final dimension of trust in an alliance is honesty, at least in private, which does much to reduce unpleasant political surprises in alliance relations. Confidence in a partner's honesty allows taking the risk of being very candid about one's own intentions and capabilities.

If trust and cooperation are never easy to achieve and maintain, it follows that crises, wars, or other stiff tests of an alliance are critical periods when it comes to this behavior, Facing a harsh test together can help allies override a lot of problems and pull themselves together. But it is also easy to see how difficult times can exacerbate all the problems and fears discussed above instead, and drive the allies apart.

---

2. It follows that the more those features are not present the greater the difficulty in maintaining trust among the alliance partners.

In signing agreements. A higher level of trust flows from that greater credibility that they can achieve.

Ultimately, this means that an alliance between such governments can expand into becoming, in effect, a kind of *community* for purposes of security rather than merely a temporary accommodation. The alliance may also then be a reflection of a much broader community between the parties, so that to overturn or abandon the alliance would mean risking the collapse a much more elaborate set of arrangements that they have.

A liberalist view does not deny that such alliances can be riddled with problems and difficulties, fears and conflicts.[3] It readily accepts that the interests involved are sometimes weak, or can change and lead to strains in the alliance, or that shifts in domestic politics can bring to power leaders distinctly more, or less, comfortable with the alliance than before. All it would say is that the underlying interests are likely to have roots in common norms and values, in similar political and social practices, so that an alliance is not seen as just a temporary arrangement and will not so readily fade in times of trouble.

2. The ROK-US Alliance in the Past

To briefly review the history of the alliance, we can start by noting that when it was initiated, and for many years thereafter, the alliance was quite realist in character and operation and featured all the elements that realist analyses of alliances tell us to look for. The parties had little in common prior to the alliance, and before the Korean War Korea was not of great strategic, political or other value to the US. There was no effort to construct the alliance until after a war had made it attractive to do so. Then it rested on overlapping interests. For the ROK the alliance was the key to its survival; for the US it

3. As in the US relations with a number of NATO members during the approach to the war in Iraq.

reflected the importance of Korea strategically for Japan's security and the fact that Korea had symbolical importance for the image of the US and the credibility of American deterrence in the Cold War. Right from the start, one party approached the alliance primarily with its immediate national security in mind, the other with management of regional and global security as its main concern, and this continues down to the present day.

The ROK government was almost continually worried about abandonment, fearing that if the regional and global concerns behind US participation in the alliance warranted it the US would let its commitment to South Korea slide. Seoul opposed the armistice the US signed that ended the war and left Korea divided, and it was quite worried about the Nixon Doctrine and the parallel withdrawal of some US forces. It was very anxious about President Carter's plan to withdraw all US forces. It was similarly unhappy about the Nunn-Lugar plan to strip away more US forces.

The US was worried from the start about entrapment. Even before the Korean War the US had deliberately limited military aid to South Korea to defensive equipment to discourage any attack on the North. After the war this continued to some extent, and the Eisenhower Administration layed out very clearly its unwillingness to support any South Korean adventurism vis-a-vis the North as one condition for entering into the alliance. This fear was also the motivation, in part, for the combined forces command arrangements - leaving less room for the ROK to act abroad militarily on its own in an irresponsible way and thus be aggressive or provocative at US expense. The South had entrapment and mission-creep worries of its own due to US adventures in the Taiwan Straits, US requests for ROK participation in the Vietnam War, and the events in 1994 when the US contemplated attacking the North and possibly inciting another Korean War.

As is well known, burden sharing frictions in the alliance have long been significant—American complaints the Koreans were not doing enough, Korean objections to the subsidies paid for the presence of US forces, US insistence that Korea "buy American" in military purchases, Koreans criticizing restrictions on their arms sales to third parties, etc. On several occasions the US has complained about Korean meddling (even bribery) in its affairs, while Koreans just assumed from the start that the US was consistently interfering in their political system. Over time there was rising controversy over the command system and other aspects of alliance decision making, with Koreans objecting to American dominance in this area.

The history of the alliance is one of slow steady movement toward a more liberalist relationship, to an alliance more like a community of shared norms and similar domestic arrangements. ROK growth, modernization, and democratization closed much of the gap between the two allies in terms of the nature of their economies, societies and political systems. There has been an expansion of the role of the ROK in the alliance, moving it toward becoming an egalitarian structure. There was a vast rise in interactions between the two societies over the decades.

However, it is clear that this process has not gone nearly as far as in the US-European, and US-Japan alliance relationships. The economic gap between the allies has not been closed as much, and the democratization of the ROK came much later in the history of the alliance. A good question is whether a truly liberalist relationship has ever fully developed in the alliance and the broader US-ROK interaction. If not, this may help explain an otherwise puzzling aspect of their affairs: as the two parties have become more alike the strains in the alliance have grown. Rising democratization of the ROK has opened the door to more political attacks on the US and the alliance. Perhaps the liberalist conception of the alliance as a true community has never fully taken hold.

This is not for wont of trying. The US and the ROK have worked hard over the years to develop a liberalist, not just a realist, alliance. People in each country, particularly in each government, have frequently insisted that the alliance has deeper roots than most alliances in international politics, that it is better able to absorb and surmount periodic tensions between the parties because of their friendship and mutual respect born of shared values and perspectives. All this is found in the rhetorical boilerplate accompanying the alliance for years. This suggests that the realist analysis of why and how alliance relationships are uneasy may be misleading in this case, that we should use a more liberalist guide to alliance management to measure the scale of the current difficulties in this one.

What would a liberalist guide highlight as the central elements of successful alliance management? It would start by emphasizing that the sense of community has to be seen as the most important aspect of the alliance — "we" has to be more important than "us" and "them," particularly is what must be preserved and cherished. There would also have to be a high level of mutual respect between the governments. With that in mind, here are what might be termed some unwritten rules for keeping any alliance, but particularly a liberalist alliance, in good shape in terms of trust and cooperation.

Rule # 1: Don' t hand your partner unpleasant surprises.

Surprises among allies are unacceptable in various ways. Obviously the most unacceptable kind of surprise is abandonment. Also very disturbing are irresponsible actions, especially if they might lead to entrapment or mission creep.Such surprises have very serious potential consequences — the partner may be handed a conflict situation that is a fait accompli with unexpected and unwelcome costs and burdens, even ones that cannot be borne.

Very unwelcome as well are surprises that are politically embarrassing — they make the surprised ally look weak, bad, unsupportive, or powerless. Examples include shifts in position on an important alliance issue without prior notice, making important decisions bearing on the alliance with little or no prior consultation, expressing public disagreement with the ally that was unanticipated. This is also damaging for the image of the alliance itself. Surprise here conveys lack of coordination, disagreement, internal strains in the alliance, all of which suggest weakness or indecision to outsiders. This can be harmful for alliance threat credibility.

Rule #2: Don't take the alliance partner for granted

This is linked to Rule #1 because inflicting serious surprises often comes from taking the partner for granted, but it is a larger problem than that. Usually it is the result of being excessively self-centered, being preoccupied with one's own domestic and national concerns at the expense of giving sufficient attention to the ally's needs and perspectives. As a result, this rule is typically violated by the more powerful member of an alliance, but all parties are prone to such behavior.[4] The consultation that is meant to avoid it is an annoying burden in alliances because to the dominant member it often means "informing," while the other members tend to think it means that they have virtually a veto—being fully consulted to them means the decision reflects their views. Conducting an alliance so the lesser member is satisfied with its input and influence while the stronger has the influence it feels is proper for carrying the larger share of the burdens it bears is an art.

Rule # 3: Tolerate and dampen, rather than exploit, domestic nationalist feelings and reactions that could damage the alliance

As intrusions on sovereignty, constraints on freedom of action, and actual or potential threats, alliances readily provoke nationalist objections. These intrusions and constraints are attacked as facets of domination or manipulation, particularly when the other party has forces in the first party's territory. Attacks of this sort are simply unavoidable. Particularly open to political exploitation along these lines are ethnic/cultural/religious frictions between the parties, or the issues in burden-sharing. Responsibility to keep such phenomena from getting out of hand are an integral part of a good alliance, hence the need to

4. The US has often been accused of such behavior by some of its allies. Another good example, of a nondominant ally behaving in this way, is DeGaulle's France.

pay attention to rule #3. Violations of this rule are particularly bothersome and even dangerous for liberalist alliances. If an alliance has been arranged and justified as a community, not just an alliance, with broad areas of agreement and cooperation going well beyond security, political exploitation of nationalist sentiments is a direct slap at that larger relationship.

Rule # 4: Accept the need for side payments with reasonably good grace.

The burdens of bargaining do not disappear among allies and getting sufficient agreement can require more than flexibility and compromise on the main issues. It will normally still be necessary to offer incentives and rewards for the ally in related and "unrelated" areas — cementing deals through side payments in aid, loan forgiveness, buying arms, concessions in unrelated disputes, etc. This can include looking the other way on an ally' s theft of one' s technology, paying much of the cost of having foreign troops on one' s soil, making arms sales or purchases that would be considered unwise on their own, even tolerating WMD proliferation or serious trade deficits. A corollary of this rule is that if one ally accepts the need for side payments well, the other ally should mount requests for such payments very judiciously rather than in a selfish or highly insensitive fashion.

Rule #5 Take consultation seriously

If the alliance parties do not take each other granted then they will certainly consult, but that is not enough. It is important in consultation to go well beyond simply informing, laying out what one wants and objecting to what one does not want. It is also important in consultation to go beyond trying only to appease one' s own domestic political feelings and interests when consulting with the ally. Both of these kinds of behavior involve trying to use consultation with an ally primarily to ease or solve one' s own domestic problems and concerns rather than trying to use it to shape what will be good for the alliance as a whole. Thus taking consultation seriously requires widening the consultation process. It should be undertaken well before a decision, not after one's "tentative" decision has been made—at that point the decision is much less likely to be reversed or abandoned so consultation becomes too circumscribed. Consultation should extend to more than just the highest level officials lest it actually make their political situation at home more rather than less difficult. Otherwise the highest level officials have too heavy a burden of responding effectively to what they are learning.

3. An Alliance Checkup

If we describe the US-ROK alliance as somewhat liberalist in character, an unfinished work in progress on this score, what condition is it in today? To begin with, it has been a very intimate alliance. The allies have developed military cooperation to a very high degree with shared intelligence, considerable commonality in weapons, very frequent meetings of top officials and officers, US troops stationed on the DMZ, joint training that includes elaborate annual exercises, immense communications links, interrelated logistics efforts, and an elaborate joint command in peacetime ready to take charge of a war. Development of all of this would never have been possible without a high level of political consultation and cooperation as well over the years.

The alliance, and the larger US-Korean relationship, has been sustained and facilitated by an elaborate and potent web of interpersonal relations among military officers, diplomats, political officials, academics, and businessmen. The fact that numerous Koreans have moved to the US has had an impact as well. In short, the alliance has been bolstered by a vast network of personal friendships and other associations, comparable with the networks of a similar nature backstopping the US-European relationship and the US-Japan alliance.

This peacetime alliance intimacy, when it developed during the Cold War era, was almost unprecedented in the history of long-standing alliances. It has normally occurred only in the special circumstances of wartime and was probably only possible initially because of the extremely close military cooperation during the Korean War.[5] The only comparable alliance, in many respects, has been NATO, with its joint command structure and related staff. While Cold War alliance relationships in the communist bloc were intimate, this was within a clearly hierarchical and somewhat exploitative overall relationship that included several instances of alliance partners invading each other or threatening to do so, plus numerous instances of extreme Soviet interference in allies' internal political affairs.

The closest NATO ever got to this was probably in post-Salazar Portugal. No matter how intimate the members' ideological/political linkages, those alliances embodied a relatively traditional imperial relationship

Next, the alliance has had to maintain an unusual level of peacetime readiness over the years. The intense political conflict with the North and the North's eventual forward deployment of the bulk of its forces, which were designed for high speed offensive warfare, made it necessary to sustain the alliance on the basis of high levels of training, alert, and response capabilities. This high alert level was carried much further than in NATO. Such circumstances create a good possibility for the development of alliance fatigue over time and that has been somewhat true in this case.

Third, this was an alliance that for a good many years was between vastly different parties—an intimate arrangement between nations with little in common. It was like an arranged marriage for a couple from quite disparate social and economic backgrounds, different ethnic and religious groups, and little in the way of past association. It then had to survive and develop amidst immense changes in both partners over time. Under these circumstances its

5. Just as the US-British alliance-building cooperation after 1945 benefited greatly from their very close association, long and intimate, during World War II.

durability is very impressive.

However, it should be emphasized that for the US this was not an unusual alliance. After the Second World War the US took up alliances for the first time with enthusiasm and has now been linked with many of its allies on multiple levels for decades. Particularly important in shaping those alliances was the initial American intention to depart from traditional international politics in its alliances rather than have them operate in the usual fashion, something that has remained largely unchanged. It has wanted to turn many of them into unusually developed *communities*, not just associations of convenience. In almost every instance this required that the US work around the fact that such a liberal conception of what an alliance should be like would normally be suitable only between states and societies with highly similar political systems, levels of development, cultures, and ethnic/religious backgrounds, and even between states and societies having long familiarity with each other in international politics. None of these was applicable to it when the US-ROK alliance was created, nor was it applicable for a good part of the alliance's existence, but that was the case in other US alliances as well.

If this is a quick summary of the alliance's past, how is the alliance doing now? Generally speaking, it is not doing well—it is currently in a poor state. There are too many manifestations of this to ignore. We can start with the fact that an alliance, and trust within it, are harmed much more deeply when disputes among members are about large, fundamental matters as opposed to smaller, more isolated concerns. Nothing is more fundamental on this score than threat perception. Alliances start, of course, as a response to perceived threats, actual or anticipated, so an alliance should rest on and sustain a relatively coherent allied conception of the threat or threats that it is meant to deal with. Currently, the alliance threat perception as a whole is incoherent. This is most obviously the case on perceptions of North Korea. Threat perception is a composite of the perceived capabilities and intentions, present and prospective, of a state or states of concern as a possible (or actual) enemy.

The American conception of the North Korean threat has remained unchanged for many years. It sees North Korea as having very hostile intentions toward South Korea and Japan, as posing a large and direct military threat to South Korea, as therefore very hostile toward the US. Added since the late 1980s is US treatment of North Korea as a threat to global security through its WMD activities, a threat that is growing. It is also seen as a nightmare of political repression and thus anathema to all liberal democracies. This puts North Korea in opposition to every significant American interest in Northeast Asia as well as to major facets of the regional (East Asia) and global security management the US supplies. The US has felt this way since the outbreak of the Korean War.

In contrast, as we know, within the past decade South Korean threat perception vis-a-vis North Korea has sharply altered. The dominant view today is that the North is a weak, badly run, and misguided state which poses an increasingly hollow military threat despite its high level of militarization. While it still has a capacity to do the South a good deal of harm it is far less inclined to do so, and it no longer poses a meaningful threat to the legitimacy or survival of the South Korean government. Officially, North Korea's nuclear weapons efforts are of great concern, but South Korea does not describe them as posing a grave threat, apparently because they are not seen as intended for use against the South but for deterrence of the US. North Korea's domestic political situation is not of great concern either to the current government in the South, at least not at the moment. Far more important than regime change in the North, for the South, is avoidance of regime collapse.

Given less attention and emphasis but certainly important is the divergence in the allies' threat perceptions with respect to China and Japan. ROK concern about China has retreated to the point that it is now a relatively residual fear of what China might become — it sees no security threat from China of any significance now. In part this is because the ROK no longer seeks or envisions early unification of the peninsula, something a concerned China might intervene to prevent. Increasingly, it sees its interests and China's as overlapping, not in conflict, and ascribes to China no harmful intentions. In contrast, it retains traditional deep seated suspicion about Japan and its intentions, despite many years of cooperation with Tokyo. This suspicion is now heightened by Japan' s steps toward becoming a normal great power and its campaign to join the Security Council. Some analysts suggest that this suspicion might eventually lead the ROK toward an alignment with China at some point down the road.

Both views are significantly at variance with US thinking and current practices. The US has a much more ambivalent view of China, suspecting that it may be determined to seriously challenge American policy on the issue of Taiwan and that it will want to dominate the East Asian regional system by displacing American power and influence. While the US has relatively amicable relations with China it does not see American and Chinese interests converging to the extent now said to be occurring in ROK-China relations. As for Japan, in recent years the US has refurbished its alliance with Japan in order to intensify cooperation on the management of East-Asian security matters. It supports membership for Japan in the Security Council, appreciates Japan' s rising military strength, and anticipates that Japan will play a greater role in regional and global security management. To the extent that Koreans continue to see Japan as a threat, US support for Japan' s changed weight in the region will be seen as a hostile, threatening step. Korean opposition to Japan will be seen in the US as out of step with American strategic plans. It is hard to see how trust can flourish between allies with such significantly divergent threat perceptions.

Flowing from the different threat perceptions on the most immediate problem, North Korea' s nuclear weapons, were different strategies for dealing with it. Each government dutifully paid its respects to the other' s strategy, but the strategies only marginally overlaped. The American approach was pressure, particularly via a multilateral venue, and included emphasizing North Korea' s human rights deficiencies, moving to cut off the North' s income from proliferation-related sales, drug sales, and other underground activities, preparing to seek sanctions if necessary, and not fully ruling out the use of force to end the North's nuclear weapons program. The underlying theme of US policy was that the North's existence is deeply disturbing and its disappearance would not be harmful, though officially the US was committed to working with the North to enable it to continue to exist if the North's behavior improved.

None of this is acceptable to the ROK government. Seoul wants a widening cooperative relationship with the North, focused on greatly assisting it to achieve decent economic progress and helping make the North a normal participant in the regional international system. It therefore tries to avoid putting military pressure on the North by insisting that force must not be used to resolve the current crisis, and by abstaining from stressing the North's human rights problems and undemocratic character so as to avoid straining the North-South political relationship. It is emphasizing bilateral channels for interacting with the North as part of moving to have Koreans take control over and resolve the conflict between them.

Each government regarded the other's strategy until recently on the North as not only different from but as somewhat undermining its own strategy. The two strategies were not even seen as complimentary in some good cop-bad cop fashion. Added was the tendency in each government to see the other's strategy as positively threatening to its own best interests—the ally became something of a threat. Thus the divergence was symptomatic of a larger rift in which each saw the ally's strategy as just part of its not taking "our" primary interests into account. How could trust flourish when each questioned whether the other was now contributing to a common security?

Thus underneath the split on threat perception and strategy was the real problem—a difference in basic *priorities and objectives* vis-à-vis North Korea. This has been far more disturbing to the health of the alliance. For South Korea the top priorities were to avoid a war, avoid a North Korean collapse, and build a successful inter-Korean cooperative relationship so that the North-South conflict was steadily eclipsed and progress toward unification slowly continued. The US reaction resembles its objections to Ostpolitik in the 1970s, the example on which South Korea's current policy of engaging the North is modeled. To American policy makers the ROK was guilty of tunnel vision - the main priorities should be nuclear nonproliferation and regional order and stability. Even the disruption a North Korean collapse or military defeat would cause was less serious than eroding the nonproliferation regime and an ensuing Northeast Asian nuclear arms race.

Divergent threat perceptions and strategies inevitably strain alignments among states. Officials in the ROK now talked about mediating between the US and North Korea, which is a logical extension of that government's general position. This was a sharp reversal from past circumstances. In the Clinton years ROK critics accused the US of moving toward a "two-Korea" policy so as to be in a position to mediate between them, playing them off against each another to maximize US influence on the peninsula. It was even said that the US therefore had no interest in unification that US policy was fundamentally hostile to South Korean interests. The US reaction to the idea of any such ROK mediation effort was, of course, that it would be totally incompatible with an alliance supposedly aimed at North Korea. The ROK also became very sensitive to how its continued association with the US might damage its blossoming relations with China, thinking that the alliance must be adjusted only in ways that are compatible with this concern. It also refused to support various US steps on North Korea in order to avoid antagonizing Pyongyang—most glaringly on human rights matters. The lower priority Seoul placed on the health of the alliance was obvious.

In turn, the US is pulling a third of its troops out of the ROK over the next few years. It is also reconfiguring its forces so they will be focused primarily on, and trained for, regional security tasks. Pulling US troops away from the DMZ, whatever its specific objectives, is almost a perfect symbol of how the US is dropping its focus on the ROK. It will be also turning over much more responsibility for defending the ROK to the ROK. The shift in US priorities away from the alliance as a working defense arrangement is plain enough.

A potent undercurrent here is the increased regionalization of international politics. As in Europe, there is more attention in Northeast Asia being given to regional security management for its own sake and not as part of larger global concerns and global management. The US is out of step with this in operating from a broader perspective in its approach to the alliance. It remains eager to play an important role in several regional systems, particularly Northeast Asia, but is impatient with what it regards as the parochial orientations of its allies toward being of assistance and disparages their reluctance to include a global perspective in shaping their regional strategies. Seoul' s preoccupation with the situation on the peninsula and the immediate surrounding area is very much like Europe' s preoccupation with stabilizing and integrating the remaining areas of the continent into the EU. In each case American policy makers complain that the allies are giving too little attention to security problems elsewhere and to supporting the US in trying to deal with them.

The strained alliance relationship naturally shows up as well in complaints on each side about the side costs involved. South Koreans' tolerance for the burdens of having American troops in the country has declined considerably, and complaints about the US military presence have risen in intensity while the government does much less to justify them in view of the benefits of the alliance. In this atmosphere US complaints about trade issues, and vice versa, seemed more sensitive, less tolerated. Payments to subsidize the US military presence became politically more sensitive in the ROK, and US disappointment about how slowly and unenthusiastically the ROK sent troops to Iraq was palpable. South Korean public opinion polls showed little respect for or confidence in the US while the American public continued, in general, to ignore the South. This was augmented, in Washington circles, by rising annoyance toward it. On both sides the complaints about burden sharing were rising.

At present, therefore, the ROK primarily fears entrapment from the alliance, with a rising fear of abandonment and continued concern about possible US irresponsibility in bringing on a war with the North. The US, on the other hand, fears abandonment with respect to some of its central security concerns and ROK irresponsibility in its treatment of the North and its conduct in the negotiations about the nuclear weapons problem.

On Trust and the Alliance

Any alliance conducted with a realist perspective on display by each side is unlikely to display much trust. In assessing the durability and reliability of the alliance, the members will put their greatest emphasis on the degree to which the parties' interests continue to coincide. As noted above, however, the US constructed its Cold War alliance not only out of realist considerations but within a larger liberalist orientation. While some of its alliances or close associations have put the emphasis mostly on the first (such as the US link with Pakistan over the years or with Egypt), but in most of them the second has been very important. The US moved steadily toward the second, a more liberalist conception, in its alliance with the ROK. In an alliance of that sort there should be a community of shared values, very clear cooperation, considerable intimacy. The rules of the game outlined earlier are very important in a community of this sort.

Yet recently the members were far too readily violating those rules. Rule #1, avoiding inflicting surprises, has become steadily less appreciated. In the past the US had inflicted surprises primarily on matters like cuts in troop levels and the announcement of the Nixon Doctrine, while the ROK often did this in connection with internal political developments such as in the Kwangju incident or the periodic political coups. In recent years, however, we have witnessed the effort by President Kim Dae Jung to intervene in the new Bush administration's shaping of its Korean policy via an early summit meeting, ignoring clear US reluctance to have him come. He was then rebuffed by a humiliating US public (presidential!) dismissal of the defining political initiative, the Sunshine Policy, of his administration and a dismissal of the general idea of negotiating with the North. The Bush administration followed that up by the rather abrupt announcement it was sending some US forces from Korea to Iraq, then announcing they would not be returning as part of the permanent withdrawal of a third of USFK. President Roh and other top Korean officials responded in kind with sharp repudiation of the American position on North Korea and American proposals in the six-party talks. Seoul began talking about distancing itself from its alliance partner and mediating between the US and the DPRK.

As for being taken for granted (rule #2) ROK mistrust of the US grew precisely over the seeming indifference in Washington to the ROK's main concerns. At the heart of ROK mistrust of the US was Washington's failure to make the strongest possible effort at engagement with the North in order to resolve the North Korean nuclear weapons threat. Such a step would have meshed with the South Korean government's national strategy and policies, which in turn reflected the intense ROK concern about another Korean war. The US seemed all too willing to risk a war by being too hard nosed on making concessions in the negotiations. It seemed to be callously ignoring the ROK's national interest in avoiding a war, with the destruction and loss of Korean lives that would result. It seemed to be standing in the way of progress toward peace and unification, *making the US part of the problem*, not the solution.

In turn, US mistrust of the ROK has rested on the following perceptions. The ROK has been, in effect, free riding with respect to its security for years, devoting huge resources to its rapid national development that could have been spent on national defense — the US has been making that possible through the alliance and its military presence. It is the American support for ROK safety that made it possible for Seoul to pursue the risks of engaging the

North. Nonrecognition of that fact, plus criticism of the alliance as inhibiting the success of the engagement policy, is rather galling. So is the ROK's disregard for the central US policy objectives related to the American preoccupation with the war on terrorism. The ROK was mistrusted for ignoring how the North Korean WMD directly threaten and attack US interests. It has been so determined to pursue its specific agenda with the North that US interests it ought to share are dismissed. That makes the ROK part of the US problem. Neither party has been ready to take the foremost concern of the other seriously which is the ultimate in taking the other party for granted.

The ROK has been most deficient with regard to rule #3 on misuse of nationalist feelings. American analysts and officials reacted strongly to what they saw as the Roh government, particularly the President in his initial election campaign, politicizing the alliance and the US-ROK disagreements. Many American commentaries called, for an end to this as a key to restoring trust. Some in Korea also complained, fearing that one Us response would be to arouse anti-Korean sentiment. The American complaints often had a personal thrust. Many regarded President Roh and his administration as interested less in bolstering the alliance than in playing politics with it to maintain domestic support for pursuing reconciliation with North Korea. They noted the administration saying different things to different audiences, and lying about lack of prior notification and consultation on recent US forces decisions. While some of this was chalked up to inexperience, many in the US traced it to the Roh administration' s ideological orientation. Certainly it had little inclination to trust the Bush Administration, with its irresponsible rigidity in the six-party talks, and as moving toward a less hierarchical alliance basis only as part of detaching the US from responsibility for South Korea' s defense.

Earlier the recent resistance on side payments (rule #5) was noted, which leaves us with rule #4 on consultation. Clearly the consultation process has broken down, not in terms of the parties meeting regularly to talk about the North Korean problem and other matters, with plenty of attempts to coordinate actions vis-a-vis the North, but in terms of using the meetings effectively. The US has shown little inclination to leave room for South Korean concerns in its recent decisions on reconfiguring and reducing its forces. The Congress ignored ROK concerns in passing the recent legislation attacking the North on human rights. The Roh government has gone out of its way to emphasize that its efforts at engagement have no connection with American policy, indicating that North Korea is free to react to American pressure and American offers in virtually any way it chooses.

What is striking in this connection, and one of the most serious impediments to an improvement in US-ROK relations is the way in which each side has become impervious to the other party's domestic political realities. For some time each has said and done things that make it very difficult for the other administration to be strongly supportive because its domestic political base will not accept that. The US has done more rhetorically to look supportive of ROK policy toward the North, but the Roh administration often dispensed with even that. Yet the Roh administration had strong support in Korea for its policies, support expressed in elections going back to 1997. Meanwhile, there was little tolerance for offering incentives to North Korea in the Republican party—a situation apparent since the early 1990s.

4. Dueling Explanations

One can push pessimism about the alliance too far. After all, it has a long history and has often surmounted significant friction between the parties and gone on to flourish. A recurring tension in recent years has been over the ROK desire to play a larger role in its defense and now adjustments are being made to bring that about. Another source of difficulty has been the US military presence in downtown Seoul and that is being taken care of. The US has been pressing the ROK to reorient the alliance, much as the US-Japan alliance has been reoriented, and the ROK is now seriously considering what this might mean and how to pursue it. The parties have agreed on a reduction in future ROK subsidies for the presence of US forces. These are impressive adjustments.

However, the alliance is not healthy. Numerous explanations have been offered, with many versions of who is to blame. Much is made of the domestic political shifts in each country. The ROK political system has experienced a generational shift—now dominant are younger Koreans who are more nationalistic and self-confident about South Korea's ability to manage its foreign relations, so impressed by the South's achievements as to pity the North more than fear it, tired of being the inferior party in the alliance, and ready to deemphasize past American help to the South, much of which this generation did not personally experience. As for the Americans, recent elections empowered the neocons with their Reagan-era confidence in directly confronted enemies with the vast power of the United States. There is also the under-appreciated impact of 9-11 which, like the Korean War did fifty years ago, provoked a profound American determination to demonize enemies, mount a global crusade, and mobilize American power for a long term battle using a black and white perspective and a "with us or against us" mentality.

Others stress the rising economic interdependence of the ROK with China —the ROK is realistically adapting to the greater importance of China now in the region. Still others cite potent left-wing influence in educational circles and labor unions, where anti-American sentiments have deep roots. The most common view is that anti-American sentiments in the South are a reaction to American policies, not Americans in general or the alliance per se. As elsewhere in the world, in Korea US concerns in foreign affairs are seen as overblown, US officials as unilateral and arrogant in decision making, US priorities as skewed, and the US as too indifferent to the interests of its best friends.

A corresponding range of explanations is offered about the US. It is supposedly still adjusting to the end of the Cold War and its enhanced hegemonic position. During the Cold War, allies regularly complained that the US let its global concerns and perspectives override its allies' needs, so nothing is really new. Similarly, in the US problems with allies are often seen as just more of the same: more free riding, myopia, and indifference. Now there are more complaints about "excessive" deference to allies at the cost of American interests, since the Cold War justification for this no longer applies. Critics also emphasize the influence of a neocon approach to foreign policy under which the US is irresponsible if it defers to friends and allies instead of using American power to make the world more suitable for Western societies and values.

A case in point is the US response to the 9-11 attacks. The ROK was seen as guilty of not taking American threat perception seriously—on rogue states, on the implications of proliferation, on terrorism. As American officials often put it, South Koreans should accept the perspectives and responsibilities that come with being a powerful Country of global reach and significance.

While this is not the place to sort out and evaluate these explanations, none seem particularly insightful. What is most important is the unfinished nature of the transition in character of the alliance from realist to liberalist. Without that transition the alliance is fated to fade away because the US will see the South's current posture as having eliminated the utility of the alliance and the necessity for US forces in Korea. As Victor Cha, among others, repeatedly emphasizes, the alliance badly needs a new orientation around common liberal values and regional security management goals. That is an excellent diagnosis : the insufficiently liberalist cast of the alliance and the underlying US-ROK relationship now. In effect, what should be a liberalist alliance is burdened with an excessively realist treatment of it in Seoul and, increasingly, in Washington. But this has less value as a solution, because such a change the alliance can't be readily manipulated. A more liberalist alliance will not withstand sharp disagreements about the threats it is to confront and the ongoing mismatch between what the ROK sees as vital on the peninsula and in the region and the American view of what its national, regional and global security interests require.

The place to start is by asking if the US and ROK really need a soundly liberalist alliance any more, which means suggesting that the alliance may be no longer worth preserving, at least not in an intimate form. After all, the ROK can now defend itself if it makes the necessary adjustments and spends the money, particularly as it moves to replace American military contributions with its own enhanced capabilities in the next few years. It is now full of talk and plans for "self-reliant defense" while retaining the ability to cooperate militarily with the US but the former will obviate the pursuit of the latter. In addition, necessary or attractive American contributions to fighting a future war on the peninsula can now be made, under the Revolution in Military Affairs, more effectively from farther way than before. The changes in US forces to make them able to fight future conventional wars with smaller, very mobile and flexible, units employing overwhelming power with great precision will mean that having US and ROK forces side by side on the line every day, with elaborate training in very tight cooperation, will no longer be required to defend the South. Finally, under the US strategic plan the alliance, to remain effective and relevant, must be focused mainly on unspecified regional contingencies, not the North Korean threat, so detailed plans and training to confront a clearly specified enemy will no longer be appropriate or even possible. If the alliance survives it will become classic in form, with the allies more detached from each other. Thus the alliance would be less burdensome on a daily basis for the ROK and the US.

To really give the alliance a potent liberalist augmentation would be a difficult task. That would require joint endorsement of standard liberalist orientations:

a strong desire to avoid conflict and the use of force—which the ROK now sees missing in the US;

a strong determination to press human rights and democracy concerns—which the US sees as missing in the ROK;

insistence on an end to North Korean nuclear proliferation—which the US finds the ROK is neglecting;

determination to make the best possible offer to get agreement with North Korea—which the ROK finds the US unwilling to do.

The central problems with retaining the alliance as a largely realist association have to do with the mismatched threat perceptions. Here the allies need to reexamine their recent policies. While they disagreed strongly about what to do about North Korea's nuclear weapons program, *neither had a clear solution or a viable fallback position if its preferred policy failed.* The US has proceeded as if pressure and six party talks would get the North to abandon its nuclear weapons program but there was no such result. If that failed, the US wanted sanctions via the Security Council but the Security Council would only marginally agree. The use of force would have no support for this from the states surrounding the North, so using force was very unlikely.

As for the ROK, it pursued engagement but had no plausible explanation for how this would make North Korea give up its nuclear weapons program—engagement was not linked to any such step of that sort by the North. As with the US solution, while this ROK approach has been applied the problem has gotten worse. And the ROK had no alternative to offer. It ruled out the use of pressure or force, of sanctions, even of suspending or slowing its engagement practices. In the end, the dispute between the allies was over policies which would not plausibly solve the problem. Much harm to the alliance was being done for no visible gain.

The ROK needs to return to something Kim Dae Jung understood : the road to a better long-term relationship with the US runs through Tokyo. Japan is the key to the broad US strategy for regional security management. If the ROK remains antagonistic to Japan, US steps to boost Japan's role in the region will threaten the ROK and ROK objections will be seen as unfriendly in Washington. The gravest threat to the US-ROK relationship in the long run is that improved ROK-China relations will require ROK antagonism to Japan. If so, and there is no US-ROK agreement that North Korea is a serious threat, there is no basis for the alliance.

Is the US irrelevant to the future of ROK security and to ROK relations with the North, China, and Japan? One would think so judging by ROK behavior in recent years. What has been an extraordinary alliance was treated in Seoul as one of convenience, only temporarily relevant and then only if it fits current policy preferences. Yet the evidence that the alliance is irrelevant is minimal, which is perhaps why public sentiment does not lean toward ending it. Just the costs of assuming many current American responsibilities for ROK defense will be disturbing. Does the ROK envision the rising power of Japan as easier to cope with if the US goes home? If not, the ROK' s recent foreign policy makes little sense for it seems prepared to invite everyone, not just itself, to proceed without American interference. Can the ROK relationship with China be highly beneficial and healthy without major ROK links to the US? If not, how is Korean influence with the US enhanced by provoking Americans to regard Seoul as unreliable, untrustworthy, and unsupportive? This just shrinks willingness in Washington to take Seoul seriously and there is much more thinking along these lines now in DC.

The ROK needs a constant sense that the alliance, and even the North Korean nuclear weapons problem, are dispensable to the US. If there is no regional support for dealing with the DPRK' s nuclear weapons then the US can pull out of South Korea and even end the alliance. Japan is indispensable to American plans in the region. The ROK is not. It is not high in American public opinion, nor in American priorities, nor in stature and esteem in Washington.

On the other hand, how did the US arrive at the glaringly false conclusion that everyone in the region had a huge stake in halting North Korea' s nuclear weapons program and would join in a solid front against the North! Just the opposite was true. The others' rejection of the US approach was virtually complete, escalating Pyongyang' s leverage, enhancing China' s role, and straining US ties to the ROK. All this without any progress yet on the proliferation problem, which become noticeably worse. As a result the US managed to be seriously at odds with both Korean governments at the same time, for the first time (I believe) since before the Korean war. How did the US ever start proclaiming that its forces would remaining in Korea indefinitely, even after unification? Even though this was supported by Kim Dai Jung, it ignored the plain implication in the US position (that it will stay only as long as Koreans want it to stay) that it might be leaving after unification. Claiming its forces will stay was bound to be hard to sell to the Congress, irritating to the Chinese, complicating for the South Koreans, and not helpful with North Korea. There is much talk of refurbishing the alliance by focusing on new missions—but none of the proposed missions require US forces in the ROK.

Finally, how can we take seriously the proposals in Korea and US to institutionalize the six-party talks as a regional security management structure? The proposal is fine in principle—Northeast Asia has needed just this for a long time. But it can't develop out of the US-ROK relationship as it now stands. The ROK sees engagement with the North as the way to ease the North Korean problem and give the ROK a larger constructive role in the region. The US saw forcing North Korea to behave as the way to build cooperation for regional security management. As long as neither solution is working and the US-ROK divergence poisons development of a solution that will work, discussion of a regional security management structure is silly.

III. Explaining Interstate Trust/Distrust in Triadic Relations*

Chae-Han Kim**

1. Introduction

In the Vietnamese War, the United Stated prevailed militarily but failed to win the support of the Vietnamese people. Even if the United States won at the tactical level at which fighting occurred, the US could not win the war without the Vietnamese people' s support. Some argue that this pattern of winning battles while losing a war is characterizing the US in current Iraq. Obviously, values or preferences of the opponent people have an effect on success or defeat of a war.

In addition, values, preferences, ideas, emotions, affects, or attitudes of actors must influence their own decisions. Affectivity or prejudice seems to be

* 이글의 내용은 *International Interactions* Vol.33, No.4, pp.423-439에 게재되었음을 밝힌다.

** Professor, Department of Political Science and Public Administration at Hallym University.

more influential in foreign policy decision-making than does any other interstate agreement. In democracies including newly democratized nations, people's attitude towards foreign nations, rather than towards specific policies, restricts their government foreign policy options.

Huntington's(1996) concept of 'clash of cultures' seems to emphasize the importance of values in international relations. Culture or values is assumed to be unchangeable for a long time. The literature of power transition also seems to assume alliance formation is based mainly on ideology that does not change in a short time (Organski and Kugler, 1980). This is in contrast to the traditional balance-of-power theory which assumes that a nation may change its alliances, and assumes that interstate affect is not a major determinant in forming alliances (Morgenthau, 1973). Of course, any bilateral friendship would be poisoned by the zero-sum nature of rivalry. Some international affects are very important to understanding choices of nations. These affective relations may change with the other affective relations changing.

While force has been much studied in the study of international interactions, the aspect of interstate affect is not fully considered. Obviously, some factors determine or influence those preferences.

This chapter tries to elaborate some relationships among interstate affects as follows. First, such hypotheses as structural balance, symmetry, subjectivity, and objectivity are made after reviewing some theoretical literatures. Second, these hypotheses are tested with the Euro-Barometer survey data. Last, such foreign attitudes as anti-Americanism are discussed.

2. Structural Balance

Freud's concept of structural balance has been applied to international relations(Guetzkow, 1957; Cartwright and Harary, 1960; Harary, 1961; Triska and Finley, 1965; Dixon 1986; Carney, 2000). The theory of structural balance predicts the overall affective trend between the member states as the following:

> When a friend of nation i's has a positive(negative) relation with nation j, i also would have a positive(negative) affect towards j. Similarly, i would have a negative(positive) affect towards j when an enemy of i's has a positive(negative) relation with j.

With this overall affective trend, the affective relation between i and j can be inferred from the affect relation between i and k along with the affect relation between k and j.

Throughout the Cold War, Japan and South Korea were allies of the United States. The fact that Japan and South Korea, two of the US's allies in East Asia, were at odds with each other between 1948 and 1965 (when South Korea-Japan relations were normalized) impeded the establishment of a more effective United States-led security hegemony in Northeast Asia. Ties between Seoul and Tokyo were more a function of Washington's bilateral alliances than South Korean-Japanese concerns. According to the theory of structural balance, the urge for structural balance among the US, Japan and South Korea made Japan and South Korea conclude a treaty of normalization.

In the 1970s, the Sino-Soviet dispute influenced China's relations with the United States and Japan. During the Cold War, the US concern and China's concern with the Soviet Union met some parallel geopolitical interest.

That factor, however, has essentially been removed with the collapse of the Soviet Union and the fact that the US and China both are improving relations with Russia (Lord, 1995). Beijing has been worried by many US documents. For example, the US Defense Department's February 1995 Report of United States Security Strategy for the East Asian Pacific Region suggested that Japan and the United States might develop new weapons systems that might counter China's deterrent capabilities against both Japan and Taiwan.

Similarly, there are some arguments about the fragility of the US-Japan alliance. Several conservative Chinese analysts argued that the lack of a common enemy meant that Japan and the United States not only lost an incentive to cooperate in the western Pacific but gained an incentive to compete for economic and military influence in the region(Christensen, 1996). Also, the improvement of inter-Korean relations in the 2000s has changed the relationship between South Korea and the United States. Washington also has downplayed concerns about China' s threat in order to cooperate with Beijing on countering terrorism and North Korea' s nuclear weapons program since Sept 11, 2001.

On the other hand, some situations look in contrast to the structural balance. Until the collapse of the Soviet Union, North Korea played a successful game of counterbalancing Moscow and Beijing against each other. The ability of Pyongyang to play the game rested on Moscow and Beijing' s desire to prevent the other from gaining an advantage in influencing Pyongyang. Pyongyang' s positive relation with both China and the Soviet Union is not of structural balance. The situation of structural balance is Pyongyang' s friendly relation with Beijing only or Moscow only as long as China and the Soviet Union have adversary relations to each other.

The hypothesis of structural balance to be tested predicts the following:

> Hypothesis 1(Structural Balance): Nation i is more likely to trust nation j when i' s friend trusts j or when i' s foe distrusts j. And i is more likely to distrust j when i' s friend distrusts j or when i' s foe trusts j.

3. Symmetry

The structural balance in a dyadic relation tends to induce some symmetry behavior. Dixon(1986) showed that the structural balance between the US and USSR created a reciprocity of actions that balanced behaviors, thus preventing any precipitous and destabilizing endeavors. The dyadic nature of affective relationships is said to create reciprocity in that one state's actions/emotions are conditioned by another's actions/emotive rhetoric(Richardson, Kegley, and Agnew, 1981; Carney, 2000). Even such asymmetric dyadic associations as patron-client relationship are characterized by affective reciprocity that not only binds a patron and client, but also imparts a measure of resiliency to the relationship(Carney, 2000).

Much literature about reciprocity, such as Axelrod(1984) and Kim(2005), assumed that reciprocity is a very natural behavior even in international interactions.Nations either like each other, dislike each other, or are indifferent to each other.

Symmetric attitudes seem to be based on the assumptions that similarity and contact are absolutely important to understanding interstate affect. Similarity between two nations may lead to attraction (Byrne, 1971; van Oudenhoven et al., 2002). As people like others who look similar to them, nations with the same language/religion are more likely to like each other than nations with different languages/religions. International affect will be symmetric if positive attitudes are based on similarity.

In a like manner, if the positive/negative attitudes are dependent on contact, the symmetry hypothesis will hold. The impact of contact on positive attitudes, however, is controversial. Some studies argue that attitudes of people become more positive after direct interpersonal contact(Sigelman and Welch, 1993; Pettigrew, 1997; van Oudenhoven et al., 2002). They say that the more mutual contacts groups come into with each other, the more positive attitudes they have in relation to each other.

On the other hand, an ancient Chinese alliance method of 'to be friendly with a distant nation, but to invade a geographically close neighbor' seems to be contradictory to the contact hypothesis. Indeed, there are many examples in which two neighbors dislike each other. For instance, leaders in Southeast Asia have urged Japan, instead of China, to demonstrate greater political leadership.

Southeast Asian nations seem to feel more threat from the geographically closer China rather than from the more distant Japan. Recently, those concerns towards China have been reduced with Beijing's endeavors focusing primarily on countries on or near its borders. South Korea, which is proximately located to Japan, seems to fear Japan more than China.

China also seems to fear a geographically close local great power Japan rather than a distant superpower the United States. Many Chinese analysts believe that the most important delaying factor on Japan's remilitarization is the US-Japan security alliance. Some Chinese analysts seem to believe that Japanese power would be more threatening than American power. They accept that status quo in the US-Japan security arrangement without upgrading is desirable. They do not prefer any rift between the United States and Japan, which may impede the status quo in East Asia. Although Chinese analysts are rarely so direct as to say that American forces should stay in Japan indefinitely, they are quick to say that they hope that the United States will not leave anytime soon. If the current US-Japan security relationship seems to be in trouble, there is likely to be a widening consensus among Chinese analysts that China should quickly build up its military power(Christensen, 1996). Indeed, the United States, which is far away from Asia, has no territorial ambition in the region. This is why a distant power is less likely to be contentious with regional nations.

Whether contact has a positive or negative impact on the international affect, the hypothesis of symmetric attitudes will hold as long as mutual contact has the same impact on each nation's attitudes towards the other.

Of course, there are some findings on asymmetrical international attitudes. Van Oudenhoven et al.(2002) showed that asymmetrical attitudes occurred most likely between countries that are linguistically either similar or closely related, but differ in size. According to their study, inhabitants of small nations have more trouble maintaining or creating a positive social identity as compared to inhabitants of larger nations. Inhabitants of smaller countries are argued to have to view themselves more favorably and to denigrate the larger nations in order to maintain or enhance social identity. Some negative attitudes towards larger nations may be caused by real conflicts of interests resulting in the smaller nations having a higher level of frustration. The smaller nations may react against the larger nations by showing ingroup favoritism and outgroup derogation. On the other hand, members of larger countries are argued to have no such reason to denigrate smaller nations since their identity is not threatened by comparison to smaller nations(van Oudenhoven et al., 2002).

Perceptions among nations are not always reciprocal. Evaluation on bilateral relations does not depend only on satisfaction/frustration with current relations, but also on many other complicated attitudes. These attitudes may be composed of the past experiences and current different capabilities. Hostilities can occur as a result of fear based on ambition of the opponent to achieve a regional hegemony as well as past experiences. In Northeast Asia, for example, Japan yields more threat based on history to Korea and China than Japan receives from them. With regard to current capabilities, on the other hand, China makes the biggest threat in Northeast Asia.

The second hypothesis to be tested here is the following:

> Hypothesis 2(Symmetry): Nation i is more likely to trust nation j when j trusts i. On the other hand, i is more likely to distrust j when j distrusts i.

4. Subjectivity and Objectivity

Some studies focus on how interpersonal trust shapes foreign attitudes. For example, Brewer and Steenbergen(2002) argued that cynical citizens are more likely than trusting citizens to endorse the principle of isolationism and to oppose cooperative forms of intervention on other nations' problems. These studies seem to imply that the attitude towards foreign nations is dependent on a nation's own belief rather than on a target nation's behavior.

Indeed, many survey data show that some attitudes on social trust are based on the characteristics of those persons, not on the targets' characteristics. Trusting citizens can be easily separated from cynical citizens in the survey data. When person a is more likely to trust foreign nation j than is another person b, person a is also more likely to trust another foreign nation k than is person b.

For instance, the most salient spectrum of South Korean people's perception towards foreign nations is along the North Korea-United States axis. The correlation coefficient between trusting the North Korean government and trusting the US government is less than any other pair of nations. The value of the correlation coefficient, however, is +0.253 which is significantly positive(Kim, 2002). This means that the more a South Korean trusts the US government, the more, not less, likely he/she is to trust the North Korean government as well. Thus, a nation's attitude towards a specific foreign nation may be due in part to the nation's own characters.

On the other hand, some contentious affects may be attributed to the target nation. Nations seem to believe that their own attitudes are shared with other nations together. In the first State of the Union speech 2002, President Bush numerated some nations as those who constitute an axis of evil arming to threaten the peace of the world (http://www.whitehouse.gov/news/releases/2002/01/20020129-11.html). Washington might expect that almost all coalition against the axis would be formed.

If global public opinion knows right from wrong, or good from evil, some nations may be trusted by a majority of nations while others are distrusted. According to this, if a nation is distrusted, then it is a problem of the distrusted nation's own, not of those nations which distrust the nation.

The hypotheses to be tested with these respects are the following:

Hypothesis 3(Subjectivity): Nation i is more likely to trust nation j when i trusts other nations in general. i is more likely to distrust j when i distrusts other nations in general.

Hypothesis 4(Objectivity): Nation i is more likely to trust j when other nations in general trust j. i is more likely to distrust j when other nations in general distrust j.

5. Data

Some literature defined interstate affectivity as the current discernable feeling of a government toward another government that is expressed in all behavior whether it takes the form of words or deed(Hermann et al., 1997). The event data seems to satisfy this definition.

Carney(2000) used the event data for the scale of affectivity. From daily country reports from the Foreign Broadcast Information Service some emotional distinct expressions were derived. Using the modifying clauses from each article, the emotive content of each expression was coded on a scale ranging from −2 for the most negative expressed affect, to +2 for the most positive affect. Reports that displayed no discernable emotive content were recorded as a 0 for neutral affect. Once affect scores were tabulated for each nation, averages were calculated so that each state received a single score.

Single transient expressions of affect do not dramatically alter the fundamental relationship. An exchange of negative affect between close allies or an expression of positive affect towards an adversary can be understood in terms of transient evaluations(Dixon, 1984). Single interactions have little effect on the underlying fundamental affective relationship. However, it is also true that the fundamental affective relationship is composed of many single affective interactions.

When event data are used for coding interstate affect, its time span may influence on the coding result. A particular event can be an exceptional expression of affect in a time span while the same event may belong to the main affect expression in another time span. With the end of the Cold War, there are some dyadic affective relations that can be converted from positive into negative or from negative into positive by choosing a specific time span. What if a dyadic affect is coded as negative in the period of 1980-1990 while coded as positive in the period of 1980-2000?

Instead of the event data, van Oudenhoven et al.(2002) used a survey data. They obtained scores on sympathy for six nations by having 405 respondents assign a number of points according to the degree in which the nations were disliked or liked(0 = extreme disliking; 50 = neither liking nor disliking; 100 = extreme liking). The scale was transformed into a 10-point scale.

Six nations are not enough for specific statistical models this chapter is using. Only 30(=$_{6}H_{2}$) dyadic relations and 120(=$_{6}H_{3}$) triadic relations can be derived from the data of 6 nations.

The 1990 Euro-Barometer data was used here in order to get sufficient cases(Reif and Melich, 1995). The survey was conducted for 12 nations: France, Belgium, Netherlands, Germany, Italy, Luxembourg, Denmark, Ireland, Great Britain, Greece, Spain, and Portugal. Many triadic relations are derived from this data. 1,320(=$_{12}H_{3}$) different triads are possible with distinguishing between i, j and k.

The Euro-Barometer data's question, which this study is using, was as follows:

> "Now, I would like to ask you a question about how much trust you have in people from various countries including your own. For each, please tell me whether you have a lot of trust in them, some trust, not very much trust, or no trust at all."

Positive answers of that question are aggregated for each nation toward a specific country. For example, among 1,002 French respondents, 127 respondents answered as "A lot of trust" toward Italian, 425 answered as

“Some trust”, 260 answered as “Not very much”, 96 as “No trust at all”, and 94 as “DK(Don’ t know)”. I coded the degree of French trust toward Italians as 55.09 (= [127+425]/1,002).

In this way, the degrees of i’ s trust towards j, Tij, are calculated for all dyadic nations. The degrees of i’ s trust toward its own country, Tii, are also calculated. As expected, Tii is higher than Tij. Table 1 shows the twelve nations’ attitudes toward the twelve respective countries.

The degree of trust toward foreign nations has a mean of 52.4442 and a median of 51.475. Most literature on structural balance considers international affect as an expression of either positive or negative emotions by one actor toward another. In this chapter, I coded the percentage of more than 51.475 as a friendly affect while less than 51.475 is coded as a contentious affect. In other words, Dij, Dji, Dik, Dki, Djk and Dkj are coded 1 when Tij, Tji, Tik, Tki, Tjk, and Tkj, respectively, are more than 51.475. And they are coded -1 when T is less than 51.475.

Table 1. European Attitudes toward Foreign Nations, 1990

Nation	Target Nation											
	France	Belgium	Netherlands	Germany	Italy	Luxembourg	Denmark	Ireland	UK	Greece	Spain	Portugal
France	83.59	80.04	57.63	49.10	55.09	70.28	58.40	52.20	51.20	34.00	50.41	43.82
Belgium	68.17	93.23	67.31	52.29	52.91	87.36	62.49	60.68	64.72	36.45	48.33	39.17
Nether-lands	62.42	90.65	92.88	60.71	54.68	84.69	82.43	68.03	78.44	41.26	47.62	47.62
Germany	60.66	68.36	61.08	75.94	56.23	63.92	66.31	53.84	57.96	41.97	51.57	39.30
Italy	59.29	52.68	49.83	44.63	80.12	41.33	42.25	38.99	46.92	34.88	53.16	29.44
Luxem-bourg	55.00	67.00	67.98	39.60	55.33	86.36	52.37	46.33	56.00	31.43	41.05	41.49
Denmark	64.05	77.82	81.62	68.17	57.16	73.52	91.92	69.00	80.61	45.43	46.35	44.22
Ireland	57.60	53.66	54.51	46.84	51.38	46.91	52.55	91.01	68.48	30.13	43.46	36.56
UK	43.04	62.60	67.01	48.45	52.79	52.39	63.88	65.91	89.42	38.50	39.50	45.72
Greece	56.27	48.85	46.86	44.30	50.85	39.67	44.15	38.68	53.24	63.15	45.64	34.51
Spain	33.20	41.85	44.93	33.29	53.12	31.17	35.47	39.03	33.20	30.98	82.98	33.65
Portugal	59.51	57.33	49.12	42.93	58.27	49.78	45.46	48.58	58.06	37.32	44.77	77.33

Of course, some limits of survey data for international affect should be noted. People's perception towards foreign affairs is not always consistent. For example, Watts's(1999) survey showed that many American people are not well versed in fundamental foreign affairs. Their beliefs are based mainly on their domestic mass media.

6. Analyses

Table 2 shows an OLS regression analysis on interstate affect. Its dependent variable Tij is i's affect towards j. There are seven independent variables: i's affect towards i Tii, j's affect towards i Tji, i's affect towards k Tik, k's affect towards i Tki, j's affect k Tjk, k's affect towards j Tkj, and an operating variable for structural balance (Tik-51.475) * (Tkj-51.475). The operating variable for structural balance is composed of two processes of how i feels about k and how k feels about j. Positive affect in both ways or neither way is supposed to yield i's positive affect toward j. On the other hand, positive affect in one way with negative affect in the other way is supposed to yield i's negative affect toward j.

Table 2. Explaining a Nation's Attitude toward Foreign Nations—An OLS Model

Independent variables	B	S.E.	Beta(standardized coefficient)	t	Significance
Tii	.090	.039	.059	2.310	.021
Tji	.627	.023	.627	26.725	.000
Tik	.456	.024	.456	18.916	.000
Tki	-.433	.027	-.433	-16.232	.000
Tjk	-.388	.025	-.388	-15.317	.000
Tkj	.465	.024	.465	19.019	.000
(Tik-51.475)*(Tkj-51.475)	.009	.002	.120	6.235	.000

Dependent variable: Tij

In Table 2, all six affective relations from a triad, ij, ji, ik, ki, jk, and kj, are statistically significant to each other. All hypotheses to be tested are supported. First of all, these European interstate affects are very symmetric. The coefficient of Tji is .627. In other words, more than 60% of a nation's attitude towards a target nation is reflected in the target's affect towards the nation. The hypothesis of symmetry is supported.

Second, the hypotheses of subjectivity and objectivity both are sustained. A nation's affect towards a target nation is dependent on how the nation feels about any other foreign nation in general, and how other nations feel about the target nation in general. Almost 50% of i's trusting/distrusting any other foreign country and almost 50% of j's being trusted/distrusted by any other foreign country are reflected in the degree of i's trusting/distrusting j.

Third, the hypothesis of structural balance is also supported. Interstate affects contain more than 10% of structural balance's prediction on the attitudes. When a friend of nation i's has a positive(negative) relation with nation j, i also would have a positive(negative) affect towards j. Similarly, i would have a negative(positive) affect towards j when an enemy of i's has a positive(negative) relation with j. The statistical significance of the structural-balance hypothesis, however, is smaller than those of symmetry, subjectivity and objectivity.

Fourth, interstate affect is very relative. Any dyadic friendship would be poisoned by the zero-sum nature of rivalry in a triad. Nation i is less likely to trust j when k trusts i or when j trusts k. Of course, these factors are related to the tendency of structural balance which may be revised. i is less likely to join j when i and k are close to each other. Then, i may be less likely to trust j when k trusts i. On the other hand, nation i is not willing to be close to j when j and k are close to each other. Then, i may be less likely to trust j when j trusts k.

Finally, trust toward foreign nations is not opposite to nationalism or patriotism. The more a nation trusts its own country, the more likely is the nation to trust foreign countries. Of course, this argument is limited since its impact is less significant statistically than any other independent variable.

Table 3. Explaining a Nation's Attitude toward Foreign Nations—A Logistic Model

Independent variables	B	S.E.	Significance
Tii	-.008	.012	.500
Tji	.166	.011	.000
Tik	.092	.009	.000
Tki	-.088	.009	.000
Tjk	-.099	.009	.000
Tkj	.118	.009	.000
(Tik−51.475)*(Tkj−51.475)	.003	.001	.000

Dependent variable: Dij

Table 4. Explanatory Power of the Triadic Interstate Affect Model

Observed Dij	Predicted Dij		
	Foe	Friend	Percentage correct
Foe	561	99	85.0%
Friend	134	526	79.7%
Overall percentage			82.3%

Tables 3 and 4 used a dummy variable Dij, instead of Tij, as the dependent variable in a logistic model. The results are almost the same that Table 2 with an OLS model shows. Table 4 displays that the model in Table 3 predicts 1,087 of 1,320 cases correctly while the other 233 cases are incorrectly predicted. Its overall percentage of correct prediction is 82.3%. This means that more than 80% of bilateral affects can be correctly predicted with the other affect relations only.

Table 5. Symmetry and Interstate Affect

Dij	Dji	
	Foe	Friend
Foe	75.8%(500)	24.2%(160)
Friend	24.2%(160)	75.8%(500)
	100%(660)	100%(660)

Table 6. Subjectivity and Interstate Affect

Dij	Dji	
	Foe	Friend
Foe	56.1%(370)	43.9%(290)
Friend	43.9%(290)	56.1%(370)
	100%(660)	100%(660)

Table 7. Objectivity and Interstate Affect

Dij	Dji	
	Foe	Friend
Foe	64.2%(424)	35.8%(236)
Friend	35.8%(236)	64.2%(424)
	100%(660)	100%(660)

Table 8. Structural Balance and Interstate Affect

Dij	Dik and Dkj	
	Friend in one and foe in the other	Friend in both or foe in both
Foe	58.9%(356)	42.5%(304)
Friend	41.1%(248)	57.5%(412)
	100%(604)	100%(716)

From Tables 5-8, the symmetry hypothesis is shown to be strongest. As in Table 5, 75.8% of nations i tend to trust the other nation j when j trusts i. The same percentage of nations i tend to distrust the other nation j when j distrusts i.

The second strongest hypothesis is of objectivity. According to Table 7, 64.2% of nations tend to trust nation j when j is trusted by another nation. The same percentage of nations distrusts j when j is distrusted by another nation.

The hypothesis of structural balance is strong, but not more than the symmetry hypothesis or the objectivity hypothesis. Only about 60% of cases follow the directions predicted by the hypothesis of structural balance.

Since there are four different directions in structural balance, Table 8 needs to

Table 9. Friend/Foe Relations in a Triad

Dik	Dkj	Dij		
		Foe	Friend	
Foe	Foe	61.2%(219)	38.8%(139)	100%(358)
Foe	Friend	50.0%(151)	50.0%(151)	100%(302)
Friend	Foe	67.9%(205)	32.1%(97)	100%(302)
Friend	Friend	23.7%(85)	76.3%(273)	100%(358)

be divided in detail. Table 9 distinguishes between foe' s foe, foe' s friend, friend' s foe, and friend' s friend. As the structural-balance theory hypothesis predicts, 76.3% of nations are likely to trust a target nation when their friend trusts the target. Similarly, nations tend to feel against the target nation when their friends feel against the target(67.9%). The hypothesis of structural balance provides some correct predictions to a dyadic relation derived from a triadic relation.

The structural balance, however, gives way to some dyads of imbalance. Nations do not feel necessarily contentious towards a friend of their enemy' s. Only a half of those cases are friendly while the other half are contentious. Especially, nations are not likely to feel friendly towards nations whom their foe feels against. Only 38.8% of these cases are of positive affect while the other 61.2% are of negative affect.

It may not be true that the enemy of a nation' s enemy is a friend. Similarly, to have a positive affect relation with i' s enemy does not tell us about the positive/negative affectivity relationship with i. Thus, the concept of structural balance can not be extended to the cases of foes' relations with other nations. It can be applied to the cases of friends' relations with other nations. In other words, the interstate affect of the foes is not considered in the attitude toward foreign nations. Instead, the preferences of their friends are only reflected.

This is coherent with Kim' s(1991) argument that friend relationship is more influential in war coalition than foe relationship. War coalitions are likely to be based on friendship rather than on foe relationship, which means a nation is more likely to join a war to help its friends than it is to check its foes. Of course, these arguments are in contrast to the fact that adversary relationship is more important to forming alliances.

Table 10. Affective Relations with Two Nations Which Are Contentious with Each Other

Cases	Percentages
Dji<0 and Dki<0 (Foe in both)	35.2%
Dji*Dki<0 (Friend in one and foe in the other)	43.2%
Dji>0 and Dki>0 (Friend in both)	21.6%
	100%
Dij<0 and Dik<0 (Foe in both)	35.6%
Dij*Dik<0 (Friend in one and foe in the other)	52.8%
Dij>0 and Dik>0 (Friend in both)	11.6%
	100%

Djk〈0, Dkj〈0, N=500

One major foreign policy issue is how to keep friendship with two nations that are adversaries of each other. The hypothesis of balancing role assumes that it is possible to keep friendly relations with j and k, respectively, even in case of adversary relation between j and k.

The data set has 500 cases of negative affect in both Djk and Dkj. In 43.2% of these cases, one of Dji and Dki is positive while the other is negative, as predicted by the hypothesis of structural balance. 35.2% have negative values on both of Dji and Dki. Only 21.6% of those cases receive friendly affects from both j and k. Especially, nations themselves feel positive towards both j and k in only 11.6% of the 500 cases. In 52.8% cases nations have a positive affect towards only one side while towards neither side in 35.6% of cases.

Indeed, it is not easy to keep friendships with two nations that are contentious to each other. North Korea' s case with China and the USSR in the Sino-Soviet dispute may be said to belong to the least possibility.

7. Policy Implications

Foreign attitudes toward the United States is a major issue in current international relations. Literature on anti-Americanism focuses on the behaviors of the US Some argue that the United States deserves criticism with its imperialistic foreign policies. Others argue that it is nonsense to blame the United States as the US still contributes most for many global issues. As the objectivity factor has less than 50% reflection on interstate affect, anti-Americanism cannot be explained enough by the US factor only.

Symmetry and structural balance should be considered even in anti-Americanism. First, some nations' anti-Americanism could be explained by how negative the United States feels toward those nations. Asymmetric over-returned negative affect towards the United States is added from frustration, fear, or zealousness since the US is much more powerful than any other nation.

Secondly, neutral nations tend to choose between pro-Americanism or anti-Americanism as long as the US has a fundamentally negative relation with some groups. Structural balance urges some affect to spread. When the negative relation between Washington and some nations is fixed, the factor of structural balance makes the other nations renounce the neutral stance but choose between positive or negative relations with the United States. Indeed, President Bush at the Emergency State of the Union Address said, "Either you are with us or you are with the terrorists."Of course, anti-Americanism of 40% with pro-Americanism of 50% seems to be more frequently observed than is anti-Americanism of 20% with pro-Americanism of 10%.

Many nations try not to be too close nor too distant to the United States. Some of them try to be friendly with both of Washington and Washington's adversaries. Is it possible? As shown above, a positive relation with two rivals, respectively, is not common. Thus, the foreign policy seeking those positive relations may be defined to be rather risk-acceptant.

President Roh in South Korea told Korean Air Force Academy graduates and others in March 2005 that his administration would seek to perform a balancing role in Northeast Asia. Seoul stressed that the balancing strategy does not place the nation between China and the United States but between China and a militarized Japan. If South Korea' s relatively small national power compared to China, Japan, and the US is considered, the balancer does not seem to be a balance-of-power state such as the role the United Kingdom played with the military capabilities in the 19th century.

As President Roh said that South Korea would take the lead in building a cooperative security structure in the region and work together closely with other neighboring countries, based on the Korea-United States alliance, the term of balancer does not seem to be relevant. The Roh administration' s term of mediator also confuses some Americans. As tensions increased between Washington and Pyongyang over the North Korean nuclear issue, the Roh administration proposed to help mediate a Pyongyang-Washington resolution. The role of mediator is often incompatible with the role of ally.

North Korea' s successful role between China and the Soviet Union was with neither economic competency nor national defense capabilities, but with diplomatic skill. North Korea' s diplomatic skills do not include the role of mediator between China and the Soviet Union. The ability of Pyongyang to play the game rested on Moscow and Beijing' s desire to prevent the other from gaining an advantage in influencing Pyongyang. It should be noted that without some diplomatic skills the possibility of being a regional mediator is smaller than the possibility of being a regional orphan.

Current international interactions depend on emotion or affect between international actors as well as on national forces. Affect very often moves international actors including terrorists. Sometimes it is more efficient to change the preferences of the actors than it is to use force. As Sun-tzu said, to win without fighting is the best way of winning, even though it takes long to change preferences. This is why scholars of international relations as well as foreign policy makers should focus on the values.

REFERENCES

Axelrod, Robert (1984), *The Evolution of Cooperation*. New York: Basic Books.

Brewer, Paul R, and Marco Steenbergen(2002), "All against All: How Beliefs about Human Nature Shapes Foreign Policy Opinions." *Political Psychology*, Vol.23, pp.39-58.

Byrne, Donn (1971), *The Attraction Paradigm*, New York: Academic Press.

Carney, Christopher (2000), "Structural Balance, Regime Type, and Interstate Affect: The Third World and the United States." *Journal of Third World Studies*. Vol.17, No.1, pp.133-154.

Cartwright, D. and Frond Harary (1960), "A Note on Freud' s Instincts and Their Vicissitudes." *International Journal of Psychoanalysis*, Vol.40, pp.287-290.

Christensen, Thomas (1996), "Chinese Realpolitik." *Foreign Affairs*, Vol.75, pp.37-52.

Dixon, W. J. (1984), "Measuring Interstate Affect." *American Journal of Political Science*, Vol.27, pp.828-851.

Dixon, W. J. (1986), "Reciprocity in United States-Soviet Relations: Multiple Symmetry or Issue Linkage?" *American Journal of Political Science*, Vol.30, pp.421-445.

Guetzkow, Harold (1957), "Isolation and Collaboration: A Partial Theory of International Relations." *Journal of Conflict Resolution*, Vol.1, pp.48-68.

Harary, Frond (1961), "A Structural Analysis if the Situation in the Middle East in 1956." *Journal of Conflict Resolution*, Vol.5, pp.167-178.

Hermann, Richard, et al. (1997), "Images in International Relations: An Experimental Test of Cognitive Schema." *International Studies Quarterly*, Vol. 41, pp.403-433.

Huntington, Samuel (1996), *The Clash of Cultures and the Remaking of World Order*, New York: Touchstone.

Kim, Chae-Han (1991), "Third-Party Participation in Wars." *Journal of Conflict Resolution*, Vol.35, pp.659-677.

Kim, Chae-Han (2002), "Who in South Korea Trust North Korea and Who Trust the United States?" *Korean Journal of Defense Analysis*, Vol.14, pp.125-140.

Kim, Chae-Han (2005), "Reciprocity in Asymmetry." *International Interactions*, Vol.31, pp.1-14.

Lord, Winston (1995), "Sweet and Sour Relationship, An Interview with Winston Lord, United States Assistant Secretary of State for East Asian and Pacific Affairs." *Current History*, Vol.94, 248-251.

Morgenthau, Hans (1973), *Politics among Nations: The Struggle for Power and Peace*, 5th ed., New York: Knopf.

Organski, A. F. K., and Jacek Kugler (1980), *The War Ledger*, Chicago: University of Chicago Press.

Pettigrew, T. F. (1997), "Generalized Intergroup Contact Effects on Prejudice." *Personality and Social Psychology Bulletin*, Vol.23, pp.173-185.

Reif, Karlheinz, and Anna Melich (1995), *Euro-Barometer 33.0: The Single European Market: Eastern Europe.* Spring 1990(ICPSR 9518), First ICPSR Edition, Ann Arbor, Michigan: Inter-university Consortium for Political and Social Research.

Richardson, H., C. Kegley Jr., and A. Agnew (1981), "Symmetry and Reciprocity as Character of Dyadic Foreign Policy Behavior." *Social Science Quarterly*, Vol.62, pp.128-138.

Sigelman, L. and S. Welch (1993), "The Contact Hypothesis Revisited: Black-White Interaction and Positive Racial Attitudes." *Social Forces*, Vol.71, pp.781-795.

Sun-tzu (1993), *Sun-tzu: the Art of War*, translated by J. H. Huang, New York: William Morrow and Co.

Triska, J. and D. Finley (1965), "Soviet-American Relations: A Multiple Symmetry Model." *Journal of Conflict Resolution*, Vol.9, pp.37-53.

Van Oudenhoven, Jan Pieter, Francoise Askevis-Leherpeux, Bettina Hannover, Renske Jaarsma, and Benoit Dardenne (2002), "Asymmetric International Attitudes." *European Journal of Social Psychology*, Vol.32, pp.275-289.

Watts, William (1999), *Americans Looks at Asia*, Cambridge, Massachusetts: Opinion Dynamic Corporation (http://www.hluce.org/images/usasia_report_1099.pdf).

IV. Trust and Distrust, How They Work for Democratic Governance: A Korean Case

Hyo-Chong Park*

1. Introduction

What is the relationship between democracy and trust? At first, it seems far from clear. Democracy is a political system that presupposes the reasonable distrust of political representatives and political institutions. A system of checks and balances is a glaring demonstration of distrust embedded in the democratic institutions. But the paradox is that democracy cannot survive or flourish without trust. Trust is an important social capital which is the sine qua non for the stability and viability of democracy. It is increasingly clear that a particular type of trust contributes to the quality of democracy.

Korea is a case in point. It is widely known as one of the notable examples of the third wave of democratization, to borrow the terminology of Samuel

* Professor, Department of Ethics Education, Seoul National University.

Huntington. Since the country formally began its transition to democratic rule in 1987, it has successfully carried out a large number of electoral and other reforms to transform the political institutions and procedures of military-authoritarian rule into those of a representative democracy. Thus, one might say that the long struggle to free the Korean politics from the military authoritarian rule was effectively over.

To be sure, free and competitive elections have been regularly held at all the different levels of government. In the 1997 presidential election Korea demonstrated its capability as a more mature electoral democracy by elevating an opposition party to political power. On 19 December 2002, the Korean voters elected for the first time a relatively young and 'progressive' candidate in his fifties to lead their nation—a nation where seniority has long played an important role in political and all other aspects of Korean life. It is also worth noting that in this 2002 presidential election, high-speed and mobile internet services played an active and crucial role as the new information technology of digital democracy and e-politics to the extent that has not been observed in any other democratic state, including those in Western Europe and North America. The election of Roh Moo Hyun, a human rights lawyer, has ushered in a new era for democratic political development. In Korea today, the sign are ubiquitous that free and competitive elections constitute the only possible political game in town.

But genuine democratization and a mature democracy are something more than free and competitive elections. Trust is certainly an important social capital that a more mature democracy requires. The basic assumption of this paper is that trust is one of the prominent qualities of a mature democracy. The main question that the paper pursues is whether trust since the inauguration of the Roh administration has been promoted or discouraged. This study will argue that generalized trust in Korea has declined relatively since the onset of the Roh administration in 2003—although this is clearly a different manner than the decline of trust in government during the authoritarian years. Its main interest is in pinpointing the degree to which generalized trust has declined in Korea since the Roh administration, and the reasons for the decline.

2. A Theoretical Perspective: Generalized and Particularized Trust

It was not self-evident until recently that there might be important questions to be asked about the relationship between democracy and trust. Considered historically, we can appreciate why: liberalism, and then liberal democracy, emerged from the distrust of traditional political and clerical authorities. Liberal innovations were aimed at checking the discretionary powers implied in trust relations(Dunn 1988). More democracy has meant more oversight of and less trust in power and authorities. This is why the democratic model of trust should be understood to be different from our received model of trust. Traditional theorists of trust tend to conceptualize and explain trust from a perspective of social relations generally rather than a perspective of political relations specifically. But this study assumes that political relations are sui generis relations which refuse to be incorporated into social relations.

The most important features of social relations are that they are typically based on shared interests, as well as upon shared cultures that provide information about trusted individuals and institutions. Political relations, on the other hand, are typically those in which shared interests cannot be taken for granted and parties are less likely to be constrained in their actions by shared cultures.

Politics is distinguished from other kinds of social relations by conflicts of interests and identities, so that the mere fact that a social relationship has become political brings into question the very conditions for trust. Trust involves a judgment, however implicit, to accept vulnerability to the potential ill will of others by granting them discretionary power over some good. When one trusts, one accepts some amount of risk for potential harm in exchange for the benefits of cooperation. As Annette Baier(1986: 235) puts it, "Where one depends on another' s good will, one is necessarily vulnerable to the limits of that good will. One leaves others on opportunity to harm one when one trusts, and also shows one' s confidence that they will not take it." So if I extend trust I am also judging—however habitually or tacitly—that my trust will not be abused. This implies that there is no essential conflict of interest between myself and person to whom I extend trust, or at least no conflict of interest that is not mitigated by other relationships, securities, or protections.

In political situations, however, the assumption of solidarity with others often is suspect, and herein lies the ambiguous, even paradoxical, nature of the concepts of democracy and trust. What makes a situation political is that some issue or problem or pressing matter for collective action meets with conflicts of interests or identities, and that parties bring their resources to bear upon these conflicts(Warren 1999). Democracy assumes that in many relationships trust is misplaced or inappropriate, suppressing real conflicts of interest while sustaining exploitative and paternalistic relations. Democratic mechanism such as voting, freedoms of speech and association, and separations of power enable people to challenge supposed relations of trust, while limiting the discretion of the trusted, and thus the potential harm, in whatever trust relations remain.

Yet the fact that democracy requires mechanisms that help produce a decent political life in the absence of less than complete trust dose not mean that democracy can do without trust. It is a truism that without trust the most basic activities of everyday life would become impossible. Why should we not expect some fundamental relationships between this fact and the ways we govern ourselves? For example, trust can produce desirable means of social coordination when other means—in particular, state regulation through sanctioned rules and the unintentional coordinations of markets—are limited in their capacities to accomplish necessary and desirable social tasks. A society that fosters robust relations of trust is probably also a society that can afford fewer regulations and greater freedoms, deal with more contingencies, tap the energy and ingenuity of its citizens, limit the inefficiencies of rule-based means of coordination, and provide a greater sense of existential security and satisfaction. Precisely how do democratic modes of governance relate to these virtues?

Perhaps an argument about social is required here. The term social capital, introduced by James Coleman(1990), was initially coined to describe the social norms and expectations that underwrite economic activity, but which could not be accounted for from a strictly economic perspective. In particular, the term explained the capacities possessed by economically successful groups of people to extend their transactions over time and space, and more generally to control transaction costs through the soft regulations of norms and mutual expectations rather than through, for example, the hard rules of commercial law or even through the logic of instrumental reciprocity. By analogy to economic capital, groups with accumulated social capital can be more productive. The term has expanded beyond its economic genesis, however, to indicate the networks, associations, and shared habits that enable individuals to act collectively.

But not all kinds of social capital are good for democracy. The problem for a mature democracy is to conceive of those kinds of trust relations that are good and necessary for democracy. There is a need to introduce an important distinction between particularized and generalized interest. Here Eric Uslaner(1999) gives us very important insights. According to him, the kind of trust that contributes to the promotion of social capital for democracy is trust that can be generalized to people who are strangers, as compared to trust that is particular, limited to one's family or so called 'we-groups'. Particularized trust tends to be attached to the kinds of group identities that are solidified against outsiders, which in turn increases factionalization and decreases chance that conflicts can be negotiated by democratic means. Generalized trust, on the other hand, helps to build large-scale, complex, interdependent social networks and institutions and for this reason is a key disposition for developing social capital. Moreover, generalized trust is connected to a number dispositions that underwrite democratic culture, including tolerance for pluralism and criticism.

Based on the distinction between generalized and particularized trust, this study wishes to analyze and evaluate Korean ways of governance since its democratization and in particular since the onset of the Roh administration. It will argue that democratic ways of doing politics in Korea fostered particularized rather than generalized trust.

3. De-authoritarian Leadership, Vitalized Civil Society, and Politics of Recognition

Upon the inauguration of both the Kim Young-Sam and Kim Dae-Jung administration, many people expected that their democratic regimes would usher in a new political paradigm. Indeed, the aspiration of most citizens, not only the supporters of these respective regimes, was that Korean democracy would change for the better under these new administration.

In the end, however, both administrations turned out to be utterly limited in their capacities to accomplish necessary and desirable social and political tasks. As a result, both presidents left office in a manner similar to that of the previous leaders of the military authoritarian regimes: as former presidents who had lost the peoples trust, with even their devotions to Korea' s democratization all but forgotten.

The onset of the Roh administration in which the vestige of the military regimes and the "three Kim' s political era" of the 20th century are likely to be finally discarded, raised strongly democratic expectations among the people that its ways of organizing and coordinating collective actions would be noticeably different from those of previous governments. Nevertheless the 2002 presidential election became the fiercely contested battles waged by conservative and progressive forces as well as the deep generational gaps. As a result, the Roh administration increasingly confronted a paradoxical situation. On the one hand, these developments demanded a formidable task of narrowing this sharp schism and restoring social peace. On the other hand, it tended to be viewed as reform-mongered by its supporters. How did it demonstrate its capability in reconciling the seemingly conflicted agendas of social peace and reform.

So far, there is no doubt that the Roh administration, a self-professed "participatory government", has made some remarkable contributions to the nurturing of the generalized trust in terms of democratic ways of doing politics. The two elements deserve attention. One is Roh' s political leadership style, the other is vitalization of civil society, which is conducive to a politics of recognition.

In the wake of a successful launching of an electoral democracy by overcoming the authoritarian rule, most Korean politicians had tended to fail to pay sufficient attention to the crucial difference between democratization and institutionalization of democracy. A number of empirical cases have implied that success in democratization does not guarantee equal success in institutionalization of democracy. In the Korean situation the absence of the deliberate efforts to institutionalize a properly functioning parliament and political parties generated suspicions and distrust among the people who expected to see a new political paradigm emerge. Perhaps one of the most obvious vulnerabilities in the democratic ways of doing politics has been a uniquely Korean 'monarchical or imperial presidency'. Historical legacy and exigencies of situation could be attributed to the presidency which concentrated excessive amount of power and authority in one man and his office. To be sure, the Confucian vision of the Platonic philosopher-king can provide Korean monarchical presidency with its political legitimacy.

Korean Confucianism holds that rulers should take the ideal father as their model, and subjects should similarly think of themselves as dutiful children. Thus, all power and authority are presumed to fall into a proper hierarchy, in which superiors and subordinates are clearly defined. Of course, this does not necessarily mean that as father figures political leaders behave themselves like authoritarian leaders. Nevertheless, how such exemplary role-model behavior might be realized is definitely an empirical question.

Now one can argue that the status of a father as a supreme authority in the order of a family may be justified, because it belongs to the private sphere. But once the father image as an authority is extended to the public sphere, it tends to generate serious problems, since it implies the paternalistic nature of political life. Indeed, it is not surprising that the Korean vision of 'pater familias' and a well-ordered society modelled on a hierarchical structure of family life has worked as a justifying ground for passive obedience rather than active participation.

In any event, there is little doubt that imperial presidency is incompatible with the democratic modes of governance, i.e., the way we govern ourselves. But Roh's two predecessors seemed to enjoy imperial presidency, instead of exerting a determined effort to dismantle it. What really makes the Korean presidency 'hegemonic' or 'imperial' is not statutory or formal power at all. Much of the president's overriding authority and power derives from sources other than the constitutional provisions that define formal functions and duties, including legislative vetoes. The top position in a highly coherent and disciplined ruling party makes the Korean president a modern Leviathan. Specifically, he retains the headship of the political party that elects him to the presidency and thereby exercises strict control over the process for selecting candidates for parliamentary elections and financing their electoral campaigns. Like the head of a family as conceived of by the Confucian vision, he tells elected representatives how to vote on every major issue and censures them when defied. Through this informal mechanism of command-obedience the president can extend his political authority into control of the legislature. This concentration of authority power in one person transforms the Korean presidency into 'an imperial presidency', and distinguishes Korea's presidential system of governance from what is typical in most other presidential systems.

In this regard, it is worth noting that Roh's leadership style made a difference. He is a political leader with a grass-root orientation, who is modest, passionate and possesses an uncanny ability for reading public sentiment. Another way of saying this is that he did not stand out as stern, frightening, and relatively uncompromising leader demanding unilateral obedience from subordinates by coercion. Of course, political leadership calls for more than one's personality alone, but it is not unreasonable to assume some close relationship between them. Roh's political style is different from his predecessors in that he dose not like hypocrisy and imposing gestures. He prefers discussion and debate to mere commands. He even promised to develop Korea into "a republic of debate". He did not hesitate to have an open discussion with junior public prosecutors who had been unhappy with his appointment of high ranking public prosecutors. Thus, it should not be surprising that Roh, after having been elected president, accepted recommendations submitted by the public for cabinet appointments via Internet and also created a new senior presidential secretary for people's participation. As is always the case, there are two sides to every story. To those sympathetic with Roh's views, he was seen as a democratic representative who is responsive to public opinions. To others, by contrast, he can be seen as a radical activist politician who seeks to override a representative mode of governance.

Whatever the case may be, it should not overlooked that his way of doing politics is far from that of an authoritarian decision-maker who deviates from the democratic way to organize collective actions and creates pressing problems for trust. Roh is not a political leader who talks nicely and acts harshly. If one can attribute some reasons to his open and frank attitude, it is because he had not been accustomed to organizational politics and had never been a boss that had maintained his own networks of patron-client natures. Since he is so open and candid about revealing his opinions and views on politically and socially sensitive issues, his own remarks often became the issue of controversy. As a result, there are a lot of people who complain the lack of experienced leadership and political amateurism. Even so, we cannot deny that his leadership style is a major contributing factor to the democratic ways of making decisions and creating a political environment for generalized trust.

Of course, a mature democratic mode of governance is more than a political leader' s personal leadership style. A de-authoritarian way of doing politics ism is only one of the qualities that fosters robust relations of trust in political institutions and democratic representatives. Democratic politics is something about dealing with conflicts of interests and identities. There are a lot of people who think that President Roh should talk less and act more, or talk less and listen more. What is at stake in democratic politics is not de-authoritarianism per se, but a quality of decision-making for collective action accomplished through a de-authoritarian way of governance. As many controversial issues tend to emerge in a pluralist democratic society. Tolerant, wise and deliberative leadership is necessary to managing these conflicts. Thus, law and order attitude may be an important quality for democratic leadership, critics point out that they are deficient in his leadership style. More emotion, less reasonableness are viewed to be another manifestation of his de-authoritarianism. Nevertheless, his non-imposing leadership style deserves to be praised rather than criticized, since this may be an necessary condition for a democratic way of doing politics.

Meanwhile, the vitalization of civil society was another major achievement of the Roh administration. Since its inauguration, the Roh administration gave rise to strongly democratic expectations that individual citizens would be given an opportunity to have a say in decisions that affect them by identifying itself as a participatory government. As a result, more active participations emerged than those in previous regimes, and vivid opinions of the people and grass-root voices began to be reflected more directly in the political process. Nominations of cabinet members by the president and decision-making major policy issues became pressing concerns of every citizen and civic groups.

Certainly, popular participation in the making of decisions may be encouraged, since it could have good consequences for the working of the system. In this regard participatory democracy can serve to bolster parliamentary representation, to a certain extent. For instance, if the parliamentary representation system should become unduly distorted or rigid, it will tend to not adequately consider the views of minorities, while failing to deal with relevant issues in a transparent manner. In addition, although a majority decision may be reached in the parliament, this can result more from power relations rather than any reasonable compromise to appropriately resolve the problem at hand.

But it should be pointed out that as encountering an obstacle in its reform drive, the Roh administration was tempted to go outside the procedures for parliamentary representation and deal directly with the people. This led to a kind of populism, in which the administration comes to favor the righteousness of only a handful of groups, emphasize only specific issues, and address problems by appealing to public opinion. The Roh administration did not pay attention to the diverse voices in favor of a singular voice of reform.

Nevertheless, one of the salient examples by which people tended to have a feeling that we govern ourselves was a dynamic growth of civic groups. Traditionally, Korea has been known as having a weak civil society and the overbearing state, but the 1990s saw a thriving civil society. It is quite remarkable that more than 2000 civic organizations-national and local-emerged and grew rapidly across the country. They have been powerful enough to monitor National Assembly activities, exert influence on policy issues by suggesting alternatives for government policies, and play a great role in forming public opinion. The mass media began paying keen attention to what civic organizations are doing or saying. The leaders of civic groups have been asked of their comments and opinions whenever controversial political and social issues emerged. Some major newspapers even assigned a space to cover the activities of the civic groups on a regular basis. A lot of volunteers including college students and professional people have expended time and effort by participating actively in activities of civic organizations. Among a variety of civic organizations, People' s Solidarity for Participatory Democracy, Citizens, Coalition for Economic Justice, Korean Federation for Environmental Movement and Green Korea United are prominent in terms of activities, popularity and influence.

Of course, we should not overlook many vulnerabilities that Korean civic groups have been subject to. Some people have taken issue with the insufficient participation on the part of ordinary citizens, pointing out that civic groups in Korea have degenerated into "the groups without citizens". Others have expressed concerns with their undemocratic modus operandi, an elitist top-down movement rather than a mass-oriented bottom-up one. A "catch all-movement" typical of the Korean civic movement has been another source of criticism. Moreover, there have been widespread criticisms and complaints that many influential civic groups had been transformed into "quasi-governmental organizations" rather than "non-governmental organizations. In fact, civic groups began to flourish due to the support of the Roh administration. They were no more satisfied with their traditional role as a political watchman, but participated actively in the making of policy through E-politics, and TV discussion.

Whatever the case may be, it is true that Korean civic groups tended to provide the protection against the possibility of the overbearing state by monitoring and checking the overwhelming power of the state. No one can doubt that the Korean civic movement has contributed meaningfully to the improvement of the democratic way of doing politics by providing citizens the opportunity to direct and discipline their political representatives. Moreover, there are remarkable achievements in terms of the introduction of political, social and economic reform that Korea needs.

In short, the civic movement made democratic ways of making collective decisions and organizing collective actions more open, transparent, and more equitable. In particular, civic groups paid keen attention to what may be termed 'a politics of recognition'. In Korea, in which Confucianism took deep roots, women's participation in democratic institutions were discouraged. In addition, the poor and the crippled are one of a number of groups that have been prevented from expressing their experiences and from participating in the public realm by the typically liberal emphasis on impartiality. But civic groups fostered relations of trust in political institutions by increasing the extent to which minority groups can participate in the decisions that affect their lives either directly or indirectly.

4. 'A Politics of Identities' and Trust

The preceding discussion has argued that the Roh administration had made some remarkable achievements in the sphere of the generalized trust. Nevertheless, it is important to note that it had revealed many vulnerabilities in terms of civil society's capacities to direct government, as well as to organize and coordinate collective actions. Its consequence was the decrease of generalized interest and the increase of particularized trust. In this section, we will point out the main factor that had the effect of constraining generalized trust. It was the Roh administration's 'politics of campaigning' rather than the 'politics of ruling', or 'a politics of identities' rather than 'a politics of common interests'.

The democratic mode of governance is an important political goal that every democratic polity strives to improve. It is, nonetheless, a nebulous political phenomenon, the meaning of which is difficult to pin down. In this regard, we define democratic governance as a process of making collective decisions and organizing collective actions according to the principle of democracy that we govern ourselves, which is prescribed in the constitution. This process amplifies paradox. In democratic politics we are subject to many more vulnerabilities than we might affect through political participation owing to the disproportion between our political resources(such as time and knowledge) and the complex web of extended dependencies within which we live. For most of the decisions that affect our lives, we are inevitably in situations in which it would be desirable to trust, since trust—where it is warranted—would allow us to optimize the ways in which we allocate our scarce political resources, when one trusts, one forgoes the opportunity to influence decision-making, in the assumption that there are shared or convergent interests between truster and trustee. Thus, we might think of trust and democracy as distinct but complementary ways we govern ourselves.

With regard to the way the Roh administration works in terms of fostering robust relations of trust, there is some remarkable area where generalized trust is lacking or worsening. First of all, it should be noted that there is a difference between ruling and winning or that governing is different than campaigning. Nevertheless, the Roh administration tended to ignore the difference. This had an effect of generating distrust.

To the extent that a competitive campaign places a premium upon manufacturing trust by evoking the distrust of other communities of interests (particularized trust), a winner assumes office having cultivated the distrust of a significant number of constituents. Often a representative finds that he or she must now reach out to these constituencies, if only to neutralize their potentials for mobilization and obstruction. A political representative must compromise, but reaching out to distrusting constituencies blurs the boundary between friend and enemy that had initially served as the social psychological basis of particularized trust.

Political representatives are caught between the promise of politics to look toward collective futures—an element of every campaign—and the fact of conflicting interests, identities and competing powers. Once in office, a representative finds that the particularized trust of those who voted for him may be hard to keep as broad values and abstract principles meet with policies that now evoke the conflicts of interest that were always there.

Because it focuses upon public policy, politics tends to evoke and focus contentious issues, while other institutions for example markets tend to decentralize and defuse decisions. The focused quality of the voters commitments demands criteria of trust that are linked to broad conceptions of public good, and these are inevitably disappointed by the disintegration of the focus into the detail of policy-making and governance, as well as by the conflicting interests that come to the surface with every policy-specific decision.

As Luhmann(1979: 54) puts it, in politics the lack of clarity in the mechanisms for the formation of trust is based, first of all, on the fact that··· the impetus towards commitment-the investment beforehand-by the person trusting, and whatever he is putting his trust in, both evaporate into a cloud of uncertainty. The metaphor of the "social contract," according to which the people (in terms of free natural man) undertake to trust each other or the established sovereign has no counterpart in real life. Certainly, the citizen casts his vote. But to vote is not to mandate someone to represent one' s interests. What is declared as the main aim of this institution is for the elected representatives of the people to reach decisions according to criteria of the public good. But they demand sovereign power to take decisions, and one cannot trust a sovereign.

To be sure, the Roh administration tends to be viewed as a progressive regime, in a contradistinction to the conservative one, founded by the so called 386 generation and those who support extensive reform. As such, it is not that activists create problems but that activists exist because there are problems which require attention. Thus, there is a need to recognize that reform is something that Korea requires. However, what is also clear is that no single political ideology or group can directly represent people. The people, among whom the Roh administration wishes to "breath", whose views it seeks to reflect in its politics and whom it desires to engage as political partner, consist of groups with diverse views and interests. Thus, President Roh's mandate to represent people and public good should be based on the recognition that interests and conflicts conflict.

Then, the question is whether the Roh administration was successful in offering criteria of trust that were linked to broad conceptions of public good. The answer is negative. After the presidential election, Korea had already been plagued by a phenomenon in which people, rather than pursuing social solidarity through dialogue and compromise, were inclined to form 'my side' and 'your side' as part of a perceived struggle to gain a total hegemony over the other side. In fact, he professed to "breath together with the people", to reflect the will of the public in his policies and to have the people participate directly in the political process. "The people are the president" was the slogan of the banner which was hung in the background when president elect Roh appeared on TV talk shows. But opposition groups thought otherwise. They complained that as President Roh's partisan way of doing politics would only serve to worsen the already prevalent political instability. Nevertheless, he and the leaders of the ruling party insisted that they were pursuing a "politics based on a system". Seen from the viewpoint of opposition groups, however, they are pursuing "a politics based on a code", a politics based on man rather than law, and amateurism rather than professional politics.

Many people went out of their way to offer suggestions for democratic ways of ruling. One of them was that President Roh needs to adopt an integrated form of leadership, while discarding his divisive and partisan leadership style. Integrated leadership was suggested as a tolerant leadership style that was capable of offering broad conceptions of public good and resolving conflicts of interests and identities through the building of warranted trust in institutions and political representatives. Another advice was that he should not be ideologically constrained or arbitrarily side with any specific interests. Then, it would be possible for him to strive to pursue broad-minded politics in an impartial way, situate himself at the center of state affairs, and embrace the concerns of all people. In fact, if President Roh should pay keen attention to a proper balance, consistent principles and fairness, while displaying a genuine interest in bettering the people' s quality of life rather than focusing on ideological hegemony, a majority of citizens would rally to his support. To proceed with reform efforts in a phased and reasonable manner while acknowledging factual circumstances would not hurt him much. In addition, there were some people who warned that any dogmatic reform undertaken without regard for a process of building public consensus would be bound to undermine basic democratic principles and social integration.

But the Roh administration refused to broaden its conceptions of public good. Roh felt offensive rather than took advice. Certainly, these criticisms did not create strong recommendations to extend particularized trust beyond his traditional supporters. One prominent example of his divisive leadership was a campaign of clearing up history. As a result of the government 's initiative to clear up Korea' s history, opposition groups have come under fierce criticism because of their parents ' alleged pro-Japanese activities. Of course, it is ironical that a few senior officials of the ruling Uri Party became the common target.

The ruling Uri Party was seeking to amend the newly passed legislation, calling for an investigation into pro-Japanese activities, even before the measure has been put into effect on the grounds that the scope of the law' s application should be expanded. Indeed, Shinginam, former Uri chairman, said: "all weeds need to be uprooted.

As far as the pro-Japanese activities are concerned, many people contended that they were so complex that measures taken against pro-Japanese activities of the past could not be applied uniformally to the situations of all individuals. Although it is true that there were those who, in their role as Japanese High police or police informants, ruthlessly persecuted their fellow Koreans, there were also others who while, serving as high-ranking administrative officials or military officers, agonized over how they could execute their duties in the most humanely way possible.

Moreover, opposition parties were worried that a campaign that mobilized people to brand or persecute specific individuals with a broad-brush approach would inevitably result in serious harm to the victims involved. Their concerns were that a politically tainted populist movement could bring about grave consequences, such as accelerating unnecessary and unproductive power struggle and manufacturing the distrust among the people involved, weakening important social capital including national solidarity, and undermining national and economic development.

However, reform and the clearing up of history now became the overriding concerns of the government and ruling party. In particular the ruling camp believed that these two agendas were intertwined. And since reform involves not only correcting current wrongs, but also those of the past, the Roh administration had adopted a position that the checkered modern history of Korea must be atoned for in order for reform initiatives to be effective. If history and existing institutions should create obstacles to reform efforts, then it would be necessary to interpret them from a new perspective.

Still the bigger question would be how such a process of clearing up history should be undertaken in a non-partisan way, given the fact that many people had a good reason to suspect the campaign's political neighborhood effects. One can argue that genuine reform does not involve simply correcting past faults, since a reform campaign also needs to focus on the praiseworthy achievements of the past in order to produce a desirable outcome. Therefore, it is reasonable to say that a reform campaign and efforts to clear up history confronts a Herculean task to persuade people that the campaign would be conducive to broad conceptions of public good.

In this context we have to note that the Roh administration pursued what may be termed 'a politics of identities' rather than what may be termed 'a politics of interests'. Of course, 'a politics of identities' was not President Roh's invention but a cultural legacy of Confucian Korea. Traditionally, the Korean vision of a well-ordered society, based on the priority of relations over persons, established a community of role-bearers, not a community of individual persons, who have their own personalities without regard to others.[1] What I belong to or where I am situated is held to be more important than who I am. This vision, translated into the political sphere, tends to justify what may be called 'a politics of identities' in contrast with what may be termed 'a politics of interests'. Whether the former is more meaningful than the latter is a complicated matter. But one thing is at least clear. If we accept a politics of identities by positing a person as a bearer of roles, it would not be easy, if not impossible, to resolve the conflicts of identities on the basis of the broad conceptions of public good.

In Korea a politics of identities is based on familism. The fact that the family works as the main—identity constituting—factor contributes to a strict distinction between family members, who can be relied upon, and non-family members, who are not to be trusted except in qualified ways. Thus, having been made acutely aware of in-group and out-group identities, Koreans tend to believe that relationships lacking any special ties can not become part of their collectivity.

In other words, the Korean conception of family relationships contributes to the emergence of the strong sense of division between family and outsiders, that is, the internal 'we' and the foreign 'they'. The vivid sense of the boundaries between 'we' and 'they' mean that trust should automatically be extended to family members and to those in analogous group, while all others should be viewed with suspicion. This dichotomy has also been translated into

---

1. In this sense, we can say that Korean Confucian communitarianism incorporates structuralist assumptions a la Althusser.

sharply different ethical norms for dealing with perceived 'friends' and 'foes'. Not only do 'friends' become those who share a sense of 'we' while enemies are 'they', but the distinction also justifies doing to outside things which, if done to friends, would be completely unethical.

Moreover, the idea that complete trust is limited to family connections means that particularized trust can best be based on association which are somehow analogous to the family relationship. Trust can thus arise from some form of shared associations of what Talcott Parsons calls an 'ascriptive' nature. The strong expectations that people of the same birthplace or the same providence and people from the same alma mater share with each other have important implications for social and political life in Korea; even the candidates for presidency tend to claim their home town identity rather than rationalize their policies in order to appeal to voters.

The Roh administration extended the above dichotomy between familiar 'we' and distant 'others' to the ideological sphere. Ideological orientations generated the strong sense of division between 'we groups' and 'they groups'. To be sure, ideological partisanship worked to limit President Roh's capacity to improve the quality of democratic governance and created serious problems for trust.

The more diverse the society and the quicker it changes, there is a need to appeal to some standard other than an ideological orientation to discover how we should behave. Modern democratic society is one in which most citizens remain strangers: they do not know one another. Not knowing each other, however, does not necessarily mean that they are potential enemies. Rather, the complexity of social cooperation and extensive division of labor in modern democratic society increases rather than decreases our dependence on one another. The dependence, however, does not obviously bring us closer together, since the impersonality of the mechanisms that make possible the satisfying of our various needs does not require that we meet as individuals, only that we play our part in a cooperative enterprise. This is why generalized trust should enter directly into democratic ways of doing politics.

In a civil society composed of individuals whose tastes, occupations, values, and ambition differ widely, human relations must depend on something other than an emotional identification of each with all the rest like family membership. A socially diverse society tends to "unencumber" us, expend our range of choices, and increase the number of persons toward whom we are indifferent. In such circumstances human interactions based on distant 'others' rather than familiar 'we' acquire greater prominence because of the increased importance of the former. This is the reason why we need generalized trust in modern democratic society.

However, the problem is that as the Roh administration emphasized ideological partisanship, generalized trust became more vulnerable. It certainly weakened the government's capacity to organize and coordinate collective actions through trust. Of course, this is not to say that ideology is meaningless in identifying and evaluating party politics and a government's policies. Or it should not imply that the Roh administration should remain neutral in its ideological orientations to foster generalized trust. Ideology may be an important resource of policy making and democratic governance. But the way the President Roh dealt with ideological problems threw into question the impartiality of the government and trust in political institutions, generating centrifugal rather than centripetal forces. There is little doubt that the Roh administration applied different political norms for dealing with ideological friends and foes.

In sum, 'a politics of identities' and ideological partisanship of the Roh administration undermined generalized trust. This has the corresponding effect of diminishing levels of trust and creating a climate of deep distrust. For Robert Putnam trust is an essential element of social capital; the further trust is developed, the more it is available and the sooner the system operating on the basis of trust becomes consolidated. The antithesis of trust is distrust which is very difficult to invalidate through experience, for either it prevents people from engaging in the appropriate kind of social experiment or, worse, it leads to behaviour which bolsters the validity of distrust itself…, Once distrust has set in it soon becomes impossible to know if it was ever in fact justified, for it has the capacity to be self-fulfilling.

5. Trust and Democratic Governance

We have analyzed the extent to which generalized trust has been practiced since the democratization of Korea. In particular, the question of how the Roh adminstration has performed as a system of democratic governance through trust has been the focus of analysis. On the basis of these analyses, this section highlights its salient way of doing politics from a comparative perspective.

Koreans have understood democratization almost exclusively in terms of achieving an electoral democracy and thereby ignored the importance of other qualities of democracy such as trust. In fact, to many Koreans, the term 'trust' implied nothing more than an interpersonal quality. In the Korean vision of political development, trust has not been always accorded the highest place in the order of political norms and had to compete with other norms in the volatile political atmosphere. Belated influence of the age and the unfortunate legacy of colonial experience have jointly promoted nationalism and social justice or equality as prime political goals, some times overshadowing trust. In recent years, for example, the Korean government has been vigorously pursuing wide-ranging reform measures. While emphasizing the need for reform, the government has seldom emphasized the central importance of trust as the guiding principle for strengthening the Korean democracy.

Democratic political systems vary a great deal in their degree of trust. Korean democracy features a low level of generalized trust. As in all other presidential systems, the Korean constitution provides for the popular election of a president, but this incumbent may serve for only a single term of five years. The constitution a1so provides for the separation of powers among the three branches of government and checks and balances among them as well. However, unlike his counterparts in the United States and many other countries especially in Latin America, the Korean president tended to govern as a democratic Leviathan. He is mandated to nominate the Prime Minister as the head of the cabinet with the consent of the National Assembly. Despite the formal appearance of a semi-presidential system that allows the sharing of executive power between the president and the Prime Minister, the former dominates not only the executive branch but also the legislature. The recently vivid example of imperial presidency was Kim Dae jung, Roh' s predecessor.

When Kim Dae Jung was inaugurated as the president in 1998, the opposition Grand National Party commanded a comfortable majority of the legislative seats with 161. Soon after his inauguration, his government conducted successive rounds of formal investigations and intimidations aimed at opposition lawmakers. When the public prosecutors ended the second round of its investigations in November 1998, the opposition party sustained a loss of 24 seats and no longer remained a majority party in the National Assembly, having declined from 161 to 137 members.

In 2001, three regional parties had representation in the National Assembly. President Kim Dae Jung' s ruling Millennium Democratic Party held 115 of 273 legislative seats, much less than a legislative majority. And the United Liberal Democrats held only 17 seats. This small regional party was, therefore, unable to achieve the formal status of a negotiating group in the Assembly because it was three seats short of 20 seats, the minimum legally required. In order to compensate for this shortage and enab1e the party to be registered as a negotiating group in the legislature, the ruling MDP leased four of its lawmakers to the ULD. And then the two parties formed a ruling coalition. This unprecedented political maneuvering by the ruling party was widely stigmatized by the news media and the electorate as 'low-quality political comedy: which epitomizes the ignoring of basic principles in democratic politics by political leaders. It strained further the working relationship between the ruling and opposition camps and added to their partisan conflict and legislative deadlock.

Illegitimate practices such as conducting unwarranted prosecutions, questionable tax audits, and illegal wiretapping reveal that Korea today, as in the authoritarian past, hd been a salient demonstration of the absence of generalized trust. Political use of investigative power, abuses and misuses of mandated authorities, and misappropriations of state funds by the executive branch constitute the most prominent Achilles' hill of a trustworthy democratic mode of governance in Korea. The democratic procedural norms of competition, compromise, cooperation, and tolerance have yet to be internalized among ruling and opposition political representatives as the basic principles of democratic governance.

There are other sources of distrust other than illegality. Even after the democratization in 1988, Korean politics has been deeply marred by biases toward and against particular regions. Favoritism toward the Yeongnam region in the appointment of key government officials was laid bare in the Roh Tae Woo and Kim Young Sam administrations. The Kim Dae Jung administration, in sharp contrast, focused its favoritism on the Honam region. For this reason, the Kim Dae Jung government was not widely regarded as the government representing the whole people in Korea; instead, it was often viewed as 'a Honam government.' The most salient substantive feature of democratic governance in Korea is that an the democratically elected governments had served a regional minority rather than the whole nation.

Certainly, the Roh administration's way of doing politics can be distinguished from Kim Dae Jung's mode of governing. President Roh attempted to introduce the democratic ways of making collective decisions and organizing collective actions. As the preceding discussion suggested, however, it is not easy to positively answer the question of whether relations of trust have entered directly into democratic ways of doing politics. His 'politics of identities' based on ideological partisanship is far from typically democratic ways of making collective decisions, which would be conducive to robust relations of generalized trust.

6. Conclusion

Korea has been remarkably successful in establishing an institutional environment for democratic government. Since its transition to democratic rule in 1988, free and competitive elections have occurred regularly to elect a president and lawmakers to the National Assembly. A decade-and-a-half of democratic rule to date, however, did not promote or cultivate the kinds of trust that were necessary to a mature democracy. In particular, persistent imperial presidency could not extend the trust necessary for the democratic mode of governance, and thus generated tensions between procedural democracy and trust. As a result, the parliament and party politics as democratic institutions failed to play an active role in organizing collective actions and coordinating public policies. They could not constrain the executive branch even when the presidency and other state agencies were engaged in activities that utterly violated the norms and rules of procedural democracy. Imperial presidency epitomized the dismal state of democratic governance in Korea.

Admittedly, President Roh exerted efforts to dismantle imperial presidency and made some remarkable achievements in introducing democratic ways of governing. Nevertheless, his 'politics of identities' based on a code and ideological partisanship had an effect of paralyzing a democratic mode of governance.

It is our contention that simply emphasizing reform and participatory democracy will not bring about significant improvement within the current system of democratic governance, which suffers a great deal from the lack of generalized trust. Such improvements can be expected only when the Roh administration acknowledge social diversity and pursues a politics of public good by dissociating itself from the ideological partisanship.

While criticizing some inherent ideological bias of the Roh administration, this paper did not intend to dismiss the strengths and dynamics of ideological orientations as merely dysfunctional. It is only fair to say that Korean democracy will be likely to demonstrate its remarkable vitality and resilience through balanced ideological competitions.

Nevertheless, its implication for democratic leadership is clear. Mere commitment to ideology is not enough to make governance good, responsible and responsive. A democratic leader is certainly someone who is ready to respect and trust ideologically distant 'others'. As we regard ourselves more and more as ideological members, we fail to realize how we depend upon ideologically distant 'others' in a society as a cooperative enterprise. If we are preoccupied with our ideological partisanship, we lose sight of our responsibilities and the need to act as good leaders who are concerned with the good of a political community. To pay attention to conflicts of identities and interests and strive to resolve them is to acknowledge that there is some sense in which all persons are equally worthy of consideration. Thus, it is wrong to treat ideologically distant 'others' as mere objects to be used for one's own purposes. Again, to respect and trust ideologically distant 'others' is to narrow the gap between family members and outsiders, even if it could not succeed in closing it. The democratic leader does not need to believe that politics is either the only or the highest good in life, but he must at least insist that the public business is more than ideological business. The democratic leader will therefore be one who tends to further public over ideological good in action and deliberation.

Unfortunately, President Roh's politics based on ideological partisanship has generated a politics of factionalism and regionalism rather than a politics of programs or a politics of grand visions. Another way of saying this is that a politics of identities can not bear the weight of politics as a public domain that instantiates the strong sense of public good. The great challenge for the Roh administration will be to find some way to separate political governance from a partisanway of doing politics in qualitative terms and to refuse to privatize relations of trust by acknowledging democratic governance as a distinct sphere with its own dynamics, objectives, and functions. Democratic leadership is certainly a public office that requires the political representative to act with the common good rather the ideological good in mind.

In a democratic society, we are asked to presume that whichever the ideological position we might take should not control how we participate in the political process. A democratic society is a society in which one's political participation is not contingent upon ideological partisanship. If we want to establish a democratic mode of governance based on a principle of generalized trust, the distinction between in-group and out-group identities in terms of ideological membership should be dropped and with it the idea of a politics of a code. A democratic mode of governance is a governance based on a community of social diversity and heterogeneity, not an exclusive community of in-group members, which asks that all persons be assured the opportunity for fair participation.

REFERENCES

Aristotle. 1943. *Politics.* B. Jowett, trans, New York: Modern Library.

Baier, A. 1986. *Trust and antitrust Ethics* 96, 231-260

Coleman, J. S. 1990. *Foundations of Social Theory.* Cambridge : Harvard University Press.

Dunn, J. 1988. "Trust and Political Agency," in Diego Gambetta, ed., *Trust making and Breaking Cooperative Relativist.* Oxford : Brazil Blackwell.

Fukuyama, F. 1995. Trust: The Social virtues and the Creation of Prosperity. New York: Free Press.

Kihl, Young Whan. 1995. "Political Democracy and Reform in South Korea: The Cultural Context of Democratization," in Sung Chul Yang ed., *Democracy and Communism: Theory, Reality, and Future*, Seoul: Korea Association of International Studies.

Koh, Byung-ik. 1996. "Confucianism in Comtemporary Korea," in Tu, Wei-ming ed., *Confucian Tradition in East-Asian Modernity*, Cambridge, MA: Harvard University Press.

Luhmann, N. 1979. "Trust : A Mechanism for the Reduction of Social Complexity," in *Trust and Power : Two Works by Niklas Luhmann*, Chichester: John Wiley and Sons.

Oldfield, A. 1990. *Citizenship and Community.* London: Routledge.

Pye, L. W. 1985. *Asian Power and Politics.* Cambridge: The Beknap Press of Harvard University Press.

Steinberg, D. 1996. "Human Right and Civil Society in Korea: The Influence of Orthodoxy and Ideology," *Sasang* (winter).

Tu, Wei-ming. 1996. "Epilogue," in Tu, Wei-ming ed., *Confucian Tradition in East Asian Modernity,* Cambridge, MA: Harvard University Press.

Uslaner, E. M. 1999. "Democracy and Social Capital," in M. E. Warren, ed., *Democracy and Trust.* Cambridge: Cambridge University Press.

Warren, M. E. 1996. "Deliberative Democracy and Authority." *American Political Science Review* 90, 46-60.

V. The Seas Unite:
Possible Areas for Maritime Cooperation between North and South Korea

Mark J. Valencia*

1. Introduction

Cooperation in certain maritime matters and resource development can be a means of building confidence and forging a unified national spirit between the two Koreas. Indeed, North and South Korea already co-operate in the maritime sphere. They are both participants in the United Nations Environment Programme's NorthWest Pacific Action Plan designed to better manage the region's maritime environment. The project includes China, Russia, Japan and the two Koreas. They also co-operated in the Tumen River project which included a marine environmental baseline survey of the area offshore the Tumen River mouth. Most significant, in the political arena, the two Koreas have taken the same position vis a vis Japan's claim to Dokdo/Takeshima in

* Maritime Policy Analyst and Political Commentator, Honolulu, Hawaii, U.S.A.

the East Sea. North Korea has stated that the islands are "part of the inviolable territory of Korea from the historical and geographical position in the light of international law and the issue of dominion".

This ongoing cooperation can be the foundation for future joint activities in the marine sphere. Candidate issues or resources for functional cooperation include managing the environment of the offshore extensions of the Demilitarized Zone (DMZ) and the fisheries there and elsewhere, offshore monitoring of dumped nuclear waste in the East Sea, exploration for, and exploitation of hydrocarbon resources in Korea Bay, off Dokdo, and off North Korea's east coast, and cooperation in making the Korean Peninsula a maritime transport hub.

2. Cooperation in Management of the Maritime Environment Offshore the DMZ

One by-product of the years of tension between the two Koreas is the relatively pristine environment of the DMZ. Both Koreas have previously expressed interest in the promotion of a biosphere reserve on or abutting the DMZ, and UNEP has investigated this possibility and reported to both governments. The two Koreas could:

– conduct separate but parallel species inventories of candidate areas of DMZ;

– sign and ratify the World Heritage Convention;

– negotiate a bilateral migratory bird protection agreement (with special concern for two species of endangered crane; and apply separately in parallel, or jointly, for world heritage or biosphere reserve status for proposed sites);

– declare and administer either separately in parallel, or jointly, world heritage sites or biosphere reserves in the DMZ, including demilitarising the reserves and guaranteeing the safety of civilian administrators; and

– develop ecotourism based on the world heritage/biosphere reserve sites.

This project could involve international organizations such as UNEP and UNESCO's Man and the Biosphere Program, WWF, and IUCN as supporters and/or intermediaries.

The DMZ has offshore extensions. South Korea has established Special Maritime Zones (Military Warning Zones) extending of the DMZ and North Korea has established adjacent Military Warning Zones. The biosphere reserve cooperation could extend into the offshore zones, thus preserving the marine ecosystem there. This could also provide a refuge in which heavily fished species can use to regenerate their populations as has been demonstrated elsewhere.

The West Sea (Yellow Sea) shared by China and the two Koreas is one of the most polluted maritime areas in the world. The Global Environmental Facility has funded a Yellow Sea Large Marine Ecosystem (LME) study with the ultimate objective of protecting the environment of this sea. Agreement on a biosphere preserve for the maritime military warning zones would be a building block in establishing a co-operative management system of the West (Yellow) Sea LME.

3. Cooperation in Monitoring Nuclear Waste Dumped in the East Sea

The news that the former Soviet navy dumped 18 decommissioned nuclear reactors and 13,150 containers of radioactive waste from 1978 to 1993, most of it in the East Sea, created an uproar in the world environmental community. It particularly jolted nuclear-sensitive Japan and South Korea, and even drew a rare comment from North Korea. Adding fuel to the fire, a Russian naval vessel dumped nearly a thousand tons of low-level waste in the Sea of Japan shortly after Russian President Boris Yeltsin' s visit to Japan.

Then Japanese Foreign Minister Tsutomu Hata warned his then counterpart Andrei Kozyrev that if Russia proceeded with its plans to dump another 900 tons of similar waste, "the foundation of a new Japan-Russia relationship will crumble." But in a stunning case of the "pot calling the kettle black," Japanese Science Technology Agency Chief Satsuki Eda admitted that Tokyo Electric Power Co. dumps 10 times more radioactive waste each year into the East Sea that the 900 tons dumped by the Russian navy. South Korea strongly protested the dumping by both countries.

Although most scientists agree that the dumped waste provides no immediate threat to the environment or humans, the longer term effects are unknown, particularly after the containers corrode. In any case, consumers may avoid marine products taken from the East Sea. Indeed the fisheries union in Hakodate said it feared consumers would boycott their squid, a favorite delicacy in Japan.

This environmental 'shock' could be the critical spur needed to forge cooperation in marine environmental protection between the two Koreas. The initial report of Russian dumping prompted cooperation to deal with this specific issue at hastily arranged bilateral Japan/Russia meetings of relevant ministers and experts, proposals for joint South Korea/Japan/Russia surveys of specific dump sites, and a call by Japan for an international cooperative fund to help Russia treat its nuclear waste. North Korea even offered to host an international seminar on regimes for pollution control.

In March 1994 a joint Japan-South Korea-Russia-International Atomic Energy Agency expedition began a search for signs of radioactive waste contamination in the East Sea. The scientists used a Russian vessel and shared the costs of the expedition equally. More recently, it has been revealed that Russia also dumped chemical munitions until the mid-1980s into the East Sea, and that spent fuel from decommissioned Russian nuclear submarines has flowed into the East Sea. Obviously a long-term cooperative research program is required to monitor the waste and its effect, and to determine the best methods of dealing with it. North and South Korea could be a joint participant in a multilateral effort.

4. Cooperation in Fisheries in the Special Maritime Zones

Cooperation in fisheries (aquaculture) between the two Koreas is already ongoing. Taeyong Fisheries and Parawoo Fisheries received licenses from the ROK Ministery of National Unification to invest in a joint project with the DPRK. Taeyong Fisheries invested US $ 2 million to grow scallops in Wonsan and Rajin-Sonbong in the DPRK with plans to export to Taiwan and Japan.

Instead of preserving the marine ecosystem and providing a refuge for stressed fish populations, South Korea and North Korea could consider establishing joint fishing zones in their adjacent Special Maritime Zones offshore the DMZ. Current fisheries issues there include shared stocks, depletion of stocks, and potential competition and conflict over the resource. Target species in the joint fishing zone would be, in order of descending amount and value: Alaska pollack, squid, saury, crab, shrimp, mackerel, and sardine. If a joint fishing zone were agreed, North Korea could catch squid, sardine, saury, and mackerel on the South Korean side, while South Korea could fish the highly desirable and increasingly scarce Alaska pollack on the North Korean side. The wider advantages of a joint fishing zone between the two Koreas would be the rational use of the resources, increased benefits to fishermen, a stable fishing environment, and strengthened relations between the two Koreas.

The Commission could also set quotas for each species for each party, as well as the number and size of vessels authorized to fish in the Zone. Each state should enforce violations of the regulation by vessels of the other party in its half of the zone, but owing to differences in legal systems, the flag state should have court jurisdiction. But each state should have to report to the other the result of such a process.

Another possibility is to allow South Korean fishing in North Korean waters. Due to a lack of fuel and maintenance, North Korean fishing effort has dwindled drastically. The up side of this downturn in fishing is the increase in stock abundance in North Korean waters. Meanwhile, South Korean boats have heavily fished their own waters and now stray further afield into other countries' waters, sometimes with negative consequences for the fishermen and international relations. A win-win solution would be for North Korea to allow South Korean fishing in its waters in return for technology transfer and a share of the catch. Perhaps North Koreans could even crew some of the South Korean boats. This was the essence of a deal struck by the Ministry of Marine Affairs and Fisheries with North Korea several years ago but it was never implemented due to rising political tensions.

The area around the Northern Limit Line (NLL) is ripe for some form of co-operative agreement. The issue of the boundary flares up every June when the valuable blue crab gathers in the area to spawn and South Korea's short crab fishing season opens. One solution is for the two Koreas to delineate a demilitarized fishing area in the West Sea. The maritime border area would be a buffer zone where neither Korean navy could enter, and access for fishing would be available for both sides. Management of the resources would be joint. The joint fishing area could be that between South Korea's NLL and North Korea's claimed boundary (MDL) excluding the waters within say 3 nautical miles of the five south Korean owned islands.

5. Cooperation in the Exploration and Exploitation of Petroleum Potential Offshore North Korea

Both Koreas need oil or gas to fuel their economies. South Korea has the technology and equipment to explore and exploit offshore oil, as well as surplus refining capacity, but has little petroleum resources. North Korea has offshore potential is in Korea Bay, where oil reportedly was found in 1989, and on the continental shelf off the country' s east coast. Surveys in the central and northern part of the Yellow Sea also have indicated some potential. Other possible exploration targets include the deeper water Korea Rise in the East Sea.

North Korea is particularly desperate for energy. Its annual energy consumption was about 42million tons of oil equivalent, in the early 1990s with coal contributing 75% and oil about 10%. Its coal production was sharply reduced from 33 million tons in 1990 to 20.6 million tons in 1997. Moreover, North Korea' s oil imports fell from 2.52 million tons in 1990 to 0.51 million tons in 1997 due to cutbacks in Russian exports and Russia' s demand for hard currency for what is delivered. Electricity production decreased from 27.2 billion kilowatts in 1990 to 19.3 billion kilowatts in 1997. Only 20% of the factories are operating and blackouts are frequent even in Pyongyang.

North Korea' s search for offshore oil has been haphazard and dependent on the vagaries of foreign assistance. Seismic surveys have been undertaken by small independents and drilling has been undertaken in Korea Bay. But even if North Korea discovered oil, it could not refine it. It has only two refineries with a capacity of about three million tons a year, minimal downstream petrochemical facilities. South Korea has a surplus of refining capacity; with an overall capacity of about 920,000 barrels of oil per day.

South Korea has very little indigenous hydrocarbon production, and most exploration efforts onshore and offshore have so far been fruitless. The significant exception is the discovery of gas in the southern East Sea. Consequently, South Korea has invested in overseas oil exploration and development, diversified its import sources, and reduced its dependency on petroleum energy to 24% in 1996.

South Korea thus has the capability to drill offshore in difficult conditions, which is a factor in petroleum exploration in the West Sea, where winter gales and summer typhoons prevail. By 1990, 32 exploration wells had been drilled on its continental shelf, 10 by the government-owned Korea Petroleum Development Corp. and the rest by joint ventures with foreign companies.

Offshore exploration is ongoing in the West Sea off North Korea. Taurus Petroleum of Sweden and Soco International of Great Britain hold concessions from North Korea and have been in talks with Hyundai and the Korea National Oil Company regarding possible joint exploration and development.

In the East Sea the two Koreas and Japan dispute a polyhedral area encompassing the northeastern Tsushima Basin—which may have some oil and gas potential—and the southwestern Yamamoto Rise and Trough, which may have both oil and gas potential and metallic sulphides-containing copper, zinc, lead nickel, cobalt, gold, and silver. The area is also a rich fishing ground. If Japan winds up owning Dokdo, it will obtain a small northeastern portion of the Tsushima Basin and almost the entire Yamato Rise and Trough. Looking into the future, Korea Gas Corporation believes that Japan is pushing its position on Dokdo because of large deposits of gas hydrates in the Ulleung Basin southwest of the islets. The February 1992 non-aggression pact between the two Koreas provides for joint development of oil and gas. This makes sense for North Korea, which needs energy, sophisticated drilling equipment, expertise and technological know-how. And South Korea may benefit by obtaining energy while enhancing rapprochement. Thus hydrocarbons are a strategic resource that may bring the two Koreas together for exploration and exploitation.

6. Cooperation in Promoting the Korean Peninsula as a Transportation Hub

The central role of maritime transport in Northeast Asia, the strategic position of the Korean Peninsula and South Korea's sophisticated transportation and telecommunications infrastructure offer a united Korea the opportunity to be the regional hub for the movement of people, cargo, and information. Korea is preparing for that role. Indeed, the New Seoul Metropolitan Airport is part of government's Third Comprehensive National Development Plan for the construction of a "New Korea". The plan calls for huge investment in slow-speed transport networks such as container ports, and in high speed networks such as a high-speed railway(Figure3). These projects are all designed to position Korea to become the transportation hub of the region.

But the potential for the NSMA as well as the Kwangyang Port to become a gateway for Northeast Asia depends on the establishment of an integrated transportation network on the Korean Peninsula. In February 1992, the two Koreas signed agreements on South-North exchanges and cooperation that provide for the two nations to reconnect their railways and roads and open South-North sea and air transportation routes. If implemented, the agreements would permit the direct exchange of people and cargo and the opening of sea routes between the ports of Pusan, Inchon, and Pohang in the South and the ports of Nampo, Wonsan, and Chonjin in the North.

The two Koreas are in the process of reconnecting their roads and railways. Upon completion of the rail lines, the new Korean land bridge would start in Kwangyang-Pusan, connect with transcontinental railways, and continue on to Europe or even Middle Eastern countries. An examination of the comparative distance, time, and cost from Kwangyang-Pusan to Rotterdam in Europe reveals that the Trans-Korean railway (TKR) would be competitive with the new Trans-China Railway (TCR) and would be superior to the TSR. Transport distances would be shorter and the service more reliable.

If South Korea is not able to exploit the potential for through traffic on North Korean railways, it will have to move its containers by sea either to Vostochny in the Russian Far East (RFE) or to Lianyungang in China. In addition, Korean ports will lose regional trans-shipment traffic that would have been diverted from various ports to capitalize on the TKR's advantages for trading with the Far East and Europe. Therefore, the realization of the TKR service would have a significant impact on the patterns of ports and transportation involved in the European and Far East trade.

The development of high-speed rail between Seoul and Pusan is also playing a decisive role in establishing an integrated transport system in Northeast Asia by eventually connecting Japan with China and the RFE. A proposal frequently advanced in Japan is to build a rail tunnel under the Korea Strait that would connect Pusan to Shimonoseki with a rail link through Pyongyang to Vladiovstok and Shenyang and on to London. These concepts suggest the potential of the Korean Peninsula as the bridge from Japan to Northern China.